Informatik – Fachberichte

Band 136: Datenbanksysteme in Büro, Technik und Wissenschaft. GI-Fachtagung, Darmstadt, April 1987. Proceedings. Herausgegeben von H.-J. Schek und G. Schlageter. XII, 491 Seiten. 1987.

Band 137: D. Lienert, Die Konfigurierung modular aufgebauter Datenbanksysteme. IX, 214 Seiten. 1987.

Band 138: R. Männer, Entwurf und Realisierung eines Multiprozessors. Das System „Heidelberger POLYP". XI, 217 Seiten. 1987.

Band 139: M. Marhöfer, Fehlerdiagnose für Schaltnetze aus Modulen mit partiell injektiven Pfadfunktionen. XIII, 172 Seiten. 1987.

Band 140: H.-J. Wunderlich, Probabilistische Verfahren für den Test hochintegrierter Schaltungen. XII, 133 Seiten. 1987.

Band 141: E. G. Schukat-Talamazzini, Generierung von Worthypothesen in kontinuierlicher Sprache. XI, 142 Seiten. 1987.

Band 142: H.-J. Novak, Textgenerierung aus visuellen Daten: Beschreibungen von Straßenszenen. XII, 143 Seiten. 1987.

Band 143: R. R. Wagner, R. Traunmüller, H. C. Mayr (Hrsg.), Informationsbedarfsermittlung und -analyse für den Entwurf von Informationssystemen. Fachtagung EMISA, Linz, Juli 1987. VIII, 257 Seiten. 1987.

Band 144: H. Oberquelle, Sprachkonzepte für benutzergerechte Systeme. XI, 315 Seiten. 1987.

Band 145: K. Rothermel, Kommunikationskonzepte für verteilte transaktionsorientierte Systeme. XI, 224 Seiten. 1987.

Band 146: W. Damm, Entwurf und Verifikation mikroprogrammierter Rechnerarchitekturen. VIII, 327 Seiten. 1987.

Band 147: F. Belli, W. Görke (Hrsg.), Fehlertolerierende Rechensysteme / Fault-Tolerant Computing Systems. 3. Internationale GI/ITG/GMA-Fachtagung, Bremerhaven, September 1987. Proceedings. XI, 389 Seiten. 1987.

Band 148: F. Puppe, Diagnostisches Problemlösen mit Expertensystemen. IX, 257 Seiten. 1987.

Band 149: E. Paulus (Hrsg.), Mustererkennung 1987. 9. DAGM-Symposium, Braunschweig, Sept./Okt. 1987. Proceedings. XVII, 324 Seiten. 1987.

Band 150: J. Halin (Hrsg.), Simulationstechnik. 4. Symposium, Zürich, September 1987. Proceedings. XIV, 690 Seiten. 1987.

Band 151: E. Buchberger, J. Retti (Hrsg.), 3. Österreichische Artificial-Intelligence-Tagung. Wien, September 1987. Proceedings. VIII, 181 Seiten. 1987.

Band 152: K. Morik (Ed.), GWAI-87. 11th German Workshop on Artificial Intelligence. Geseke, Sept./Okt. 1987. Proceedings. XI, 405 Seiten. 1987.

Band 153: D. Meyer-Ebrecht (Hrsg.), ASST'87. 6. Aachener Symposium für Signaltheorie. Aachen, September 1987. Proceedings. XII, 390 Seiten. 1987.

Band 154: U. Herzog, M. Paterok (Hrsg.), Messung, Modellierung und Bewertung von Rechensystemen. 4. GI/ITG-Fachtagung, Erlangen, Sept./Okt. 1987. Proceedings. XI, 388 Seiten. 1987.

Band 155: W. Brauer, W. Wahlster (Hrsg.), Wissensbasierte Systeme. 2. Internationaler GI-Kongreß, München, Oktober 1987. XIV, 432 Seiten. 1987.

Band 156: M. Paul (Hrsg.), GI – 17. Jahrestagung. Computerintegrierter Arbeitsplatz im Büro. München, Oktober 1987. Proceedings. XIII, 934 Seiten. 1987.

Band 157: U. Mahn, Attributierte Grammatiken und Attributierungsalgorithmen. IX, 272 Seiten. 1988.

Band 158: G. Cyranek, A. Kachru, H. Kaiser (Hrsg.), Informatik und „Dritte Welt". X, 302 Seiten. 1988.

Band 159: Th. Christaller, H.-W. Hein, M. M. Richter (Hrsg.), Künstliche Intelligenz. Frühjahrsschulen, Dassel, 1985 und 1986. VII, 342 Seiten. 1988.

Band 160: H. Mäncher, Fehlertolerante dezentrale Prozeßautomatisierung. XVI, 243 Seiten. 1987.

Band 161: P. Peinl, Synchronisation in zentralisierten Datenbanksystemen. XII, 227 Seiten. 1987.

Band 162: H. Stoyan (Hrsg.), Begründungsverwaltung. Proceedings, 1986. VII, 153 Seiten. 1988.

Band 163: H. Müller, Realistische Computergraphik. VII, 146 Seiten. 1988.

Band 164: M. Eulenstein, Generierung portabler Compiler. X, 235 Seiten. 1988.

Band 165: H.-U. Heiß, Überlast in Rechensystemen. IX, 176 Seiten. 1988.

Band 166: K. Hörmann, Kollisionsfreie Bahnen für Industrieroboter. XII, 157 Seiten. 1988.

Band 167: R. Lauber (Hrsg.), Prozeßrechensysteme '88. Stuttgart, März 1988. Proceedings. XIV, 799 Seiten. 1988.

Band 168: U. Kastens, F. J. Rammig (Hrsg.), Architektur und Betrieb von Rechensystemen. 10. GI/ITG-Fachtagung, Paderborn, März 1988. Proceedings. IX, 405 Seiten. 1988.

Band 169: G. Heyer, J. Krems, G. Görz (Hrsg.), Wissensarten und ihre Darstellung. VIII, 292 Seiten. 1988.

Band 170: A. Jaeschke, B. Page (Hrsg.), Informatikanwendungen im Umweltbereich. 2. Symposium, Karlsruhe, 1987. Proceedings. X, 201 Seiten. 1988.

Band 171: H. Lutterbach (Hrsg.), Non-Standard Datenbanken für Anwendungen der Graphischen Datenverarbeitung. GI-Fachgespräch, Dortmund, März 1988, Proceedings. VII, 183 Seiten. 1988.

Band 172: G. Rahmstorf (Hrsg.), Wissensrepräsentation in Expertensystemen. Workshop, Herrenberg, März 1987. Proceedings. VII, 189 Seiten. 1988.

Band 173: M. H. Schulz, Testmustergenerierung und Fehlersimulation in digitalen Schaltungen mit hoher Komplexität. IX, 165 Seiten. 1988.

Band 174: A. Endrös, Rechtsprechung und Computer in den neunziger Jahren. XIX, 129 Seiten. 1988.

Band 175: J. Hülsemann, Funktioneller Test der Auflösung von Zugriffskonflikten in Mehrrechnersystemen. X, 179 Seiten. 1988.

Band 176: H. Trost (Hrsg.), 4. Österreichische Artificial-Intelligence-Tagung. Wien, August 1988. Proceedings. VIII, 207 Seiten. 1988.

Band 177: L. Voelkel, J. Pliquett, Signaturanalyse. 223 Seiten. 1989.

Band 178: H. Göttler, Graphgrammatiken in der Softwaretechnik. VIII, 244 Seiten. 1988.

Band 179: W. Ameling (Hrsg.), Simulationstechnik. 5. Symposium. Aachen, September 1988. Proceedings. XIV, 538 Seiten. 1988.

Band 180: H. Bunke, O. Kübler, P. Stucki (Hrsg.), Mustererkennung 1988. 10. DAGM-Symposium, Zürich, September 1988. Proceedings. XV, 361 Seiten. 1988.

Band 181: W. Hoeppner (Hrsg.), Künstliche Intelligenz. GWAI-88, 12. Jahrestagung. Eringerfeld, September 1988. Proceedings. XII, 333 Seiten. 1988.

Band 182: W. Barth (Hrsg.), Visualisierungstechniken und Algorithmen. Fachgespräch, Wien, September 1988. Proceedings. VIII, 247 Seiten. 1988.

Band 183: A. Clauer, W. Purgathofer (Hrsg.), AUSTROGRAPHICS '88. Fachtagung, Wien, September 1988. Proceedings. VIII, 267 Seiten. 1988.

Band 184: B. Gollan, W. Paul, A. Schmitt (Hrsg.), Innovative Informations-Infrastrukturen. I. I. I. – Forum, Saarbrücken, Oktober 1988. Proceedings. VIII, 291 Seiten. 1988.

Informatik-Fachberichte 233

Herausgeber: W. Brauer
im Auftrag der Gesellschaft für Informatik (GI)

Stefan Jablonski

Datenverwaltung in verteilten Systemen

Grundlagen und Lösungskonzepte

Springer-Verlag
Berlin Heidelberg New York
London Paris Tokyo Hong Kong

Autor

Stefan Jablonski
Lehrstuhl für Datenbanksysteme
Universität Erlangen-Nürnberg
Martensstraße 3, D-8520 Erlangen

Dissertation

CR Subject Classifications (1987): C.2.4, D.4.3, H.2.3-5, H.2.7, J.1, J.6

ISBN-13: 978-3-540-52184-6 e-ISBN-13: 978-3-642-75434-0
DOI: 10.1007/978-3642-75434-0

CIP-Titelaufnahme der Deutschen Bibliothek.
Jablonski, Stefan:
Datenverwaltung in verteilten Systemen / Stefan Jablonski. - Berlin; Heidelberg; New York; London; Paris; Tokyo: Springer, 1990
(Informatik-Fachberichte; 233)
Zugl.: Erlangen, Nürnberg, Univ., Diss.

NE: GT

Druck- und Bindearbeiten: Weihert-Druck GmbH, Darmstadt
2145/3140 - 543210 - Gedruckt auf säurefreiem Papier

Vorwort

In zentralisierten Rechnersystemen haben sich relationale Datenbanksysteme für viele Anwendungsbereiche als geeignetes Datenverarbeitungskonzept etabliert. Vor allem das von ihnen unterstützte Transaktionskonzept und die dadurch eingeführten Möglichkeiten zur Kontrolle des Mehrbenutzerbetriebs sowie der Fehlerbehandlung fördern ihren vermehrten Einsatz. Ausschlaggebend für die Akzeptanz relationaler Datenbanksysteme ist die Verbesserung ihrer Verarbeitungsleistung, die eine effiziente Anwendungsmodellierung ermöglicht.

Die aktuelle Entwicklung von Datenverwaltungskonzepten für verteilte Systeme scheint dagegen noch keinen der bestehenden Lösungsansätze zu favorisieren. Neben verteilten Dateisystemen existieren weitere Datenverwaltungsstrategien, wie beispielsweise Datei- oder Datenbank-Server-Architekturen, deren Einsatzmöglichkeiten aber insgesamt noch erhebliche Mängel vorweisen. Auch verteilte (relationale) Datenbanksysteme stellen sich als zu leistungsschwach heraus, um eine effiziente Datenverwaltung in verteilten Systemen zu gewährleisten. Die Ursache ihrer mangelnden Performance liegt in der Unterstützung des auch in zentralisierten Datenbanksystemen verfolgten Konsistenzbegriffs: Ein logisches Datum weist zu jedem Zeitpunkt im gesamten System genau einen Wert auf. Diese Forderung gilt auch dann, wenn es mehrfach abgespeichert (repliziert) ist. Daraus resultiert systemseitig eine vollständig synchrone verteilte Transaktionsverarbeitung; die auf den Rechnern eines verteilten Systems allokierten Teiltransaktionen, die zusammen eine verteilte Transaktion konstituieren, verfolgen das klassische ACID-Prinzip. Dies bedeutet, daß die auf den beteiligten Rechnerknoten ablaufenden Teiltransaktionen quasisimultan abgearbeitet werden müssen. Technisch wird dies beim Abschluß einer verteilten Transaktion durch ein verteiltes Zwei-Phasen-Freigabe-Protokoll realisiert, welches nur über mehrere zeitintensive Netzoperationen abgewickelt werden kann. Diese unabdingbare Forderung stellt den entscheidenden Performance-Engpaß der Transaktionsverarbeitung in verteilten Systemen dar.

In dieser Arbeit wird für die Datenverarbeitung in verteilten Systemen ein neuartiges, im Vergleich zu klassischen Verarbeitungsformen wesentlich umfassenderes Konzept entwickelt. Entscheidend für die Bearbeitung verteilter Benutzeraktionen ist dabei, daß die auf den verschiedenen Rechnern definierten Teilaktionen sowohl synchron als auch asynchron zueinander abgearbeitet werden können. Darüber hinaus ist für eine lokale Teilaktion anwendungsabhängig spezifizierbar, ob sie gesichert - im Sinne einer Datenbank-Transaktion - oder ungesichert - im Sinne einer konventionellen Dateizugriffsaktion - ablaufen soll. Somit kann wahlweise von den Vorzügen lokaler Transaktionen Gebrauch gemacht werden, ohne daß die Leistungsfähigkeit der verteilten Datenverarbeitung durch eine erzwungene streng synchrone Abarbeitung beeinträchtigt wird. Die fundamentale Eigenschaft des hier vorgeschlagenen Konzepts für die verteilte Datenverarbeitung ist demnach die flexible Modellier- und Konfigurierbarkeit verteilter Bearbeitungsvorgänge durch die Anwendung.

Diese Arbeit ist in vier Hauptabschnitte aufgeteilt. Im ersten Teil *Verteilte Systeme - Eine Einführung aus anwendungsorientierter Sicht* wird eine allgemeine Einführung in die Problematik verteilter Systeme gegeben (Kapitel 1). Sodann werden vier Fallbeispiele für den Einsatz verteilter Systeme vorgestellt (Kapitel 2). Dabei wird vor allem die datentechnische Modellierung der Anwendungssituationen näher betrachtet. Ein Anforderungskatalog an die Datenverwaltung in verteilten Systemen aus Sicht der Anwendung leitet sich aus den Fallbeispielen ab.

Der zweite Hauptabschnitt befaßt sich mit den *Konstituenten der Datenverwaltung in verteilten Systemen*. Neben verteilten Hardwarestrukturen werden Betriebs- und Kommunikationskonzepte für dezentralisierte Rechnersysteme eingeführt (Kapitel 3). Außerdem erfolgt eine Diskussion konventioneller Konzepte für die Datenverwaltung in verteilten Systemen (Kapitel 4). Abgeschlossen wird der zweite Hauptabschnitt mit der Diskussion von Ansätzen zur Anpassung der Systemhardware bzw. der Betriebs- und Kommunikationssysteme an die speziellen Bedürfnisse der Datenverarbeitung in verteilten Systemen.

Das Kernstück dieser Arbeit bildet der dritte Hauptabschnitt, in dem die *Konzeption eines Systems zur verteilten Datenverwaltung* vorgestellt wird. Zunächst wird der traditionelle Konsistenzbegriff der zentralisierten und verteilten Datenverarbeitung untersucht (Kapitel 5). Anschließend wird eine Neudefinition des Konsistenzbegriffs vorgenommen, die sich vor allem durch das Einbeziehen von Anwendungswissen in die Festlegung der Datenkonsistenz auszeichnet. Ansätze aus der Literatur, die sich teilweise an eine derartige Interpretation des Konsistenzbegriffs anlehnen, werden dabei vorgestellt und gewürdigt.

Im sechsten Kapitel wird ein Modell der Datenverarbeitung in verteilten Systemen beschrieben. Es ist besonders dadurch charakterisiert, daß sowohl synchrone als auch asynchrone Verarbeitungsstrategien für verteilte Datenverarbeitungsaktionen flexibel und anwendungsspezifisch definiert werden können. Das Konzept eines verteilten Datenverwaltungssystems, das nach den Prinzipien dieses Modells aufgebaut ist, wird im siebten Kapitel vorgestellt. Die Darstellung zweier prototypischer Realisierungen eines solchen verteilten Datenverwaltungssystems schließt den dritten Hauptabschnitt ab (Kapitel 8).

Eine *Zusammenfassung* wichtiger Ergebnisse und ein *Ausblick* auf notwendige Folgearbeiten bilden den Schluß dieser Arbeit.

Diese Arbeit entstand während meiner Tätigkeit als wissenschaftlicher Mitarbeiter am Lehrstuhl für Datenbanksysteme der Universität Erlangen-Nürnberg. Sie wurde als Dissertation genehmigt von der Technischen Fakultät der Universität Erlangen-Nürnberg. An dieser Stelle möchte ich meinem Doktorvater Prof. Dr. H. Wedekind danken, der mich zu einer kritischen Auseinandersetzung mit der Thematik 'Datenverwaltung in verteilten Systemen' motiviert hat. Seine ständige Diskussionsbereitschaft führte zu vielen fruchtbaren Gesprächen, in denen die in dieser Arbeit vorgestellten Ideen geformt wurden. Auch sei Prof. Dr. U. Herzog gedankt, der freundlicherweise das Korreferat übernommen hat.

Teile der Arbeit wurden unterstützt durch das Kooperationsprojekt 'Projekt für flexibel automatisierte Produktionssysteme (PAP)' zwischen der Siemens AG und der Universität Erlangen-Nürnberg; außerdem wurde die Arbeit im Rahmen des Sonderforschungsbereichs 182 'Multiprozessor- und Netzwerkkonfigurationen' gefördert.

Meinen Kollegen am IMMD VI habe ich es zu verdanken, daß diese Arbeit in einer angenehmen und deshalb anregenden Atmosphäre geschrieben werden konnte. Besonders möchte ich hierbei meinen Freund Thomas Ruf erwähnen. In unseren unzähligen Diskussionen entstanden viele der hier dargestellten Gedanken. Schließlich überarbeitete er das Manuskript mit einer bewundernswerten Akribie. Nicht zu vergessen ist sein freundschaftlicher Beistand, der mir so manche während des Verfassens dieser Arbeit entstandene Frustration zu überwinden half.

In dieser Arbeit wird das Konzept und die prototypische Implementierung eines verteilten Datenverwaltungssystems vorgestellt. Allen Studien- und Diplomarbeitern, die bei der Implementierung dieses Systems praktisch mitgewirkt bzw. das Systemkonzept gedanklich erweitert haben, sei mein anerkennender Dank für ihr überdurchschnittliches Engagement ausgesprochen.

Erlangen, November 1989 Stefan Jablonski

Inhaltsverzeichnis

A Verteilte Systeme – Eine Einführung aus anwendungsorientierter Sicht

Das Anliegen dieser Arbeit ist die Beschreibung möglicher Ansätze der Datenverwaltung in verteilten Systemen, wobei insbesondere ein neu entwickeltes Systemkonzept eingehend erörtert wird. Bevor in die Diskussion verteilter Datenverwaltungssysteme eingestiegen wird, soll das Problem 'Datenverwaltung in verteilten Rechnersystemen' aus wissenschaftstheoretischer Sicht näher spezifiziert werden.

Nach Dörner ([Dörn 76]) erwächst ein Problem aufgrund der Diskrepanz zwischen einem gegebenen unerwünschten Anfangszustand und einem zu erreichenden erwünschten Zielzustand. Um allerdings die Transformation vom Ist-Zustand in den Soll-Zustand vornehmen zu können, muß eine Barriere überwunden werden. Handlungen, die der Überwindung dieser Barriere dienen, werden Mittel genannt. In Anlehnung an [Dörn 76] nimmt Wedekind ([Wede 81]) eine Kategorisierung von Problemen vor, indem er sie nach dem Bekanntheitsgrad der Kategorien Zweck und Mittel differenziert. Als der Zweck einer Handlung sei der Übergang vom Faktischen zum Normativen bezeichnet. Kann davon ausgegangen werden, daß sowohl der zu erreichende Endzustand als auch die dazu erforderlichen Mittel hinreichend bekannt sind, spricht man von einem Interpolationsproblem. Tritt andererseits bei genauer Zielbeschreibung ein Defizit an zur Verfügung stehenden Mitteln ein, wird man mit einem Syntheseproblem (kritisch-technisches Problem) konfrontiert. Kennzeichnend für diese Problemklasse ist, daß gegebene und aus diesen durch Kombination neu zu konzipierende (synthetisierende) Mittel gemeinsam zur Mangelbeseitigung beitragen. Eine dialektische Barriere ist zu eliminieren, wenn trotz bekannter Mittel das zu erstrebende Ziel, d.h. der beabsichtigte Zweck, nur unklar formuliert werden kann. Mangelndes Wissen sowohl über Mittel als auch über den Zweck einer Handlung deuten auf ein kritisch-teleologisches/kritisch-technisches Problem hin ([Wede 81, S. 79]).

Hintergrund des ersten Hauptabschnitts 'Verteilte Systeme – Eine Einführung aus anwendungsorientierter Sicht' ist die Problematisierung der in dieser Arbeit behandelten Thematik 'Datenverwaltung in verteilten Systemen'. In Kapitel 1 und 2 werden in allgemeiner Weise Anforderungen an verteilte Systeme, insbesondere an deren Datenverwaltungskonzepte, zusammengetragen. Somit werden die Zielkategorien der vorliegenden Problemstellung spezifiziert, womit der Einstieg in die Klasse der Interpolations- bzw. Syntheseprobleme erfolgt. Allerdings reichen die in den Kapiteln 3 und 4 vorgestellten, bereits existierenden konventionellen Mittel zur Lösung des allgemeinen Datenverwaltungsproblems in verteilten Systemen nicht aus, weshalb man mit einem Syntheseproblem konfrontiert ist. Im Hauptabschnitt C wird deshalb der Vorschlag eines neuen Systemkonzepts vorgetragen, der einen Beitrag zur generellen Mangelbeseitigung in Hinblick auf das Datenverwaltungsproblem in verteilten Systemen darstellt.

Die kritische Auseinandersetzung mit der Aufgabe 'Datenverwaltung in verteilten Systemen' soll vor allem unterstreichen, daß mannigfaltige Ausprägungen des allgemeinen Problems existieren, die nur durch jeweils angepaßte spezialisierte Mittel gelöst werden können. Es wird demnach in dieser Arbeit der Meinung entgegengetreten, daß ein allgemeingültiges Mittel existiert, das beliebig gearteten Anforderungen gerecht werden könnte. Die Propagierung solcher Meinungen ist leider in der aktuellen Literatur häufig zu erkennen, wenn verteilte relationale Datenbanksysteme als peremptorisches Universalwerkzeug für die Datenverwaltung in verteilten Systemen angepriesen werden ([CePe 83], [Ullm 88]). Datenverwaltungskonzepte für verteilte Systeme werden demzufolge dann als wert- und sinnvoll eingestuft, wenn sie möglichst eng an den Prinzipien dieses speziellen Mittels angelehnt sind. Diese Situation reflektiert offensichtlich das unter dem Schlagwort 'Verselbständigung von Mitteln zu Zwecken' ([LoSc 75, S. 286]) bekannte Phänomen. Nicht mehr auf die Befriedigung der ursprünglichen, primären Ziele wird eingegangen, sondern das Erreichen der sich aus Mitteln entwickelnden Zwecke ist plötzlich Gegenstand der Handlungen. Allerdings sei darauf hingewiesen, daß in dieser Arbeit keineswegs das Mittel 'verteiltes relationales Datenbanksystem' generell disqualifiziert wird; vielmehr soll demonstriert werden, daß dieses Systemkonzept ein geeignetes Mittel zur Lösung von speziellen Ausprägungen des Problems 'verteilte Datenverwaltung' ist, aber dennoch kein Universalwerkzeug für das gesamte Problemspektrum darstellt.

In diesem ersten Hauptabschnitt wird im ersten Kapitel versucht, die Ziele verteilter Systeme in sehr allgemeiner Art und Weise einzuführen. Die Festlegung der für diese Arbeit relevanten partiellen Problemstellungen wird im anschließenden zweiten Kapitel vorbereitet, wenn Fallbeispiele verteilter Systeme erörtert werden. Ausgehend von diesen Darstellungen werden generelle Anforderungskategorien für Datenverwaltungskonzepte in verteilten Systemen erarbeitet. Zweck dieses ersten Hauptabschnitts ist folglich, dem Leser die enorme Bandbreite des Datenverwaltungsproblems in verteilten Systemen näher zu bringen und die Aufgabenstellung zu strukturieren.

1 Motivation, Ziel und Definition

Entwicklungsgeschichte

Während in den siebziger Jahren ein Trend zur Zentralisierung von Rechnerleistung festzustellen war, sind die achtziger Jahre von einer zunehmenden Dezentralisierung von Rechnersystemen geprägt. Aufgrund der enormen Kosten von Hardware und Software war es anfangs für Teilbereiche eines Unternehmens aus finanziellen Erwägungen heraus nicht möglich, sich eigene Rechner anzuschaffen, weshalb zentralisierte Rechenzentren eingerichtet wurden. Das Stichwort der 'integrierten Datenbank' ([Mert 88]) eines Unternehmens, auf welche alle Teilbereiche gemeinsam zugreifen können, charakterisierte die datenorientierte Sicht der elektronischen Datenverarbeitung jener Zeit.

Die enormen Fortschritte im Bereich der Halbleitertechnik bzw. der Mikroelektronik (VLSI: Very Large Scale Integration) ermöglichten gegen Ende der siebziger Jahre die Entwicklung leistungsfähiger Mikro- und Minicomputer, die das Preis-/Leistungsverhältnis auf Kosten der Großrechner hin zu den kleineren Rechnertypen verschoben haben. Da auch die Kommunikationstechnik effiziente Mechanismen für den Zusammenschluß autonomer Rechner bereitstellen konnte, waren die technischen Voraussetzungen für verteilte Rechnersysteme gegeben.

Bei der Einführung einer neuen Technologie darf allerdings nicht die soziologische Komponente vergessen werden. Erst die Akzeptanz einer technischen Neuerung im Kreis der potentiellen Anwender ermöglicht deren Einsetzbarkeit und Verwendung. Da allgemein eine Tendenz zu erkennen ist, Rechner in den unterschiedlichsten Anwendungsbereichen einzusetzen, wobei Insellösungen vermieden und integrierte Lösungen unterstützt werden, steht der breiten Einführung von verteilten Rechnersystemen kein Hindernis mehr im Wege.

Motivation für verteilte Systeme

Die historische Entwicklung sowohl im technischen als auch im soziographischen Umfeld liefert die fundamentalen Prämissen für den Einsatz verteilter Systeme. Es stellt sich die Frage, welche konkreten Beweggründe einem Anwender die Verwendung eines verteilten Systems notwendig erscheinen lassen. Allgemein kann man zwei Klassen von Motiven unterscheiden, die zum einen organisatorische und zum anderen technologische Aspekte reflektieren. Ein gewichtiges Argument des organisatorischen Bereichs, das für den Einsatz eines verteilten Systems spricht, ist die Tatsache, daß diese Systeme optimal die oft verteilte Organisationsstruktur eines Anwendungsbereichs widerzuspiegeln gestatten. Jeder Teilbereich einer Anwendung bekommt einen eigenen Rechner zur Verfügung gestellt, für den lokal die Verantwortung zu übernehmen ist. Dadurch wird die Forderung nach der 'lokalen Autonomie' einzelner Subsysteme unterstützt.

Nach [Gray 83] stehen auf der technologischen Seite zwei Ursachen für die Dezentralisierung eines Rechnersystems im Vordergrund, aus denen sich schließlich die wichtigsten Eigenschaften verteilter Systeme ableiten lassen. Dem Wunsch nach der Modularisierung eines Rechnersystems wird durch die Aufspaltung der Rechnerhardware in unabhängige Teilkomponenten Rechnung getragen. Aufgrund der extrem hohen Anforderungen spezieller Anwendungen ist ein zentralisiertes System unterdimensioniert. Die einzige Möglichkeit, den hohen anwendungsspezifischen Ansprüchen gerecht zu werden, stellt die Benutzung eines bezüglich der Speicher- und Rechenkapazität dynamisch ausbaufähigen verteilten Rechnersystems dar. Mögliche Ursachen für die Überlastung eines zentralen monolithischen Systems beschreiben die folgenden Aspekte ([Gray 83, S.13]):

Kapazität: Der Bedarf an Rechnerleistung übersteigt die Kapazität eines einzelnen Rechners. Einem Ausweichen auf größere Maschinen steht das ungünstige Preis-/Leistungsverhältnis entgegen. Der dynamischen Erweiterbarkeit eines zentralisierten Systems sind aber hard- und softwaretechnische Schranken auferlegt.

Antwortzeit: Eine über große Entfernungen verteilte Anwendung verursacht zeitintensive Übermittlungen von Anfragen bzw. Antworten, was nicht tolerierbare Antwortzeiten zur Folge hat.

Verfügbarkeit: Bei einem monolithisch aufgebauten Rechnersystem bewirkt ein Rechnerausfall die Blockierung der Gesamtanwendung.

Verteilte Rechnersysteme weisen im Vergleich zu zentralisierten Systemen nicht nur Vorteile auf. Es gibt kein 'bestes' System, das allen möglichen Anwendungssituationen gleichmäßig gerecht wird. Für eine stark zentralisierte, in ihren Leistungsanforderungen statische Anwendung stellt ein zentralisiertes Rechnersystem sicher eine geeignete Lösung dar. Allerdings existiert zweifelsohne eine Vielzahl von Anwendungssituationen, welche durch das Prädikat 'verteilt' charakterisiert werden können. Bei solchen Anwendungen bringt der Einsatz eines verteilten Systems Vorteile mit sich, von welchen einige im folgenden diskutiert werden:

Flexibilität: Die Flexibilität eines verteilten Systems zeigt sich vor allem in seiner Anpassungsfähigkeit an veränderte Kapazitätsansprüche. Aufgrund des modularen Systemaufbaus können Teilkomponenten ohne große Probleme aus dem Gesamtverbund herausgenommen bzw. in diesen neu aufgenommen werden, wodurch die Kapazität des Systems dynamisch neuen Anforderungssituationen angepaßt werden kann.

Darüber hinaus ist aufgrund des modularen Aufbaus die Erweiterung eines verteilten Systems um zusätzliche Funktionalität wesentlich einfacher und umfassender durchführbar als in zentralisierten Systemen. Dies betrifft nicht nur die Neuaufnahme einzelner Funktionen in einen ausgezeichneten Rechner, sondern auch die Ergänzung des Rechnerverbunds um spezialisierte Einheiten (z.B. CAD-Arbeitsplatzrechner). Die Integration neuer Subsysteme ist in einer modularisiert aufgebauten verteilten Umgebung in der Regel problemlos durchzuführen.

Lokalität: Bedingt durch ihre Struktur gewährleisten dezentralisierte Systeme verteilten Anwendungen einen hohen Grad an Lokalität. Die Verarbeitung und Abspeicherung von Daten wird lokal auf einem Rechner vorgenommen, wodurch zeit- und kostenintensive Zugriffe auf entfernte Rechner vermieden werden können. Das führt schließlich zur Unabhängigkeit der individuellen Teilsysteme, wodurch wiederum deren Autonomie erhöht wird. Lokales Zugriffsverhalten und Autonomie erhöhen die Leistungsfähigkeit der Komponenten eines verteilten Systems, da Rechenaufwand für die Abwicklung aufwendiger verteilter Kommunikationsprotokolle vermieden werden kann.

Verfügbarkeit: Durch die Verteilung einer Anwendung auf mehrere Rechner hat der Ausfall eines einzelnen Rechners keine so katastrophalen Auswirkungen wie im zentralisierten Fall. Die von einem Rechnerabsturz betroffenen Anwendungen können bei geeigneter Replikation von Daten und Programmen auf alternative Ressourcen zurückgreifen, so daß eine Fortführung dieser Anwendungen trotz der Fehlersituation möglich wird. Die Verfügbarkeit des Gesamtsystems ist somit wesentlich höher als die Verfügbarkeit eines zentralisierten Systems. Alle nicht kollabierten Komponenten eines verteilten Systems können nahezu ungestört ihre Bearbeitung fortsetzen. Die Leistungsfähigkeit des gesamten Systems wird insgesamt geringfügig abnehmen, da die fehlerfrei arbeitenden Rechner die Arbeitslast des ausgefallenen partiell übernehmen. Dieses Phänomen nennt man 'graceful degradation'. Es besagt, daß die Gesamtleistung des Systems durch einen Fehler nicht schlagartig herabgesetzt, sondern lediglich moderat dekrementiert wird.

Es lassen sich noch weitere vorteilhafte Eigenschaften verteilter Systeme anführen, wie beispielsweise

- der einfachere Systementwurf aufgrund des schrittweise durchführbaren Aufbaus des Systems (modulare Systemstruktur),
- die gemeinsame Nutzung von Ressourcen (Dienstprogramme, Übersetzer, etc.) und
- die mögliche Lastverteilung.

Für diese Arbeit sind hauptsächlich die zuerst genannten Aspekte Flexibilität, Lokalität und Verfügbarkeit von Interesse. Ob ein verteiltes System überhaupt die eben vorgestellten Anforderungen erfüllen kann, hängt größtenteils von seiner modularen Struktur ab.

Neben den Vorteilen eines verteilten Systems sollen aber auch die Nachteile einer solchen Systemarchitektur betrachtet werden. Die folgenden drei Phänomene bereiten der Realisierung und der Anwendung eines verteilten Systems große Schwierigkeiten:

Konsistenz: Um lokale Zugriffe zu gewährleisten, müssen in verteilten Systemen Daten und Programme repliziert werden. Bei der Modifikation eines replizierten Datums entsteht das Problem, die verschiedenen Ausprägungen des Datums in geeigneter Weise zu behandeln (Datenkonsistenz). Sie müssen beispielsweise in einem atomaren Rechenschritt auf allen Systemen gleichzeitig bearbeitet werden. Aus dieser Forderung leiten sich häufig komplexe, rechnerübergreifende Modifikationsoperationen ab. Aufwendige Protokolle (z.B. das verteilte Zwei-Phasen-Freigabe-Protokoll) müssen für die Koordination der verteilten Operationen herangezogen werden.

Heterogenität: Oftmals weisen verteilte Systeme eine sehr heterogene Struktur auf, d.h. sie setzen sich aus Teilsystemen zusammen, deren Komponenten sich in ihrer Rechnerarchitektur oder in den Betriebssystemen, Datenverwaltungssystemen oder Kommunikationssystemen fundamental voneinander unterscheiden. Diese Situation ist vor allem dann anzutreffen, wenn verteilte Systeme auf bereits vorhandene Hard- und Softwarekomponenten aufsetzen. Das Erreichen eines gewissen Grads an Kompatibilität bzw. die Schaffung von Transparenz[1] ist ein wichtiges und problembehaftetes Ziel bei der Realisierung verteilter Systeme.

[1] In dieser Arbeit wird der Begriff 'Transparenz' in der angloamerikanischen Interpretation verwendet; er bedeutet hier 'Verbergen von Details'.

Sicherheit: Je größer die räumliche Distanz zwischen den Komponenten eines verteilten Systems ist, desto schwieriger ist das System gegenüber illegalem Zugriff zu sichern. Dies liegt vor allen daran, daß Kommunikationsverbindungen relativ einfach von unberechtigten Stellen 'abgehört' werden können. In einem solchen Fall hilft nur die Verschlüsselung der zu übermittelnden Daten mit Hilfe von kryptographischen Funktionen, was allerdings einen zusätzlichen Arbeitsaufwand darstellt.

Ein weiteres Sicherheitsrisiko beim Einsatz eines dezentralisierten Systems stellt die schwer durchführbare Sicherung der Einzelkomponenten dar. Im Gegensatz zum zentralisierten Rechenzentrum, das komplett in einem abgesicherten Gebäudekomplex untergebracht werden kann, ist im allgemeinen diese Sicherungsmaßnahme bei verteilten Systemen aus Kostengründen nicht oder nur eingeschränkt anwendbar.

Die Liste der Problembereiche verteilter Systeme ließe sich noch um weitere Punkte verlängern. Darauf wird aber an dieser Stelle verzichtet, da die drei skizzierten Kriterien die für diese Arbeit wichtigsten Aspekte beinhalten. Zum Abschluß der Diskussion von Vor- und Nachteilen verteilter Systeme soll die Kostenfrage in einer dezentralisierten Umgebung erörtert werden, deren Beurteilung in der Fachliteratur sehr divergiert. Kosten werden sowohl als ein Argument für verteilte Systeme ([LaPS 83], [PaSi 85]) wie auch als ein Argument gegen verteilte Systeme ([Gray 83], [ChCH 80]) herangezogen. Sicher werden durch verteilte Systeme Übertragungskosten eingespart, weil die lokale Bearbeitung von Anwendungen unterstützt wird. Allerdings stehen dieser Einsparung erhöhte Kosten für die Ausbildung des dezentralisiert einzusetzenden Personals (Bedienung bzw. Wartung der lokalen Systeme), höhere Kosten für zusätzlich benötigte räumliche Kapazitäten und höhere Kommunikations- und Protokollkosten gegenüber. Es soll jedoch keine Wertung der Kostenfrage im Zusammenhang mit der Diskussion um Zentralisierung bzw. Dezentralisierung von Rechnersystemen abgegeben werden, sondern lediglich darauf hingewiesen werden, daß eine allgemeingültige Aussage in diesem Zusammenhang nicht möglich ist. Entscheidungsmodelle, die Hinweise für die (De-)Zentralisierung von Rechneranwendungen geben, werden am Ende dieses Kapitels betrachtet; sie erlauben eine fallspezifische Bewertung der Kostenfrage.

Gegenstände der Verteilung

Eine allgemeine Diskussion von Rechnersystemen muß zumindest auf zwei Ebenen durchgeführt werden. Einerseits sind allgemeine Fragen bezüglich des Systemmanagements von Interesse; andererseits müssen Problemkreise, die das technische System betreffen, behandelt werden. Überträgt man diese Zweiteilung auf den Bereich der verteilten Systeme, so lassen sich die für eine Verteilung relevanten Objekte folgendermaßen aufgliedern:

Im Hinblick auf die Verwaltung verteilter Systeme ist zu entscheiden, ob der Systementwurf an zentraler Stelle durchgeführt wird, oder ob lokal entstandene Teilentwürfe synthetisiert werden. Eine ähnliche Problematik stellt sich bei den Bereichen Systemimplementierung bzw. Anwendungsentwicklung. Darüber hinaus ist festzulegen, ob die Wartung und Instandhaltung verteilter Systeme von einem zentralen Organ oder von dezentralen Stellen zu übernehmen ist bzw. inwiefern sich zentrale und lokale Einrichtungen bei dieser Aufgabe koordinieren.

Die zentrale, das technische Systeme betreffende Frage bezieht sich auf die räumliche Anordnung und Verteilung der Rechnerhardware. Entscheidend für das Profil eines verteilten Systems ist außerdem die Verteilung der Kontrolle. Hier stehen sich zwei konträre Ansätze gegenüber. Eine völlige Dezentralisierung der Kontrollfunktionen fördert die Autonomie der individuellen Teilkomponenten, während eine nur teilweise Verteilung der Kontrolle die Entstehung von in sich geschlossenen Teilsystemen bewirkt. Diese sind intern beispielsweise nach den Prinzipien einer 'Master-/Slave-Abhängigkeit' organisiert, d.h. ein übergeordneter Rechner kontrolliert die von ihm abhängigen Komponenten. Schließlich steht eine Entscheidung über die Funktions-, Daten- und Lastverteilung zur Debatte ([Wede 88a]). Dabei kann man bezüglich der Datenverteilung noch zwischen der Verteilung der eigentlichen Nutzdaten und der dazugehörigen Metadaten unterscheiden.

Begriffsklärung

Es folgt eine zusammenfassende Charakterisierung verteilter Systeme. Eine exakte Definition des Begriffs 'verteiltes System' wird unterlassen, da sie aufgrund der enormen Komplexität verteilter Systeme sicher unvollständig bleiben wird und insofern wenig hilfreich ist. Die variantenreichen Versuche einer Begriffsklärung, die sich teilweise sogar widersprechen, können der vielfältigen Fachliteratur entnommen werden ([ChCH 80], [Ensl 78], [LaPS 83]). Beispielsweise besteht nach Hofmann ([Hofm 87]) ein Mehrrechnersystem aus autonomen Rechnerknoten mit lokalem Arbeitsspeicher, die über ein Verbindungsnetzwerk gekoppelt sind. Wahlweise können einzelne Knoten als Multiprozessorsysteme ausgelegt sein. Von einem verteilten System spricht er dann, wenn die einzelnen Knoten zur Lösung von Aufgaben miteinander kooperieren. Die nachfolgend vorgestellten konstitutiven Merkmale charakterisieren den in dieser Arbeit verwendeten Begriff 'verteiltes System'.

System-Hardware:
Ein für unsere Zwecke geeignetes abstraktes Modell für die Hardwarestruktur eines Rechners besteht aus den in Abbildung 1-1 gezeigten Komponenten. Ein Prozessor realisiert Rechenwerk- und Leitwerkfunktionen. Er arbeitet mit

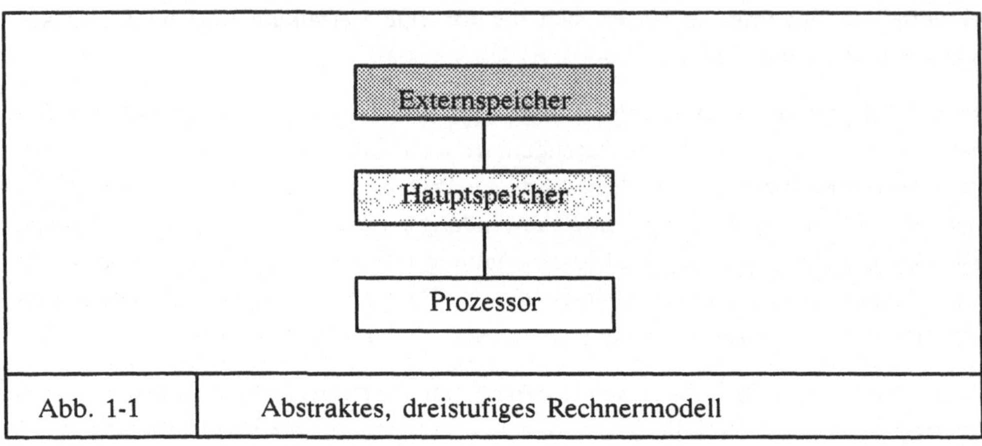

Abb. 1-1	Abstraktes, dreistufiges Rechnermodell

einer zweistufigen Speicherhierarchie zusammen, einem flüchtigen Hauptspeicher und einem permanenten Externspeicher. Im Sinne dieser Arbeit muß ein verteiltes System aus mehreren unabhängigen Prozessor-/Hauptspeichereinheiten bestehen. Allein eine Vervielfältigung von Prozessoren, was ein sogenanntes Multiprozessorsystem definiert, genügt den Anforderungen der hier vorgenommenen Charakterisierung nicht. Die Versorgung eines Prozessor-/Hauptspeicherblocks mit einem eigenständigen Externspeicher ist möglich, aber nicht notwendig. Demnach können sich mehrere Prozessor-/Hauptspeichereinheiten einen gemeinsamen Externspeicher teilen.

System-Software:
Neben der replizierten Hardware, die konstitutive Voraussetzung für den Aufbau eines verteilten Systems ist, gehört zu einem solchen System auch das mehrfache Vorhandensein von Systemsoftware. Dies bedeutet, daß zumindest ein Teil der Systemprogramme und -daten auf mehreren Rechnern des verteilten Systems abgelegt sind. Nur durch redundante Systemhardware und Systemsoftware sind die oben beschriebenen Vorzüge verteilter Systeme, erhöhte Flexiblilität, Lokalität und Verfügbarkeit, zu gewährleisten.

Kooperative Autonomie:
Der von Enslow ([Ensl 78]) geprägte Begriff der kooperativen Autonomie stellt eines der wichtigsten Merkmale verteilter Systeme dar[1]. Er setzt sich aus zwei Teilaspekten zusammen, deren erster, die Autonomie, die unabhängige Handlungsfähigkeit von Teilkomponenten postuliert. Allerdings wird zusätzlich die kooperative Zusammenarbeit gefordert. Dies soll ein integriertes Operieren im Gesamtsystem ermöglichen. Hierunter fällt z.B. die systemweite Definition von Kommunikationsprotokollen zwischen den einzelnen Systemele-

[1] Nehmer spricht von der arbeitsteiligen Kooperation ([Nehm 88]).

menten. Daneben erfordert dieses Charakteristikum die Existenz einer systemseitigen Kontrollinstanz, die Zugriff auf alle Komponenten des verteilten Systems ausüben kann. Zugleich soll diese globale Instanz, deren Kontrollsphäre bezüglich einer hierarchischen Sichtweise oberhalb der der lokalen Kontrollorgane liegt, ein bestimmtes Ausmaß an Transparenz unterstützen. Somit wird es einem Anwender ermöglicht, Systemdienste zu benutzen, ohne zu wissen, von welcher Teilkomponente des verteilten Systems diese zur Verfügung gestellt werden.

Modularität:
Die in dieser Arbeit behandelten verteilten Systeme sollen modular aufgebaut sein. Eine modulare Architektur ist Grundvoraussetzung für die oben vorgestellten Eigenschaften Flexibilität und Verfügbarkeit.

Kommunikation:
Die individuellen Komponenten des verteilten Systems kommunizieren miteinander durch den Austausch von Nachrichten. Dabei werden vordefinierte Protokolle eingehalten. Die Verständigung zwischen zwei Rechnern allein über einen gemeinsamen Speicherbereich wird als nicht ausreichend betrachtet.

Fehlen von 'globalem Wissen':
Der Mangel an globalem Wissen ist Ursache vieler schwerwiegender Probleme in einer verteilten Systemumgebung. Jede Teilkomponente kennt nur den eigenen Ausschnitt der Modellwelt. Dies ist darauf zurückzuführen, daß die Teilkomponenten des Systems lediglich durch den Austausch von Nachrichten miteinander kommunizieren, ansonsten aber die Kontroll- und Anwendungsdatenbestände von den lokalen Teilsystemen autonom verwaltet werden. Weil aber jede Transmission eine gewisse Zeit in Anspruch nimmt, zieht dies folgende Konsequenzen nach sich[1]:

- Zwei Subsysteme haben zu einem Zeitpunkt nie exakt die gleiche Sicht des Gesamtsystems.
- Die von einem Subsystem wahrgenommene Sicht des Gesamtsystems weist zum tatsächlichen Systemzustand immer eine gewisse Differenz auf.

Bei einem zentralisierten System besteht die Möglichkeit, den globalen Systemzustand jederzeit zu eruieren. Deshalb sind die in diesem Systemen anzuwendenden Verwaltungs- und Kontrollstrukturen prinzipiell anders aufgebaut als die in dezentralisierten Systemen. Letztere müssen das fehlende globale Wissen durch intelligente, verteilt ablaufende Mechanismen kompensieren.

[1] Es wird vorausgesetzt, daß im System ein Mindestgrad an Aktivität vorliegt.

Entscheidungsmodelle

Zum Abschluß dieses einleitenden Kapitels werden zwei Modelle vorgestellt, die Unterstützung bei der Entscheidung über die Zentralisierung bzw. Dezentralisierung eines Rechnersystems bieten. Solche Modelle können keine absolute Antwort auf die Zentralisierungs-/Dezentralisierungsfrage geben, sondern sollen lediglich die anstehende Entscheidung vorbereiten ([Mert 85]). Oftmals wird eine solche Entscheidung anhand einiger fundamentaler k.o.-Kriterien (z.B. Anschaffungskosten einer Datenverarbeitungsanlage, bestehende Organisationsstruktur) getroffen, die die vom Entscheidungsmodell vorgeschlagene Realisierungsform entwertet.

Das in sich geschlossenste und bekannteste Entscheidungsmodell bezüglich der Zentralisierung/Dezentralisierung eines Rechnersystems stellt das am MIT (Massachusetts Institute of Technology) entwickelte Rockart'sche Modell dar ([RoBL 77]). Wie von Norton ([Nort 72]) bereits vorgegeben, teilt Rockart das Informationssystem in drei Aufgabenfelder ein, die Systementwicklung, den Systembetrieb und das Systemmanagement. Individuell für jedes dieser disjunkten Aufgabenfelder ist eine Zentralisierungs-/Dezentralisierungsentscheidung zu treffen. Ferner spaltet Rockart ein Unternehmen orthogonal dazu in Teilbereiche auf; Teilbereiche sind Substrukturen eines Unternehmens, die potentielle Träger einer Datenverarbeitungsanlage sind. Als dritte, abermals zur bisherigen Untergliederung orthogonale Dimension wird die Partitionierung des Unternehmens in Funktionseinheiten betrachtet, die durch die traditionellen betriebswirtschaftlichen Funktionalbereiche (z.B. Vertrieb, Produktion) abgedeckt werden. Die drei eingeführten Dimensionen spannen einen Entscheidungsraum auf, der aus den sogenannten elementaren Entscheidungseinheiten besteht. Jede dieser Entscheidungseinheiten ist mit Hilfe eines Faktorentableaus im Hinblick auf ihr Zentralisierungs-/Dezentralisierungsverhalten zu bewerten. Diese Faktoren gliedern sich dabei in fünf Gruppen auf: Unternehmens-Grundorganisation, Aufgaben/Stellung der organisatorischen Einheiten, bisherige Datenverarbeitungsorganisation, Art der Datenverarbeitungsaufgaben (systemorientiert), Art der Datenverarbeitungsaufgaben (anwendungsorientiert). Die durchgeführten Untersuchungen geben Aufschluß über den anzustrebenden Zentralisierungs- bzw. Dezentralisierungsgrad einer elementaren Entscheidungseinheit. Basierend auf den Teilentscheidungen kann eine Entscheidung für die kompletten Aufgabenfelder abgeleitet werden.

Das zweite vorzustellende Entscheidungsmodell, das von Akoka ([Akok 82]) publiziert ist, wird zu einem großen Teil durch das Rockart'sche Modell motiviert bzw. geprägt. Allerdings zeigt Akoka einige gravierende Mängel des Rockart'schen Ansatzes auf, die er in seinem Vorschlag zu eliminieren versucht. Nach Akoka ist am Rockart'schen Modell vor allem zu kritisieren, daß

- jegliche quantitative (Be-)Wertung der Entscheidungsfaktoren fehlt,
- kein Zentralisierungs- bzw. Dezentralisierungsgrad abzuleiten ist,
- keine Kostenbetrachtung eingeht und
- eine nicht gerechtfertigte Gleichbehandlung der diversen Aufgabenfelder vorgenommen wird.

Das Modell von Akoka ist wie folgt aufgebaut ([Akok 78]). Er unterteilt ebenso wie Rockart das Informationssystem in die drei Bereiche Systementwicklung, Systembetrieb und Systemmanagement. Für jeden Bereich wird eine unabhängige Zentralisierungs-/Dezentralisierungsentscheidung getroffen. Der Vorgang der Entscheidungsfindung ist allerdings bereichsspezifisch. Der Systembetrieb wird anhand eines Optimierungsmodells bearbeitet, da hier quantifizierbare Kostenargumente leicht zu bestimmen sind. Eine Zielfunktion, die die Kosten für Rechnerhardware, Datenbanksoftware, Installation der Kommunikationsverbindungen, Speichereinheiten für Daten und Programme und Kommunikationskosten umfaßt, wird unter Berücksichtigung verschiedener fundamentaler Bedingungen optimiert (z.B. mindestens einmalige Ablage eines Programms in einer Speichereinheit). Ergebnis dieser Berechnung sind Informationen über Rechnerkapazitäten, Daten- und Programmverteilung und Kommunikationsstrukturen bzw. -verbindungen.

Ein anderer Ansatz wird bei der Zentralisierungs-/Dezentralisierungsentscheidung im Bereich Systementwicklung verfolgt. Dieser Sektor wird in vier Untersektoren aufgespalten: funktioneller Entwurf, Spezifikation, Implementierung und Wartung. Jeder der Subsektoren wird anhand von für den Entwicklungsbereich spezifischen Faktoren bewertet (z.B. aktuelle Organisation der Entwicklergruppe, Spezialisierung der Entwicklergruppe, Grad der Interaktion der Teilanwendungen). Die Gesamtbetrachtung der Bewertung eines Untersektors gibt schließlich Aufschluß über dessen Zentralisierungs-/Dezentralisierungschance.

Ein für die Zentralisierungs-/Dezentralisierungsfrage des gesamten Unternehmens entscheidender Einfluß wird dem Systemmanagement zugesprochen. Innerhalb dieses Bereichs wird für die Entscheidung ein normativer Ansatz angewandt. Prinzipielle, für das betrachtete Unternehmen unbedingt einzuhaltende Regeln sind zu beachten, welche grundsätzlichen Einfluß auf die Entscheidungsfrage ausüben. Beispielsweise ist ein sehr kleiner Betrieb für eine Dezentralisierung ungeeignet, während ein aus selbständigen Subunternehmen aufgebauter Konzern für eine Verteilung des Systemmanagements prädestiniert erscheint.

Die in diesen einleitenden Ausführungen erwähnten Aspekte verteilter Systeme sind hauptsächlich aus der Sicht der Anwendung beleuchtet worden. Im nächsten Kapitel wird anhand von vier Fallbeispielen gezeigt, wie die Modellierung einer Anwendung durch ein verteiltes Rechnersystem gestaltet werden kann.

2 Anwendungen in verteilten Systemen

Gegenstand dieses Kapitels ist die pragmatische Herleitung von Anforderungen an Konzepte für die Datenverwaltung in verteilten Rechnersystemen. Dazu werden zunächst vier ausgewählte Applikationen vorgestellt, wobei besonders die für die Datenverwaltung interessanten, anwendungsspezifischen Charakteristika hervorgehoben werden. Im Kapitel 2.2 erfolgt die datentechnische Interpretation der aus den Fallstudien gewonnenen Erkenntnisse.

2.1 Fallstudien verteilter Systeme

In diesem Abschnitt erfolgt die exemplarische Darstellung von vier verteilten Anwendungen. Die ersten beiden Fallstudien sind dem technischen Bereich zuzuordnen. Zuerst wird das Steuerungssystem eines Flexiblen Fertigungssystems vorgestellt; anschließend wird die rechnergestützte Kontrollkomponente eines Stahlwerks betrachtet. Die restlichen beiden Applikationen sind dem kaufmännischen Anwendungsfeld entnommen. Zunächst wird das Betriebsgeschehen der DATEV eG (Datenverarbeitungsorganisation des steuerberatenden Berufs in der Bundesrepublik Deutschland, eingetragene Genossenschaft) analysiert. Danach erfolgt die Darstellung der Informationsstruktur und des Informationsflusses in einer Reisebürokette.

Die vier Fallbeispiele wurden ausgewählt, da sie typische Vertreter von Anwendungen des technischen bzw. kaufmännischen Bereichs sind. Sie decken ein weites Spektrum der üblicherweise in diesen Anwendungsbereichen vorzufindenden Anforderungen an die Datenverwaltung ab.

2.1.1 Das Kontrollsystem eines Flexiblen Fertigungssystems

In diesem Fallbeispiel wird das rechnergestützte Steuerungs- und Kontrollsystem eines Flexiblen Fertigungssystems vorgestellt. Die nachfolgende Beschreibung bezieht sich zum größten Teil auf die im fertigungstechnischen Forschungslaboratorium AMRF (Automated Manufacturing Research Facility) des NBS (National Bureau of Standards), Center for Manufacturing Engineering, konzipierte und realisierte

Modellfabrik ([JoMc 86], [McBr 86]). Diese dient sowohl dem NBS als auch der Industrie, Universitäten und (amerikanischen) Regierungsinstituten als Testumgebung für die Entwicklung und Erprobung neuer Standards auf dem fertigungstechnischen Sektor sowie der Evaluierung neuer Konzepte für das Meß- und Qualitätsprüfungswesen. Die aktuelle Konfiguration dieser Modelleinrichtung ist schematisch in Abbildung 2-1 dargestellt.

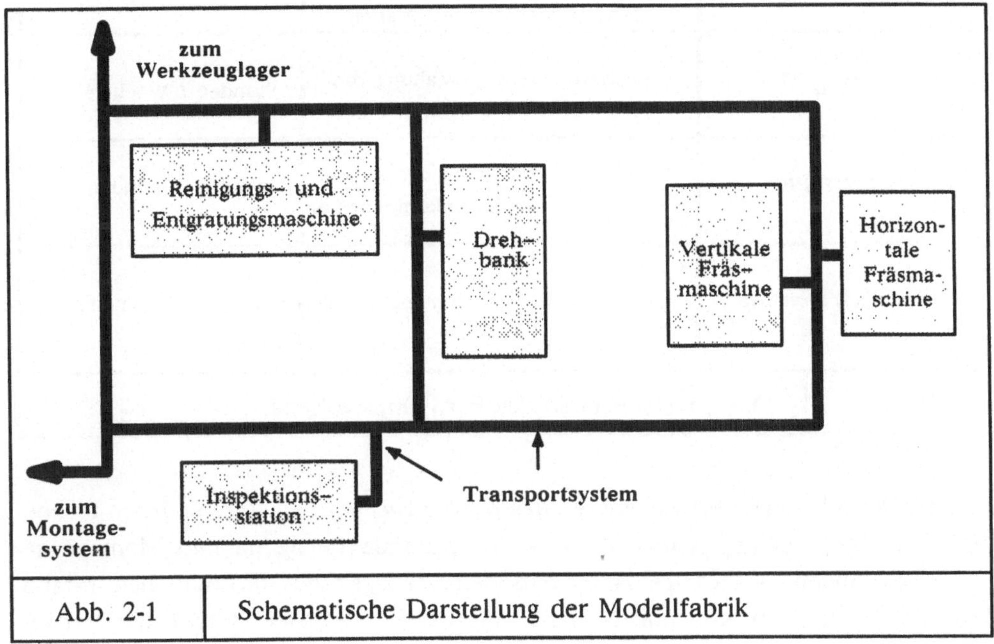

Abb. 2-1	Schematische Darstellung der Modellfabrik

Die dieses Fertigungssystem steuernde Kontrollkomponente ist in fünf Hierarchieebenen unterteilt (Abbildung 2-2), wobei jeweils benachbarte Stufen miteinander kommunizieren. Für langfristige Entscheidungen, deren Effekte über Monate bzw. Jahre zu erkennen sind, ist die oberste Komponente der Steuerungshierarchie, die Fabrikebene, verantwortlich. Ihr fällt die technologische Fertigungsplanung zu, die ihrerseits noch in die Teilbereiche Konstruktion (CAD: **C**omputer **A**ided **D**esign) und Prozeßplanung (CAP: **C**omputer **A**ided **P**lanning) verfeinert werden kann. Die ebenfalls auf Fabrikebene realisierte Produktionsplanung und -überwachung beinhaltet unter anderem die Auftragsüberwachung, die Materialbedarfsplanung, die Kapazitätsterminierung und die Qualitätsüberwachung. Schließlich ist auf dieser höchsten Hierarchiestufe ein Informationssystem installiert, das u.a. die Aufgabenbereiche Personalplanung und Materialdisposition unterstützt. Zusammenfassend kann man der Fabrikebene die Funktionalität eines klassischen PPS-Systems (**P**roduktions-Planungs- und **S**teuerungssystem) zusprechen ([Mert 88]).

Ebene	Aufgabenbereiche	Planungshorizont
Fabrik	technologische Fertigungsplanung Produktionsplanung u. -überwachung Informationssystem	Monate / Jahre
Produktionsbereich	Generierung und Verwaltung von Fertigungsaufträgen dynamische Zellkonfiguration	Wochen / Monate
Zelle	Generierung und Verwaltung von Arbeitsschritten (Fertigungsaktionen)	Stunden / Wochen
Arbeitsstation	Abarbeitung von Fertigungsaktionen Koordination der Einzelkomponenten	Minuten / Stunden
Einzelkomponente	Steuerung der Einzelkomponenten	Sekunden / Minuten

Abb. 2-2 Die Kontrollebenen des Fertigungsbetriebs

Auf der Produktionsbereichsebene ist das Kontrollsystem der verschiedenen technologischen Teilbereiche, repräsentativ seien spanende Fertigung und Montage genannt, zu finden. Allerdings ist gemäß den vorliegenden Informationen (Stand: Frühjahr 1988) beim NBS nur der Fertigungsbereich realisiert. Neben der Verwaltung der Fertigungsaufträge, die auf dieser Ebene unter Berücksichtigung der Gruppentechnologie generiert werden, erfolgt die dynamische Konfiguration der Fertigungszellen. Der zeitliche Planungshorizont dieser Kontrollschicht erstreckt sich über Wochen bis hin zu Monaten.

Komplett zusammengestellte Fertigungsaufträge werden der Verwaltungsebene der virtuellen Zellen übergeben ([McBH 82]). Hier erfolgt die Aufspaltung von Fertigungsaufträgen in einzelne Arbeitsschritte (Fertigungsaktionen), welche an die den Zellen zugeordneten Maschinen übergeben werden ([WeZö 87]). Die Zellebene überwacht die Durchführung der Arbeitsschritte in den Fertigungsmaschinen. Auf der Zellebene werden demnach die eher kurzfristigen Planungsaufgaben durchgeführt, die sich im Bereich von Stunden bzw. Tagen bewegen. Der modulare Aufbau des Flexiblen Fertigungssystems ist besonders an der Konzeption der virtuellen Zellen zu erkennen. Die einzelnen Bearbeitungszellen sind so konzipiert, daß sie im Falle eines Fehlers im übergeordneten Kontrollsystem (Produktionsbereichsebene, Fabrikebene) oder in einer anderen Fertigungszelle autonom weiterarbeiten können. Somit erhöht sich die Ausfallsicherheit des Gesamtsystems, da die Fehlerausbreitung durch das Zellkonzept eingeschränkt wird.

Auf der unterhalb der Zellebene liegenden Schicht werden die Arbeitsstationen verwaltet. Eine Arbeitsstation setzt sich aus Elementen der verschiedenen Gerätetypen wie Fertigungsmaschinen, Roboter, Puffer und Transportvorrichtungen zusammen. Die Koordination dieser Teilkomponenten ist Hauptaufgabe der Kontrollschicht 'Arbeitsstation'. Typische Aktionen dieser Komponente sind das Auf- und Abrüsten der Fertigungsmaschinen, die Werkstückzu- und -abfuhr sowie die Beseitigung von Abfallprodukten (z.B. Späne). Der Dispositionszeitraum der Arbeitsstationsschicht bewegt sich nur noch im Bereich von einigen Minuten bzw. Stunden.

Noch kürzere Planungsphasen weist die Einzelkomponentenebene auf (Millisekunden bis Minuten). Hauptaufgabe dieser Kontrollschicht ist die Übernahme der Ablaufkontrolle in den einzelnen Maschinen.

Für die Realisierung der Datenverwaltung in einem Flexiblen Fertigungssystem ist von Interesse, wie die Kommunikation zwischen den Kontrollebenen des Systems organisiert ist. In Abbildung 2-3 ist der Informationsfluß zwischen den Schichten der Kontrollhierarchie dargestellt. Jede Ebene der Kontrollhierarchie erhält von der ihr übergeordneten Ebene Aufträge, die sie zu verarbeiten hat. Statusmeldungen, die den aktuellen Bearbeitungszustand beschreiben, werden an die beauftragende Ebene zurückgemeldet. Die Besonderheit der Steuerungskomponente eines technischen Systems liegt darin, daß beliebigen Ebenen der Kontrollhierarchie direkt aus dem technischen Prozeß heraus über Sensorsignale Zustandsmeldungen vermittelt werden können (Abbildung 2-3). Die eigentliche Steuerung des technischen

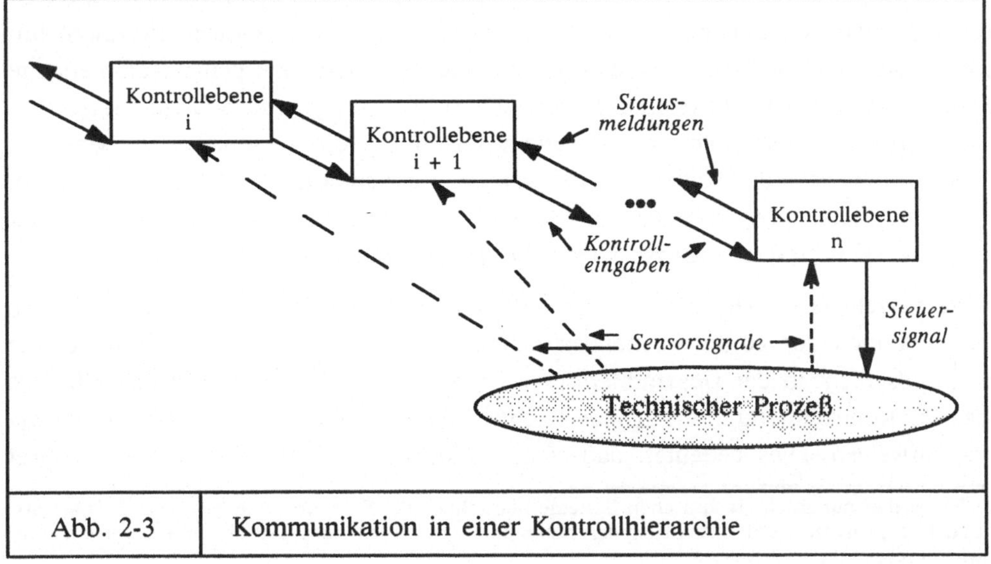

Abb. 2-3	Kommunikation in einer Kontrollhierarchie

Prozesses übernimmt die unterste Kontrollschicht, die für die darüberliegenden Schichten die Details des technischen Prozesses transparent hält. Man kann das gerade eingeführte Modell der Steuerungskomponente eines Flexiblen Fertigungssystems universell interpretieren und abstrakt von einem Modell der Steuerungskomponente eines technischen Systems sprechen. Naheliegend ist beispielsweise die Übertragung der Konzepte auf das Kontrollsystem einer Montageanlage[1].

Im Anschluß an die funktionelle Beschreibung der Vorgänge in einem Flexiblen Fertigungssystem werden nun die Auswirkungen auf die Datenverwaltung in diesem spezialisierten verteilten Rechnersystem dargestellt. Die für die einzelnen Ebenen spezifischen zeitlichen Randbedingungen sind bereits erwähnt worden. Es stellt sich heraus, daß auf den oberen Schichten Funktionen ablaufen, die einen Planungszeitraum von einigen Monaten umfassen; auf der untersten Ebene reduziert sich dieser auf einige (Milli-)Sekunden. Der Begriff 'Planungszeitraum' nimmt in diesem Zusammenhang eine doppelte Bedeutung ein. Neben dem Zeitraum, für welchen durchzuführende Entscheidungen relevant sind, muß auch der Zeitraum, in welchem eine Komponente auf ein Ereignis reagieren muß, beachtet werden. Auf den oberen Kontrollebenen ist der Reaktionszeitraum noch relativ unkritisch, während er sich vor allem auf der untersten Steuerungsschicht als äußerst problematisch herausstellt. Hier sind Entscheidungen aufgrund des engen Kontakts zum mechanischen Prozeß möglichst in 'Echtzeit' zu treffen. Eine verzögerte Reaktion gerade auf den tieferen Schichten kann zu Komplikationen im Herstellungsprozeß führen (z.B. Zerstörung von Geräten oder Werkstücken).

Abbildung 2-3 verdeutlicht, daß jeweils benachbarte Ebenen der Steuerungshierarchie eng zusammenarbeiten. Dies zeigt sich auch darin, daß sie auf gleiche Daten zugreifen (Auftrags- bzw. Statusdaten). Zieht man in Betracht, daß im Regelfall die verschiedenen Ebenen der Kontrollhierarchie auf eigenständigen Rechnern implementiert sind, so ist die Frage zu klären, wie der Zugriff auf gemeinsam benutzte Daten realisiert wird. Prinzipiell bieten sich zwei Lösungsstrategien für dieses Problem an. Repliziert man die relevanten Daten für die verschiedenen Benutzer, so können sie jeweils lokal verarbeitet werden. Verzichtet man auf Datenreplikation, was eine Reihe von Konsistenzproblemen vermeidet, kann der Datenzugriff nur durch kosten- und zeitintensive Netzoperationen realisiert werden.

Eine eingehende Analyse des vorgestellten Fallbeispiels zeigt weiterhin, daß sich das Volumen der zu verarbeitenden Daten um so mehr vergrößert, je höher die Kontrollschicht in der Gesamthierarchie angesiedelt ist. Nicht zuletzt deshalb wird das die Kontrollhierarchie tragende Rechnersystem einen sehr heterogenen Charakter aufweisen. Dies bedeutet, daß sich die individuellen Rechner sowohl in ihrer

---

[1] Es werden nur solche technischen Systeme betrachtet, die Stückprozesse bearbeiten. Chargier- und Fließprozesse werden nicht explizit behandelt, obwohl sie zum Teil ähnliche Eigenschaften wie Stückprozesse aufweisen.

Hardware (z.B. Rechen- und Speicherkapazität) als auch in ihrer Software (z.B. Betriebssystem, Datenverwaltungssystem) stark unterscheiden ([KSLM 87]). Dem Entwickler eines komplexen verteilten Systems, wie es die Kontrollkomponente eines technischen Systems darstellt, soll diese Heterogenität so weit wie möglich verborgen bleiben, um in effizienter Weise das Anwendungssystem entwickeln und bedienen zu können. Erforderlich ist hierzu die Einrichtung einer einheitlichen Schnittstelle für die Datenhaltung in allen Komponenten des verteilten Systems unabhängig vom lokal vorhandenen Datenhaltungssystem. Diese Vorgehensweise erleichtert außerdem die Verwaltung aller im verteilten System benötigten Daten von einer globalen Komponente aus. Somit kann auch die Datenkonsistenz im gesamten System besser überwacht werden. Gerade im technischen Umfeld kann eine Konsistenzverletzung zu schwerwiegenden Fehlern in der technischen (Fertigungs-)Anlage führen, die nur unter enormem Kosten- und Zeitaufwand behoben werden können.

2.1.2 Die Prozeßsteuerung in einem Stahlwerk

Das nun folgende Beispiel stellt die rechnergestützte Planungs- und Kontrollkomponente eines Stahlwerks vor. Diese Fallstudie wurde von Baker in [Bake 80] und [Bake 83] beschrieben. Im Mittelpunkt der Erörterungen steht die Frage nach der Autonomie der Teilsysteme eines komplexen verteilten Systems. Baker postuliert, daß nur die Autonomie der individuellen Teilnehmer ein effizientes Arbeiten in einer dezentralisierten Umgebung ermöglicht. Deshalb müssen Abhängigkeiten zwischen den Knoten eines Rechnersystems so gering wie möglich gehalten werden. Da die in einem verteilten System ablaufenden Teilapplikationen insgesamt einer einzigen Gesamtanwendung zugeordnet sind, ist die vollständige Isolation eines Knotens von seinen Nachbarn nicht realisierbar. Baker definiert die Abhängigkeit zwischen zwei Teilsystemen eines Rechnerverbundes folgendermaßen ([Bake 83, S. 184]):

> "Internodal dependencies arise when an application program at one node requires application data from one or more remote nodes, in addition to its local data."

In dieser Definition wird der Abhängigkeit eine Richtung zugeordnet. Die Gesamtabhängigkeit zweier Knoten wird demnach durch zwei gerichtete Teilabhängigkeiten festgelegt[1].

Die Stahlproduktion erfolgt in dem von uns betrachteten Hüttenwerk in zwei Phasen. Im ersten Herstellungsabschnitt wird aus geschmolzenem Roheisen, Stahlschrott

---

[1] Anwendungsprogramme, die am selben Rechner ablaufen, greifen auf einen gemeinsamen Datenbestand zu.

und anderen Rohmaterialien in einem Hochofen Rohstahl produziert. Nach diversen Veredelungsprozessen resultiert als Endprodukt des ersten Herstellungszyklus ein Stahlstrang, der in etwa 17 Tonnen schwere Blöcke der Länge 6 m, der Breite 2 m und einer Dicke von 0,3 m aufgespalten wird. In einem zweiten Arbeitsabschnitt werden aus diesem Zwischenprodukt im Walzwerk schließlich Stahlplatten (Länge: 20 m; Breite: 4 m; Dicke: 0,005 m) geformt.

Die Gesamtanwendung setzt sich aus 16 Einzelanwendungen zusammen. Das den Produktionsvorgang kontrollierende Programmsystem setzt sich aus 271 Batchprogrammen und 284 (dialogorientierten) Transaktionsprogrammen zusammen, die auf insgesamt 40 (IMS-)Datenbanken zugreifen. Pro Tag werden etwa 37.000 Datenbank-Transaktionen abgewickelt.

Baker unterteilt den Gesamtprozeß in disjunkte Teilprozesse. Ein primäres Unterscheidungskriterium ist die Zugehörigkeit zur ersten Produktionsphase, der Erzeugung des Rohstahls, oder zur zweiten Phase, der Herstellung der Stahlplatten. Innerhalb der beiden Kategorien ist zu entscheiden, ob eine Teilanwendung einen mehr dispositiven oder operativen Charakter aufweist. Darüber hinaus wird die Verwaltung von Kundenaufträgen in einem eigenständigen Subsystem vorgenommen. Schließlich können die operativen Aktionen der Roheisengewinnung noch in die Abschnitte Prozeßkontrolle, chemische Analyse und Prämienwesen aufgegliedert werden. Somit weist das Anwendungssystem 'Stahlwerk' die in Abbildung 2-4 dargestellte Struktur auf. In dieser Darstellung sind auch die zwischen den Teilkomponenten des Gesamtsystems vorzufindenden Abhängigkeiten zu erkennen (gerichtete Pfeile).

Die Struktur der Applikation legt die Verwendung eines eigenen Rechners pro Teilanwendung nahe. Die 40 Datenbanken und die 555 Batch- bzw. Transaktionsprogramme werden den in Abbildung 2-4 aufgeführten Subprozessen so zugeordnet, daß die Abhängigkeiten zwischen letzteren minimiert werden. Da eine vollständige Auflösung der Interdependenzen nicht erreichbar ist, muß man Möglichkeiten zur Modellierung dieser Verbindungen vorsehen. Prinzipiell bieten sich zwei Vorgehensweisen an: Datenkommunikation und Datenreplikation.

Beide Strategien sind sowohl mit Vorteilen als auch mit Nachteilen verbunden. Entscheidet man sich für die Datenkommunikation, so existiert jedes Datum nur genau einmal im Gesamtsystem. Anwendungen können lokal bzw. unter Verwendung eines Fernaufrufs auf dieses Datum zugreifen. Bei der Datenreplikation hält sich jede Teilanwendung (Teilsystem) ihre eigene Ausprägung eines benötigten Datums. Da beim ersten Realisierungsvorschlag jedes Datum nur genau einmal im System vorhanden ist, kann dessen Konsistenz und Aktualität ohne große Probleme aufrecht erhalten werden. Allerdings erhöhen sich die Kosten eines Datenzugriffs, da gegebenenfalls zeit- und kostenintensive Netzwerkoperationen gestartet

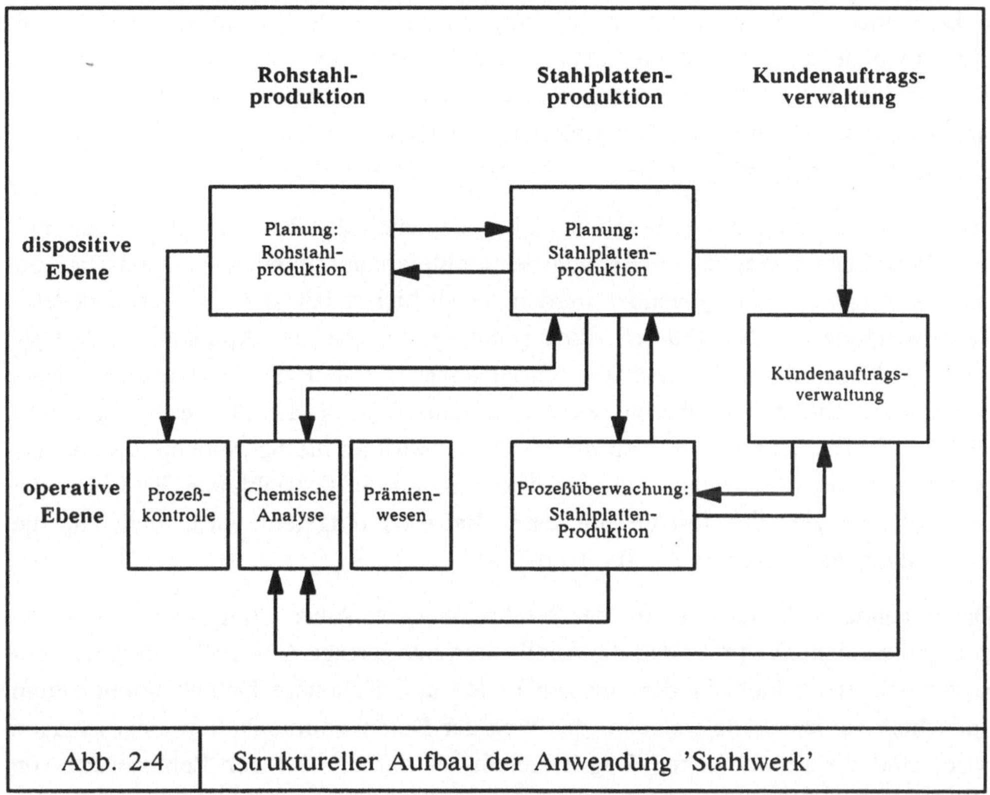

Abb. 2-4 Struktureller Aufbau der Anwendung 'Stahlwerk'

werden müssen. Daß sich das singuläre Datum bei erhöhten Zugriffsaktivitäten als Engpaß erweisen kann, muß außerdem beachtet werden.

Durch die Einführung von Datenreplikation werden zwar die zuletzt genannten Probleme vermieden, doch resultieren aus dem mehrfachen Vorhandensein eines Datums Konsistenzprobleme. Die einzelnen Kopien müssen entsprechend den Anforderungen der Anwendung aneinander angeglichen werden.

Baker bevorzugt prinzipiell keine der beiden vorgeschlagenen Strategien, sondern versucht beide optimal einzusetzen, indem er charakteristische Eigenschaften der Anwendung ausnutzt. Dadurch fallen in der jeweiligen Anwendungssituation die Nachteile einer Realisierungsalternative nicht ins Gewicht. In zwei ausgewählten Szenarien wird Bakers Lösungsansatz dargestellt.

Die Abhängigkeit der dispositiven und der operativen Ebene im Bereich der Rohstahlproduktion zeigt sich u.a. darin, daß beide Teilanwendungen auf die gleichen Auftragsdaten zugreifen müssen. Der gemeinsame Zugriff wird durch das Prinzip der Datenkommunikation realisiert. Daß dabei zeitintensive Netzzugriffe durchgeführt werden müssen, die die Kommunikation erheblich verzögern können, fällt in dieser speziellen Anwendungssituation nicht ins Gewicht. Die Planungskomponente berechnet die Auftragszahlen für eine zukünftige Bearbeitungsperiode; diese können vor Beginn einer neuen Arbeitsschicht von der Kontrollkomponente angefordert werden. Bei entsprechend frühzeitiger Nachfrage nach den neuen Werten ist eine langsame Kommunikationsverbindung zu tolerieren; die angeforderten Werte treffen trotzdem rechtzeitig bei der operativen Ebene ein.

Bei der Realisierung der Datenabhängigkeit zwischen den Komponenten 'Planung' und 'Prozeßüberwachung' im Bereich der Stahlplattenproduktion kann das Prinzip der Datenreplikation angewendet werden. Auch hier teilen sich zwei verschiedene Teilanwendungen Auftragsdaten. Eine genauere Analyse der Applikation zeigt jedoch, daß eine dieser Kopien als Schreibkopie, die andere als Lesekopie dient. Änderungen an der Schreibkopie werden periodisch an die Lesekopie durchgereicht ('Refresh'). Ein Schreibaufruf an die Lesekopie wird an die Schreibkopie weitervermittelt und dort verarbeitet. Daß eine Änderung an der Schreibkopie der Lesekopie erst nach einiger Zeit im Verlauf eines Refreshs mitgeteilt wird, stellt für die Anwendung kein (Konsistenz-)Problem dar.

Das folgende Resümee kann aus der Beschreibung des Anwendungsfelds 'Stahlwerk' gezogen werden: Dadurch, daß die Applikation nur geringe Ansprüche an die Datenkonsistenz[1] stellt, kann in den meisten Fällen auf die teuere Datenkommunikation verzichtet werden. Falls trotzdem der Weg der Datenkommunikation eingeschlagen wird, sind die relativ hohen Zugriffszeiten tolerierbar. Bei der Replizierung von Daten kann darüber hinaus das zeit- und rechenintensive, quasi-gleichzeitige Aktualisieren der Kopien in der Regel vermieden werden[2]. Baker fordert, daß diese teuren Operationen auf ein Minimum zu beschränken sind, weil sie die Effizienz des gesamten Systems in Frage stellen.

2.1.3 Die Datenverarbeitung in einem EDV-Dienstleistungsunternehmen

Das dritte Fallbeispiel beschreibt aus der Sicht der Datenverarbeitung die Arbeitsorganisation des EDV-Dienstleistungsunternehmens DATEV eG, das für seine etwa 28.000 Kunden (Steuerberater) sowohl EDV-Verarbeitungsleistungen anbietet als auch Software für diesen speziellen Anwendungsbereich zur Verfügung stellt ([RHPZ 87]).

---

[1] Unter der Konsistenz von Datenreplikaten wird hier die Gleichheit aller Ausprägungen des Datums verstanden. Werden Kopien nicht immer sofort, sondern erst nach einer gewissen Zeitspanne aneinander angeglichen, spricht man von einer abgeschwächten Konsistenzbeziehung zwischen den Ausprägungen eines Datums.

[2] "Thus all of the steel mill systems's HL and LL dependencies can be supported by data duplication functions that do not have near-instantaneous consistency facilities. ([Bake 83, S. 215])"

Die der hier betrachteten Anwendung zugrundeliegende Rechnerstruktur ist in Abbildung 2-5 dargestellt. Zentraler Knoten dieses Rechnernetzes ist das Rechenzentrum der DATEV, in dem umfangreiche Hard- und Software-Ressourcen zur Verfügung stehen. Die Kunden der DATEV sind in der Regel mit einem PC ausgestattet, der eine eingeschränkte Leistungsfähigkeit aufweist und nur geringe Daten- und Programmsicherheit gewähren kann. Ein charakteristischer Verarbeitungszyklus kann in drei Phasen untergliedert werden. Zunächst übermittelt ein Klient einen Auftrag zusammen mit den zugehörigen Kundendaten an das Rechenzentrum. Dort werden die Daten unverzüglich gesichert, da die Anforderungen an die Sicherheit und Zuverlässigkeit der Datenverarbeitung in diesem Anwendungsfeld extrem hoch sind. Im Rechenzentrum erfolgt die Verarbeitung der übertragenen Daten innerhalb eines Batch-Verarbeitungslaufs. Das berechnete Ergebnis wird in der dritten Bearbeitungsphase wieder zurück zum Kunden gesendet. In der momentanen Ausbaustufe des Systems spielt der PC des Kunden nur eine passive Rolle; er fungiert nur als Terminal für das zentrale Rechenzentrum. In nächster Zukunft soll die Funktionalität der PC's aber entscheidend erweitert werden, so daß der Anwender (Steuerberater) autonom auf seinem Rechner Verarbeitungsaufgaben abwickeln kann.

Sowohl in der derzeitigen Konstellation des verteilten Systems als auch in jeder zukünftigen bleiben einige konstitutive Randbedingungen zu berücksichtigen. Eine grundsätzliche Einschränkung der Kommunikationsmöglichkeiten zwischen dem zentralen Rechenzentrum und den geographisch weit verstreuten PC's entsteht dadurch, daß die Verbindung zwischen den Kommunikationspartnern nur zu bestimmten, vorher festzulegenden Zeitpunkten zur Verfügung steht. Konkret bedeutet dies für die Kommunikationsabläufe, daß tagsüber der Steuerberater dem Rechenzen-

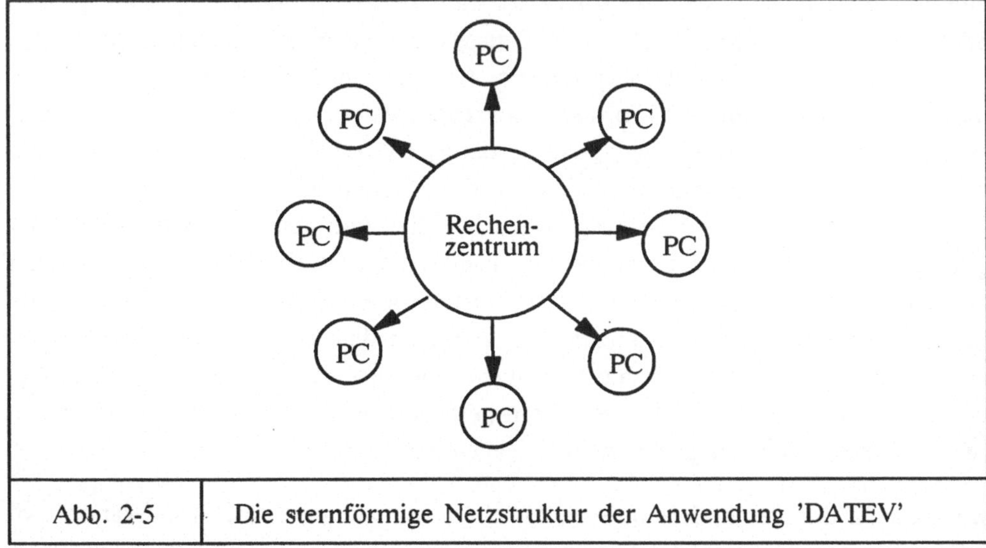

Abb. 2-5	Die sternförmige Netzstruktur der Anwendung 'DATEV'

trum die zu bearbeitenden Daten überträgt; während der Nachtstunden erfolgt die Rückübertragung der Ergebnisse durch das Rechenzentrum. Eine Verkomplizierung der Kommunikationsvorgänge entsteht darüber hinaus noch dadurch, daß unterschiedliche Transportmedien benutzt werden können. Beispielsweise kann die Datenübertragung über ein eingerichtetes Netzwerk auf elektronischem Wege geschehen; demgegenüber besteht aber auch die Möglichkeit, Datenträger (Magnetbänder, Disketten) in konventioneller Art auf dem Postweg zu versenden. Somit kann die diffizile Konstellation auftreten, daß im Rechenzentrum Daten in einer anderen Reihenfolge ankommen und damit zur Verarbeitung anstehen, als sie tatsächlich abgeschickt worden sind. Diese Situation muß in der Verarbeitungslogik berücksichtigt werden, um keine fehlerhaften Ergebnisse zu erhalten.

Die Erhöhung der Funktionalität der PC's in den Kanzleien der Steuerberater impliziert nicht, daß auf die Dienste des Rechenzentrums verzichtet werden kann. Prinzipiell sind einige Arbeiten nur im Rechenzentrum durchführbar, wie z.B. die Integritätsprüfung von berechneten Steuerdaten, bei welcher die Einhaltung umfangreicher Gesetzesvorschriften geprüft werden muß. Die Aufrechterhaltung der Aktualität dieser Texte ist nur im zentralen Rechenzentrum möglich. Sollte der Fall eintreten, daß eine lokal im PC vorgenommene Berechnung andere Ergebnisse liefert als eine im Rechenzentrum durchgeführte, so sollen aufgrund der höheren Qualität der Hard- und Softwarebausteine des Rechenzentrums die dort erzielten Ergebnisse als gültig betrachtet werden. Es wird demnach verlangt, daß die im Rechenzentrum durchgeführten Arbeiten höhere Priorität erhalten als die in den PC's vorgenommenen.

Die vorgestellten Systemrestriktionen werden nun aus der Sicht der Datenhaltung interpretiert. Die enormen Ansprüche an eine sichere Datenhaltung können zum Schluß verleiten, konventionelle Datenbanksysteme seien das geeignete Mittel für die Lösung dieses Datenhaltungsproblems. Aber sowohl zentralisierte als auch verteilte Datenbanksysteme sind in dieser speziellen Anwendungsumgebung nicht einsetzbar. Ein zentrales Datenbanksystem widerspricht der Forderung, einen möglichst hohen Grad an Autonomie für die PC's der Kunden zu gewährleisten. Bei der verteilten Datenbank wird vorausgesetzt, daß die Verbindung zwischen den integrierten Teilkomponenten zumindest im Prinzip ständig aufrecht erhalten werden kann. Dies ist ein krasser Gegensatz zur vorliegenden, nur für kurze Zeitintervalle bestehenden Kommunikationsmöglichkeit zwischen den PC's und dem Rechenzentrum. Außerdem kann die lokale Verantwortung für eine gesicherte Datenhaltung, die in einem verteilten Datenbanksystem gefordert wird, von den lokalen Kundenrechnern aus Kapazitätsgründen nicht garantiert werden.

Konsequenz der geschilderten Gegebenheiten ist, daß eine lose Kooperation zwischen den Datenhaltungssystemen auf den PC's und denen im Rechenzentrum die einzig gangbare Lösungsalternative darstellt. Ein solches kooperatives Gesamtsystem muß allerdings gewissen Anforderungen genügen. Die Kommunikation zwischen PC und Rechenzentrum muß von der Anwendung her initiierbar sein. Sie darf nur stattfinden, wenn dies von einer Applikation explizit gefordert wird, da nur so sichergestellt werden kann, daß auch das Kommunikationsmedium zur Verfügung steht (wir betrachten in diesem Fall nur die Kommunikation über elektronische Datenfernübertragung.). Da die Rechner der Kunden in der angestrebten Systemkonfiguration mehr als bisher bestimmte Aufgaben eigenständig bearbeiten sollen, ist künftig die Replikation von Daten notwendig, d.h. Daten werden zur lokalen Bearbeitung aus dem Datenbestand des Rechenzentrums in die Außenstellen transferiert. Das korrekte Zusammenführen der dabei generierten Datenkopien zu einem späteren Zeitpunkt muß vom Datenverwaltungssystem überwacht werden. Besonders interessant ist dabei der Konfliktfall, bei dem sowohl auf dem PC als auch im Rechenzentrum Modifikationen des Datums stattfinden. Hier ist eine Konfliktlösungsstrategie zu etablieren, die vor allem die höhere Priorität der Verarbeitungsvorgänge im Rechenzentrum berücksichtigt.

Schließlich muß eine Lösungsstrategie gefunden werden, wenn Datenmodifikationen in falscher zeitlicher Reihenfolge am Rechenzentrum ankommen. Dies beeinflußt wesentlich die Definition eines Konsistenzmodells für die im System verwalteten Daten ([RHPZ 87, S. 401]). Insbesondere wird davon der Begriff der Verarbeitungseinheit (im Sinne einer Transaktion bei Datenbanksystemen) des Systems tangiert. Entweder das System selbst oder der Benutzer müssen in einem solchen Konfliktfall eine geeignete Lösungsstrategie auswählen und initiieren. Letztendlich kann aus der Beschreibung der Rechnerumgebung dieser Anwendung geschlossen werden, daß ein brauchbarer Systemansatz berücksichtigen muß, daß sowohl Hard- als auch Software (insbesondere sind hier die unterschiedlichen Datenhaltungssysteme von Bedeutung) in der vorgegebenen Anwendungsumgebung sehr heterogen sein werden. Die Integration der unterschiedlichen Systeme unter einer globalen Kontrollinstanz muß das Ziel der Bemühungen sein.

2.1.4 Das Rechnerverbundsystem eines Reiseunternehmens

Die Reihe der Fallbeispiele schließt eine Studie der Datenverarbeitungsvorgänge in dem verteilten Rechnersystem eines Unternehmens der Touristikbranche ab ([CORN 85]). Die bei dieser Applikation anfallenden Daten sind zwei Gruppen zuzuordnen. Ein Großteil der Daten bezieht sich auf die freien, reservierten und belegten Übernachtungsmöglichkeiten im Einzugsgebiet der einzelnen Filialen. Daneben bilden Informationen über Verkehrsverbindungen (Bahn, Flugzeug, etc.) zwischen den erfaßten Orten den zweiten Datenpool. Für die Organisation der Datenverarbeitungsaufgabe bieten sich zwei konträre Vorgehensweisen an. Die vollständig zentralisierte Verwaltung der Gesamtdaten wird abgelehnt, da sie zu risikoreich ist; ein Fehler des Zentralrechners legt das komplette System lahm. Daher entscheidet man sich für die alternative Lösung. Die Daten werden verteilt auf den lokalen Rechnern gehalten. Jeder Rechner verwaltet seine lokalen Logistikdaten; darüber hinaus wird zumindest ein Teil der anfallenden Daten auch als Replikat auf anderen Rechnern gehalten. Somit können zumindest einfache Anfragen, die sich auf Informationen entfernter Lokationen beziehen, sehr effizient, da lokal, abgewickelt werden. Allerdings tritt durch die Einführung von Datenkopien ein diffiziles Problem ein, das anhand zweier Szenarios demonstriert wird.

Ein Kunde will eine Rundreise buchen. Dazu benötigt er Daten über Übernachtungsmöglichkeiten bzw. über noch nicht belegte Verkehrsverbindungen zwischen den Stationen seiner Reise. Im Idealfall kann die gesamte Information aus dem lokalen Datenbestand des beauftragten Reisebüros gezogen werden. Nach einer kurzen Überlegungsphase entschließt der Kunde sich für eine bestimmte Route und einen festen Termin. Als dies verbucht werden soll, stellt der Sachbearbeiter des Reisebüros fest, daß einige der vormals verfügbaren Übernachtungsmöglichkeiten bzw. Verkehrsverbindungen inzwischen anderweitig vergeben worden sind. Der gesamte Auswahl- und Entscheidungsvorgang muß neu begonnen werden.

In einem zweiten Szenario wollen verschiedene Kunden in unterschiedlichen Reisebüros zur gleichen Zeit beispielsweise dasselbe Zimmer buchen. Da jedes der betroffenen Reisebüros Kopien der entsprechenden Hoteldaten vorliegen hat, die jeweils besagen, daß das gewünschte Zimmer weder belegt noch reserviert ist, scheint jede der verschiedenen Buchungen erfolgreich abgeschlossen werden zu können. Ein durchzuführender Abgleich der in den Reisebüros durchgeführten Buchungsvorgänge deckt die Mehrfachbuchung auf; einige der vorgenommenen Reservierungen müssen zurückgezogen werden.

Ein geeignetes Lösungskonzept für die beschriebene Datenverarbeitungsaufgabe vermeidet die beiden unerwünschten Situationen der Szenarien. Dazu müssen Mechanismen bereitgestellt werden, die einen logischen Einbenutzerbetrieb auch bei einem replizierten Datenbestand erlauben. Dadurch ist gewährleistet, daß die Informationen, die ein Anwender aus seinen Datenkopien zieht, immer den aktuellsten Stand aufweisen. Die von ihm erfolgreich durchgeführten Modifikationen (z.B. Zimmerbuchung) werden außerdem sofort manifestiert, d.h. sie müssen nicht durch konkurrentes Ändern zu einem späteren Zeitpunkt zurückgesetzt werden. Das in der Fallstudie 2.4.2 noch tolerierbare verzögerte Durchreichen von Datenänderungen, das gleichzeitiges Modifizieren gleicher Daten durch verschiedene Benutzer ermöglicht, ist im Anwendungsfeld 'Reiseunternehmen' nicht angebracht. Zu viele Stornierungen wären die Folge einer solchen Vorgehensweise. Die Autonomie der einzelnen Rechner des Verbundsystems, was im Fallbeispiel 'Flexibles Fertigungssystem' ein zentrales Ziel darstellt, ist in dieser vierten Fallstudie nicht erwünscht. Um mit einem von Baker ([Bake 83]) geprägten Begriff diese Situation zu resümieren, besteht zwischen den Teilnehmern eines Rechnerverbunds in einem Reiseunternehmen eine maximale (Daten-)Abhängigkeit, die das simultane Propagieren von Änderungsoperationen bezüglich aller im System vorhandenen Datenkopien bedingt.

2.2 Interpretation der Fallbeispiele aus datenorientierter Sicht

Die im Kapitel 2.1 vorgestellten Fallbeispiele demonstrieren, daß verteilte Anwendungssysteme höchst unterschiedliche Ansprüche bezüglich ihrer Datenverwaltung aufweisen. Obwohl das Anforderungsspektrum noch um einige Aspekte erweitert werden könnte, lassen sich fundamentale anwendungsspezifische Eigenschaften ableiten, die die Datenverwaltung in einem verteilten System nachhaltig beeinflussen.

Die Verschiedenheit der Anforderungen in Bezug auf die Datenverwaltung läßt sicherlich den Schluß zu, daß kein 'Universalsystem' zu konzipieren ist, das für beliebige Anforderungsspektren geeignet ist. So erkennt man an den vier Fallbeispielen deutlich, daß auch die hoch eingeschätzten verteilten Datenbanksysteme nur eine kleines Spektrum von verteilten Anwendungen befriedigen können. In späteren Kapiteln werden sowohl für konventionelle Ansätze der Datenverwaltung in verteilten Systemen als auch für das in dieser Arbeit neu entworfene Datenverwaltungskonzept die spezifischen Charakteristika zusammengestellt. Aufgabe eines Systementwicklers ist es, aus der Vielzahl der angebotenen Systemkonzepte das für die jeweilige Anwendungssituation am besten geeignete System auszuwählen.

Mit der nachfolgenden Aufstellung von Einflußfaktoren bezüglich der Datenverwaltung in verteilten Systemen sollen einige wesentliche Problemkreise dieser umfangreichen Aufgabenstellung angerissen werden. Diese Liste erhebt zwar keinen Anspruch auf Vollständigkeit, stellt aber die in den Fallbeispielen herausgearbeiteten Aspekte angemessen dar. Auch sind die im einzelnen aufgeführten Diskussionspunkte nicht orthogonal; vielmehr herrschen zwischen einigen von ihnen strenge Abhängigkeiten vor.

Globale Kontrolle:
Unter dem Stichwort 'globale Kontrolle' soll die Definition einer das gesamte System umfassenden Kontrollinstanz gefordert werden. Wir spalten dazu die Datenverwaltungsaufgaben eines verteilten Systems auf in zwei Teilbereiche, die knoteninterne (lokale) Datenverwaltung und die knotenübergreifende (verteilte) Datenverwaltung. Für die Abwicklung der lokalen Datenverwaltungsaufgaben sind lokale Systeme zuständig. Da in einem verteilten System eine Gesamtanwendung zu realisieren ist, die alle Teilkomponenten des Systems berührt, sind

knotenübergreifende Datenzugriffe von großer Bedeutung. Diese können auf zwei verschiedene Arten organisiert werden. Zum einen kann man die Verantwortung für den Datenverkehr zwischen den Knoten vollständig dem Anwender (Anwendungsprogramm) überlassen. Dies ist allerdings eine unbefriedigende und riskante Vorgehensweise. Zunächst werden die Anwendungsprogramme mit übermäßig vielen, oftmals schematisch ablaufenden Arbeiten belastet. Außerdem stellt sich das Problem der Überprüfung der Vollständigkeit und Korrektheit der Austauschvorgänge. Deshalb erscheint es ratsam, diese Aufgaben dem Datenverwaltungssystem selbst aufzuerlegen. Der Anwender spezifiziert die durchzuführenden Arbeiten, und das System sorgt während des laufenden Betriebs für die korrekte Abwicklung der definierten Verhaltensregeln. Eine Konsistenzüberprüfung der spezifizierten Austauschaktionen (z.B. Test auf Widerspruchsfreiheit) kann schließlich bei dieser Alternative relativ unproblematisch durchgeführt werden.

Autonomie:
Unterschiedliche Anwendungen in einem verteilten System verlangen einen unterschiedlichen Grad an Autonomie der Teilsysteme. Diese Diskrepanz wird bei der Betrachtung der Fallbeispiele 2.1.2 und 2.1.4 offensichtlich. Unter dem Begriff 'Autonomie' wird zusammengefaßt, in welchem Ausmaß zwei Teilsysteme voneinander abhängig sind, d.h. inwieweit sie ihre Aufgaben durchführen können, ohne auf die Dienste des anderen angewiesen zu sein. Je unabhängiger die Knoten arbeiten können, desto höher wird ihre gegenseitige Autonomie bewertet. Die datentechnische Interpretation von Autonomie ist die gemeinsame Verwendung gleicher Daten von mehreren Teilkomponenten. Dabei ist entscheidend, welche Aktualität die Daten aufweisen müssen, die von mehreren Knoten gleichzeitig benutzt werden. Eine indirekte Proportionalität läßt sich unmittelbar ableiten. Je weniger Relevanz der Datenaktualität zugemessen wird, desto höher ist die Autonomie der Teilkomponenten. Bezogen auf die Anwendung 2.1.2 bedeutet dies, daß die Komponenten einen hohen Grad an Autonomie aufweisen, da auch ein Zugriff auf die nicht aktuellsten Versionen der Daten genügt. Dagegen ist Fallbeispiel 2.1.4 durch einen minimalen Grad an Autonomie ausgezeichnet, da nur die aktuellsten Datenwerte von Interesse sind.

Integration heterogener Systeme:
Einem Datenverwaltungssystem für eine verteilte Rechnerumgebung muß eine integrierende Funktion zugesprochen werden. Die auf den lokalen Knoten installierten Datenhaltungssysteme sind von diesem Globalsystem zu einer Einheit zusammenzufassen. Im Normalfall werden verteilte Systeme nicht völlig neu aufgebaut, sondern nachträglich aus bereits existierenden Teilsystemen zusammengestellt. Daß dabei ein breites Spektrum der verschiedenartigsten Systeme zu integrieren ist, ist die Konsequenz aus dieser a posteriori vorgenommenen

Konzeption des verteilten Systems. Die damit eingeführte Heterogenität der zu integrierenden Systeme muß bei der Konzeption eines verteilten Datenverwaltungssystems berücksichtigt werden. Beispielsweise dürfen Teilsysteme mit eingeschränkter Speicher- und Rechenkapazität nicht durch aufwendige Protokollierungsmaßnahmen überlastet werden. Eine den jeweiligen Fähigkeiten entsprechende Verteilung der Aufgaben muß angestrebt werden. Daß das dabei entstehende Gesamtsystem eine asymmetrische Aufgabenverteilung aufweisen wird, muß akzeptiert werden.

Anforderung an Basisdienste:
Als Basisdienste sollen die Funktionseinheiten Betriebssystem und Kommunikationssystem sowie die Funktionalitäten der zugrundeliegenden Hardware bezeichnet werden. Besonders einprägsam konnte die direkte Abhängigkeit zwischen Datenverwaltungssystem und Kommunikationssystem bzw. physikalischem Rechnernetz am Fallbeispiel 2.1.3 beobachtet werden. Das Datenverwaltungssystem hatte zu berücksichtigen, daß das Kommunikationsmedium nur in bestimmten Zeitintervallen zur Verfügung steht. Der Einfluß des Betriebssystems auf die Mechanismen der Datenverwaltung wird unter anderem dann erkennbar, wenn es darum geht, im Datenverwaltungssystem 'sichere' Verarbeitungseinheiten (im Sinne des Transaktionskonzepts, [Gray 81]) zu realisieren. Zu diskutieren bleibt die Thematik, inwiefern Datenverwaltungssystem und Betriebssystem bei der Verwirklichung ihrer Aufgaben kooperieren (Kapitel 4.4.2).

Zugriffszeit:
Batchorientierte Verarbeitungsverfahren (Fallbeispiel 2.1.3) tolerieren in der Regel höhere Zugriffszeiten als dialogorientierte Bearbeitungsfolgen. In diesem Zusammenhang stellt sich deshalb die Frage, wie gegebenenfalls Zugriffszeiten verringert werden können. Eine Lösungsmöglichkeit scheint die Replizierung von Daten zu sein, wodurch schnelle lokale Zugriffe garantiert werden können. Aber auch die Reduzierung von Protokollierungsmaßnahmen oder die frühzeitige Bereitstellung von Daten im Hauptspeicher ('Simulation einer Hauptspeicherdatenbank', [WeZö 86]) können allgemein die Zugriffszeit verkürzen.

Fehlerverhalten:
Die von den individuellen Teilsystemen zu verwaltenden Datenbestände sind in der Regel nicht disjunkt. Fällt ein Teilsystem aus, muß ein anderes Teilsystem, das mit überlappenden Datenpartitionen arbeitet, auf diesen Ausfall reagieren. In Anwendungssituationen, die der aus Abschnitt 2.1.4 gleichen, empfiehlt sich in einem solchen Fall, alle Modifikationen solange zu verzögern, bis das fehlerhafte System wieder angelaufen ist. Andererseits könnte man das Weiterarbeiten unter Vorbehalt erlauben. Bei Rückmeldung der ausgefallenen Komponente muß

geprüft werden, ob Änderungen wieder zurückgenommen werden müssen oder nicht. Die völlige Mißachtung des defekten Teilsystems, die es erlaubt, ohne Zusatzmaßnahmen im korrekt arbeitenden System weiterzuarbeiten, stellt sicherlich einen Ausnahmefall dar.

Beziehungen zwischen Teilkomponenten:
Als letzter anwendungsorientierter Einflußfaktor auf die Datenverwaltung in verteilten Systemen wird die Beziehung zwischen den Teilkomponenten eines Gesamtsystems betrachtet. Auffallend an der Anwendung in Kapitel 2.1.4 ist, daß alle Komponenten des Systems als gleichberechtigt angesehen werden. Buchungen können an beliebigen Filialen (Teilsystemen) des Verbunds initiiert werden und gelten als gleichberechtigt. Ausdrücklich wird allerdings in Fallstudie 2.1.3 darauf hingewiesen, daß die Ausprägungen der Daten im zentralen Rechenzentrum im Zweifelsfall höhere Priorität (Gültigkeit) genießen als Datenausprägungen, die in einem Kunden-PC gehalten werden. Hieraus kann geschlossen werden, daß die Anwendung Präzedenzstrukturen zwischen ihren Teilkomponenten aufrechterhält. Für ein Datenverwaltungssystem in einer verteilten Umgebung zieht das die Konsequenz nach sich, das System mit Mechanismen auszustatten, welche die Definition von verschiedenartigen Beziehungen zwischen den Datenbeständen zu spezifizieren gestatten.

B Konstituenten der Datenverwaltung in verteilten Systemen

Stellt man den Aufbau eines Rechners durch eine Abstraktionshierarchie dar, so werden Datenverwaltungssysteme an das obere Ende der Hierarchie gestellt. Sie bauen sowohl auf der Systemhardware als auch auf dem Betriebs- und Kommunikationssystem auf und hängen somit stark von der Realisierung dieser Komponenten ab. Diese Beobachtung wird durch die Ausführungen des zweiten Kapitels bestärkt. Dort sind Abhängigkeiten zwischen der Datenverwaltung und den darunterliegenden Betriebssystemdiensten, Kommunikationssystemdiensten und der Rechnerhardware eines verteilten Systems demonstriert worden. Diese Interdependenz ist Ursache für die sich in diesem zweiten Hauptabschnitt anschließende Diskussion der fundamentalen Konstituenten der Datenverwaltung in einem verteilten System.

Kapitel 3 führt unabhängig vom Gesichtspunkt der Datenverwaltung in die Bereiche Hardwarestrukturen, Betriebssysteme und Kommunikationssysteme für verteilte Systeme ein. Konventionelle Ansätze der verteilten Datenverwaltung werden anschließend im vierten Kapitel erörtert. Hierbei lassen sich die wesentlichen Eigenheiten und Ansprüche von Datenverwaltungskonzepten für verteilte Systeme erkennen, so daß eine Bewertung der im dritten Kapitel eingeführten Basiskomponenten aus Sicht der Datenverwaltung erfolgen kann. Ein Ausblick auf Verschmelzungen von Datenverwaltungsmechanismen und den darunterliegenden Systemkomponenten schließt den zweiten Hauptabschnitt ab.

Ziel des dritten und vierten Kapitels ist, die hard- und softwaretechnischen Voraussetzungen eines Datenverwaltungssystems für ein verteiltes Rechnersystem vorzustellen. Es kann dabei keine vollständige Beschreibung dieser Funktionseinheiten gegeben werden; vielmehr wird beabsichtigt, die prinzipielle Funktionalität dieser Systemkomponenten und ihren Einfluß auf Datenverwaltungskonzepte in einer verteilten Umgebung darzustellen. Deshalb werden nur die für die Datenverwaltung interessanten Charakteristika hervorgehoben. Zum tieferen Einstieg in die Problematik der im folgenden beschriebenen Funktionseinheiten wird auf die zitierte Literatur verwiesen.

3 Basiskomponenten verteilter Systeme

Werden die Hard- und Softwarekomponenten eines verteilten Systems im Sinne einer Veredelungshierarchie in Beziehung zueinander gesetzt, so muß die Systemhardware auf unterster Ebene angeordnet werden (Abbildung 3-1). Auf die Hardware setzen die fundamentalen Dienste des Betriebs- bzw. des Kommunikationssystems auf, wobei oftmals keine strikte Trennung zwischen beiden Softwarekomponenten vollzogen werden kann. Ein Datenverwaltungssystem bedient sich sowohl der Funktionen des Betriebs- als auch des Kommunikationssystems, weshalb es am oberen Ende der Hard- und Softwarehierarchie eines (verteilten) Rechnersystems eingereiht wird.

Gegenstand dieses dritten Kapitels ist die Beschreibung der einem Datenverwaltungssystem zugrundeliegenden Komponenten Hardware, Betriebssystem und Kommunikationssystem.

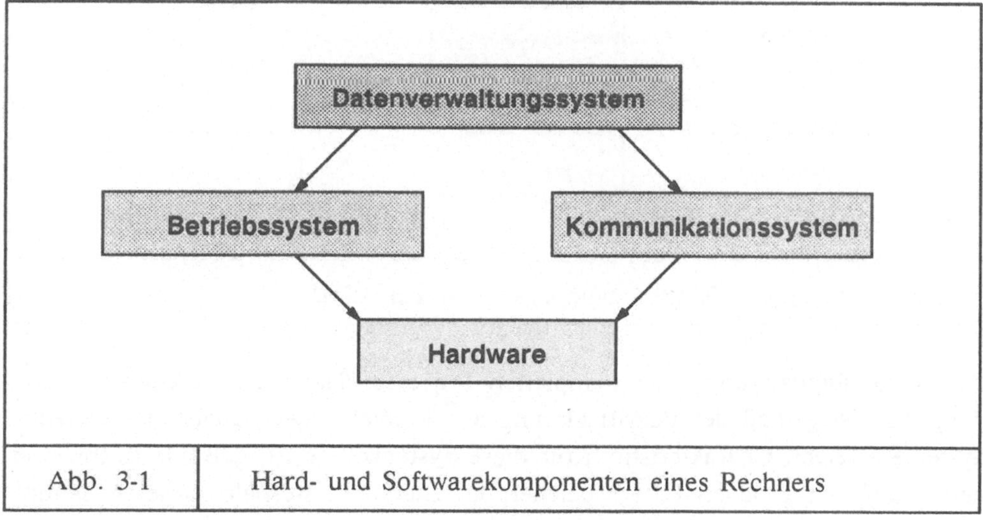

Abb. 3-1 Hard- und Softwarekomponenten eines Rechners

3.1 Hardware-Strukturen

In Abbildung 1-1 ist bereits der schematische Aufbau eines Rechners beschrieben worden. Durch Replikation der konstitutiven Elemente eines Rechners, Prozessor, Hauptspeicher und Externspeicher, erhält man die verschiedenen Architekturen eines Mehrprozessorsystems ([HäRa 85], [HäRa 87], [Ston 85]). Repliziert man nur die Prozessoreinheit unter Beibehaltung eines einzigen Haupt- und Externspeichers (Abbildung 3-2), resultiert daraus ein System mit naher Rechnerkopplung ([HäRa 85]). Diese Systemklasse wird in der Literatur meist mit 'shared memory' (SM) bezeichnet ([Ston 85]). In Kapitel 1 ist dieser Architekturtyp explizit aus dem Definitionsbereich der verteilten Rechnersysteme ausgeschlossen worden; trotzdem soll auf die Problematik dieser Rechnerkonfiguration im Hinblick auf die Aufgabenstellung 'Datenverwaltung' eingegangen werden (Kapitel 3.1.1).

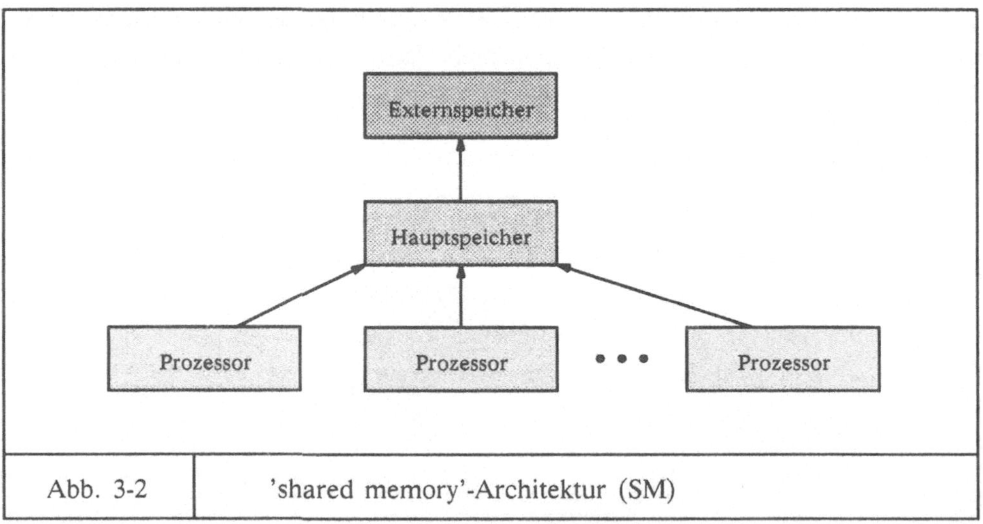

Abb. 3-2 'shared memory'-Architektur (SM)

Durch die Replizierung einer kompletten Prozessor-/Hauptspeichereinheit (Abbildung 3-3) ist gemäß der Begriffsklärung aus Kapitel 1 der Bereich der verteilten Systeme erreicht. Charakteristisch für diese Systemklasse ist, daß alle Rechnereinheiten auf den gleichen Externspeicherpool zugreifen, weshalb dieser Systemtyp auch mit 'shared disk' (SD) umschrieben wird (Kapitel 3.1.2). Schließlich erhält man bei der Mehrfachverwendung ganzer Rechnerblöcke (Prozessor, Hauptspeicher und Externspeicher) die sogenannte 'shared nothing'-Architektur (SN-Architektur; Abbildung 3-4). Kennzeichen dieser Systemklasse ist, daß jeder Prozessor einen privaten Haupt- und Externspeicher zugeordnet bekommt. Kapitel 3.1.3 setzt sich mit dieser am weitesten verbreiteten Klasse verteilter Systeme auseinander. Sowohl SD- als auch SN-Systeme sind Architekturen mit loser Rechnerkopplung.

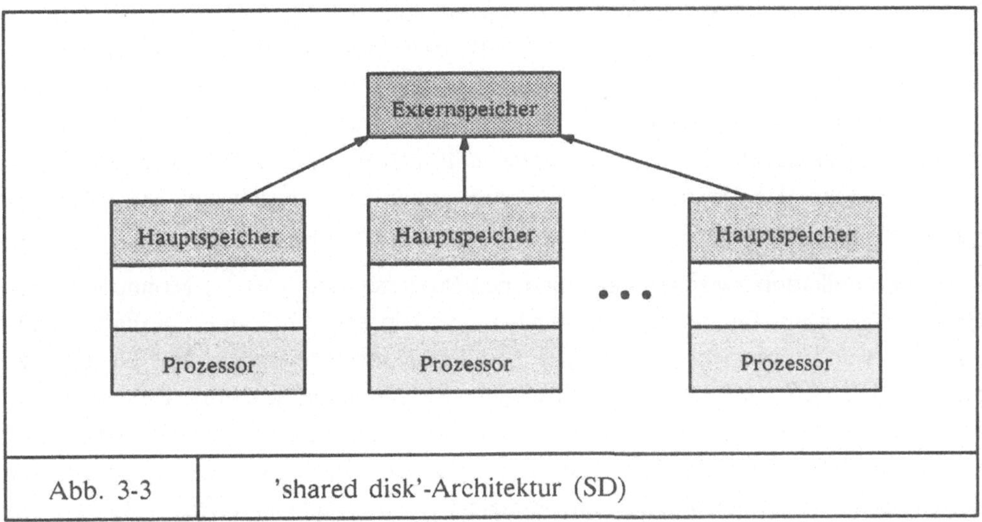

Abb. 3-3 'shared disk'-Architektur (SD)

3.1.1 SM-Systeme

Die Verwendung von mehreren Prozessoren im Rechnerkern soll im Vergleich zu einem Monoprozessor-Rechnersystem eine höhere Leistungsfähigkeit gewährleisten, wobei die Verfügbarkeit und die Erweiterbarkeit des Systems beibehalten oder sogar vergrößert wird ([HäRa 85]). Charakteristisch für ein Mehrprozessorsystem des SM-Typs ist, daß nur eine Kopie des Betriebs- bzw. eines Datenverwaltungssystems installiert ist. Im Vergleich zu SD- oder SN-Systemen müssen bei SM-Architekturen an den für Monoprozessoren ausgelegten Betriebs- und Datenverwaltungssystemen nur geringfügige Modifikationen durchgeführt werden, um sie auch in der Multiprozessorumgebung lauffähig zu machen.

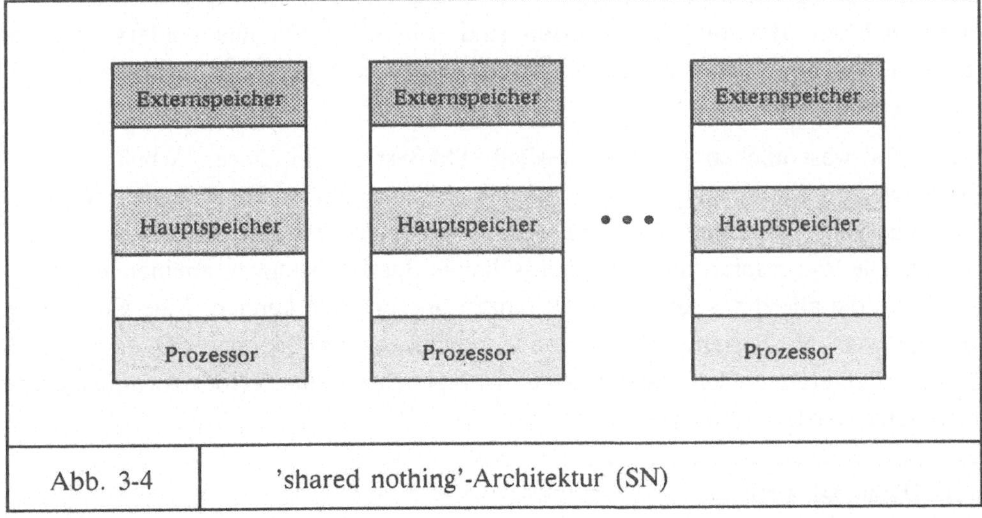

Abb. 3-4 'shared nothing'-Architektur (SN)

Für einen Anwendungsprogrammierer macht sich bei einem System der nahen Rechnerkopplung vorteilhaft bemerkbar, daß das System als eine singuläre geschlossene Einheit betrachtet werden kann ('single system image'); die Betriebssystemsoftware verbirgt die Pluralität der Rechnerhardware. Aus Sicht der Datenverwaltung hat diese Eigenschaft den großen Vorzug, daß sich der Entwerfer eines konzeptionellen Schemas, das die im System zu verwaltenden Daten beschreibt, keine Gedanken über die örtliche Verteilung der Daten machen muß.

Die Kommunikation zwischen verschiedenen Prozessen kann wie in Monoprozessorsystemen erfolgen. Für die Synchronisation von Prozessoren können deshalb Semaphore verwendet werden, auf die alle beteiligten Instanzen zugreifen. Da der gemeinsame Zugriff auf Daten synchronisiert werden muß, um ihre Konsistenz zu erhalten, zeichnet sich die Synchronisation über Semaphore als sehr vorteilhaft ab, da sie äußerst effizient gestaltet werden kann. Vorteilhaft an der Architektur der SM-Systeme ist die Möglichkeit, globale Dienste synchron aufrufen zu können; es ist kein zeitintensiver Prozeßwechsel notwendig.

Bezüglich der Erweiterbarkeit und Ausbaufähigkeit weisen SM-Systeme allerdings noch gravierende Nachteile auf. Im Normalfall umfassen sie wenige Prozessoren[1]; sie lassen sich außerdem nur schwer erweitern. Vor allem kann bei einem Ausbau des Systems kein lineares Leistungswachstum gewährleistet werden. Dadurch, daß Prozessoren häufig mit einen privaten Cache-Speicher ausgestattet werden, entsteht das Problem der Invalidierung von Objekten, die in diesem Speichern gehalten werden. Diese Situation kann nur durch eine schnelle und fortwährende Kommunikation zwischen den Prozessoren entschärft werden. Vergleicht man die Systeme der nahen Rechnerkopplung mit SD- oder SN-Systemen, so erkennt man, daß diese Systemgattung bei der Fehlereindämmung große Mängel aufweist. Bei einem defekten Hauptspeicherbereich bzw. einem Fehler in der Betriebssystemsoftware erhöht die Replizierung der Prozessoren nicht die Fehlertoleranz, da alle Prozessoren von einem solchen Systemfehler betroffen sind. Ein Umgehen des Fehlers ist nicht möglich. Nur der Ausfall einzelner Prozessoren kann in der Regel problemlos toleriert werden.

Einer der wesentlichen Gründe, weshalb SM-Systeme in dieser Arbeit nicht zu den verteilten Systemen gerechnet werden, ist die äußerst beschränkte räumliche Verteilbarkeit. Eine echte (örtliche) Verteilung der Prozessoren ist nicht zu gewährleisten. Die Prozessoren müssen durch schnelle Busverbindungen aneinander gekoppelt sein, die allerdings nur kurze Distanzen überbrücken können. Eine Charakterisierung von SM-Systemen erfolgt aber dennoch, da sie bei SD- oder auch SN-Architekturen in den lokalen Systemkomponenten zur Performance-Steigerung eingesetzt werden können.

---

[1] In [HäRa 85] werden 2 - 4 Prozessoren genannt.

3.1.2 SD-Systeme

Das Architekturprinzip der SD-Systeme stellt ein relativ neuartiges Konzept für die Realisierung eines Mehrprozessorsystems dar ([Härd 86], [Rahm 88], [Reut 86], [Shoe 86]). Diese Tatsache erkennt man unter anderem schon daran, daß nur wenige Systeme dieser Klasse überhaupt implementiert sind. Beispielsweise seien an dieser Stelle die Projekte DCS ([SMMT 84]) und AMOEBA ([MuTa 86]) genannt, die sich mit verteilten Systemarchitekturen befassen, bei denen sich mehrere Recheneinheiten den Externspeicher teilen. Der wohl bekannteste kommerzielle Vertreter der SD-Architektur ist das DEC VAX-Cluster ([KrLS 86]).

Ein SD-System besteht aus mehreren Prozessor-/Hauptspeicher-Einheiten (Abbildung 3-3). Die Redundanz, die unter anderem dadurch erreicht wird, daß das System mit mehreren separaten Hauptspeichern ausgestattet wird, verbessert die Fehlertoleranzeigenschaft des verteilten Systems, da Fehler im Hauptspeicherbereich lokal eingeschränkt werden können. Dieses Charakteristikum wird darüber hinaus noch dadurch unterstützt, daß jede Prozessor-/Hauptspeichereinheit mit einer eigenen Version eines Betriebs- bzw. Datenverwaltungssystems operiert.

Die Kommunikation zwischen Prozessen, die verschiedenen Prozessoren zugeordnet sind, geschieht in SD-Systemen ausschließlich über Nachrichten. Dies impliziert insbesondere die Verwendung von nachrichtenbasierten Protokollen bei Synchronisationsvorgängen zwischen Prozessen. Im Gegensatz zu eng gekoppelten Prozessorsystemen können bei SD-Systemen globale Dienste nur asynchron angefordert werden, da im Vergleich zu SM-Systemen zeitintensive Kommunikationsvorgänge zu berücksichtigen sind.

Bedingt durch die selbständigen und autonomen Verarbeitungsvorgänge in den einzelnen Prozessor-/Hauptspeicher-Einheiten halten sich die einzelnen Rechner globale Systemvariablen in lokalen Puffern (Hauptspeicher). Dies zieht das sogenannte Veralterungsproblem nach sich, was besagt, daß auf verschiedenen Prozessoren ablaufende Prozesse möglicherweise veraltete Versionen von globalen Systemvariablen benutzen. Nur die laufende, synchronisierte Kooperation der Prozesse vermeidet das Veralterungsproblem. Bewertet man dieses Verhalten wiederum aus dem Blickwinkel der Datenverwaltung, wo dem synchronisierten Zugriff auf gemeinsam benutzte Daten fundamentale Bedeutung zugesprochen wird, so erweist sich diese Eigenheit als sehr hinderlich.

Die Frage, ob SD-Systeme ein 'single system image' gewähren, muß differenziert beantwortet werden. Einem Anwender auf hoher Systemebene (z.B. Entwerfer eines Datenbankschemas) wird ein monolithisches System präsentiert, während der auf niedrigeren Schnittstellen arbeitende Programmierer (z.B. Systemprogrammierer) sich mit der verteilten Systemarchitektur auseinandersetzen muß.

SD-Systeme weisen bezüglich ihrer Erweiterbarkeit günstige Eigenschaften auf. Sie können durch Ankopplung neuer Prozessor-/Hauptspeicherpaare im Vergleich zu SM-Systemen relativ einfach und umfassend vergrößert werden. Allerdings besteht bei SD-Systemen das Problem der Verteilung der Arbeitslast auf die einzelnen Komponenten, das mit zunehmender Systemgröße stetig anwächst. Die räumliche Verteilung von SD-Systemen wird durch die Kanalkopplung der Recheneinheiten an den gemeinsamen Externspeicherpool begrenzt, was insgesamt die örtliche Verteilung eines aus SD-Elementen aufgebauten verteilten Systems erheblich einschränkt.

Zusammenfassend kann festgestellt werden, daß SD-Systeme im Vergleich zu den herkömmlichen Systemstrukturen (Monoprozessoren) in vielen Teilbereichen der Rechnerverwaltung neue Konzepte verlangen; bekannte Lösungsansätze konventioneller Rechnersysteme lassen sich daher nur bedingt auf diese Systemklasse übertragen.

3.1.3 SN-Systeme

Die größte Autonomie für die Komponenten eines verteilten Systems weisen SN-Systeme auf ([Ston 85]); individuelle Rechner, die jeweils über private Prozessoren, Hauptspeicher und Externspeicher verfügen, werden dabei durch ein Netzwerk miteinander verbunden. Auf jedem Netzknoten, von denen jeder jeweils ein 'single system image' zur Verfügung stellt, ist eine Version eines Betriebs- bzw. Datenverwaltungssystems installiert. Softwarekomponenten, die für zentrale Systeme geschrieben sind, können in einer SN-Umgebung nicht ohne größere Modifikationen verwendet werden. Vor allem die Kommunikation zwischen Prozessen, die auf unterschiedlichen Rechnern operieren, muß im Vergleich zu zentralen Systemen erheblich modifiziert werden. In SN-Systemen ist diese Kommunikation nur über den Austausch von knotenübergreifenden Nachrichten möglich. Daher ergeben sich erhebliche (vor allem zeitliche) Probleme bei der Synchronisation von Prozessen; nur über die Abwicklung von zeitintensiven verteilten Protokollen lassen sich örtlich getrennt ablaufende Prozesse koordinieren. Allerdings können lokale Prozesse durch einfachere, effizientere Mechanismen synchronisiert werden. Man erkennt hieran, daß in einem SN-System sowohl lokale als auch verteilte Verarbeitungsvorgänge miteinander verknüpft werden müssen. Die Abstimmung dieser beiden Vorgehensweisen ist von fundamentaler Bedeutung beim Entwurf SN-verteilter Systeme.

Durch die strenge Trennung der Teilkomponenten eines SN-Rechnerverbunds wird die Ausbreitung von Fehlern im Rechnersystem noch effektiver eingeschränkt als bei SD-Systemen. Außerdem garantiert die Replikation der Hard- und Software ein hohes Ausmaß an Fehlertoleranz. Zu berücksichtigen ist allerdings, daß Externspeicherpools nur von jeweils einem Rechnerkern aus erreichbar sind. Im Fehlerfall sind die dort allokierten Daten - im Gegensatz zu SD-Systemen, bei welchem alle Rechnerkerne auf alle Externspeicher zugreifen können - nicht mehr im verteilten System verfügbar. Es entstehen Netzpartitionen, deren Zusammenführung nach erfolgreicher Fehlerbehebung erheblichen Aufwand erfordert.

Die Leistungsfähigkeit von SN-Systemen entscheidet sich schon beim Entwurf des Informationssystems, das auf dem verteilten Rechnersystem (kein 'single system image') installiert werden soll. Es kann die allgemeine Regel aufgestellt werden, daß eine Anwendung in einer SN-Umgebung nur dann effizient ablaufen kann, wenn sie eine hohe Lokalität aufweist, d.h. zur Erfüllung ihrer Aufgabenstellung meist nur auf lokal vorhandene Ressourcen (Programme oder Daten) zugreifen muß. Daraus kann abgeleitet werden, daß sich der Entwurf von Informationssystemen in SN-Umgebungen als äußerst schwierig erweist. Die Lastverteilung beim späteren Systembetrieb hängt stark von der Allokation von Ressourcen im verteilten Rechnersystem ab. Eine ungünstige Auslegung in der Entwurfsphase kann eine Überlast einzelner Systemkomponenten verursachen und somit die Performance des Gesamtsystems einschränken.

In bezug auf Erweiterbarkeit weisen SN-Architekturen die größte Flexibilität auf. Die Anschlußmöglichkeit neuer Systemkomponenten ist praktisch unbegrenzt möglich und stellt sich im Vergleich zu SM- oder SD-Systemen durch den sehr modularen Aufbau von SN-Systemen als unproblematisch heraus. Ebenfalls kann die Distanz zwischen den Rechnerkomponenten eines aus SN-Elementen bestehenden verteilten Systems beliebig groß gewählt werden. SN-Systeme sind bezüglich ihrer (räumlichen) Verteilbarkeit jeder Anwendungsstruktur anpaßbar.

In Kapitel 3.3.3 werden mögliche Topologien eines verteilten Systems, das aus SN-Komponenten zusammengesetzt ist, vorgestellt. Zweifelsohne sind SN-Architekturen zum heutigen Zeitpunkt die am häufigsten anzutreffende Klasse verteilter Systeme ([Tane 81]). Diese Gegebenheit und die günstigen Eigenschaften dieser Systemklasse sind Begründung dafür, daß im weiteren Verlauf dieser Arbeit nur noch SN-Systeme betrachtet werden.

3.2 Betriebssystemkonzepte für verteilte Systeme

Nach der Vorstellung der Rechnerhardware eines verteilten Systems erfolgt in diesem Abschnitt die Diskussion von Betriebssystemkonzepten für verteilte Systeme. Die von ihnen zu erbringende Funktionalität wird ebenso wie ihre fundamentalen Problemkreise besprochen. Darüber hinaus wird das Betriebssystemkonzept ausgewählt, welches für das in dieser Arbeit zu entwickelnde verteilte Datenverwaltungssystem als Basissystem herangezogen wird.

3.2.1 Realisierungsansätze für Betriebssysteme in verteilten Umgebungen

Die verschiedenen Betriebssystemkonzepte für verteilte Systeme lassen sich gut anhand ihrer chronologischen Entwicklungsgeschichte darstellen ([Fort 86]). In den ersten Ansätzen wurden lokale Betriebssysteme um spezielle Kommunikationsdienste erweitert (Abbildung 3-5). Diese Dienste sind vor allem durch zwei Eigenschaften ausgezeichnet. Zum einen stellen sie für die Abwicklung von Kommunikationsvorgängen zwischen Rechnersystemen Protokolle zur Verfügung, die eine fehlerfreie Kommunikation gewährleisten. Andererseits wird durch die Ersetzung von physikalischen Namen (z.B. Knotenadressen im Rechnernetzwerk) durch logische Namen Transparenz eingeführt. Auf den einzelnen Knoten des Rechnernetzes sind bei diesem Ansatz konventionelle lokale Betriebssysteme eingerichtet, die um eine spezielle Klasse von Netzwerkoperationen ergänzt werden. Dabei handelt es sich vor allem um Funktionen für die Übertragung von Dateien im verteilten System. Diese Operationen sind in der Kommunikationsschicht zusammengefaßt. Der Benutzer (das Anwendungsprogramm) interagiert direkt mit dem lokalen Betriebssystem.

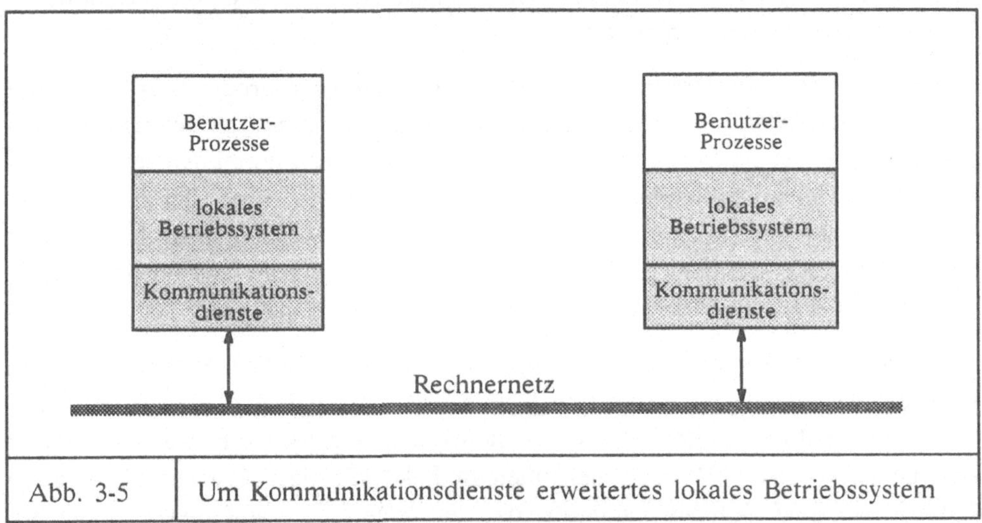

Abb. 3-5 Um Kommunikationsdienste erweitertes lokales Betriebssystem

Aus dem beschriebenen rudimentären Konzept eines Betriebssystems für verteilte Systeme entwickelten sich die sogenannten Netzwerk-Betriebssysteme (Abbildung 3-6). Ziel dieses Systemansatzes ist, dem Anwender mehr Transparenz zu bieten, wodurch die Handhabung des verteilten Systems vereinfacht wird ([Fort 86], [TaRe 85]). Im Unterschied zum zuerst vorgestellten Konzept bietet ein Netzwerk-Betriebssystem oftmals globale Dienste wie z.B. Druck- oder Mail-Dienste an. Die Dienste werden systemweit zur Verfügung gestellt. Allerdings ist in einem verteilten System, für welches ein Netzwerk-Betriebssystem installiert ist, dem Benutzer die Verteilung der Systemkomponenten (Knoten) noch völlig gegenwärtig. Dies erkennt man vor allem an der eindeutigen und festen Zuordnung eines im System arbeitenden An-

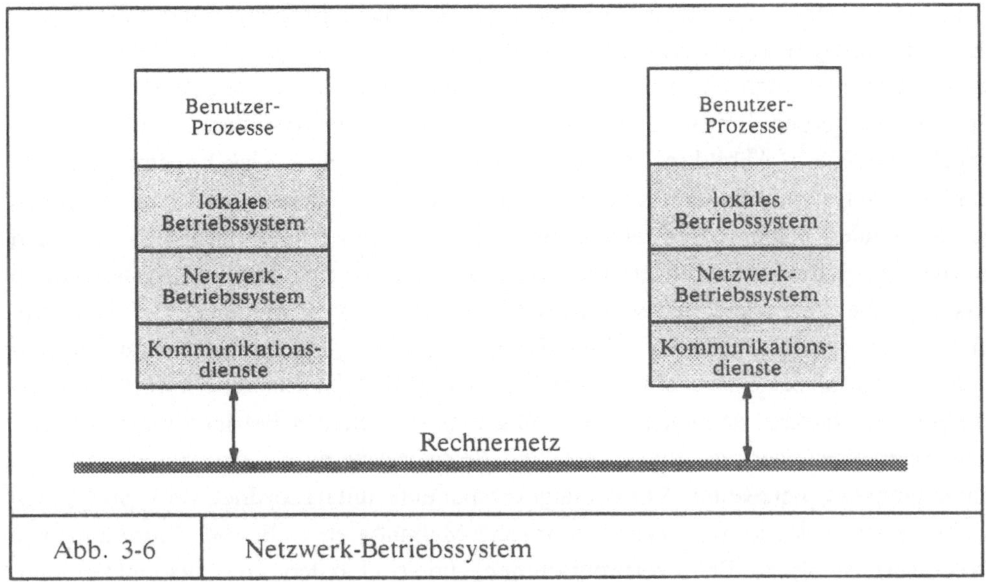

Abb. 3-6 Netzwerk-Betriebssystem

wenders zu einem bestimmten Netzknoten (Kapitel 3.2.3). Auch wird einem Benutzer nicht die Allokation von Dateien im Netz verborgen. Er muß auf anderen Knoten liegende Dateien mit speziellen 'remote file access'-Operationen bearbeiten. Charakteristisch für Netzwerk-Betriebssysteme ist, daß die im System verfügbaren Ressourcen eindeutig einem lokalen Rechner zugeordnet sind und nicht global dem Gesamtsystem. Bei der Verwendung eines Netzwerk-Betriebssystems stellt der Systembenutzer seine Anfragen direkt an das lokale Betriebssystem seines Rechners. Dieses versucht den Benutzerauftrag zu erfüllen. Kann der Auftrag nicht lokal erfüllt werden, wird er vom lokalen Betriebssystem an das Netzwerk-Betriebssystem übergeben, welches unter Zuhilfenahme von Kommunikationsdiensten den Auftrag abarbeitet und dem lokalen Betriebssystem die Ergebnisse der Bearbeitung übermittelt.

Während die eben vorgestellten Betriebssystemansätze schon weit verbreitet sind ([BiRo 82], [BrMR 82], [HCGW 82], [Mill 77]), befinden sich die verteilten Betriebssysteme noch im Entwicklungsstatus in den diversen Forschungseinrichtungen. Repräsentativ seien die Projekte LOCUS ([WPEK 83]), Cambridge Distributed Computing System ([NeHe 82]), AMOEBA ([TaMR 86]), V kernel ([Cher 88], [Stum 87]) und Eden ([ABLN 85]) genannt. Tanenbaum definiert ein verteiltes Betriebssystem folgendermaßen ([TaRe 85, S. 419]):

> "A distributed operating system is one that looks to its users like an ordinary centralized operating system but runs on multiple, independent central processing units (CPUs)."

Tanenbaum sieht als zentrale Aufgabe eines verteilten Betriebssystems die Schaffung der völligen Transparenz der Hard- und Softwarestruktur des verteilten Systems. Die mehrfach im System vorhandenen Prozessoren bleiben dabei einem Benutzer verborgen; ihm wird das Erscheinungsbild eines virtuellen Monoprozessors angeboten. Wie in Abbildung 3-7 zu erkennen ist, handelt es sich bei einem verteilten Betriebssystem um einen konzeptionell völlig verschiedenen Ansatz im Vergleich zu den beiden bisher vorgestellten. Bei diesen werden lokale Betriebssysteme um zusätzliche Systemschichten ergänzt, die das Arbeiten im verteilten System durch das partielle Verbergen der verteilten Grundstruktur vereinfachen. Die Software, die für die Verwaltung des verteilten Systems zuständig ist, setzt dabei auf konventionelle zentralisierte Betriebssysteme auf ([MMGJ 82]). Bei einem verteilten Betriebssystem handelt es sich um ein völlig neu entwickeltes Betriebssystemkonzept. Auszeichnendes Merkmal eines verteilten Betriebssystems ist, daß alle Ressourcen einer globalen, netzweiten Verwaltungskomponente untergeordnet sind. So können insbesondere erforderliche organisatorische Maßnahmen (z.B. die Zuordnung von Prozessorleistung zu Benutzerprogrammen) unter globalen Gesichtspunkten optimiert werden; bei den ersten beiden vorgestellten Realisierungsformen können dagegen nur lokale Strategien zum Tragen kommen. Fortier spricht bei verteilten Betriebssystemen von der 'single system policy' ([Fort 86, S. 98]).

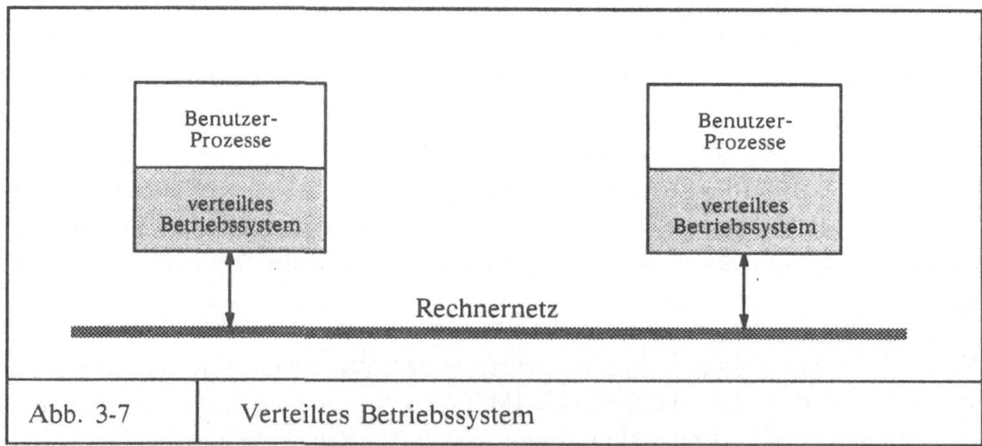

Abb. 3-7 Verteiltes Betriebssystem

Dem in dieser Arbeit noch vorzustellenden Neuansatz für die Datenverwaltung in verteilten Systemen liegt ein Betriebssystemkonzept zugrunde, das auf dem Modell des Netzwerk-Betriebssystems aufbaut. Die Entscheidung für die Wahl dieser Systemklasse ist vor allem in ihrer weiten Verbreitung begründet. Insbesondere bedeutet diese Entscheidung, daß das Datenverwaltungssystem die verteilte Struktur der zugrundeliegenden Systemhardware kennt.

3.2.2 Funktionsbereiche von Betriebssystemen in verteilten Systemen

Dieser Abschnitt stellt die fundamentalen Funktionen vor, die von einem verteilten Betriebssystem und, mit gewissen Einschränkungen, auch von einem Netzwerk-Betriebssystem erbracht werden müssen. Die nachfolgenden Ausführungen orientieren sich vor allem an [TaRe 85] und [Hofm 87].

Kommunikationsdienst[1]

Wie schon im ersten Kapitel gefordert, soll die alleinige Kommunikation über gemeinsame Speicherbereiche (wie z.B. Monitore oder 'shared variables'; [Libe 87]) ausgeschlossen werden. Stattdessen wird die Kommunikation über den Austausch von Nachrichten betrachtet. Der Nachrichtenaustausch kann durch nachrichten-basierte Kommunikation und durch Fernaufruf (**R**emote **P**rocedure **C**all: RPC) realisiert werden.

Die nachrichten-basierte Kommunikation erfolgt gemäß dem Client-Server Modell. Ein Client, der einen Dienst beantragt, schickt einen Auftrag an einen Server, den Diensterbringer; letzterer sendet dem Client eine Antwort in Form einer weiteren Nachricht zurück. Diese Vorgehensweise verlangt die Einführung von zwei Kommunikationsprimitiven, einer SEND-Operation und einer REPLY-Operation. Der Kommunikationsablauf kann besser strukturiert werden, wenn man explizit zwischen Anfrage- und Antwort-Nachrichten differenziert. Die rudimentären SEND- und REPLY-Operationen werden dabei ersetzt durch die Operationen SEND_GET, GET_REQUEST und SEND_REPLY. Ein Client benutzt die SEND_GET-Operation, um einen Auftrag abzusenden und um auf die dazugehörige Antwort zu warten. Mit der GET_REQUEST-Operation wartet der Server auf eintreffende Aufträge, welche er nach Bearbeitung mit SEND_REPLY an den anfragenden Client zurückschickt.

Bei der Implementierung des asynchronen nachrichten-basierten Kommunikationsmechanismus ergeben sich einige Freiheitsgrade, die orthogonal zu behandeln sind. Zuerst muß entschieden werden, ob die durch eine Sendeoperation aufgebaute Kommunikationsverbindung Zuverlässigkeit garantieren soll. Dies verlangt die Einführung von Protokollen, die die Übertragungssicherheit gewährleisten. Neben dem Entwurfskriterium 'Zuverlässigkeit' ist eine Entscheidung zwischen blockierendem und nichtblockierendem Senden bzw. Empfangen von Nachrichten zu treffen. Nichtblockierende Primitive führen zur Asynchronität zwischen dem eigentlichen Kommunikationsvorgang und dem initiierenden Benutzerprozeß. Sie ermöglichen den höchsten Grad an Flexibilität, sind aber programmtechnisch schwer zu behandeln, da

[1] Eine ausführliche Diskussion von Kommunikationsdiensten schließt sich in Kapitel 3.3 an, wo unter anderem auf die ISO/OSI-Architektur offener Systeme eingegangen wird.

sie eine trickreiche und komplexe Programmierung, besonders im Fehlerfall verlangen. Beim blockierenden Senden von Nachrichten wartet der auslösende Prozeß, bis die zu transferierende Nachrichten tatsächlich abgeschickt worden ist. Erst danach führt er seinen Bearbeitungsvorgang fort. Schließlich läßt sich der Nachrichtenaustausch gepuffert bzw. ungepuffert vornehmen. Bei der ersteren Vorgehensweise, die auch als Rendezvouz-Technik bezeichnet wird, schicken die Sender erst dann eine Nachricht ab, wenn sie auch vom Empfänger angenommen werden kann. Verwendet man dagegen einen Nachrichtenpuffer, wartet der Sender nicht auf die Empfangsbereitschaft des Empfängers, sondern legt die Nachricht in der Mailbox des Empfängers ab. Dieser kann sie bei Bedarf entnehmen.

Aus Sicht des Anwendungsprogramms ist der Fernaufruf ([BiNe 84], [Hofm 86], [Kais 87], [Nels 81]) einfacher handzuhaben, da er dem bekannten Prozeduraufruf einer Programmiersprache nachempfunden ist. Der Fernaufruf läuft streng synchron ab. Aus kommunikationstechnischer Sicht stellt der Fernaufruf eine Verfeinerung der Anwendung der Kommunikationsprimitive SEND_GET, GET_REQUEST und SEND_REPLY dar. Den synchronen Charakter des Fernaufrufs zeigt die Darstellung in Abbildung 3-8. Ein Anwendungsprozeß (Client-Prozeß) setzt einen Prozeduraufruf ab mit der Absicht, auf Ressourcen zuzugreifen, die auf einem entfernten Rechner allokiert sind. Der eigentliche Prozeduraufruf gleicht syntaktisch einem konventionellen lokalen Aufruf. Auf dem Rechner des Aufrufprozesses existiert eine Dummy-Prozedur (Client-Stub), die für die Abwicklung der verteilten Abarbeitung des Auftrags verantwortlich ist. Sie leitet den Auftrag weiter an eine mit ihr korrespondierende, auf dem Server liegende zweite Dummy-Prozedur (Server-Stub). Diese bearbeitet den Auftrag unter Verwendung eines Server-Prozesses und schickt das Ergebnis über den Server- und den Client-Stub an den beauftragenden

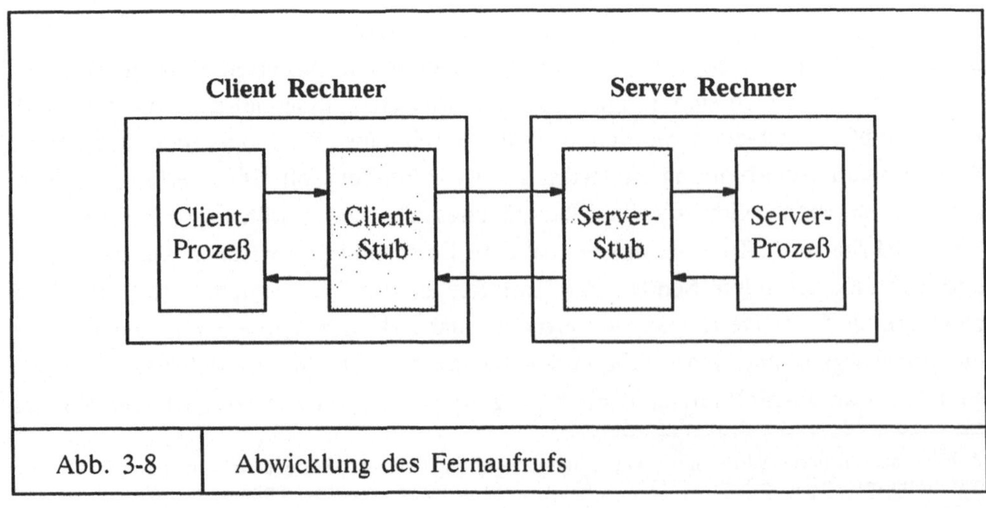

Abb. 3-8	Abwicklung des Fernaufrufs

Prozeß zurück, der synchron auf das Ergebnis des von ihm initiierten Prozeduraufrufs gewartet hat. Die verteilte Abwicklung des Auftrags ist für den Client transparent abgelaufen.

Abschließend soll die Implementierung des Fernaufrufs in der Datagram-Technik beschrieben werden. Die Diskussion dieser Implementierungsform ist deshalb von besonderem Interesse, da der Fernaufruf im Vergleich zum Nachrichtenaustausch als robustes und sicheres Kommunikationsprimitiv gilt. Die Datagram-Technik ist aber im Gegensatz zu der alternativen Kommunikationsform des 'virtual circuit' eher als unsicher zu bezeichnen (Kapitel 3.3.1; [SaRC 84]). In Abbildung 3-9 sind verschiedene Implementierungsvorschläge gezeigt, die basierend auf der Datagram-Technik eine sichere Abwicklung des Fernaufrufs verwirklichen. Prinzipiell stellt sich die Frage nach der Protokollierung der einzelnen Kommunikationsoperationen im Netzwerk. Es bieten sich die Möglichkeiten an, jede Nachricht explizit zu bestätigen (Abbildung 3-9a), die Antwort des Servers als Bestätigung der Anfrage des Clients zu benutzen (Abbildung 3-9b) und auf eine explizite Bestätigung generell zu verzichten und die iterierenden Anfrage- und Antwort-Nachrichten als Quittierung der jeweils vorangegangenen Nachricht aufzufassen (Abbildung 3-9c).

Namensgebung und Zugriffskontrolle

Zentrale Aufgabe eines Betriebssystems ist die Verwaltung von Objekten (z.B. Prozesse, Dateien, Betriebsmittel). Zum einen müssen diese Objekte für den Nutzer des Systems, was ein systemseitiger oder benutzerdefinierter Prozeß sein kann, zugänglich gemacht werden; zum anderen müssen sie vor unberechtigtem Zugriff geschützt werden. Aus diesem Grund unterhält das Betriebssystem spezielle Namensdienste ([CuWi 84]). Sie realisieren eine Abbildung von logischen Objektbe-

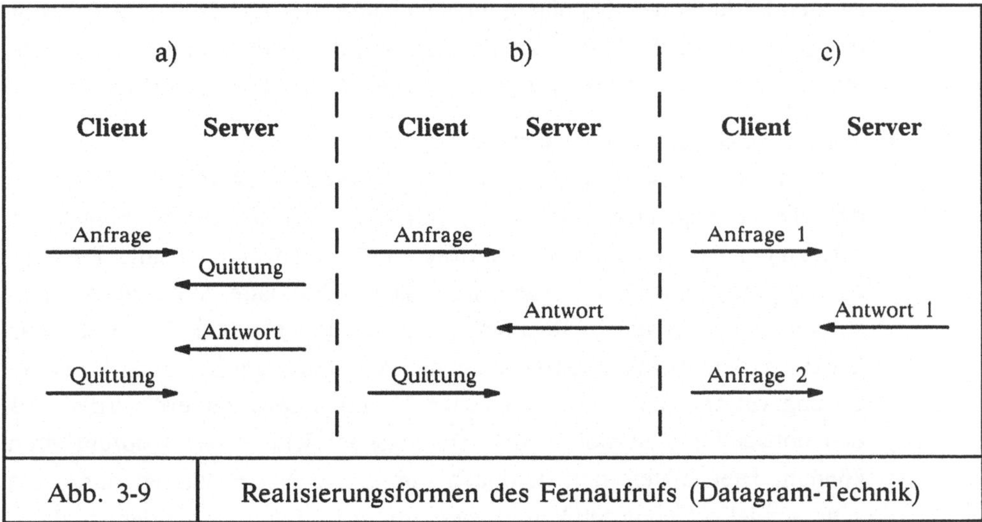

Abb. 3-9 Realisierungsformen des Fernaufrufs (Datagram-Technik)

zeichnungen auf interne Objektidentifikationen, wie beispielsweise die Zuordnung eines logischen, auf Anwenderebene bekannten Dateinamens zu seiner physikalischen Adresse auf dem Externspeicher. Die Namensverwaltung kann darüber hinaus noch um spezielle Komponenten ergänzt werden, welche die Zugriffskontrolle übernehmen ([Hofm 84]). Hierbei wird eine Zuordnung von Zugriffsrechten bestimmter Benutzer auf Objekte vorgenommen. Die Zugriffskontrolle kann auf unterschiedlichste Weise implementiert sein. Bekannte Beispiele für die Realisierung dieser Aufgabe sind Sicherheitsmatrizen ([Wede 79]) oder das Schlüssel-Schlösser-Konzept ([GrDe 72]).

Für die Implementierung von Namensdiensten in verteilten Systemen bieten sich verschiedene Varianten an, von denen nachfolgend drei grundsätzliche Ansätze beschrieben werden:

- *Zentraler Namensdienst*
  Auf einem ausgezeichneten Rechner des verteilten Systems ist ein zentraler Namensdienst installiert. Alle Aufträge bezüglich der Namensverwaltung benutzen diese zentrale Einrichtung, weshalb sie zum Leistungsengpaß werden kann. Bei Ausfall des diesen Dienst tragenden Rechners oder eines Fehlverhaltens des Dienstes selbst fällt der Namensdienst für das gesamte System aus. Der bei Zugriffen auf den Namensdienst notwendige Netzzugriff verursacht eine ineffiziente Verarbeitungsweise.

- *Domänenorientierter Namensdienst*
  Entsprechend der Organisationsstruktur der modellierten Anwendung werden Domänen (Gruppen von Rechnern) definiert, die jeweils einen eigenen Namensdienst unterhalten. Die Nachteile des zentralen Namensdienstes werden bei dieser Implementierung abgeschwächt. Allerdings ist die Bildung der Domänen entscheidend für die Leistungsfähigkeit des Gesamtsystems. Nur wenn Zugriffe auf den Namensdienst domänenintern abgewickelt werden können, arbeitet das System effizient.

- *lokaler Namensdienst pro Rechner*
  Diese dritte Realisierung stellt die völlig dezentrale Lösung des Problems dar. Sie verlangt eine besondere Abwicklung von an den Namensdienst gerichteten Aufträgen. Jeder Auftrag muß gleichzeitig an alle Rechner des Systems verschickt werden. Falls keine Duplikate von Objekten existieren, kann genau ein Rechner einen Auftrag erfüllen. Er sendet das Ergebnis der Auftragsbearbeitung an den Auftraggeber zurück. Diese Lösungsvariante kann nur in solchen Netzen implementiert werden, die den notwendigen Broadcast der Auftragsnachricht effizient durchführen können. Hier bieten sich demnach nur lokale Netze an, die durch ein sehr schnelles Kommunikationsmedium (z.B. Bus) verbunden sind.

Betriebsmittelverwaltung

Die Verwaltung von Betriebsmitteln in verteilten Systemen ist problematisch, da im Vergleich zu einem zentralisierten System nicht auf globale, den aktuellen Zustand des Gesamtsystems beschreibende Information zugegriffen werden kann (Kapitel 1). Die dabei anfallende Problematik sowie Lösungsvorschläge werden anschließend beispielhaft anhand der Verwaltung der Prozessorleistung in einem verteilten System behandelt.

Ein gängiger Ansatz partitioniert den existierenden Prozessorpool in unabhängige Gruppen, die jeweils von einem ausgezeichneten Managerprozeß geleitet werden. Dieser überwacht das Betriebsgeschehen innerhalb seines Einflußbereichs und stellt unter anderem fest, welcher der verwalteten Prozessoren belegt bzw. frei ist. Innerhalb eines Teilsystems ist die Akquisition von globaler Information (bzgl. der definierten Gruppe von Prozessoren) wesentlich einfacher als im Gesamtsystem. Die Gruppenbildung kann bei sehr großen Prozessorzahlen hierarchisch fortgesetzt werden.

Speziell bei verteilten Systemen wird man mit der Aufgabenstellung konfrontiert, eine Gesamtaufgabe in Teilaufgaben zu dividieren, welche dann parallel auf verschiedenen Prozessoren auszuführen sind. Die optimale Zuordnung von Teilbearbeitungsvorgängen zu freien Prozessoren stellt eine komplexe Planungsaufgabe dar, für die in [Oust 82] und [Tato 84] einige Lösungsalgorithmen vorgestellt werden. Bei der frei wählbaren Zuteilung von Prozessorleistung zu Verarbeitungsaufgaben muß das Überladen von einzelnen Prozessoren durch die unkontrollierte Zuweisung von Aufträgen vermieden werden. Bei der Bewältigung dieses Problems werden sowohl graphentheoretische ([Ston 77]) als auch heuristische Methoden ([Lo 84]) angewendet.

Bei zentralisierten und verteilten Systemen besteht bei der Betriebsmittelverwaltung die Gefahr des Deadlocks. Ein Deadlock besagt, daß verschiedene Prozesse bestimmte Betriebsmittel bereits allokiert haben und weitere noch allokieren wollen, die allerdings von konkurrierenden Prozessen schon belegt sind. Die Prozesse behindern sich dadurch gegenseitig bei der Fortführung ihrer Arbeit. Die Problematik bei verteilten Systemen besteht schon im Erkennen einer solchen Situation, da globale Information nicht zur Verfügung steht. Daher müssen zunächst aus den verschiedensten Verwaltungstabellen Informationen gesammelt werden, aus denen sich eine Deadlock-Situation ableiten läßt. Besonders im Bereich der Datenbanken sind weitgehende Untersuchungen dieses Problems vorgenommen worden ([Ober 82]). Eine einfache und trotzdem effektive Strategie zur Auflösung eines Deadlocks stellt das Zeitschrankenverfahren dar, bei welchem nach Ablauf eines definierten betriebsmittel-orientierten Zeitintervalls ein auf ein Betriebsmittel wartender Prozeß abgebrochen bzw. zurückgesetzt wird.

Fehlertoleranz

In verteilten Systemen bieten sich zwei Ansätze zur Erhöhung der Fehlertoleranz an: die Einführung von Redundanz (Kapitel 1) und die Bereitstellung von atomaren Aktionen. Atomare Aktionen sind ursprünglich nur für den Bereich der Datenbanksysteme konzipiert worden. In [Lamp 81] und [Lisk 88] werden zwei der interessantesten Ansätze für die Realisierung von atomaren Aktionen auf Betriebssystemebene beschrieben. Eine ausführliche Diskussion des Themas 'atomare Aktionen/Transaktionen' schließt sich im vierten Kapitel an.

Durch die Replikation von Hard- und Softwarekomponenten erhöht sich die Verfügbarkeit eines verteilten Systems. Besonders bei der Verwendung eines verteilten Betriebssystems, bei dem die Zuordnung zwischen Benutzerprozeß und ausführendem Prozessor völlig frei vom System festgelegt werden kann, zeigt sich diese Eigenschaft. Bei Netzwerk-Betriebssystemen kann im allgemeinen nur ein geringerer Grad an Fehlertoleranz garantiert werden. Im Tandem NonStop System wird ein sehr fortgeschrittenes Konzept für ein ausfallsicheres Betriebssystem (Guardian) verfolgt ([Bart 81]). Hier ist unter anderem die Methode der Prozeß-Paare realisiert. Einem Prozeß wird dabei immer ein im Hintergrund verweilender Schattenprozeß zugeordnet, dem ständig der aktuelle Status des primären Prozesses mitgeteilt wird. Fällt der primäre Prozeß aus, übernimmt der Hintergrundprozeß sofort dessen Aufgabe, so daß ein solcher Systemfehler für den Benutzer transparent gehalten werden kann.

Weitere Systemdienste

Abschließend werden weitere wesentliche Dienste aufgeführt, die ein Betriebssystem in einer verteilten Umgebung erbringen soll. Die Beschreibung der einzelnen Dienste erfolgt überblicksartig. Eine ausführliche Darstellung kann [TaRe 85] bzw. den dort aufgeführten Literaturreferenzen entnommen werden.

- *Datei-Dienst*
  Aufgabe des Datei-Dienstes (File-Server) ist die Verwaltung der Dateien eines verteilten Systems. In Kapitel 4.3.1.2 wird ausführlich auf Konzepte für die Realisierung von File-Servern eingegangen.

- *Druck-Dienst*
  Der Druck-Dienst ist für die Abwicklung von Druckaufträgen verantwortlich (Zuordnung von Druckdateien auf verfügbare Drucker).

- *Prozeß-Dienst*
  Die Generierung von neuen Prozessen bzw. ihre Ableitung aus gegebenen (Sohn-Prozesse) ist Aufgabe des Prozeß-Dienstes.

- *Terminal-Dienst*
  Um nicht jede Rechnerkomponente eines verteilten Systems mit eigenen Terminalen ausrüsten zu müssen, können Terminal-Dienste eingerichtet werden, die eine Zuordnung von Terminalen zu Rechnern vornehmen. Bei verteilten Betriebssystemen kann diese Zuordnung vom System völlig frei gestaltet werden.

- *Nachrichten-Dienst*
  Der Nachrichten-Dienst verwaltet die zwischen den Benutzern ausgetauschten Meldungen (mails). In einem verteilten System ist es für einen Benutzer wünschenswert, von allen Komponenten aus auf den eigenen Briefkasten (Ablageort der eingegangenen Nachrichten) zugreifen zu können.

- *Zeit-Dienst*
  Für die Synchronisation von Prozessen, die auf verschiedenen Rechnern des verteilten Systems an der Bearbeitung der gleichen Gesamtaufgabe arbeiten, ist es notwendig, daß die internen Uhren der einzelnen Rechner aufeinander abgestimmt sind. Der Zeit-Dienst versorgt die Systemkomponenten mit der universellen Systemzeit. Eine vollständige Gleichheit der lokalen Uhren kann aber nicht erreicht werden ([Lamp 78]).

- *Initialisierungs-Dienst*
  Der Initialisierungs-Dienst sorgt in erster Linie für das Anfahren eines Prozessors nach einem Systemausfall bzw. beim ersten Systemstart. Daneben werden ausgefallene Systemdienste bei ihrer Reinstallation unterstützt.

- *Netzverbindungs-Dienst*
  Die Abstimmung verschiedener Kommunikationstechnologien wird vom Netzverbindungs-Dienst vorgenommen. Beispielsweise bedeutet dies den Anschluß eines lokalen Netzes, das nach dem 'token ring'-Konzept organisiert ist, an ein WAN (Wide Area Network), das ein anderes Kommunikationsverfahren aufweist.

3.2.3 Problembereiche von Netzwerk-Betriebssystemen in heterogenen verteilten Rechnerumgebungen

In diesem Unterabschnitt wird ausführlich auf das Konzept der Netzwerk-Betriebssysteme eingegangen. Besonders soll die Problematik der Heterogenität diskutiert werden, da das in Hauptabschnitt C vorzustellende Datenverwaltungssystem für den Einsatz in heterogenen verteilten Systemen konzipiert ist. Heterogenität ist meist eine unvermeidliche Begleiterscheinung beim Aufbau verteilter Systeme. Verteilte Systeme setzen oftmals auf bereits bestehende Komponenten auf, die in der Regel von unterschiedlichem Typ sind. Auch werden in einer verteilten Umgebung an die einzelnen Teilsysteme spezielle Anforderungen gestellt, die nur von Spezialrechnern erfüllt werden können.

Im folgenden werden einige der interessantesten Problemkreise diskutiert, die beim Aufbau eines heterogenen verteilten Systems anfallen, das unter einem Netzwerk-Betriebssystem betrieben wird ([TaRe 85], [NBLL 88]).

Kommunikation

Die Kommunikation in einem verteilten System kann, wie im vorangegangenen Unterabschnitt dargestellt, über Fernaufruf oder asynchronen Nachrichtenaustausch realisiert werden. Aus der Verwendung von heterogenen Rechnerkomponenten entstehen drei Kernprobleme ([NHSS 87]). Das erste resultiert aus den unterschiedlichen Repräsentationsformen für die in den Nachrichten übertragenen Parameter. Drei Lösungsansätze bieten sich an. Durch die Definition und Verwendung eines Repräsentationsstandards schafft man ein gemeinsames Kommunikationsformat, führt aber durch die immer erforderlichen Übersetzungsvorgänge zwischen den individuellen Datenrepräsentationen und dem Standardformat zusätzlichen Arbeitsaufwand ein. Bei der zweiten Lösungsmöglichkeit sendet der Autor einer Nachricht die Daten ohne jegliche Konvertierung an den Empfänger. Dieser hat eigenverantwortlich für deren Interpretation zu sorgen. Möglich ist drittens auch die Verständigung auf ein gemeinsames Austauschformat zur Bindezeit der kommunizierenden Komponenten auf dem Sende- bzw. Empfangsrechner. Beim Fernaufruf werden diese Komponenten durch den Client-Stub und den Server-Stub realisiert.

Das zweite aus der Heterogenität resultierende Problem ist die Auswahl eines geeigneten Transportprotokolls (Kapitel 3.3). Es bieten sich wiederum die Lösungsalternativen an, sich auf einen gemeinsamen Standard zu berufen oder sich auf ein Protokoll zum Bindezeitpunkt zu einigen.

Falls von heterogenen Rechnern unterschiedliche Semantiken beispielsweise bei der Interpretation von Datentypen verfolgt werden, verkompliziert dies die Kommunikationsvorgänge. Im allgemeinen wird die Interpretationsaufgabe von den auf jeder Systemkomponente allokierten Kommunikations-Stubs übernommen. Die Erzeugung der Stubs ist aufwendig, aber schematisch. Deshalb können Ansätze zur automatischen Generierung verfolgt werden ([Gibb 87]). Dabei bedient man sich einer 'interface definition language (IDL)', mit der man die knotenspezifischen Charakteristika eines Stubs beschreibt. Diese Spezifikation übergibt man einem Stub-Generator, der daraus einen lauffähigen Stub aufbaut ([JoRT 85]).

Dateiverwaltung

Beim Zusammenschluß von verschiedenen Rechnern in einem verteilten System ist die Organisation der Dateiverwaltung im Gesamtsystem eine diffizile Aufgabe. Bei Verwendung eines Netzwerk-Betriebssystems bieten sich prinzipiell zwei Möglichkeiten der Verbindung von lokalen Dateiorganisationen an. Zum ersten kann man eine strikte Trennung der verschiedenen Dateiverwaltungen verfolgen. Prozesse können die auf anderen Rechnern liegenden Dateien nicht bearbeiten, sondern müssen diese erst auf ihren Rechner für eine Bearbeitung kopieren. Ein Beispiel dieser Realisierungsform sind Unix-Systeme, die lediglich mit dem Transferprogramm 'uucp' ausgestattet sind.

Die Schaffung eines gemeinsamen Dateisystems bietet sich als alternative Lösung an; dabei werden ebenfalls die lokalen Dateiverwaltungen beibehalten. Sie werden durch die Einführung einer übergeordneten Instanz zu einer Einheit zusammengefügt. Ein bekanntes Beispiel dieser Vorgehensweise ist die Newcastle Connection ([BrMR 82], [Löhr 85]), bei der die UNIX-Dateihierarchien der lokalen Systeme unter dem sogenannten 'super root directory' zusammengeschlossen werden. Die Einführung eines einzigen, globalen Dateisystems mit der Schaffung vollständiger Transparenz auf Benutzerebene ist nur bei verteilten Betriebssystemen realisierbar.

Die beschriebene Möglichkeit der Generierung eines gemeinsamen Dateisystems ist auf Systeme mit ähnlicher Organisationsform der Dateiverwaltung beschränkt (z.B. hierarchische Dateiverwaltungssysteme in UNIX-ähnlichen Systemen). Die Integration lokaler Dateiverwaltungssysteme mit stark heterogener Organisationsstruktur erfordert zusätzliche Mechanismen, die in [Loge 88] beispielhaft für die Kopplung der hierarchischen Dateiverwaltungssstruktur eines UNIX-Derivats mit der bereichsorientierten Organisation eines C CP/M-Rechners beschrieben sind.

Zugriffskontrolle

In einem verteilten System ist die Zugangsberechtigung eines Benutzers zu den Systemkomponenten bzw. zu den dort verwalteten Ressourcen zu regeln ([Hofm 87]). Eine sehr einfache Realisierung der Zugriffskontrolle ist, das reguläre Anmelden eines Benutzers auf einer Maschine (lokale Benutzerkennung) vor Verwendung der dort allokierten Ressourcen zu fordern. Der Zugriff auf Dateien oder Systemdienste wird gemäß den Einträgen in den lokalen Zugriffstabellen gewährt. Alternativ dazu ist die Einrichtung einer speziellen Benutzerkennung auf jeder Maschine vorstellbar, unter der sich Anwender anderer Rechner an einem externen anmelden müssen. Die dabei zugeteilten Zugriffsrechte sind die des ausgezeichneten Benutzers. Eine elegante Vorgehensweise stellt die Abbildung von Benutzerkennungen zwischen den verschiedenen Maschinen dar (Proxy-Einträge bei VAX/VMS-Rechnern). Hierfür ist aber die Einrichtung systemweiter Zuordnungstabellen notwendig.

Eine Möglichkeit, das Problem der Zugriffskontrolle zu lösen, ist die Vergabe eines einzigen, systemweit eindeutigen Benutzernamens, wie dies bei verteilten Betriebssystemen verfolgt wird.

Ausführungsort

Für die Ausführung eines Prozesses in einer verteilten Rechnerumgebung bestehen Freiheitsgrade bezüglich der Auswahl eines Prozessors, auf dem der Prozeß ausgeführt werden soll ([TaRe 85]). Man kann diese Entscheidung vollständig dem System überlassen, welches dann in Abhängigkeit von der allgemeinen Systemauslastung sowie der vom Prozeß benötigten Dateien und Dienstleistungsprogramme eine optimale Zuordnung von Prozeß zu Prozessor vornehmen kann. Andererseits kann man den Benutzer selbst entscheiden lassen, wo ein Prozeß zur Ausführung gelangt. Dabei ist zu differenzieren, ob der Benutzer dazu auf der entsprechenden Maschine angemeldet sein muß oder nicht. Im letzteren Fall kann er den Ausführungsort der Prozeßbearbeitung einem dafür vorgesehenen Systemaufruf als Parameter mitgeben.

3.3 Ein Kommunikationskonzept für verteilte Systeme

Wie den Ausführungen des Kapitels 3.1 zu entnehmen ist, setzt sich die in dieser Arbeit betrachtete Klasse von verteilten Systemen aus SN-Komponenten zusammen. Jedes Einzelsystem ist durch ein Netzwerk-Betriebssystem zu verwalten. Charakteristisch für den Aufbau des verteilten Systems ist seine Heterogenität, d.h., die Rechner können sowohl unterschiedliche Hardware-Strukturen aufweisen als auch unter verschiedenen lokalen Betriebssystemen betrieben werden. Dieser Abschnitt behandelt die Kommunikation zwischen den Teilsystemen. Insbesondere wird auf die offene Architektur verteilter Systeme eingegangen, die durch das OSI-Kommunikationsmodell gemäß dem ISO-Standard miteinander verbunden sind. Die für die Realisierung des verteilten Systems konstitutiven Kommunikationsanforderungen werden vorgestellt. Den Abschluß bildet die Einführung und Bewertung bekannter Netzwerktopologien.

3.3.1 Das ISO/OSI-Referenzmodell für offene Systeme

Beim Zusammenschluß von Rechnern unterschiedlicher Hersteller entsteht ein Kommunikationsproblem aufgrund der Verwendung der verschiedenartigsten, zumeist herstellerspezifischen Kommunikationsverfahren. Eine Lösung dieses Problems stellt die Verwendung genormter physikalischer Verbindungen zwischen den Rechnern dar. Darüber hinaus müssen die kommunizierenden Systeme ein standardisiertes

Außenverhalten aufweisen. Ein inzwischen auf breiter Basis anerkannter Vorschlag eines solchen Standards ist das von der International Organization for Standardization (ISO) entwickelte Modell der Open Systems Interconnection (OSI-Modell). Ein System, welches sich diesem internationalen Standard anpaßt, wird als offen bezeichnet.

Im folgenden wird das ISO/OSI-Referenzmodell für die Kommunikation in offenen Systemen beschrieben ([EfFl 86], [GKSS 85], [Herz 87], [Voel 86]). Um die Komplexität eines Kommunikationssystems überschaubar darstellen zu können, wird es im OSI-Modell in Schichten unterteilt, von denen jede ein fest umrissenes Repertoire von Kommunikationsdiensten anbietet. Die Funktionalität einer Schicht umfaßt vollständig die der darunterliegenden Ebene. Sie wird darüber hinaus um Funktionen ergänzt, die von den auf der Schicht allokierten Instanzen erbracht werden. Instanzen sind die abstrakten, funktionellen Träger der in einer Schicht erbrachten Dienste. Eine Instanz kooperiert nur mit Instanzen, die im gleichen System in der direkt darunter- oder darüberliegenden Schicht angeordnet sind. Die Kommunikation zwischen zwei Systemen (Endsystemen) erfolgt durch den Austausch von sogenannten Protokolldateneinheiten zwischen den Partnerinstanzen der Systeme. Partnerinstanzen sind sich funktional entsprechende Instanzen der gleichen Kommunikationsschicht kooperierender Systeme. Die Kommunikationsregeln zwischen Partnerinstanzen, die den Austausch von Protokolldateneinheiten überwachen, sind in Schichtprotokollen zusammengefaßt.

Die sieben Schichten des OSI-Modells werden nachfolgend im einzelnen vorgestellt. Die Definition dieses Referenzmodells ist inzwischen abgeschlossen und als Standard angenommen ([ISO 84]). Abbildung 3-10 zeigt den Aufbau des Modells.

1. Die Bitübertragungsschicht (physical layer)

Die Bitübertragungsschicht ist für die Bitübertragung zwischen den kommunizierenden Systemen verantwortlich. Die physikalischen Leitungen sind zu aktivieren bzw. zu deaktivieren, um einen (ungesicherten) Datentransfer vornehmen zu können. Die physikalischen Eigenschaften der Verbindungen bleiben vor den darüberliegenden Schichten verborgen.

2. Die Sicherungsschicht (data link layer)

Durch die Sicherungsschicht wird die von der Bitübertragungsschicht aufgebaute Systemverbindung sicher gemacht. Dies bedeutet, daß Übertragungsfehler syntaktischer Art vermieden werden. Der Inhalt der übertragenen Nachrichten wird auf dieser Schicht nicht beachtet. Daneben nimmt diese Instanz die Flußregelung vor, so daß eine Überflutung von Instanzen der Sicherungsschicht durch zu verarbeitende Datenströme ausgeschlossen wird.

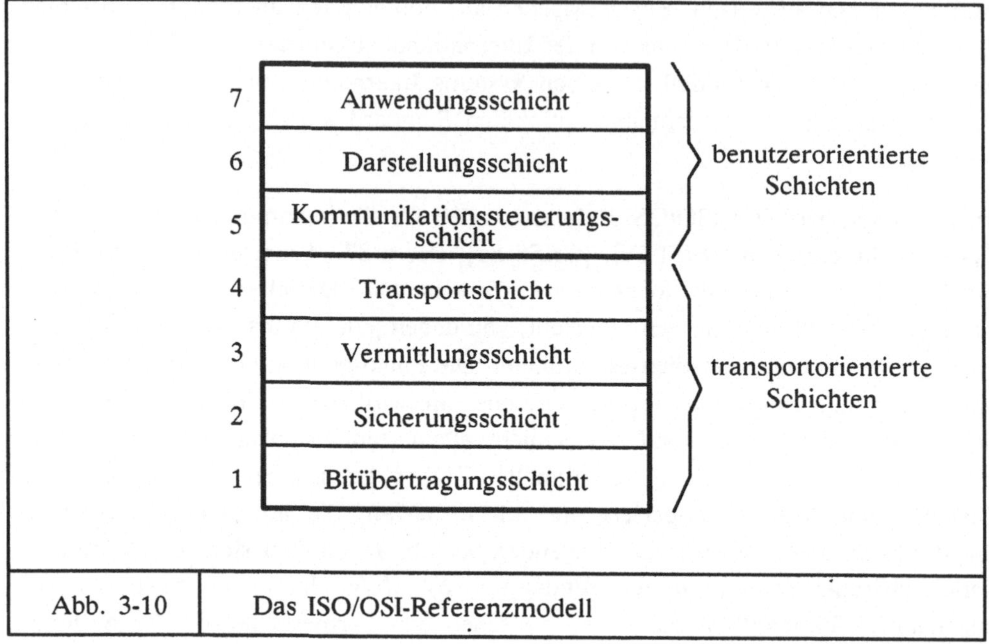

Abb. 3-10	Das ISO/OSI-Referenzmodell

3. Die Vermittlungsschicht (network layer)

Die Funktion der Vermittlungsschicht erstreckt sich hauptsächlich auf das Routing von Datenpaketen durch ein Netzwerk, das Multiplexen von mehreren Endsystemverbindungen auf gemeinsamen Zwischenknotenverbindungen, die Flußregelung zwischen Endsystemen und die Fehlerbehandlung bei der Paketvermittlung zwischen Endsystemen (z.B. Kontrolle des Eintreffens der übertragenen Pakete in korrekter (Sende-)Reihenfolge). Der fundamentale Unterschied zwischen den unteren beiden Schichten des OSI-Modells und der Vermittlungsschicht ist, daß nun Verbindungen zwischen Endsystemen betrachtet werden. In der physikalischen Schicht bzw. der Sicherungsschicht werden nur Übertragungsvorgänge zwischen im Netz benachbarten Knoten behandelt. Auf der dritten Schicht werden dem Benutzer die zwei möglichen Formen des Verbindungsaufbaus zwischen zwei Endsystemen angeboten: der Datagram-Dienst bzw. die virtuelle Verbindung (Kapitel 3.2.2).

4. Die Transportschicht (transport layer)

Eine kontrollierte Verbindung zwischen zwei Anwendungsinstanzen wird von der Transportschicht unterhalten, indem die Endsystemverbindungen der Vermittlungsschicht zu Teilnehmerverbindungen erweitert werden. Die Transportschicht verbirgt Details der Datenübertragung im Netzwerk vor allen übergeordneten Instanzen, wodurch diese auf eine effektive und fehlerfreie Verbindung zurückgreifen können.

5. Die Kommunikationssteuerungsschicht (session layer)

Grundkonzept der Kommunikationssteuerungsschicht ist der Begriff der Sitzung. Unter einer Sitzung wird die Kommunikationsbeziehung zwischen zwei Partneranwendungsinstanzen verstanden. Die Kommunikationssteuerungsschicht bietet für den Aufbau, die Strukturierung bzw. Steuerung und den Abbau einer Sitzung entsprechende Dienste an. Dabei besteht das größte Problem in der Synchronisation der beteiligten Kommunikationspartner.

6. Die Darstellungsschicht (presentation layer)

Sinn der Darstellungsschicht ist das Anbieten von Mitteln, die die Verständigung zwischen Anwendungsinstanzen ermöglichen. Dies bezieht sich zunächst auf die Bereitstellung einer Transfersyntax, die von kommunizierenden Partnern gleichermaßen interpretiert werden kann. Die Festlegung eines gemeinsamen Sprachvorrats bzw. dessen interne Darstellung ist fundamentale Aufgabe der Darstellungsschicht.

7. Die Anwendungsschicht (application layer)

Den oberen Abschluß des Schichtenmodells eines Kommunikationssystems bildet die Anwendungsschicht. Sie kontrolliert alle anwendungsspezifischen und kommunikationsrelevanten Elemente eines Anwendungsprozesses. Die Funktionalität der Anwendungsschicht erstreckt sich unter anderem auf die Gebiete Dateiübertragung, -zugriff und -verwaltung (FTAM: **F**ile **T**ransfer, **A**ccess and **M**anagement), Auftragsübertragung und -steuerung (JTM: **J**ob **T**ransfer and **M**anipulation), Nachrichtenübertragung, Protokolle für virtuelle Terminale (VTP: **V**irtual **T**erminal **P**rotocols), Kontrolle von Anwendungsprozeßgruppen, MMS (**M**anufacturing **M**essage **S**pecification) und entfernter Datenbankzugriff (RDA: **R**emote **D**atabase **A**ccess). Diese anwendungsspezifischen Dienste werden zu **S**pecific **A**pplication **S**ervice **E**lements (SASE) zusammengefaßt. Da viele Anwendungen mit gleichen Teilproblemstellungen konfrontiert werden, konstituiert man innerhalb der Anwendungsschicht eine Unterschicht, die eine Gruppe von allgemein verwendbaren Dienstelementen (CASE: **C**ommon **A**pplication **S**ervice **E**lements) anbietet. Innerhalb dieser Funktionsgruppe kann man noch zwischen den **A**ssociation **C**ontrol **S**ervice **E**lements (ACSE; vormals als CASE kernel bezeichnet) und den CCR-Dienstelementen (CCR: **C**ommitment, **C**oncurrency and **R**ecovery) unterscheiden. Die ACSE-Elemente dienen der Verwaltung von Verbindungen zwischen Anwendungsinstanzen. Die CCR-Funktionen ermöglichen die Realisierung von atomaren Aktionen. Neben den Diensten von ACSE und CCR steht auf der Anwendungsschicht noch eine weitere Klasse von Dienstelementen zur Verfügung, die als ROS (**R**emote **O**peration **S**ervice) bezeichnet werden. ROS ist allerdings nicht in die ISO-Norm aufgenommen. ROS dient dem Management von Interaktionen zwischen verteilten Anwendungen.

Die Beschreibung der Schichten des OSI-Referenzmodells zeigt deutlich die Diskrepanz zwischen den oberen vier Schichten des Ebenenmodells, die einen starken Anwendungsbezug aufweisen, und den unteren drei systemnahen Schichten, die die eigentliche Übertragung der Nachrichten zwischen zwei Endsystemen vornehmen. Oftmals werden die unteren Schichten als Transitsystem bezeichnet (Abbildung 3-11). In Abbildung 3-11 ist außerdem zu erkennen, wie die Verarbeitung innerhalb des Schichtenmodells abgewickelt wird. Zunächst durchläuft ein in der Anwendungsschicht des einen Systems generierter Auftrag in umgekehrter Reihenfolge die sieben Modellebenen. Auf der Seite des Auftragnehmers werden die sieben Schichten von unten nach oben sequentiell durchlaufen. Zwischen den Endsystemen können beliebig viele Transitsysteme eingeschaltet werden, die den Nachrichtentransfer in den Verbindungsknoten übernehmen.

3.3.2 Realisierung eines Datenaustauschmechanismus im Schichtenmodell

Die Implementierung des im Hauptabschnitt C konzipierten Datenverwaltungssystems stellt bestimmte Anforderungen an das zugrundeliegende Kommunikationssystem. In diesem Unterabschnitt soll die Festlegung dieser Dienste bzw. ihre Einordnung ins OSI-Referenzmodell vorgenommen werden.

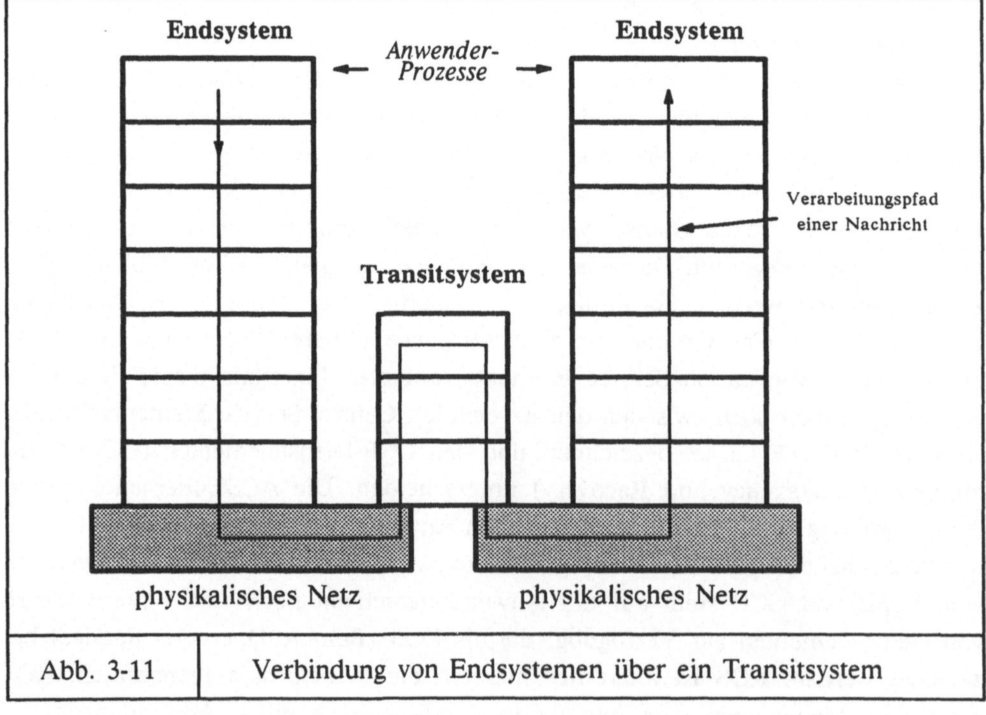

Abb. 3-11	Verbindung von Endsystemen über ein Transitsystem

Beim Aufbau des verteilten Datenverwaltungssystems muß auf Kommunikationsprimitive zurückgegriffen werden, die folgende Funktionen zu erfüllen haben:

- Kommunikation zwischen Prozessen auf verschiedenen Systemen;
- Dateitransfer zwischen Endsystemen;
- Starten von Programmen auf entfernten Knoten.

Dabei sollen alle Kommunikationsvorgänge sicher ablaufen, d.h., der sendende Prozeß muß darüber in Kenntnis gesetzt werden, ob sein Auftrag abgewickelt werden kann oder zurückgewiesen wird.

Ausreichende Unterstützung für die Realisierung dieser Anforderungen bietet die vierte Schicht des OSI-Referenzmodells an ([GGHS 85, S. 75 - 96]). Sie ergänzt die vom Transitsystem (Schicht 1, 2 und 3) aufgebaute Endsystemverbindung zu einer Teilnehmerverbindung[1]. Sie hat die Aufgabe, eine anwendungsunabhängige Datentransportverbindung zwischen Teilnehmern aufzubauen, wobei die vom Transitsystem zur Verfügung gestellten Ressourcen optimal genutzt werden. Die von der vierten Schicht angebotenen Dienste umfassen den Aufbau einer Verbindung, den eigentlichen Datentransport, die Vorrangdatenübermittlung und die Verbindungsauflösung. Die Datentransportverbindung kann durch die Angabe von Gütemerkmalen näher spezifiziert werden. Gemäß der Festlegung der Dienstgüteparameter wählt das Datentransportsystem ein entsprechendes Protokoll aus. Die angebotenen Protokolle sind in fünf Kategorien unterteilt, die im zunehmenden Maße Fehlerbehandlungsmaßnahmen und Multiplexfunktionen berücksichtigen.

Die Bereitstellung von Diensten der Transportschicht des ISO/OSI-Referenzmodells muß als minimal angesehen werden. Natürlich werden Implementierung und Anwendung eines Datenverwaltungssystems erheblich dadurch erleichtert, daß das Kommunikationssystem die Funktionalität höherer Schichten anbietet. Einige Vorschläge geeigneter Dienste anwendungsnaher Schichten werden im folgenden diskutiert.

Die vorgestellten Anforderungen an das Kommunikationssystem unterstreichen die Wichtigkeit des Transfers von Daten – in Form von Einzelelementen (Variablen) oder kompletten Dateien – zwischen den Komponenten eines verteilten Systems. Dabei spielt die Typisierung dieser Daten eine große Rolle. Sender und Empfänger müssen die gleichen Interpretationen von Datentypen vornehmen. Die Definition und das Angebot von global festgelegten Datentypen ist eine der Aufgaben der sechsten Schicht des OSI-Referenzmodells. ASN.1 (Abstract Syntax Notation One; [ISO 87a]) ist eine ISO-Norm, in der Datentypdefinitionen für die zwischen

---

[1] Ein Teilnehmer wird durch die Zuordnung einer Anwendungs-, einer Darstellungs- und einer Kommunikationssteuerungsinstanz realisiert.

Anwendungsinstanzen ausgetauschten Protokolldateneinheiten festgelegt werden ([GoSp 87]). ASN.1 erlaubt die Beschreibung von hierarchisch strukturierten Datentypen, die sich aus elementaren Grundtypen zusammensetzen. Nach Auswahl einer abstrakten Transfersyntax zwischen Anwendungsinstanzen selektieren die dazugehörigen Darstellungsinstanzen eine konkrete Transfersyntax. Aufgabe der Darstellungsebene ist, die in den Anwendungsinstanzen verwendeten lokalen Syntax-Ausprägungen in diese konkrete Transfersyntax umzuwandeln. Im ISO-Dokument [ISO 87b] ist eine konkrete Transfersyntax für ASN.1 angegeben (Basic Encoding Rules for ASN.1). Abstrakte und konkrete Transfersyntax zusammen werden auch als Darstellungskontext bezeichnet (Abbildung 3-12).

Auf der siebten Ebene des Referenzmodells steht neben den CASE-Dienstelementen der ROS zur Verfügung ([ECMA 85]). Er stellt Funktionen zur Abwicklung der Interaktionen zwischen Anwendungsinstanzen bereit. Die angebotenen Dienste sind im Vergleich zu denen der Transportschicht eleganter und einfacher handzuhaben, weshalb die Verwendung von ROS-Diensten für eine Implementierung vorteilhaft ist. Zwischen zwei Anwendungsinstanzen wird eine sogenannte ROS-Assoziation aufgebaut, innerhalb der sich die Kommunikation abspielt. Anwendungsinstanzen beauftragen mit entsprechenden Primitiven ihren Kommunikationspartner, bestimmte Operationen auszuführen. Dieser beantwortet die Aufforderung entweder mit dem gewünschten Ergebnis der Auftragsbearbeitung oder mit einer Fehlermeldung bzw. der Ablehnung des Auftrags. Während die Funktionalität des ROS in etwa mit der des RPC gleichzusetzen ist ([PaEF 86, S. 154]), ist die Bearbeitung von ROS-Aufträgen sowohl in synchroner als auch in asynchroner Weise möglich. Der Auftraggeber kann deshalb entweder inaktiv auf die Ergebnisbereitstellung warten oder aber inzwischen andere Bearbeitungsvorgänge abwickeln.

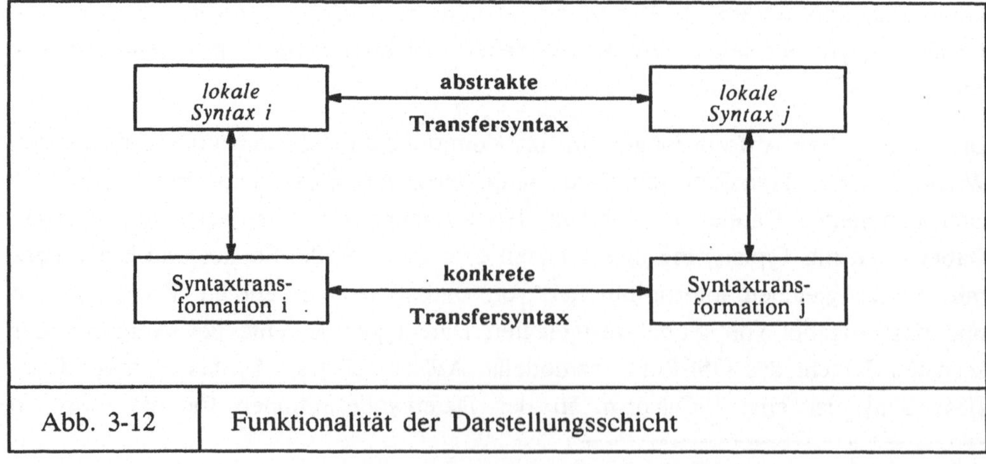

Abb. 3-12 Funktionalität der Darstellungsschicht

Einen gerade für den Bereich der Datenverwaltung und hierbei insbesondere für die Klasse der Datenbanksysteme fundamentalen Dienst bietet die Anwendungsschicht des OSI-Modells mit den CCR-Primitiven an ([ISO 85]). Motivation dieser Funktionsgruppe ist die Gewährleistung von simultanen Modifikationen in Form einer atomaren Aktion auf replizierten Datenbeständen ([Larm 86]). Zentraler Bestandteil dieser Art der verteilten Operationsausführung ist der Aufbau eines Zwei-Phasen-Protokolls. Es erscheint offensichtlich, daß die Dienste des CCR sowohl den Betrieb als auch die Implementierung eines verteilten Datenverwaltungssystems in der Umgebung eines offenen, verteilten Systems wesentlich erleichtern, da dort oft quasi-gleichzeitige Änderungen von Datenkopien durchzuführen sind.

3.3.3 Netztopologien

Den Abschluß der Diskussion von Kommunikationssystemen in verteilten Rechnersystemen bildet die Vorstellung verschiedener Netztopologien. Bezogen auf die konkrete Anwendungssituation werden mögliche Antworten auf die Frage diskutiert, wie SN-Rechner miteinander verbunden werden können.

Bei der Auswahl einer Netzstruktur spielen verschiedene Argumente eine große Rolle. Repräsentativ seien die Kriterien

- Ausfallsicherheit,
- Organisationsstruktur (der Anwendung),
- (übertragene) Datenmenge,
- Kosten,
- (Netz-)Management,
- Reaktionszeit und
- Durchsatz

genannt. Die anschließende Diskussion von typischen topologischen Grundstrukturen bzw. von kombinierten Varianten bewertet diese Implementierungsalternativen in Hinblick auf die oben aufgelisteten Entwurfskriterien ([GKSS 85], [Herz 87]).

Ringnetze sind sehr einfach strukturiert (Abbildung 3-13). Hier sind alle Knoten des verteilten Systems in Form eines Rings zusammengeschlossen. Zu einem Zeitpunkt können immer nur zwei Kommunikationspartner miteinander Nachrichten austauschen. Die Verkehrsführung kann dabei entweder nur in einer Richtung oder auch in beiden Richtungen möglich sein. Vorteile eines Ringnetzes sind die geringen Leitungskosten, die gute Auslastung des Netzwerks und die relativ hohe Ausfallsicherheit, wenn in beiden Richtungen kommuniziert werden kann. Allerdings ergeben sich bei dieser Lösung Nachteile, die sich vor allem im mangelnden Durchsatz und den schwer kalkulierbaren Transitzeiten bemerkbar machen.

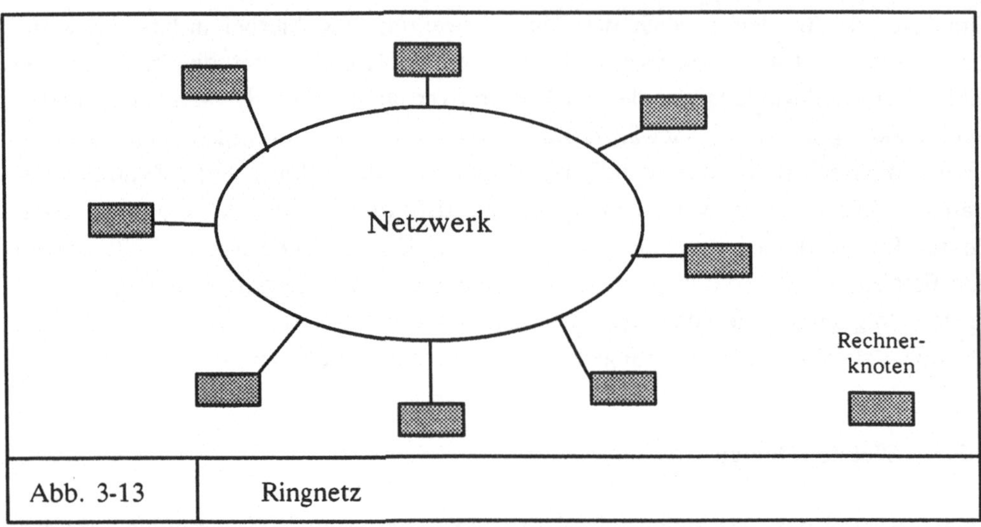

Abb. 3-13 Ringnetz

Eine übersichtliche Topologie weisen die Sternnetze auf (Abbildung 3-14). Während beim Ringnetz alle Rechner gleichberechtigt nebeneinander stehen, gibt es im Sternnetz zumindest zwei Rangstufen. Auf der höheren steht der zentrale Rechnerknoten (Transitknoten), während alle anderen, peripheren Knoten die niedrigere Netzebene bilden. Daß die gesamte Kommunikation über den Zentralrechner ablaufen muß, stellt den gravierenden Nachteil dieser Netzstruktur dar. Nicht nur daß ein Ausfall des Transitknotens katastrophale Folgen nach sich zieht, auch bei fehlerfreiem Netzbetrieb bildet der Zentralknoten einen möglichen Flaschenhals, der nachteilig die Performance (Durchsatz, Antwortzeit) des gesamten Systems beeinflußt. Der Vorteil einer solchen Topologie sind die gute Ausnutzung der Übertragungswege, die einfache Abwicklung des Netzbetriebs sowie dessen problemlose Verwaltung.

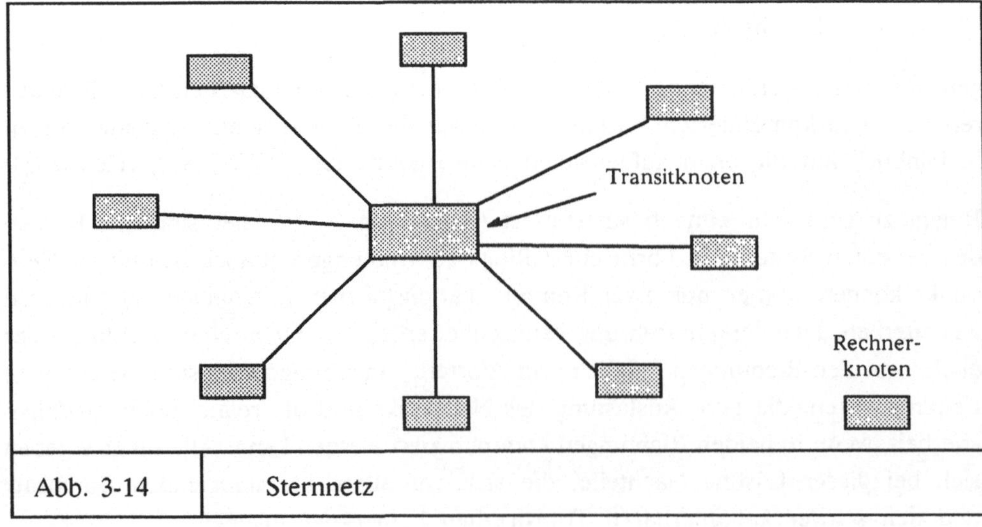

Abb. 3-14 Sternnetz

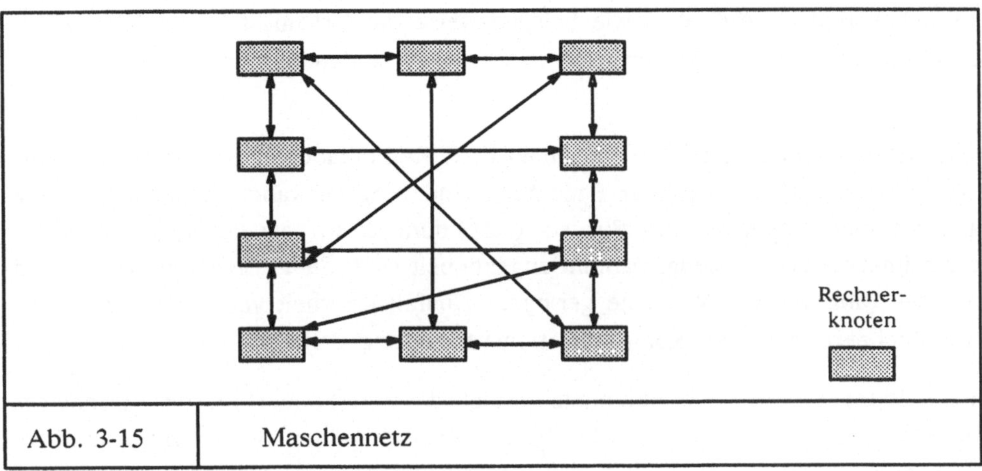

Abb. 3-15 Maschennetz

Eine komplexe topologische Gestalt zeigen die Maschennetze (Abbildung 3-15). Bei dieser Implementierungsvariante ist ein Rechner mit mindestens zwei weiteren Rechnern verbunden; im Normalfall bestehen sogar wesentlich mehr Konnektionen. Die maximale Auslegung ist erreicht, wenn jeder Rechner mit jedem anderen verbunden ist. Dies verlangt bei n Rechnern die Installation von

$$n \cdot (n-1) / 2$$

Verbindungsleitungen. Durch die mehrmalige Ankopplung eines Rechners an das Netz ist eine hohe Ausfallsicherheit gewährleistet. Außerdem stehen die multiplen Verbindungen einer lokalen Überlastung des Netzwerks entgegen, da bei möglichen kapazitativen Engpässen einiger Leitungen alternative gefunden und benutzt werden können. Die Leistungsfähigkeit des Systems (Durchsatz, Antwortzeitverhalten) ist demnach sehr ansprechend. Allerdings stehen den genannten Vorteilen auch einige Nachteile gegenüber, die sich schon in den sehr hohen Kosten für die Anschaffung und den Betrieb des Netzes niederschlagen. Auf Seiten des Netzmanagements erge-

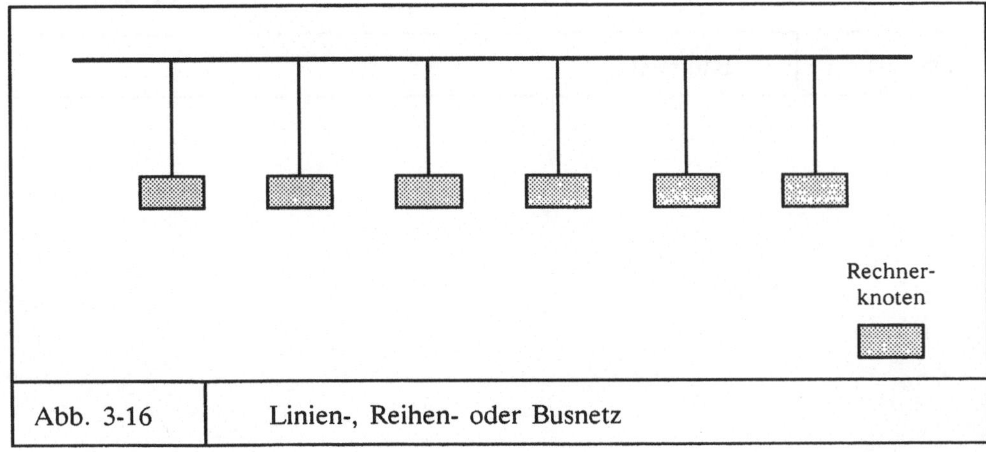

Abb. 3-16 Linien-, Reihen- oder Busnetz

ben sich komplexe Aufgaben wie beispielsweise die Organisation der Wegewahl. Somit werden erhöhte Anforderungen an die das Netz steuernde Hard- und Software gestellt.

Abschließend sollen noch zwei Varianten bzw. Kombinationen von Basistypen aufgelistet werden, die von großer Bedeutung sind. Eng verwandt mit dem Ringnetz ist das Linien-, Reihen- oder Busnetz (Abbildung 3-16), bei denen alle Rechner an ein lineares Übertragungsmedium angekoppelt sind. Seine Eigenschaften ähneln dem des Ringnetzes, wobei eine geringere Ausfallsicherheit vorliegt, da zwischen zwei Rechnern nur eine Kommunikationsverbindung vorliegt.

In Abbildung 3-17 wird das Baumnetz gezeigt, das eine Sonderform des Sternnetzes darstellt. Diesem gleicht es auch bezüglich seiner charakteristischen Eigenschaften. Weitere mögliche Netztopologien können [GKSS 85] und [Herz 87] entnommen werden. Sowohl in der eben zitierten Literatur als auch in [Schi 86] erfolgt darüber hinaus eine detaillierte Darstellung der Organisationsformen eines Rechnernetzes.

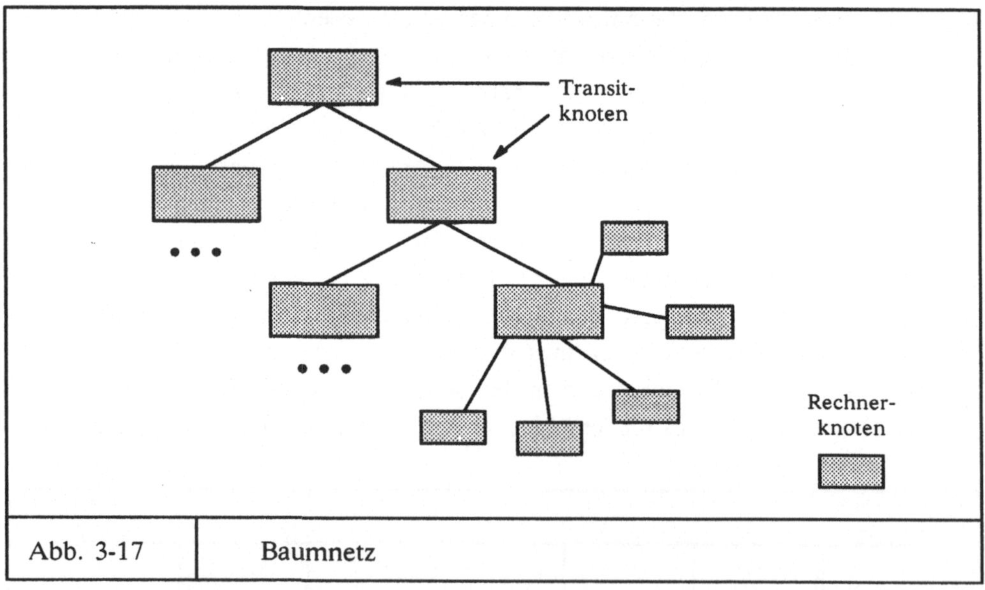

Abb. 3-17 Baumnetz

4 Konventionelle Datenverwaltungskonzepte für verteilte Systeme

Eine der entscheidenden Eigenschaften des im Rahmen dieser Arbeit vorzustellenden Konzepts eines verteilten Datenverwaltungssystems ist die Integration bereits existierender, konventioneller lokaler Datenhaltungssysteme, welche in diesem Kapitel vorgestellt und motiviert werden. Man kann sowohl Systemhardware, Betriebssystem- und Kommunikationssystemsoftware, die ihrerseits Prämissen für den Aufbau von Datenhaltungssystemen sind, als auch konventionelle Datenhaltungssysteme selbst als Konstituenten des im Hauptabschnitt C zu beschreibenden verteilten Datenverwaltungssystems betrachten.

Am Anfang der Diskussion konventioneller Datenverwaltungskonzepte steht eine grundsätzliche Klassifikation der von einem solchen System zu erbringenden Funktionen. Anschließend wird zur allgemeinen Beurteilung von Datenverwaltungskonzepten eine Liste von Entwurfskriterien zusammengestellt. Es folgt eine Taxonomie konventioneller Ansätze der verteilten Datenverwaltung. Das Kapitel wird abgeschlossen mit einem Ausblick, der spezielle Anpassungen der Bereiche Systemhardware, Betriebssystem und Kommunikationssystem an die Datenverwaltung vorstellt.

4.1 Funktioneller Aufbau eines verteilten Datenverwaltungssystems

Intention dieses Unterkapitels ist die Klassifizierung der von einem verteilten Datenverwaltungssystem zu erbringenden Funktionen. Ausgangspunkt der Überlegungen ist ein konventionelles lokales Datenverwaltungssystem, aus dem die Struktur eines verteilten Datenverwaltungssystems abgeleitet wird.

In Abbildung 4-1 ist die Stellung eines Anwenders (Anwendungsprogramms) zu einem Rechnersystem aus dem Blickwinkel der lokalen Datenverwaltung beschrieben. Man erkennt, daß die Anwendung nur mit dem Datenhaltungssystem direkt kommuniziert. Dieses bildet die Anforderungen des Anwenders unter Verwendung des Betriebssystems auf die Speicher- und Verarbeitungsstrukturen des hier Rech-

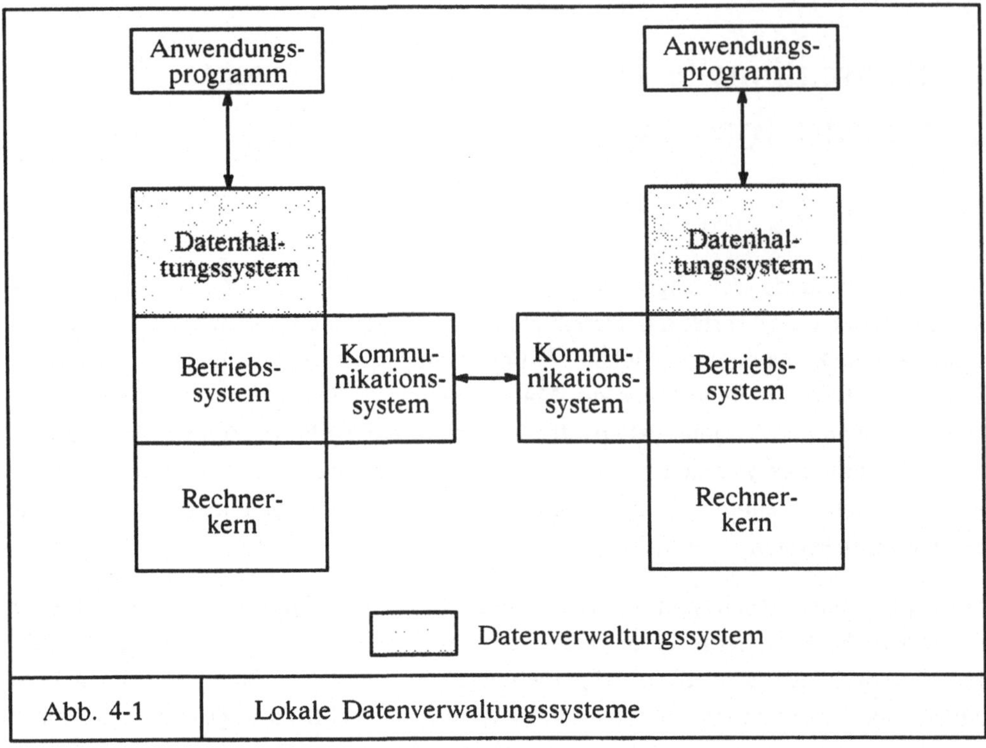

Abb. 4-1 Lokale Datenverwaltungssysteme

nerkern genannten Basissystems (Prozessor, Haupt- und Externspeicher) ab. Mit dem Kommunikationssystem verkehrt das Datenverwaltungssystem in der Regel nicht, da alle Datenverwaltungsvorgänge sich nur auf den lokalen Rechnerknoten beziehen. Das Kommunikationssystem erhält alle Aufträge direkt vom Betriebssystem.

Aus Abbildung 4-1 ist ersichtlich, daß sich die Funktionalität des Datenverwaltungssystems nur auf die der lokalen Datenhaltung erstreckt. Darunter sind alle Aufgaben zusammengefaßt, die sich auf die Verwaltung der Daten in den Speichern und das Verfügbarmachen der lokalen Daten für den Benutzer beziehen. Beispielsweise müssen dafür Umsetzungen von Speicherorganisationsstrukturen des Datenverwaltungssystems auf die des Betriebssystems vorgenommen werden; auch müssen Protokolldaten für die Gewährleistung von atomaren Aktionen gesammelt werden. Darüber hinaus werden dem Benutzer Operationen zur Verfügung gestellt, die ihm die Verarbeitung der Daten (Einfügen, Löschen und Modifizieren) und deren Verwaltung (u.a. Formatbeschreibungen, Festlegung der Speicherungsstrukturen) gestatten. In [Härd 78] bzw. [Wett 84, Kap. 6] sind die wesentlichen von einem lokalen Datenhaltungssystem zu erbringenden Funktionen umfassend dargestellt.

Die Struktur eines verteilten Datenverwaltungssystems ist von der eines rein lokalen, zentralisierten Systems verschieden. Auch ist seine Stellung bezüglich der übrigen

Basiskomponenten eines Rechners unterschiedlich, was in Abbildung 4-2 zu erkennen ist. Ein verteiltes Datenverwaltungssystem setzt sich aus den zwei zentralen Einheiten 'Datenhaltungssystem' und 'Datenverteilungssystem' zusammen. Die Aufgaben des Datenhaltungssystems gleichen denen eines lokalen Datenverwaltungssystems; die Verwaltung und Organisation der Daten an einem Rechnerknoten ist zu übernehmen. Die zweite konstitutive Komponente eines verteilten Datenverwaltungssystems ist das Datenverteilungssystem. Ihm werden drei grundsätzliche Aufgaben übertragen:

1. Bereitstellung von Primitiven zur Durchführung von entfernten Datenzugriffsoperationen;
2. Veranlassen von Datentransfers im Rechnernetz;
3. Verwaltung von Kopien, die auf verschiedenen Rechnerknoten gehalten werden.

Die Bereitstellung der ersten Funktion ist fundamental für die Datenverarbeitung in einem verteilten System. Ein Anwender will nicht nur die direkt an seinem lokalen Knoten allokierten Daten verarbeiten können, sondern muß auch Zugriff auf Daten haben, die auf entfernten Knoten liegen. Ebenfalls muß ihm die Möglichkeit angeboten werden, Datenpartitionen im Rechnersystem zu verteilen. Die explizi-

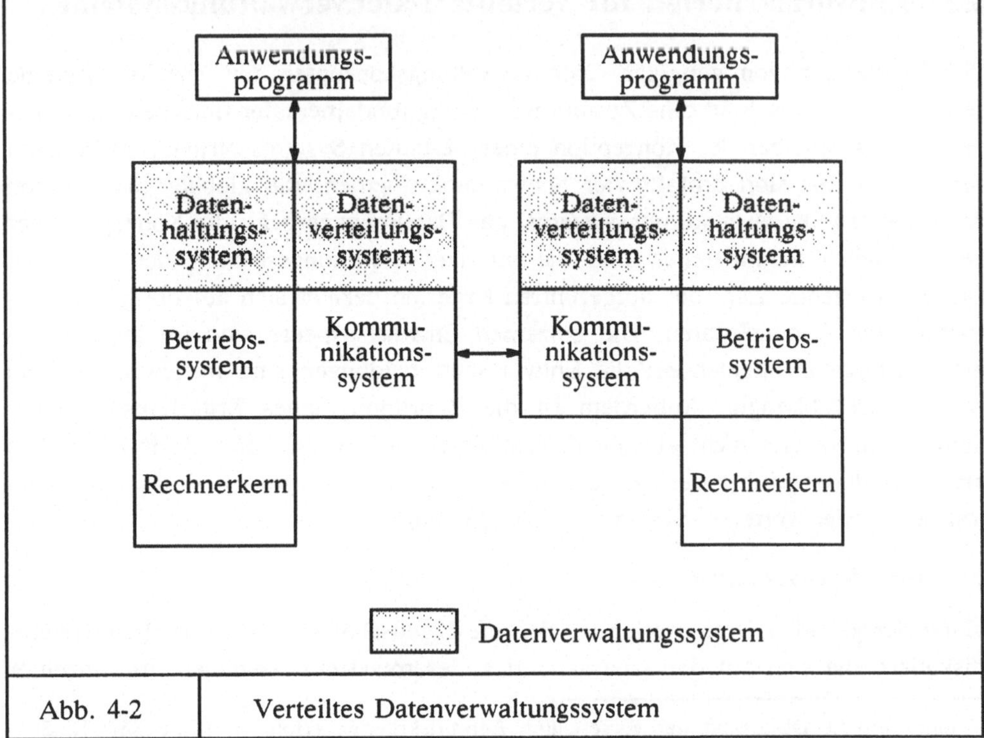

Abb. 4-2 Verteiltes Datenverwaltungssystem

te Forderung nach Kopienverwaltung begründet sich in den im ersten Kapitel genannten Anforderungen an verteilte Systeme. Dort ist postuliert worden, daß möglichst viele Verarbeitungsvorgänge lokal abgewickelt werden sollen. Eine Grundvoraussetzung dafür ist, daß Daten in dem Knoten vorliegen, in dem sie gebraucht werden. Nur über die Einführung von Kopien läßt sich dieses Anliegen realisieren. Daher wird die Kopienverwaltung explizit in das Funktionsrepertoire eines Datenverteilungssystem aufgenommen.

In Abbildung 4-2 kann man die Unterteilung des verteilten Datenverwaltungssystems in die Komponenten Datenhaltungs- und Datenverteilungssystem erkennen. Außerdem ist dieser Darstellung zu entnehmen, daß nur das Datenverteilungssystem mit dem Kommunikationssystem in Verbindung tritt. Das lokale Datenhaltungssystem arbeitet weiterhin nur mit dem Betriebssystem zusammen. Eine verteilte Datenverarbeitungsaufgabe wird demnach unter Kontrolle der betroffenen Datenverteilungskomponenten ausgeführt. Primitive des Kommunikationssystems ermöglichen die Zusammenarbeit der Datenverteilungskomponenten. Sie beauftragen die lokalen Datenhaltungssysteme, Operationen auf den lokalen Datenbeständen durchzuführen. Ein Anwender arbeitet mit dem Datenverwaltungssystem als geschlossene Einheit. Der heterogene Aufbau des Datenverwaltungssystems bleibt für ihn transparent.

4.2 Entwurfskriterien für verteilte Datenverwaltungssysteme

Der Vorstellung von gängigen Datenverwaltungskonzepten für verteilte Systeme geht in diesem Abschnitt eine Zusammenstellung fundamentaler Entscheidungskriterien voraus, die bei der Konzeption eines verteilten Systems strukturbestimmend sind. Die Diskussion umfaßt vier Schwerpunktsthemen: die globale Organisation des verteilten Datenverwaltungssystems, das Dateimanagement, die Konzeption der benutzernahen Schnittstellen und die interne Verwaltungsstruktur des Systems[1]. Die überwiegende Zahl der aufgeführten Kriterien bezieht sich auf die lokale Verwaltung der Benutzerdaten. Die einzelnen Entwurfsaspekte sind im allgemeinen nicht orthogonal zueinander; die Entwurfsentscheidungen sind in gewissem Grad voneinander abhängig. Außerdem ist die Zuordnung eines Kriteriums zu einer Schwerpunktsklasse nicht absolut determiniert, sondern sie kann in einigen Fällen alternativ durchgeführt werden. Einige der vorgestellten Kriterien sind nur für zentralisierte oder verteilte Systeme von Bedeutung.

a) Globale Organisation

Unter der globalen Organisation werden die Eigenschaften eines verteilten Systems diskutiert, die sich auf den Charakter des Gesamtsystems beziehen. Im einzelnen

[1] Eine vertiefte Diskussion der vorgestellten Entwurfskriterien erfolgt in [Date 86], [LoSc 87], [Tane 87], [Ullm 88] und [Wett 84].

werden die Themen Datenunabhängigkeit, Integritätskontrolle, Homogenität/Heterogenität, Dynamik und Transparenz behandelt.

a1) Datenunabhängigkeit

Grundlage der Diskussion der Datenunabhängigkeit eines Datenverwaltungssystems ist der Normvorschlag des ANSI/SPARC-Ausschusses ([TsKl 78]). Er beinhaltet eine Empfehlung für den Aufbau der Schemaebene eines Datenbanksystems ([Wede 81, S. 72]), welche sich aber auch auf beliebige Datenverwaltungssysteme übertragen läßt. Mit Schemaebene wird die Entwurfsebene eines Datenverwaltungssystems bezeichnet, auf der die Benutzerdaten in Form eines konzeptionellen Schemas beschrieben werden. Nach [Wede 81] ergänzen Integritätsbedingungen die Schemabeschreibung. Abbildung 4-3 zeigt den Aufbau einer Datenbank gemäß dem ANSI/SPARC-Vorschlag. Den zentralen Bestandteil bildet das konzeptionelle Schema, welches die Beschreibung der Anwenderdaten beinhaltet. Es soll sowohl anwendungs- als auch systemneutral konzipiert werden, d.h. im konzeptionellen Schema werden weder spezielle Details einer Anwendung reflektiert, noch wird auf die physikalische Struktur des zugrundeliegenden Rechnersystems Bezug genommen. Die externen Schemata zeigen den Anwendern die Daten gemäß ihren individuellen Sichtweisen, auf welche sie sich in den Anwendungsprogrammen beziehen. Der Übergang vom konzeptionellen Schema zum externen Schema gelingt vermittels Abbildungsfunktionen, die so gestaltet sind, daß Änderungen in einem externen Schema keine Modifikationen im konzeptionellen Schema verursachen. Somit wird die sogenannte logische Datenunabhängigkeit unterstützt ([Ditt 77]).

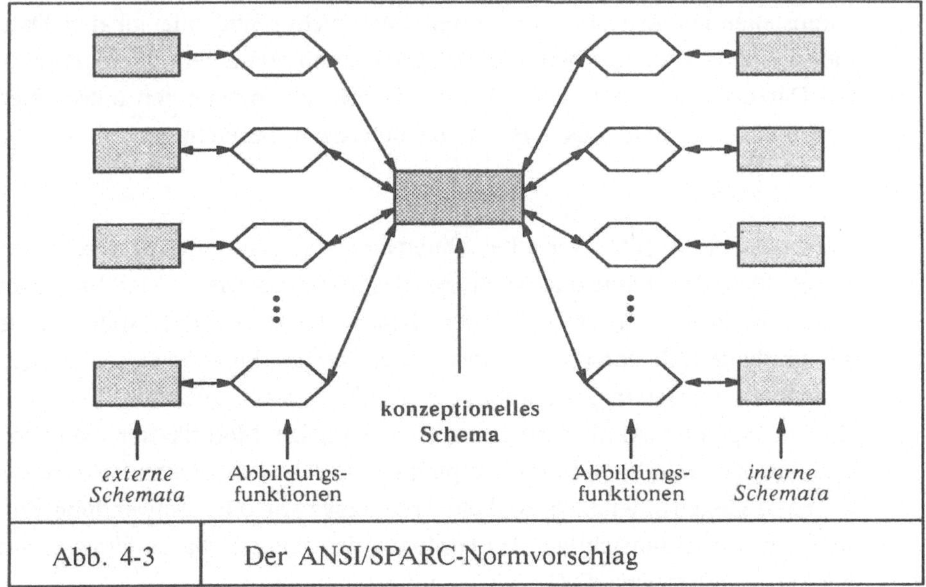

Abb. 4-3	Der ANSI/SPARC-Normvorschlag

Eine zweite Klasse von Abbildungsfunktionen bildet die Datenstrukturen des konzeptionellen Schemas auf die physikalischen Gegebenheiten des Rechnersystems ab (internes Schema). Änderungen an physikalischen Zugriffspfaden oder Abspeicherungsmodalitäten beschränken sich rein auf den Aufbau des internen Schemas und zeigen keine Auswirkung auf das konzeptionelle Schema. Diese Beobachtung wird physische Datenunabhängigkeit genannt ([Ditt 77]). Konsequenterweise werden somit Änderungen der physikalischen Zugriffs- und Speicherstrukturen auch vor den Anwendungen (Anwendungsprogrammen) verborgen.

a2) Integritätskontrolle

Die in einem Datenverwaltungssystem gehaltenen Daten müssen anwendungsspezifischen Integritätsbedingungen genügen. Manche Systeme gestatten die Formulierung von Integritätsbedingungen und überwachen deren Einhaltung automatisch. Bei einfacheren Datenverwaltungssystemen besteht nur die Möglichkeit, daß der Benutzer die logische Konsistenz seiner Daten eigenständig überwacht. Beispiele konstitutiver Integritätsbedingungen betreffen die referentielle Integrität, die Primärschlüsseleigenschaft von Attributen oder die korrekte Typisierung von Attributwerten ([Date 86], [Wede 81]).

a3) Homogenität/Heterogenität

Ein weiteres Beurteilungskriterium eines verteilten Datenverwaltungssystems bezieht sich auf den Aufbau der auf den verschiedenen Rechnern lokalisierten Datenhaltungssystemen. Es stellt sich die Frage, ob diese Datenhaltungssysteme alle die gleiche Struktur (bezüglich der schon vorgestellten bzw. noch vorzustellenden Kriterien) aufweisen oder nicht. Sind alle lokalen Datenhaltungssysteme vom gleichen Typ, so spricht man von einem homogenen verteilten Datenverwaltungssystem. Weisen die Einzelkomponenten unterschiedliche Typen auf, so wird das System als heterogen bezeichnet.

a4) Dynamik

Verschiedene Ansätze verteilter Datenverwaltungssysteme unterscheiden sich hinsichtlich der Fähigkeit, während des Systembetriebs Modifikationen der Systemstruktur zuzulassen. Bei manchen Systemen ist eine Änderung des Systemaufbaus (z.B. Integration eines neuen Rechnerknotens einschließlich eines Datenhaltungssystems) während der Laufzeit nicht gestattet. Erst nach der Einstellung aller Aktivitäten kann eine derartige Modifikation vorgenommen werden. Bei anderen Systemkonzepten ist eine flexible, dynamische Anpassung an neue Gegebenheiten bezüglich Rechnersystem oder Anwendung durchaus möglich, wobei hinsichtlich des Umfangs der akzeptierbaren Umstrukturierungen noch erhebliche Differenzen auftreten können.

a5) Transparenz

Unter Transparenz verstehen wir in dieser Arbeit das Verbergen von Details bei der Realisierung von Funktionen. Auf der Ebene eines verteilten Datenverwaltungssystems lassen sich verschiedene Ausprägungen von Transparenz erkennen, welche sich qualitativ stark voneinander unterscheiden ([CePe 85]):

Verteilungstransparenz:
Die höchste Form von Transparenz aus dem Aspekt einer Abstraktionshierarchie ist die Verteilungstransparenz. Die Verteilung der Daten wird dabei vor einem Benutzer verborgen. Das Datenverwaltungssystem stellt sich ihm als eine zentralisierte Instanz dar.

Komponententransparenz:
Dem Benutzer wird die Struktur der Einzelkomponenten (lokale Datenhaltungssysteme) des verteilten Datenverwaltungssystems verborgen. Somit erkennt er nicht, ob alle lokalen Datenhaltungssysteme vom selben Typ sind oder nicht.

Fragmenttransparenz:
Häufig werden Dateien (Relationen) in Fragmente untergliedert. Fragmenttransparenz abstrahiert von Fragmenten und läßt eine Datei (Relation) auf Benutzerebene als Ganzes erscheinen.

Lokationstransparenz:
Die Einführung von Lokationstransparenz verbirgt die Allokation von Fragmenten im verteilten Datenverwaltungssystem.

Replikationstransparenz:
Falls Daten in mehreren Kopien gehalten werden, sorgt die Replikationstransparenz dafür, daß die Daten für einen Benutzer so erscheinen, als ob sie nur genau einmal im System allokiert wären.

b) Dateimanagement

Alle Datenobjekte eines Rechnersystems werden auf Betriebssystemebene in den Betriebssystemdateien abgespeichert. Bezogen auf ein (verteiltes) Datenverwaltungssystem entspricht einer Betriebssystemdatei zum Beispiel direkt eine Datei eines einfachen Dateisystems, eine Relation eines relationales Datenbanksystems oder ein Satztyp eines netzwerkartigen Datenbanksystems. Für die nachfolgende Diskussion des Themenkreises 'Dateimanagement' soll unter einer Datei der größte zusammenhängende Datenbehälter eines Datenverwaltungssystems verstanden werden. Von Interesse ist insbesondere die Verwaltung der mehrfachen Inkarnationen einer logischen Datei (Versionen und Kopien).

b1) Replikate

Verteilte Datenverwaltungssysteme unterscheiden sich in ihrer Fähigkeit, Kopien von Dateien (Objekten) zu verwalten. Die Organisation der Replikate sollte automatisch vom System auf Veranlassung des Benutzers durchgeführt werden. Die manuelle Verwaltung von Kopien durch einen Anwender wird hier nicht in Betracht gezogen. Eine automatische Kopienverwaltung führt beispielsweise Datenmodifikationen, die an einer Inkarnation eines replizierten Datums vollzogen werden, selbständig in allen anderen Inkarnationen dieses Datums nach. Im manuellen Fall müßte der Anwender durch geeignete Programme diesen Dienst eigenständig realisieren.

b2) Versionen

Unter der Version einer Datei versteht man das zeitbezogene Abbild der Datei. Verteilte Datenverwaltungssysteme sind zum Teil in der Lage, zeitlich aufeinanderfolgende Dateizustände einzufrieren, indem sie Versionen dieser Datei anlegen. Ein Benutzer kann explizit auf eine bestimmte Version der Datei zugreifen. Viele Datenverwaltungssysteme unterstützen allerdings das Versionenkonzept nicht; sie überschreiben den aktuellen Zustand einer Datei, wodurch er verloren geht.

c) Benutzerschnittstelle

Das dritte Entwurfskriterium für verteilte Systeme behandelt die Konzeption der Schnittstelle des Datenverwaltungssystems zum Benutzer. Es werden neben möglichen Schnittstellentypen auch die Arten der an der Schnittstelle zur Verfügung gestellten Datenobjekte diskutiert. Außerdem wird in Techniken für die Vergabe von Zugriffsrechten und die Realisierung von Bearbeitungseinheiten (Transaktionen, atomare Aktionen) eingeführt.

c1) Schnittstellentyp

Die Funktionalität der Schnittstelle eines verteilten Datenverwaltungssystems unterscheidet sich in ihrer Fähigkeit, genau ein Datenobjekt oder mehrere Datenobjekte gleichzeitig bereitzustellen. Die einfachere Ausprägung der Benutzerschnittstelle gewährleistet nur die Verarbeitung eines Objekts (z.B. Datensatzes) durch eine Operation. Eine mengenorientierte Schnittstelle ermöglicht darüber hinaus die gleichzeitige Verarbeitung mehrerer Objekte durch eine Datenverwaltungsaktion.

In einem verteilten Datenverwaltungssystem besteht die Möglichkeit, pro Lokation eine eigene Schnittstelle zur Verfügung zu stellen oder eine einheitliche Schnittstelle für das gesamte System zu definieren. Letztere Realisierung erleichtert zwar die Verwendung des verteilten Datenverwaltungssystems, verursacht aber bei allen Datenzugriffen Übersetzungsvorgänge zwischen der globalen und der lokalen Schnittstellensprache.

c2) Datenobjekte

Für die Handhabung eines Datenverwaltungssystems ist von fundamentaler Bedeutung, aus welchen Objekten eine Datei aufgebaut ist und welche Objekte einem Benutzer an der Dateischnittstelle zur Verfügung gestellt werden. Die einfachste Objektklasse bildet der lineare Datensatz (Tupel, Record), der intern aus einer Aneinanderreihung von elementaren Feldern (Attributen) besteht. Das dem Benutzer angebotene Datengranulat ist ein aus einer konstanten Anzahl typisierter Elemente aufgebautes eindimensionales Feld.

Alternativ dazu bieten objektorientierte Systeme an der Dateischnittstelle komplexe logische Objekte an. Ein Objekt kann aus einer Vielzahl von Datensätzen bestehen, die wiederum unterschiedlichen Dateien zugehören können.

c3) Zugriffsrechte

Eine wichtige Aufgabe eines verteilten Datenverwaltungssystems ist die Überwachung der Benutzerzugriffe auf Datenobjekte. Nur autorisierte Benutzer dürfen ein bestimmtes Datenobjekt lesen bzw. manipulieren. Über die Funktionalität des Betriebssystems hinaus kann ein Datenverwaltungssystem die Zugriffskontrolle unterstützen. Es bestehen zwei Möglichkeiten der Realisation, die explizite Vergabe von Zugriffsrechten und die identitätsbezogene Organisation. Bei der Verwendung von Zugriffsrechten ist es einem Anwender nur dann erlaubt, auf ein bestimmtes Datenobjekt zuzugreifen, wenn er dafür das passende Zugriffsrecht vorweisen kann. Bei der alternativen Realisierung ist bei den Objekten selbst festgelegt, welcher Anwender welches Objekt benutzen darf. Beim eigentlichen Zugriff hat ein Anwender seine Identität zu belegen. Nur dann wird ihm der Zugriff gewährt.

c4) atomare Transaktionen

Fundamentale Bedeutung nehmen in einem Datenverwaltungssystem die atomaren Aktionen ein. Die Verwirklichung von atomaren Aktionen bietet eine Vielzahl von Freiheitsgraden an. Die im folgenden überblicksmäßig diskutierten Entwurfskriterien atomarer Aktionen werden den Bereichen Struktur einer Transaktion, Organisation des Mehrbenutzerbetriebs, Protokollierung und Recovery zugeordnet.

Eine Transaktion kann auf zwei Arten realisiert werden. Bei der einfacheren Alternative wird sie aus einer linearen Folge von Aktionen gebildet. Im Gegensatz dazu kann sie hierarchisch aufgebaut sein; sie setzt sich dann aus einer hierarchisch angeordneten Menge von Subtransaktionen zusammen. Darüber hinaus ist bei linearen Transaktionen zu unterscheiden, ob sie aus einer einzelnen Datenzugriffsoperation bestehen oder sich aus mehreren, durch Klammerung zusammengefaßten Befehlen konstituieren. Festzulegen ist außerdem, wieviele Dateien innerhalb einer Transaktion bearbeitet werden können, bzw. wieviele verschiedene Lokationen (Rechner) in eine Transaktion involviert sein dürfen. Das zuletzt genannte Entwurfskriterium bewirkt die Unterscheidung zwischen der lokalen und der verteilten Verarbeitung einer Transaktion.

Bei der Organisation des Mehrbenutzerbetriebs bieten sich zwei konträre Vorgehensweisen an. Die optimistische Vorgehensweise überprüft erst am Ende einer Transaktion, ob diese korrekt abgearbeitet wurde[1]. Präventive Maßnahmen werden bei Benutzung eines Sperrmechanismus angewandt. Zwei-Phasen-Protokolle regeln die korrekte Abarbeitung von konkurrierenden Transaktionen (Kapitel 4.3.2). Die Sperrverwaltung kann auf unterschiedliche Arten realisiert werden. Sie kann entweder völlig vom Datenverwaltungssystem getragen werden (automatisches Setzen von Sperren durch das System), oder der Benutzer hat die Verwaltung zu unterstützen (explizites Setzen von Sperren durch den Benutzer). Festzulegen ist, auf welches Datengranulat sich eine Sperre bezieht (Datei, Datenseite, Datensatz, Datenobjekt, etc.). Freiheiten ergeben sich bei der Definition der verschiedenen Sperrarten. Neben einfachen Lese- und Schreibsperren bieten sich die sogenannten Anwartschaftssperren an.

Neben der Sperrverwaltung sind Strategien für die Behandlung von Deadlocks zu etablieren. Einfache Strategien erkennen Verklemmungen, können sie aber nicht beheben. Andere Verfahren verhindern a priori das Auftreten von Deadlocks. Für das Beheben einer Verklemmungssituation bieten sich zwei rudimentäre Strategien an: das Setzen von Zeitschranken und das Ordnen konkurrierender Transaktionen nach Zeitstempeln. Bei der letzteren Strategie werden im Falle einer Verklemmung jüngere Transaktionen zurückgesetzt. Gelingt es beim Zeitschrankenverfahren einer wartenden Transaktion in einem vorgegebenen Zeitraum nicht, ein gewünschtes Datenobjekt zu allokieren, so wird diese Transaktion zurückgesetzt.

Die Protokollierung von Datenmodifikationen kann entweder logisch oder physisch erfolgen. Beim logischen Protokollieren werden die Datenmanipulationsoperationen selbst gesichert. Im Fehlerfall werden sie auf einem gesicherten Basisdatenbestand erneut ausgeführt. Das physische Protokollieren sichert das Ergebnis von Datenmodifikationsoperationen, also die veränderten Daten. Dabei lassen sich verschiedene Strategien verfolgen, wie beispielsweise das Anlegen von Schattenseiten, die Versionierung von Dateien oder die Definition

[1] Das Korrektheitskriterium des Ablaufs ist die Serialisierbarkeit von Transaktionen.

von speziellen Protokolldateien. Abhängig von der Wahl der Protokollstrategie arbeitet die Recoverykomponente. Sie führt entweder protokollierte Operationen nach oder lädt gesicherte Daten aus den Protokollbereichen zurück in den primären, zu korrigierenden Datenbereich.

d) interne Verwaltung

Die letzte Gruppe von Entwurfskriterien für verteilte Systeme befaßt sich mit dem internen Aufbau und der systemseitigen Verwaltung von Dateien. Neben der Darstellung von Zugriffseinheiten des Datenverwaltungssystems auf Betriebssystemdateien wird die Frage nach der internen Realisation einer Betriebsystemdatei behandelt.

d1) Zugriffseinheit

Unter der Zugriffseinheit verstehen wir das Datenvolumen, welches ein Datenverwaltungssystem als Einheit vom Betriebssystem anfordern kann. Mögliche Einheiten sind unter anderem komplette Betriebssystemdateien (reiner Dateizugriff), Betriebssystemseiten, Sätze einer Datei oder eine beliebige Kombination dieser Granulate.

d2) interne Repräsentation

Unter der internen Repräsentation wird die Form der Abspeicherung einer Betriebssystemdatei auf dem externen Speichermedien verstanden. Drei verschiedene Strategien haben sich etabliert: die Speicherung einer Datei in einer freien Anzahl von Blöcken fester Länge bzw. die Speicherung einer Datei in einer hierarchisch geordneten Menge von Blöcken fester oder variabler Länge.

Um gerade bei objektorientierten Datenverwaltungssystemen eine hohe Lokalität des Datenzugriffs zu erreichen, müssen physische Cluster-Strategien verfolgt werden. Allerdings ist physisches Clustern nur für eine Sicht der Anwendung realisierbar. Eine Clusterbildung für mehrere Sichten einer Anwendung ist nur über die Einführung von Replikaten effektiv. Dabei entsteht aber insbesondere bei komplexen Objektstrukturen ein umfangreicher und komplexer Verwaltungsmehraufwand.

4.3 Konventionelle Datenverwaltungssysteme

In den nachfolgenden Unterabschnitten werden konventionelle Ansätze der Datenverwaltung in verteilten Systemen vorgestellt. Es werden die beiden etablierten Basiskonzepte der Datenverwaltung, Dateisysteme und Datenbanksysteme, behandelt. Sie werden anhand der in Kapitel 4.2 eingeführten Entwurfskriterien charakterisiert. Allerdings werden nur die konstituierenden Kriterien eingehend diskutiert, die dem jeweiligen System die charakteristischen Eigenschaften verleihen.

4.3.1 Dateisysteme

Gegenstand dieses Unterabschnitts sind Datenverwaltungskonzepte für verteilte Systeme, bei welchen einfache Dateisysteme eingesetzt werden. Die folgende Auswahl beschränkt sich auf zwei Ansätze, von welchen der erste eine verteilte Lösungsalternative, der zweite eine zentralisierte Strategie darstellt. Realiter finden sich weitere Implementierungsformen für eine verteilte Dateiverwaltung; sie stellen prinzipielle Mischformen der beiden Grundkonzepte dar.

4.3.1.1 Unabhängige Dateisysteme

Am weitesten verbreitet ist die Datenverwaltung durch unabhängige Dateisysteme. Die Anwender eines verteilten Systems legen dabei ihre Daten in den Dateien der Directory-Struktur des zugrundeliegenden Netzwerk-Betriebssystems ab (Kapitel 3.2). Es wird über die vom Betriebssystem angebotenen Möglichkeiten der Datenverwaltung hinaus vom eigentlichen verteilten Datenverwaltungssystem keine weitere Funktionalität angeboten. Ein ausgezeichnetes, vom Betriebssystem strikt zu trennendes Datenverwaltungssystem existiert demnach nicht. Alle Funktionen der Datenhaltung und der Datenverteilung werden vom Netzwerk-Betriebssystem übernommen. Eine Bewertung unabhängiger Dateisysteme gemäß der im Abschnitt 4.2 vorgestellten Kriterien ergibt folgende Charakterisierung:

Datenunabhängigkeit:
Da die Definition von externen Schemata nicht möglich ist, kann keine logische Datenunabhängigkeit gewährt werden. Physische Datenunabhängigkeit wird im allgemeinen auch nicht unterstützt, da Änderungen in den physischen Speicher- und Zugriffsmodalitäten Auswirkungen auf Anwendungsprogramme haben. Stellt man beispielsweise den Zugriffsmodus einer Datei von direkt auf sequentiell um, so ändert sich in der Regel auch der zur Verfügung stehende Befehlsvorrat.

Integritätskontrolle:
Konventionelle Dateisysteme unterstützen keine automatischen Integritätssicherungsmaßnahmen. Eine Ausnahme bildet die Überprüfung der Primärschlüsseleigenschaft, die durch eine Zugriffspfaddefinition 'simuliert' werden kann: Das Anlegen eines eindeutigen Index bezüglich des Primärattributs führt dazu, daß dieses jeden Attributwert nur genau einmal pro Datei zuläßt.

Homogenität/Heterogenität:
Die Fähigkeit zur Integration heterogener Dateisysteme hängt vollständig von der Auslegung des Netzwerk-Betriebssystems ab, welches im verteilten System installiert ist. Wie bereits in Abschnitt 3.3 erwähnt wurde, umspannen Netzwerk-Betriebssysteme teilweise unterschiedliche lokale Betriebssysteme und somit auch unterschiedliche lokale Datenhaltungssysteme.

Dynamik:
Im Hinblick auf die Flexibilität, Modifikationen an der aktuellen Struktur des verteilten Datenverwaltungssystems im laufenden Betrieb vornehmen zu können, sind unabhängige Dateisysteme als sehr dynamisch zu charakterisieren. Die sehr lose Kopplung der einzelnen Dateien macht eine Änderung der aktuellen Dateistruktur leicht möglich, d.h. es können neue Dateien dynamisch generiert bzw. bereits existierende gelöscht oder verändert werden.

Transparenz:
Vollständige Verteilungstransparenz ist in einem Netzwerk-Betriebssystem nicht gegeben. Komponententransparenz wird dann angeboten, wenn das Betriebssystem durch die Installation von Client- und Server-Stubs die Typenvielfalt und Diversität der rechnerspezifischen Dateisysteme verbirgt. Da Fragmentbildung bei Betriebssystemdateien nicht betrachtet wird, ist weder Fragment- noch Lokationstransparenz bei unabhängigen Dateisystemen von Bedeutung. Gleiches gilt für die Kopientransparenz, da die Kopienhaltung nicht von einem Netzwerk-Betriebssystem unterstützt wird.

Replikate:
Unabhängige Dateisysteme bieten keine automatischen Dienste für die Verwaltung von Kopien an.

Versionen:
Manche Knotenbetriebssysteme verwalten Versionen von Dateien (z.B. VMS). Versionen kleinerer Datengranulate (z.B. Datensätze) werden nicht unterstützt.

Schnittstellentyp:
Dateisysteme weisen eine satzorientierte Schnittstelle auf. Die Realisierung einer systemeinheitlichen Schnittstelle ist vollständig von der Fähigkeit des Netzwerk-Betriebssystems abhängig.

Datenobjekte:
Das von einem Dateisystem zur Verfügung gestellte Datengranulat ist ein linearer Datensatz, der aus typisierten Feldern besteht.

Zugriffsrechte:
Da unabhängige Dateisysteme direkt mit Betriebssystemdateien arbeiten, richtet sich die Vergabe und Definition von Zugriffsrechten streng nach den vom Betriebssystem bereitgestellten Möglichkeiten.

atomare Transaktionen:
Herkömmliche Betriebssysteme unterstützen (noch) keine Transaktionen. Es besteht wohl die Möglichkeit, durch das Setzen von Sperren eine Serialisierung der Benutzerzugriffe auf eine Datei sicherzustellen; die Alles-oder-Nichts-Eigenschaft einer Transaktion wird aber dadurch noch nicht garantiert. Vor allem fehlt in der Regel ein geeignetes Protokollierungskonzept, welches das Zurücksetzen und die Wiederholbarkeit einer Transaktion gewährleistet.

Zugriffseinheit:
Die Zugriffseinheit ist betriebssystemspezifisch festgelegt (Datei, Seite, Satz).

interne Repräsentation:
Alle in Abschnitt 4.2 aufgeführten Möglichkeiten für die interne Repräsentation einer Datei sind anzutreffen.

Das Resümee der obigen Charakterisierung ist, daß unabhängige Dateisysteme lediglich die von den lokalen Betriebssystemen angebotenen Funktionen übernehmen. Diese beziehen sich zumeist auf den Aufgabenbereich 'Datenhaltung'. Bezüglich der Datenverteilung wird nur ein einfacher knotenübergreifender Datenzugriffsmechanismus durch das Netzwerk-Betriebssystem zur Verfügung gestellt.

4.3.1.2 File-Server

Die Bedeutung eines File-Servers ist bereits in Abschnitt 3.2 erläutert worden. Ein File-Server stellt einen allgemeinen Systemdienst dar, der die Daten der Anwender zentral verwaltet. Der File-Server selbst kann wiederum auf mehrere Netzknoten verteilt sein. Die konstituierende Idee bei der Einführung eines File-Servers ist die gemeinsame Verwaltung von Anwenderdaten, die von mehreren Benutzer verwendet werden. Vor allem erleichtert seine zentrale Installation das Etablieren von Protokollierungs- und Fehlerbehebungsmaßnahmen. Außerdem vergrößert er die Mobilität der Benutzer, die von allen Knoten des Netzwerks auf diese zentrale Einrichtung zugreifen können. Es existiert eine Vielzahl von verschiedenen File-Server-Typen, welche in [Svob 85] und [Hac 85] überblicksartig dargestellt werden.

Die nachfolgende Bewertung des File-Server-Ansatzes gemäß den allgemeinen Beurteilungskriterien faßt die Implementierungsvarianten zusammen.

Datenunabhängigkeit:
Logische Datenunabhängigkeit kann ein File-Server nicht bieten, da eine Definition von externen benutzerorientierten Sichten nicht vorgesehen ist. Allerdings kann physische Datenunabhängigkeit realisiert werden, wenn die Konzeption des Servers den allgemeinen, von Svobodova vorgeschlagenen Entwurfskriterien entspricht ([Svob 85, Kap. 2.1]). Danach werden einem Anwender neben Operationen zum Kreieren und Löschen einer Datei lediglich Befehle zum Schreiben und Lesen einer Datei zur Verfügung gestellt, die von der physikalischen Zugriffs- und Speicherungsstruktur abstrahieren.

Integritätskontrolle:
Automatische Maßnahmen zur Integritätskontrolle sind im allgemeinen bei einem File-Server nicht vorzufinden. Eine Ausnahme bildet wiederum die mögliche Definition eines eindeutigen Zugriffspfads zur Kennzeichnung eines Primärschlüsselattributs.

Homogenität/Heterogenität:
Der Heterogenität der verschiedenen lokalen Rechnersysteme wird beim Serverkonzept dadurch begegnet, daß den Klienten des Servers eine Schnittstelle angeboten wird, die unabhängig vom lokalen System einheitlichen Zugriff auf den Server gestattet. Darüber hinaus wird die Realisierung des Servers auf einem Pool unterschiedlicher Rechner vor den Klienten verborgen.

Dynamik:
Ähnlich wie beim Konzept der unabhängigen Dateisysteme ist ein Datei-Server flexibel bezüglich der Modifikation seiner internen Struktur. Neue Dateien können problemlos in den Serverpool aufgenommen werden, wie nicht mehr benötigte aus ihm entfernt werden können.

Transparenz:
Gemäß der Definition eines File-Servers nach [Svob 85] weist dieses Konzept Verteilungstransparenz auf. Komponententransparenz wird ebenso unterstützt, wie die Ausführungen zur Homogenität/Heterogenität des Server-Ansatzes belegen. Fragment- und Lokationstransparenz sind bei einem File-Server nicht relevant, weil eine Aufteilung einer Datei in Fragmente bei diesem zentralisierten Konzept nicht üblich ist. Da Replikation vom System nicht automatisch unterstützt wird, erübrigt sich auch die Betrachtung der Replikationstransparenz.

Replikate:
Ein File-Server verwaltet im allgemeinen keine Kopien.

Versionen:
Die verschiedenen File-Server-Typen realisieren unterschiedliche Ansätze bei der Versionsverwaltung einer Datei. Beispielsweise unterstützen die File-Server CFS (Cambridge File Server, [Dion 80]) und ALPINE ([BrKT 84]) keine Versionierung von Dateien. Dagegen bieten FELIX ([FrOl 84]) und SWALLOW ([ReSv 81]) Versionen von Dateien an. Bei SWALLOW spricht man Versionen einer Datei an, indem man jede Operation mit einer Zeitmarke versieht, welche die zu jener Zeit gültige Version der Datei determiniert.

Schnittstellentyp:
Durch das Etablieren von sogenannten Client-Stubs auf den Rechnern des verteilten Systems wird im Gesamtsystem eine einheitliche Schnittstelle angeboten. Sie ist üblicherweise satzorientiert aufgebaut.

Datenobjekte:
Die in einem File-Server verwalteten Dateien bestehen aus Datensätzen, die sich aus einer Folge von Datenfeldern zusammensetzen.

Zugriffsrechte:
Alle in Abschnitt 4.2 vorgestellten Verfahren der Zugriffskontrolle werden in den verschiedenen Implementierungen angewendet. SWALLOW unterstützt die Vergabe von Zugriffsrechten, während ALPINE eine identitätsbezogene Zugriffsverwaltung aufweist.

Atomare Transaktionen:
Im Vergleich zu konventionellen unabhängigen Dateisystemen bieten File-Server gerade im Hinblick auf die Realisierung von atomaren Aktionen eine stark erweiterte Funktionalität an. In [Svob 85, Kap. 3] werden die diversen Verfahren zur Verwirklichung von Transaktionen beschrieben. An dieser Stelle seien nur einige prägnante Aspekte genannt. Verteilte Transaktionen werden beispielsweise in SWALLOW angeboten, während CFS nur Transaktionen zuläßt, die auf einer Datei arbeiten, welche vollständig auf einem Rechner lokalisiert sein muß. Im Hinblick auf das Ablaufprotokoll von atomaren Aktionen ist ebenfalls die gesamte Bandbreite möglicher Verfahren anzutreffen. FELIX und ALPINE verwenden Zwei-Phasen-Sperrprotokolle, während in SWALLOW ein Zeitstempelverfahren Anwendung findet. SWALLOW benutzt diese Zeitstempel, um Verklemmungssituationen zu beheben. CFS hingegen bearbeitet das Verklemmungsproblem nicht. Die verschiedenen File-Server realisieren darüber hinaus diverse Verfahren zur Gewährleisung der 'recoverable file'-Eigenschaft (Schattenspeicher, undo/redo-Protokolle).

Zugriffseinheit:
Die Zugriffseinheit ist bei der Verwendung von Client- und Server-Stubs das Datengranulat, das bei einem Client-Server-Austauschvorgang übermittelt wird. In SWALLOW können nur ganze Dateien transferiert werden. FELIX und ALPINE bieten hingegen Dateiseiten als Transportgranulat an.

Interne Repräsentation:
In ALPINE ist eine Datei als eine Menge von Blöcken fester Länge definiert. FELIX und CFS organisieren eine Datei als Hierarchie von Blöcken fixer Länge. Dagegen realisiert SWALLOW eine Datei durch hierarchisch angeordnete Blöcke von variabler Länge.

Zusammenfassend kann festgestellt werden, daß File-Server im Vergleich zu konventionellen Dateisystemen wesentlich komfortablere Verwaltungsfunktionen bereitstellen. Vor allem für die sichere Speicherung der Dateien im Server und deren Verarbeitung werden umfangreiche Vorkehrungen getroffen ('recoverable file', atomare Aktionen). Die Eigenschaften eines File-Servers gleichen bereits denen eines Datenbanksystems (Kapitel 4.3.2). Ein Nachteil des File-Server-Ansatzes ist, daß alle Datenzugriffe auf zentrale Anwendungsdateien über einen Netzzugriff realisiert werden müssen.

4.3.2 Datenbanksysteme

Neben Dateisystemen sind Datenbanksysteme die gebräuchlichsten Datenverwaltungssysteme in verteilten Systemen. Man differenziert drei Datenmodelle, das relationale Modell, das Netzwerk-Modell und das hierarchische Modell ([Date 86]), woraus sich drei Typen von Datenbanksystemen ableiten. Da sowohl netzwerkartige als auch hierarchische Systeme üblicherweise nur in zentralen Systemstrukturen Anwendung finden, werden in diesem Abschnitt nur die für verteilte Systeme geeigneten und immer breiteren Zuspruch erfahrenden relationalen Datenbanksysteme diskutiert. Die Datenbanksysteme werden dahingehend unterschieden, ob sie aus einem zentralisierten Kernsystem auf einem ausgezeichneten Rechner des verteilten Systems und einer Anzahl sogenannter 'front-end'-Systeme bestehen, welche die Funktion von Client-Stubs ausüben, oder ob sie sich aus einer Menge von (funktionell) annähernd gleichen Systemen zusammensetzen. Systeme der ersten Klasse sollen zentralisiert genannt werden, während die der zweiten Klasse als verteilt charakterisiert werden.

4.3.2.1 Zentralisierte Datenbanksysteme (Datenbank-Server-Architektur)

Zentralisierte relationale Datenbanken bestehen aus einer Menge von Relationen, die alle vom Datenbanksystem eines Rechners verwaltet werden. Eine Relation umfaßt eine Menge von Tupeln, die aus einer festen Anzahl von Attributen aufgebaut sind. Attribute sind elementare, typisierte Felder. Kennzeichnend für ein Tupel ist der identifizierende Primärschlüssel, welcher aus einem Attribut (oder einer Attributmenge) gebildet wird. Bekannte Beispiele für Datenbanksysteme sind System R, INGRES, RDB, ORACLE und ADABAS.

In Abbildung 4-4 wird die Strukturierung eines verteilten Datenverwaltungssystems unter Verwendung eines zentralisierten Datenbanksystems gezeigt. Dieses Architekturkonzept wird als Datenbank-Server-Konzept bezeichnet ([DGKO 86], [Effe 87]). Der zentrale Server-Knoten trägt ein komplettes Datenbanksystem. Die externen Knoten sind mit Front-end-Systemen ausgestattet. Dies sind Client-Stubs, welche die vom Anwender initiierten Funktionen an den Datenbank-Server weiterreichen bzw. dort errechnete Ergebnisse wieder an die verteilten Anwendungsprogramme zurückleiten. Es erfolgt anschließend eine Bewertung des Datenbank-Server-Konzepts anhand der eingeführten Gestaltungsmerkmale.

Datenunabhängigkeit:
Das in Abschnitt 4.2 eingeführte ANSI/SPARC-Modell ist primär für die Architektur von Datenbanksystemen entwickelt. Die Mehrzahl der gängigen Datenbanksysteme, insbesondere die oben beispielhaft aufgeführten, sind entsprechend dieser Norm konzipiert und weisen deshalb sowohl logische als auch

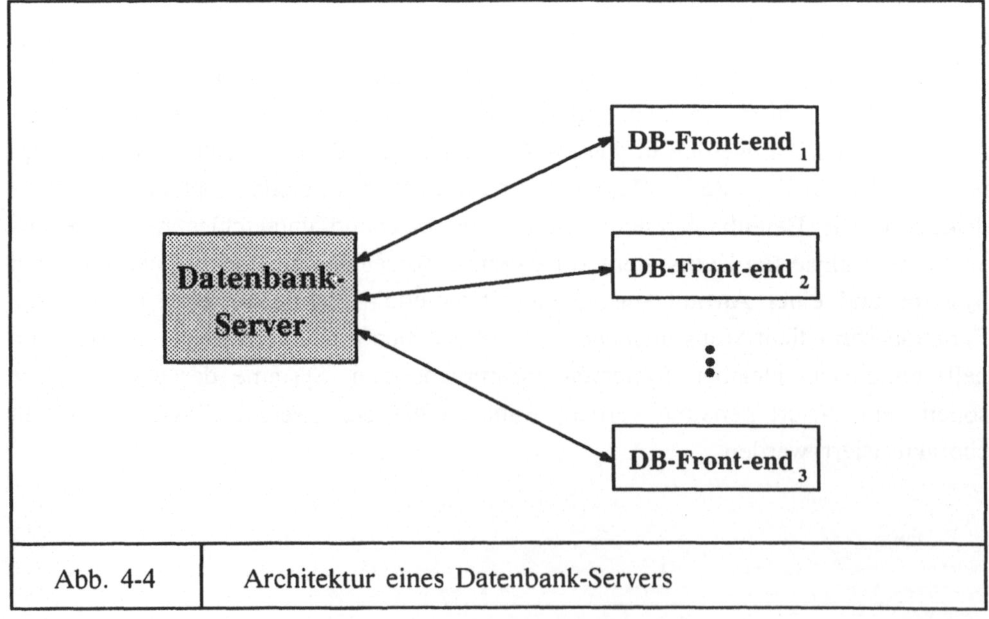

Abb. 4-4	Architektur eines Datenbank-Servers

physische Datenunabhängigkeit auf. Erstere wird durch die Möglichkeit der Definition von externen Schemata gewährt. Physische Datenunabhängigkeit zeigt sich in der Robustheit der Anwendungsprogramme gegenüber der Modifikation der physischen Speicher- und Zugriffsstruktur eines Datenbanksystems.

Integritätskontrolle:
Datenbanksysteme erlauben die Definition von Integritätsbedingungen, deren Einhaltung automatisch vom System überwacht wird. Die Mächtigkeit bzw. Komplexität der zu definierenden Integritätsbedingungen erstreckt sich über ein breites Spektrum; die meisten Systeme erlauben die Spezifikation der Primärschlüsseleigenschaft und die Festlegung von Wertebereichseinschränkungen. Darüber hinaus ermöglicht beispielsweise RDB die automatische Überwachung der Fremdschlüsselbeziehung.

Homogenität/Heterogenität:
Das zentrale Datenbanksystem selbst ist ein homogenes System. Durch die Verteilung der Front-ends im Rechnersystem, kann die Heterogenität des verteilten Systems verborgen werden. An allen Knoten wird ein einheitliches Systembild vermittelt.

Dynamik:
Die dynamische Erweiterbarkeit (z.B. um neue Relationen) ist beim zentralisierten Datenbanksystem prinzipiell möglich. Auch lassen sich auf der Anwenderseite durch die Generierung von Front-ends neue Rechner in die Umgebung des Datenbank-Servers einbeziehen.

Transparenz:
Die Verteilungs- wie auch die Komponententransparenz wird durch Front-ends gewährt. Eine Partitionierung der Relationen ist nicht erforderlich, wodurch Fragment- und Lokationstransparenz faktisch nicht gegeben sind. Das Server-Datenbanksystem unterstützt keine Kopien, wodurch sich die Frage nach der Replikationstransparenz erübrigt.

Replikate:
Das zentrale Datenbanksystem wird in der Regel keine Replizierung von Datenobjekten unterstützen.

Versionen:
Kommerzielle Datenbanksysteme bieten zumeist keine Versionenverwaltung an. Dagegen sind im universitären Bereich verschiedene Vorschläge für das Management von Datenversionen entwickelt worden ([MüSW 84], [Snod 83]).

Schnittstellentyp:
Ein charakterisierendes Merkmal eines relationalen Datenbanksystems ist die mengenorientierte Schnittstelle. Durch eine Datenbankoperation ist die Manipulation einer Menge von Datenobjekten möglich. Die Einzelverarbeitung der selektierten Datenobjekte gestattet das Cursor-Konzept ([LoSc 87]).

Datenobjekte:
Gängige Datenbanksysteme bieten zwei verschiedene Arten von Datenobjekten an. Die Mehrheit der konventionellen Systeme operiert auf Tupeln, die lineare Datensätze darstellen. Sie setzen sich aus einer konstanten Zahl elementarer, typisierter Attribute zusammen. Vor allem im universitären Bereich der Forschung sind darüber hinaus Systeme entwickelt worden, die komplexe Objekte an der Benutzerschnittstelle anbieten. Ein komplexes Objekt besteht aus einer freien Zahl von Tupeln verschiedener Relationen, die zusammen ein Objekt der Lebenswelt repräsentieren. Bekannte Ansätze objektorientierter Datenbanksysteme sind in [LoPl 83] und [KiCB 87] beschrieben. Eine allgemeine Diskussion objektorientierter Datenbanksysteme nimmt [DiKo 89] vor, während [Banc 89] die Sprachen objektorientierter Datenbanksysteme behandelt.

Zugriffsrechte:
Zusätzlich zu den vom Betriebssystem angebotenen Möglichkeiten und basierend auf diesen Grunddiensten bietet ein Datenbanksystem die Definition von Zugriffsrechten an.

Atomare Transaktionen:
Der Begriff der atomaren Transaktion fand seinen Ursprung im Bereich der Datenbanksysteme ([Davi 78], [Gray 81]). Die verschiedenen Systeme realisieren unterschiedliche Arten von Transaktionen. Neben linearen Transaktionen (z.B. INGRES, RDB) existieren auch Konzepte und Implementierungen von geschachtelten Transaktionen ([HäRo 87a], [HäRo 87b], [Moss 82], [Moss 85]). Eine Übersicht über Verfahren zur Sperrverwaltung, zu Protokollierung und Recovery wird in [Härd 78] bzw. [Reut 81] gegeben.

Zugriffseinheit:
In [Härd 78] wird das statische Modell eines Datenbankverwaltungssystems beschrieben. Danach ist das zwischen Betriebssystem und Datenverwaltungssystem ausgetauschte Datengranulat ein Block einer Betriebssystemdatei, der einer Seite eines Datenbanksegments entspricht. Die Seiten sind zumeist von konstanter Länge.

Interne Repräsentation:
Gemäß dem statischen Modell eines Datenverwaltungssystems nach [Härd 78] wird eine Relation auf eine Menge von Segmenten abgebildet. Durch

B*-Bäume, Hash-Verfahren oder andere Zugriffsmethoden wird die Abbildung der logischen Relationen auf die physischen Datenseiten kontrolliert.

Relationale Datenbanksysteme stellen zum gegenwärtigen Zeitpunkt das komfortabelste und anwendungsfreundlichste Datenverwaltungskonzept dar. Durch die Einführung der Front-end-Systeme wird der Einsatz von zentralen Datenbanksystemen in einer verteilten Umgebung ermöglicht (Kapitel 4.4.3).

4.3.2.2 Verteilte Datenbanksysteme

Ceri und Pelagatti definieren eine verteilte Datenbank folgendermaßen:

> 'A distributed database is a collection of data which are distributed over different computers of a computer network. Each site of the network has autonomous processing capability and can perform local applications. Each site also participates in the execution of at least one global application, which requires accessing data at several sites using a communication subsystem.' ([CePe 85, S. 6])

Date ([Date 87]) definiert eine verteilte Datenbank, indem er dessen charakterisierenden Eigenschaften beschreibt, die er in Regeln abfaßt. Er bezeichnet die Regel 0 als das 'Fundamentalprinzip einer verteilten Datenbank'. Aus ihr leiten sich zwölf Regeln ab, deren Einhaltung von einer verteilten Datenbank gefordert wird. Die insgesamt 13 Regeln, die im folgenden vorgestellt werden, stehen im wesentlichen im Einklang mit der von Ceri und Pelagatti gegebenen Definition einer verteilten Datenbank.

Regel 0: Eine verteilte Datenbank muß für einen Benutzer wie eine nicht-verteilte (zentralisierte) Datenbank erscheinen.

Regel 1: lokale Autonomie für die verteilten Komponenten einer verteilten Datenbank;

Regel 2: keine Abhängigkeit der verteilten Komponenten von einer zentralen Komponente;

Regel 3: Fortsetzung der Systemfunktion bei partiellen Systemmodifikationen;

Regel 4: Ortstransparenz;

Regel 5: Fragmenttransparenz;

Regel 6: Replikationstransparenz;

Regel 7: verteilte Bearbeitung von Datenbankoperationen;

Regel 8: verteilte Verwaltung der Transaktionsbearbeitung;

Regel 9: Unabhängigkeit von der Hardware (Komponententransparenz);

Regel 10: Unabhängigkeit vom Betriebssystem (Komponententransparenz);

Regel 11: Unabhängigkeit vom Kommunikationssystem (Komponententransparenz);

Regel 12: Unabhängigkeit von den lokalen Datenhaltungssystemen (Komponententransparenz).

Zusammenfassend kann ein verteiltes Datenbanksystem charakterisiert werden durch die Kooperation von funktional ähnlichen, autonomen lokalen Datenhaltungssystemen, die gemeinsam Aufgaben bearbeiten. Bekannte Beispiele für verteilte Datenbanksysteme sind System R*, INGRES/STAR, SQL*STAR (die verteilte Version von ORACLE) und SDD-1. Weitere Beispiele verteilter Datenbanksysteme finden sich in [CePe 85, Part 2] und [Reut 88].

Neben den klassischen Vertretern für verteilte Datenbanksysteme, dem die oben genannten Systeme zuzurechnen sind (Ausnahme: INGRES/STAR), existieren weitere Formen von verteilten Datenbankarchitekturen. Werden verschiedene Typen lokaler Datenhaltungssysteme in einem Gesamtsystem integriert, bezeichnet man dieses als heterogenes verteiltes Datenbanksystem. Beispiele hierfür sind MULTIBASE und (neuere Versionen von) INGRES/STAR. Auch das in dieser Arbeit zu entwikkelnde verteilte Datenverwaltungssystem ist als heterogen zu bezeichnen.

Die Architektur eines verteilten Datenbanksystems kann man auch dahingegend klassifizieren, ob alle lokalen Komponenten funktionsgleich sind oder in ihrer Funktionalität differieren. Systeme der ersten Klasse werden als symmetrisch bezeichnet, während Systeme der zweiten Klasse als asymmetrisch zu charakterisieren sind. Die oben genannten verteilten Datenbanksysteme (homogene und heterogene Systeme) sind alle vom symmetrischen Typ.

Beispiele für asymmetrische verteilte Datenbankarchitekturen sind das System ADMS± ([RoKa 86]) und der föderative Datenbankserver, welcher an der ETH Zürich entwickelt wird ([DBDZ 83]). ADMS± ist für eine Rechnerumgebung konzipiert worden, die aus einem Mainframe-Rechner und einer Anzahl von kleineren Arbeitsplatzrechnern besteht. ADMS± setzt sich aus zwei funktionell verschiedenen Systemen zusammen. Auf dem Mainframe-Rechner ist das vollwertige Datenbanksystem ADMS+ allokiert. Die verteilten Arbeitsplatzrechner sind mit dem Datenbanksystem ADMS- ausgestattet. ADMS- ist eine funktional abgemagerte Version von ADMS+, d.h. ADMS- verfügt insbesondere weder über Mechanismen zur Gewährleistung eines sicheren Rechenbetriebs (Protokollierung, Recovery) noch über Synchronisationsmechanismen ('concurrency control'). ADMS– ist deshalb nur als Einbenutzersystem zu verwenden. ADMS+ protokolliert, welche Daten in welchen lokalen Datenbanken (ADMS--Datenbanken) abgelegt werden. Durch die Verteilung der Daten auf die externen Rechner findet eine Arbeitsteilung statt, die insbesondere die Belastung des zentralen Systems ADMS+ vermindert.

Beim Konzept des föderativen Datenbankservers existiert ein ausgezeichneter Rechnerknoten, der ein mehrbenutzerfähiges Datenbanksystem trägt. Auf den übrigen Knoten des Rechnernetzes sind Einbenutzer-Datenbanksysteme installiert. Das zentrale Anliegen bei der Konzipierung des föderativen Datenbankservers ist die Verteilung der Verantwortlichkeit für die im System gehaltenen Daten auf verschiedene Instanzen. Für alle Daten, die einer Menge von Benutzern zur Verfügung gestellt werden müssen, übernimmt der zentrale Server die Verantwortung. Zur lokalen Verarbeitung dieser Daten können Abzüge in den externen Datenbanken gehalten werden. Zusätzlich ist dort das Anlegen privater Daten erlaubt, die nur für die lokalen Benutzer zugreifbar sind. Somit werden sowohl die Verantwortung für die Kontrolle und Verwaltung der Daten als auch ihre Verarbeitung im Gesamtsystem verteilt. Konsequenz aus dieser Tatsache ist die Erhöhung der Fehlertoleranz des Systems, eine bessere Systemleistung und die größtmögliche Autonomie der lokalen Einzelsysteme. Dadurch wird wiederum die Flexibilität gesteigert, da eine Neuintegration von Anwendungen leicht möglich wird.

Es erfolgt die Bewertung verteilter Datenbanksysteme anhand der in Kapitel 4.2 eingeführten Kriterien. Gegebenenfalls wird auf Besonderheiten eingegangen, die aus der Verwendung der gerade vorgestellten alternativen Systemklassen resultieren.

Datenunabhängigkeit:
Ebenso wie zentralisierte Datenbanksysteme gewährleisten verteilte Datenbanksysteme sowohl physische als auch logische Datenunabhängigkeit.

Integritätskontrolle:
Die Maßnahmen zur Integritätskontrolle gleichen denen bei zentralisierten Datenbanksystemen. Das Kontingent der spezifizierbaren Konsistenzbedingungen hängt von der Funktionalität der lokalen Systeme ab. Darüber hinaus können Integritätsbedingungen definiert werden, die nur in einem verteilten System sinnvoll sind. Beispielsweise fällt in diese Klasse von Bedingungen die Kopienverwaltung auf den Knoten des verteilten Systems.

Homogenität/Heterogenität:
In der obigen Klassifizierung verteilter Datenbanksysteme ist auf das Problem der Homogenität/Heterogenität bereits eingegangen worden. Einem Benutzer wird bei allen Systemausprägungen eine einheitliche Systemschnittstelle angeboten.

Dynamik:
Gerade die asymmetrischen verteilten Datenbanksysteme erleichtern das dynamische Verändern der Struktur des Gesamtsystems, da die Integration von funktional weniger leistungsfähigen Systemen in das verteilte System besonders gefördert wird.

Transparenz:
Verteilte Datenbanksysteme unterstützen sowohl Verteilungs- als auch Komponenten-, Fragment- und Lokationstransparenz. Falls das Anlegen von Kopien erlaubt ist, wird darüber hinaus auch Replikationstransparenz angeboten.

Replikate:
Einige der oben vorgestellten verteilten Datenbanksysteme unterstützen Replikate (z.B. SDD-1). Es ist zu beachten, daß zwischen reinen Lesekopien (föderativer Datenbankserver) und echten Lese- und Schreibkopien zu unterscheiden ist. Der Benutzer bemerkt das Vorhandensein von Replikaten aufgrund der Kopientransparenz nicht.

Versionen:
Verteilte Datenbanksysteme, die explizit Versionen von Datenobjekten zu verwalten gestatten, sind bisher nicht bekannt.

Schnittstellentyp:
Wie bei zentralisierten Datenbanksystemen wird auch bei verteilten Datenbanksystemen eine mengenorientierte Schnittstelle angeboten. Einzeltupelverarbeitung wird durch die Einführung des Cursor-Konzepts ermöglicht.

Datenobjekte:
Das Tupel ist das gängige Datengranulat in verteilten Datenbanksystemen. Verteilte Systeme, die komplexe Datenobjekte zur Verfügung stellen, sind bis dato nicht bekannt.

Zugriffsrechte:
Die Defintion von Zugriffsrechten unterscheidet sich im wesentlichen nicht von der bei zentralisierten Systemen.

Atomare Transaktionen:
Alle verteilten Datenbanksysteme sind mit einem Transaktionsmechanismus ausgestattet. Die Problematik der Verarbeitung von verteilten Transaktionen behandelt [BeGo 81] extensiv. Durch die Realisierung von Zwei-Phasen-Protokollen in einer verteilten Umgebung wird die Performance des System stark herabgesetzt. Die Komplexität eines verteilten Zwei-Phasen-Freigabe-Protokolls zeigt Abbildung 4-5 ([Reut 88], [BeHG 87]).

Ein verteiltes Zwei-Phasen-Freigabe-Protokoll wird zur Koordinierung der Abschlußphase einer verteilten Transaktion herangezogen. Abbildung 4-5 zeigt

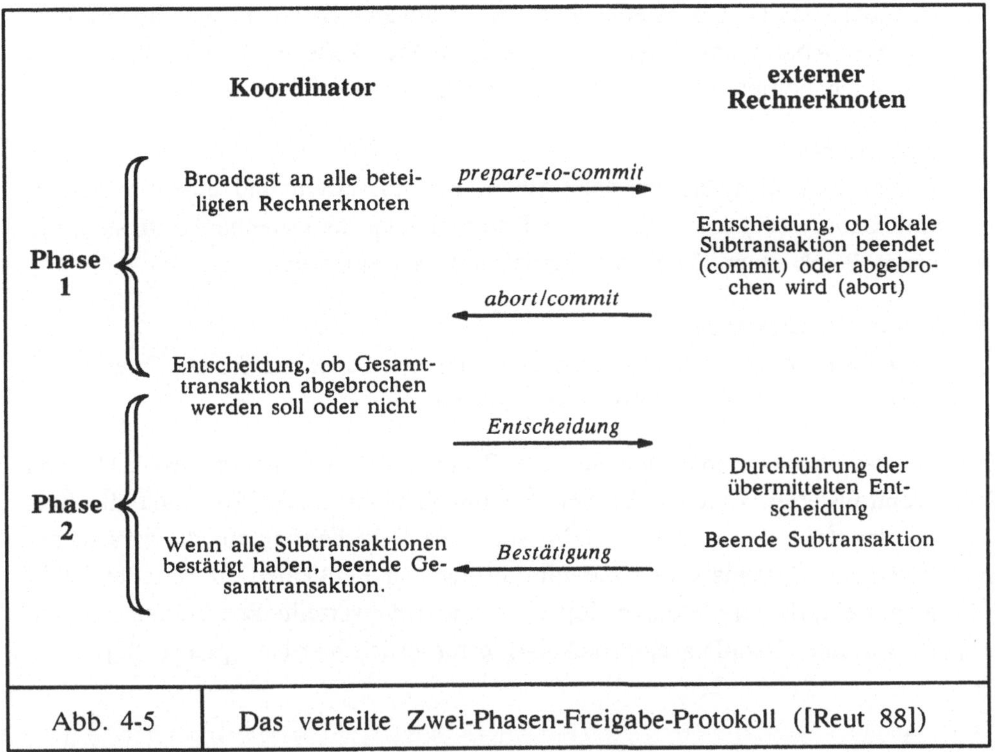

Abb. 4-5 Das verteilte Zwei-Phasen-Freigabe-Protokoll ([Reut 88])

eine vereinfachte Darstellung des Protokolls. Es wird der prinzipielle Ablauf eines Zwei-Phasen-Freigabe-Protokolls demonstriert, wobei weder Knotenausfälle noch Kommunikationsfehler berücksichtigt werden. Ein ausgezeichneter Koordinator sendet eine 'prepare-to-commit'-Nachricht an alle Systemknoten, auf welchen Teile einer verteilten Transaktion abgearbeitet werden (Subtransaktionen). Jeder lokale Knoten entscheidet, ob er die lokale Subtransaktion abbrechen will oder nicht. Falls er sich für einen Abbruch entschließt, sendet der externe Knoten eine 'abort'-Nachricht an den Koordinator zurück und bricht die lokale Subtransaktion ab. Andernfalls bereitet er die lokale Subtransaktion für den regulären Abschluß vor und meldet dies dem Koordinator in einer 'commit'-Nachricht. Die erste Phase des Zwei-Phasen-Freigabe-Protokolls ist hiermit beendet.

Der Koordinator sammelt alle Teilentscheidungen und beschließt, die Gesamttransaktion abzubrechen, wenn mindestens eine Subtransaktion für einen Abbruch votiert hat, bzw. andernfalls die Gesamttransaktion ordentlich zu beenden. Seine Entscheidung teilt er allen beteiligten Knoten mit, welche die lokalen Transaktionen gemäß der übermittelten Handlungsanweisung (Beenden oder Zurücksetzen) abschließen. Mit einer Bestätigung der durchgeführten Arbeit durch die externen Knoten endet die Gesamttransaktion am Knoten des Koordinators. Die zweite Phase des Protokolls ist somit auch abgeschlossen. Der Ablauf des Zwei-Phasen-Freigabe-Protokolls im Fehlerfall ist noch wesentlich komplexer und wird in [BeHG 87] detailliert beschrieben.

Zugriffseinheit:
Im Regelfall wird das zwischen einem Betriebssystem und einem verteilten Datenbanksystem auszutauschende Datengranulat die Datenbankseite sein, die einem Block einer Datei des Betriebssystems entspricht.

Interne Repräsentation:
Verteilte Datenbanksysteme bieten die gleichen Schemata für die interne Repräsentation an wie zentralisierte Systeme.

Verteilte Datenbanksysteme sind aus der Perspektive eines Anwenders nicht von einem zentralisierten Datenbanksystem zu unterscheiden. Dies ist exakt die Kernaussage der Regel 0 von Date. Der Versuch, die Verarbeitung auf die verschiedenen Knoten des Systems durch die Einführung von Replikaten zu verteilen, wird in Frage gestellt, da gerade durch Kopien zeitintensive verteilte Bearbeitungsvorgänge (z.B. verteilte Zwei-Phasen-Protokolle) erforderlich werden ([CiDY 88]).

4.4 Anpassung der Basisdienste eines Rechners an die Anforderungen der Datenverwaltung

Zum Abschluß des Hauptabschnitts 'Konstituenten der Datenverwaltung in verteilten Systemen' wird demonstriert, wie Rechnerhardware, Betriebssystem und Kommunikationssystem an die speziellen Bedürfnisse der Datenverwaltung angepaßt werden können. Es wird repräsentativ für jeden der drei Bereiche ein Beispiel für diese Adaption vorgestellt.

4.4.1 Datenbankmaschinen - Anpassung der Hardware an die Bedürfnisse der Datenverwaltung

Ein bekanntes Beispiel für die spezielle Konzeption der Rechnerhardware für Datenverwaltungsaufgaben stellen die sogenannten Datenbankmaschinen dar. Motivation für die Entwicklung dieser Spezialmaschinen ist die mangelnde Verarbeitungsleistung herkömmlicher Rechner (von-Neumann-Architektur) bei großen Datenbeständen, insbesondere wenn letztere nach dem relationalen Modell organisiert sind. Eine Datenbankmaschine ist ein spezialisierter Datenbankrechner, der zur Unterstützung von Datenbankoperationen mit dedizierten Hardwarekomponenten ausgestattet ist[1]. Wichtigstes Kennzeichen eines Datenbankrechners ist die Spezialisierung auf die nicht-numerische Datenverarbeitung, indem vor allem inhaltsbezogene Operationen unterstützt werden (z.B. assoziative Suche). Datenbankmaschinen versuchen insbesondere die mögliche Parallelisierung relationaler Operationsausführungen auszunutzen. Beispiele von Datenbankmaschinen sind in [EbRS 81], [KiTa 88] und [Qada 85] aufgeführt.

Die vielfältigen Realisierungsformen von Datenbankmaschinen sollen anhand des von Qadah ([Qada 85]) eingeführten Klassifikationsschemas zusammenfassend beschrieben werden. Qadah unterscheidet die Kriterien Indexgranulat, Ort der Funktionsausführung und Art der Operationsausführung.

Bei der Ausführung von relationalen Anfrage- und Modifikationsoperationen fallen umfangreiche Suchoperationen an. Auch wenn die Suche assoziativ durchgeführt werden kann, muß vermieden werden, daß jeweils große Bereiche (im ungünstigsten Fall die ganze Datenbank) durchsucht werden müssen. Deshalb wird eine Datenbank in disjunkte Bereiche eingeteilt, die in einem Index katalogisiert sind. Bei Suchoperationen werden zunächst die Indizes nach in Frage kommenden Tupelmengen durchsucht. Die dabei gefundenen Datenbankbereiche werden anschließend assoziativ bearbeitet. Den hier vorgestellten Ansatz nennt man deshalb quasi-assoziativ. Man unterscheidet drei verschiedene Bereichsgranulate: Datenbank, Relationen und Datenbankseiten. Falls die ganze Datenbank als 'Bereich' gewählt wird, entfällt eine Indizierung. Die Datenbank muß bei jeder Aktion vollständig durchsucht werden. Die quasi-assoziative Vorgehensweise wird erst dann unterstützt, wenn im Index auf Relationen oder Datenbankseiten Bezug genommen wird. Das Problem bei der Verwendung eines kleinen Indexgranulats (z.B. Datenbankseite) ist, daß hierbei der Index selbst eine nicht tolerierbare Größe annehmen kann. In einem solchen Fall ist auf ein größeres Granulat auszuweichen.

Das zweite von Qadah vorgeschlagene Unterscheidungskriterium ist der Ort der Ausführung der Selektions- und Modifikationsoperationen. Wiederum bieten sich drei alternative Realisierungsformen an. Beim sogenannten off-disk-Ansatz werden diese Operationen entfernt vom Speichermedium in einem separaten Prozessor durchgeführt. Nachteil dieser Vorgehensweise ist der notwendige Transport von (größtenteils) nicht qualifizierten Tupeln zu diesem Prozessor. Beim dazu konträren on-disk-Ansatz finden die Operationen auf den Tupeln direkt im Speicher statt. Dieser muß dafür mit entsprechender zusätzlicher Verarbeitungslogik ausgestattet werden. Obwohl hier der oben erwähnte Nachteil des Transports sehr umfangreicher Datenmengen entfällt, birgt auch dieser Ansatz entscheidende Mängel in sich. Insbesondere die Abstimmung der Verarbeitungslogik mit dem Bereitstellen der Daten

[1] Wir betrachten nur Datenbankmaschinen, die für relational organisierte Datenbestände konzipiert sind.

durch das (rotierende) Speichermedium (Platte, Trommel) bereitet enorme technische Probleme. Eine Synthese der vorteilhaften Eigenschaften der obigen Vorgehensweisen bietet der hybride Ansatz. Hierbei wird nur ein Teil der Verarbeitung direkt am Speichermedium vollzogen (on-disk), während die restliche Verarbeitung in einem externen Prozessor stattfindet (off-disk). Meist wird dabei so vorgegangen, daß alle Modifikations- und Selektionsoperationen, die sich auf vollständige Indexbereiche erstrecken, am Speichermedium direkt durchgeführt werden. Die sonstigen Verarbeitungsschritte finden im separaten externen Prozessor statt.

Schließlich klassifiziert Qadah Datenbankmaschinen nach der Art der Operationsausführung. Dabei ist erstens zu unterscheiden, ob Operationen sequentiell oder parallel ausgeführt werden, und zweitens, ob sie nur auf genau ein Datenobjekt angewandt werden oder simultan auf mehrere. Beim Operationstyp SOSD (single operation stream - single data stream) werden alle Operationen sequentiell ausgeführt, wobei immer nur ein Tupel in Bearbeitung ist. Die Methode SOMD (single operation stream - multiple data stream) besagt, daß wohl alle Operationen streng sequentiell ablaufen müssen, simultan aber mehrere Tupel bearbeitet werden können. MOMD (multiple operation stream - multiple data stream) erlaubt darüber hinaus die parallele Verarbeitung verschiedener Operationen bezüglich einer Tupelmenge. Dabei müssen diese Operationen nicht notwendigerweise zu der selben Datenbankanfrage gehören. MOMD stellt die einzige Realisierungsform dar, die eine ansprechende Parallelität (gleichzeitige Ausführung von Operationen) und Simultanität (gleichzeitige Bearbeitung mehrerer Tupel) aufweist. Allerdings erfordert diese sehr komplexe Strategie einen erheblichen Kontrollaufwand, der die Extensität der Parallelisierung und Simultanität von Datenbankoperationen beschränkt.

Nach [NeSt 88] nimmt die Bedeutung von Datenbankmaschinen immer mehr ab. Der Grund für diese Entwicklung ist in der preiswerter werdenden konventionellen Rechnerhardware zu suchen. Die softwaretechnische Realisierung von Datenverwaltungsfunktionen wird demzufolge kostengünstiger; auch kann ihre Effizienz durch die Verbesserung der konventionellen Hardware mit der von Datenbankmaschinen durchaus konkurrieren.

4.4.2 LOCUS - Ein Beispiel für die Integration von atomaren Aktionen in einem Betriebssystemkern

Der Begriff der Transaktion (atomare Aktion) ist im Bereich der Datenbanksysteme entstanden ([Gray 81]). Hintergrund für die Einführung des Transaktionsmechanismus ist die Gewährleistung von Konsistenz in einem Datenverwaltungssystem. Durch konkurrierenden Zugriff oder Fehlersituationen hervorgerufene Inkonsistenzen werden hierbei durch geeignete Vorkehrungen ausgeschlossen.

Ziel zahlreicher Bemühungen ist es, atomare Aktionen nicht nur innerhalb geschlossener Systeme (Datenbanksysteme) zur Verfügung zu stellen, sondern diesen Mechanismus als Basisdienst bereits im Betriebssystem zu etablieren und ihn somit allen darauf aufbauenden Anwendungssystemen anzubieten. Dies war auch Motivation für die Entwickler des verteilten Betriebssystems LOCUS ([WPEK 83]), einen Transaktionsmechanismus in den Kern des Betriebssystems zu integrieren.

Im folgenden wird ein zusammenfassender Überblick gegeben, der die Funktionalität des Transaktionsmechanismus von LOCUS charakterisiert ([MuMP 83]). Die in LOCUS zur Verfügung gestellten Transaktionen können eine geschachtelte Struktur aufweisen ([Moss 85]). Grundgedanke der Einführung einer Schachtelung von Transaktionen ist die Integration von bestehenden Transaktionen in neu zu generierende Transaktionen. Jede Transaktion ist modular aufgebaut und kann somit als bereits bestehendes Programmsegment in andere eingebettet werden. Die oberste Transaktion eines 'Transaktionsbaums' wird Top-Level-Transaktion genannt. Eine untergeordnete Transaktion heißt Subtransaktion. Eine Transaktion (Top-Level-Transaktion oder Subtransaktion) wird nur dann korrekt beendet, wenn auch alle von ihr abhängigen Subtransaktionen korrekt geendet haben. Falls mindestens eine abhängige Subtransaktion abgebrochen wird, wird die sie umfassende Transaktion zurückgesetzt. Eine Hierarchie von Transaktionen gilt dann als erfolgreich abgeschlossen, wenn die dazugehörige Top-Level-Transaktion korrekt beendet wird, d.h. das auf der Ebene der Top-Level-Transaktion durchzuführende Zwei-Phasen-Freigabe-Protokoll muß den Freigabepunkt überschritten haben ([EGLT 76]).

Der in LOCUS implementierte Transaktionsmechanismus berücksichtigt in besonderer Weise die verteilte Rechnerumgebung. LOCUS realisiert deshalb Ortstransparenz. Ein Benutzer braucht die Lokation eines Datenobjekts bzw. den Ausführungsort eines Prozesses, welcher dieses Objekt manipuliert, nicht zu kennen. Übertragen auf den Transaktionsmechanismus bedeutet dies, daß die zu einer Top-Level-Transaktion gehörenden Subtransaktionen auf verschiedenen Rechnern des verteilten Systems ablaufen können, ohne daß ein Benutzer darüber in Kenntnis gesetzt wird. Neben der Ortstransparenz bietet LOCUS auch Replikationstransparenz, d.h., LOCUS verwaltet selbständig Kopien eines Datenobjekts. Ein Benutzer, der eine Inkarnation eines replizierten Datenobjekts modifiziert, braucht daher nicht Sorge dafür zu tragen, daß diese Modifikationen in allen Kopien des Objekts nachgezogen werden. Die vom System unterstützte Kopienverwaltung hat besonders im verteilten Einsatzbereich von LOCUS den Sinn, die Verfügbarkeit des Systems im Falle einer Netzpartition zu erhöhen. Eine Transaktion kann solange fortgesetzt werden, wie alle in dieser Transaktion benötigten Datenobjekte in der Netzpartition vorhanden sind, in der auch die Transaktion abläuft. Diese Situation wird durch das Kopieren von Datenobjekten wirkungsvoll unterstützt. Allerdings ergeben sich aufgrund dieser Strategie, Netzausfälle zu kompensieren, auch schwerwiegende Konsistenzprobleme.

Verursacht durch eine Netzpartition können Kopien eines Datenobjekts in verschiedenen Partitionen unabhängig voneinander modifiziert werden. In LOCUS sind für die Behebung dieser Probleme intelligente Mechanismen integriert, die teilweise selbständig, teilweise unter Einbeziehung der Anwender die differierenden Kopien eines Datenobjekts wieder aneinander angleichen.

Abschließend sei auf weitere, interessante Forschungsaktivitäten verwiesen, deren Anliegen die Integration atomarer Aktionen in Betriebssystemstrukturen sind: [Lamp 81], [JaCa 86], [Tayl 86]. Darüber hinaus sind in zahlreichen Ansätzen Anforderungskataloge entwickelt worden, die eine Zusammenstellung von Betriebssystemeigenschaften enthalten, welche eine effektive Grundlage für die Implementierung eines Datenverwaltungssystems darstellen ([CHMS 88], [Gray 78], [Ston 81], [StDE 85]).

4.4.3 Ein Kommunikationsprotokoll für den entfernten Datenbankzugriff

Von einem verteilten System wird gefordert, daß es eine offene Architektur aufweist. Dies wird durch die Verwendung von standardisierten Kommunikationsprotokollen erreicht. Speziell für den entfernten Datenbankzugriff ist ein eigenständiges Protokoll entwickelt worden, der **R**emote **D**atabase **A**ccess (RDA; [ECMA 86]). Die modellhafte Vorstellung geht davon aus, daß ein Datenbankbenutzer (Client) unter Verwendung der Dienste des RDA auf die Datenbank (Server) zugreift. Der Ablauf der Kommunikation ist in Abbildung 4-6 demonstriert ([PHEL 87]). Der Client benutzt die an seiner RDA-Dienstschnittstelle zur Verfügung gestellten Operationen. Kommunikation erfolgt über ein abstraktes Kommunikationsmedium mit dem RDA-Diensterbringer auf der Server-Seite. Letzterer übergibt die eintreffenden Datenbankoperationen an den Server-Prozess. Dieser übersetzt sie in Prozeduraufrufe des Datenbank-Kontrollsystems (DBCS). Als Datenbanksprache kann SQL gewählt werden, das gemäß dem Normvorschlag ASN.1 ([ISO 87a]) bzw. der 'basic encoding rules for ASN.1' ([ISO 87b]) aufgebaut ist.

Der Funktionsumfang der am Server angebotenen Dienste erstreckt sich auf die vier Dienstgruppen

- Verbindungs-/Assoziationsmanagement
- Ressourcenmanagement
- Transaktionsmanagement
- Datenabfrage und Datenmanipulation.

Unter einer Assoziation versteht man eine Verbindung zwischen einem Client und einem Server. Das Ressourcenmanagement befaßt sich mit der Verwaltung und

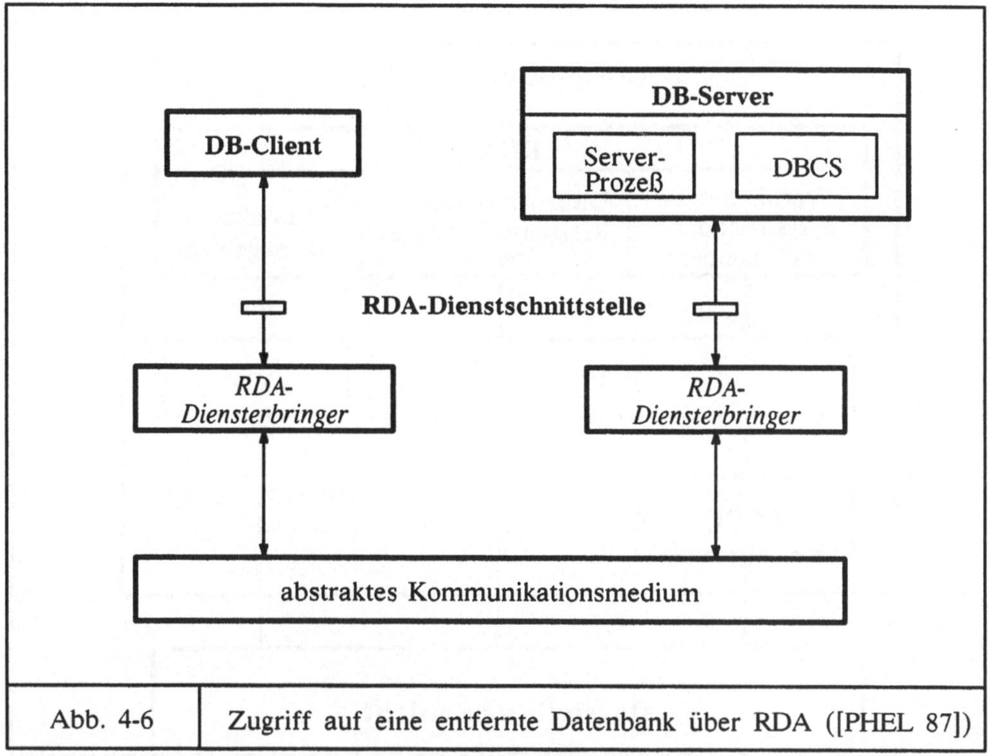

Abb. 4-6 Zugriff auf eine entfernte Datenbank über RDA ([PHEL 87])

Bereitstellung der Meta- und Nutzdaten des Datenbanksystems. Das Transaktionsmanagement stellt atomare Aktionen bereit. Die eigentliche Verarbeitung der in der Datenbank gehaltenen Daten erfolgt durch die Dienste der Datenabfrage und der -manipulation.

Bei der Realisierung des RDA können zwei grundsätzliche Strategien verfolgt werden. Eine direkte Abbildung der RDA-Primitive auf Primitive der sechsten Schicht des ISO-Referenzmodells ist möglich. Vorzuziehen ist allerdings die Verwendung von weiteren Dienstelementen der siebten Schicht, die in den Funktionsgruppen ROS ([ECMA 85]), CCR ([ISO 85]) und ACSE ([ISO 84]) zusammengefaßt sind. Abbildung 4-7 zeigt die Strukturierung der Anwendungsschicht des ISO-Referenzmodells in Bezug auf die Realisierung des RDA. ROS-, CCR- und ACSE-Dienste vereinfachen die Implementierung der RDA-Funktionen erheblich, wodurch die Funktionstüchtigkeit des RDA verstärkt wird. Seine Leistungsfähigkeit wird allerdings durch die zusätzlichen Abbildungsprozesse eingeschränkt.

Die Anpassung der Kommunikationstechnologie an die Bedürfnisse der verteilten Datenverwaltung zeigt sich in der Realisierung des RDA, der besonders auf die Gewährleistung der Transaktionseigenschaft achtet. Eine detaillierte Beschreibung der Arbeitsweise des RDA findet sich in [PHEL 87].

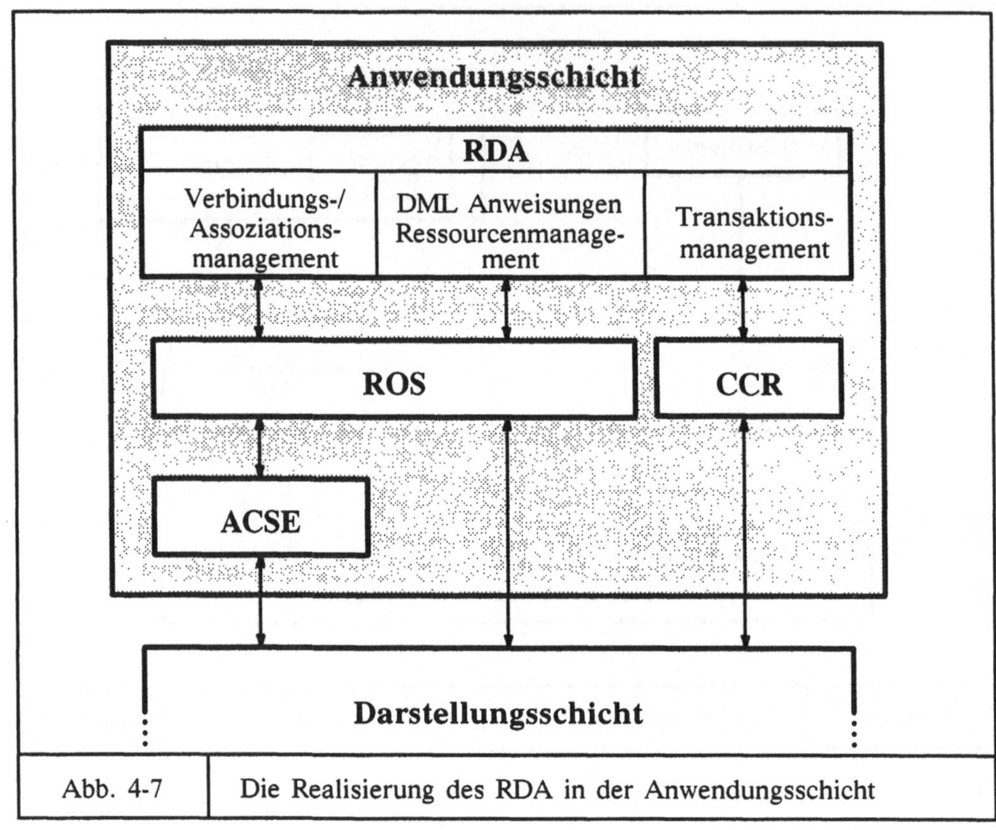

Abb. 4-7	Die Realisierung des RDA in der Anwendungsschicht

C Konzeption eines Systems zur verteilten Datenverwaltung

Der folgende dritte Hauptabschnitt bildet den zentralen Kern dieser Arbeit. Neben einer analysierenden Untersuchung von Ansätzen der Datenverarbeitung in verteilten Systemen wird ein neuartiges Konzept zur Datenverwaltung in verteilten Anwendungssystemen vorgestellt. Die Realisierbarkeit des Ansatzes wird anhand einer prototypischen Implementierung aufgezeigt.

Die Verwaltung von Anwendungsdaten wird durch die Einführung des Mehrbenutzerbetriebs erschwert. Der somit ermöglichte nebenläufige und konkurrierende Zugriff auf Anwendungsdaten brachte es mit sich, daß besondere Maßnahmen zur Aufrechterhaltung der Korrektheit der im System gehaltenen Daten getroffen werden mußten. Zunächst wurden einfache Sperrkonzepte entwickelt, die einen geregelten Datenzugriff gewährten. Im Rahmen der Entwicklung von Datenbanksystemen entstanden anschließend mächtige Mechanismen, die eine korrekte Datenverwaltung ermöglichten.

Die theoretischen Arbeiten zur Datenverwaltung in Datenbanksystemen bilden die Basis des Korrektheitsbegriffs der Datenverwaltung. Richtlinien für eine korrekte, d.h. konsistente Datenverwaltungsstrategie werden hierbei spezifiziert. Allerdings muß in Betracht gezogen werden, daß sich die Entwicklung des Begriffs der Datenkonsistenz in einem besonders gearteten Umfeld vollzogen hat. Diese Umgebung ist vor allem geprägt durch einen betriebswirtschaftlichen Anwendungsbereich und durch eine zentralisierte Rechnerstruktur.

Die Übertragung des Konsistenzbegriffs in andere Anwendungssituationen, zum Beispiel den technischen Bereich, bringt große Probleme mit sich. Dies ist Anlaß für eine kritische Beleuchtung des Konsistenzbegriffs in Datenverwaltungssystemen, die in Kapitel 5 vorgenommen wird. Im sechsten Kapitel wird aufbauend auf den Aussagen der vorangegangenen Untersuchungen ein Modell der verteilten Datenverwaltung vorgestellt. Die Konzeption eines verteilten Datenverwaltungssystems auf der Basis dieses Modells schließt sich im siebten Kapitel an. Die Beschreibung einer prototypischen Implementierung des Systems (Kapitel 8) unterstreicht die Realisierbarkeit der in den Kapiteln 5 mit 7 dargelegten theoretischen Ausführungen.

5 Der Korrektheitsbegriff in Datenverwaltungssystemen

Eine der wichtigsten Aufgaben eines Datenverwaltungssystems ist die Aufrechterhaltung der Konsistenz der zu verwaltenden Daten. Insbesondere bieten (relationale) Datenbanksysteme ausgefeilte Techniken für die Gewährleistung eines integeren Datenbestands an. In diesem fünften Kapitel wird eine Rekonstruktion des Begriffs der Datenkonsistenz vorgenommen. Zunächst wird die historische Entwicklung von Datenverwaltungssystemen unter dem Aspekt der Konsistenzsicherung aufgezeigt. Danach wird die theoretische Basis des in konventionellen Datenbanksystemen verfolgten Konsistenzbegriffs, die Serialisierungstheorie, mit ihren wichtigsten Aussagen vorgestellt. Anschließend erfolgt die Diskussion einer alternativer Definition des Begriffs 'Datenkonsistenz'. Am Ende des Kapitels werden einige Ansätze der Literatur zitiert, die sich vom traditionellen Konsistenzbegriff entfernen.

5.1 Der Konsistenzbegriff

Eine Einführung in die Entwicklungsgeschichte des Begriffs 'Datenkonsistenz' gibt Kapitel 5.1.1. Danach werden verschiedene Konsistenztypen eingeführt. Schließlich wird der Konsistenzbegriff aus extensionaler und intensionaler Sicht kritisiert.

5.1.1 Motivation und Entstehung des Konsistenzbegriffs

Die Anfangsjahre der elektronischen Datenverarbeitung waren gekennzeichnet durch die Entwicklung von isolierten Problemlösungen. Jedes einzelne Anwendungsproblem wurde durch spezielle, eigenständige Programme einer Lösung zugeführt. Ein Programmierer mußte sich einerseits mit der anwendungsbezogenen Problemstellung auseinandersetzen, andererseits hatte er auch in jedem Anwendungsprogramm für die korrekte Speicherung und Kontrolle der verwendeten Daten zu sorgen. Dadurch wurde eine 'private' Datenverwaltung aufgebaut, aus welcher mehrere Nachteile resultierten. Da jede Anwendung eigene Daten definierte, entstand Datenredundanz. Außerdem lag die Verantwortung für die Korrektheit und Qualität der verwalteten Daten allein beim Anwendungsprogrammierer. Letzteres führte dazu, daß alle Maßnahmen zur Einhaltung der Datenintegrität und -konsistenz vom Programmierer eigenständig einzuleiten waren. Diese in hohem Maße unsichere und fehleranfällige Situation führte schon bald dazu, nach einem geeigneten Datenverwaltungssystem zu suchen, das den Anwender von diesen anwendungsneutralen Aufgaben befreien und darüber hinaus noch eine redundanzfreie Datenverwaltung ermöglichen sollte. Dies war Motivation für die Konzeption von Datenbanksystemen, die sowohl eine zentrale Kontrolle der Datenkonsistenz und -integrität anbieten als auch eine redundanzfreie Abspeicherung der Daten garantieren.

Parallel zu der Entwicklung anwendungsneutraler Datenverwaltungssysteme vollzog sich ein Wandel in der Organisation des Rechenbetriebs. Ursprünglich war die Verwendung eines Rechnersystems nur im Stapelbetrieb (Batch-Betrieb) möglich. Erst durch die Weiterentwicklungen in Hard- und Software konnte zum Dialogbetrieb (Online-Betrieb) übergegangen werden. Der Dialogbetrieb stellte zusätzliche Anforderungen an die Datenverarbeitungsanlagen, da er gleichzeitig den Wechsel vom Einbenutzerbetrieb zum Mehrbenutzerbetrieb mit sich brachte. Anwendungen, die im Dialog betrieben wurden - als Beispiele seien Flugreservierungssysteme oder Buchungssysteme in Banken erwähnt -, erforderten sowohl die absolute Korrektheit der zu verarbeitenden Daten als auch ihre ständige Verfügbarkeit. Datenbanksysteme stellen für diese Problemstellung elegante Lösungsansätze zur Verfügung.

Mit dem Übergang zum Multi-User-Betrieb ergaben sich hinsichtlich der Forderungen nach Korrektheit und Verfügbarkeit der in einem Datenbanksystem verwalteten Daten zwei neue potentielle Fehlerquellen. Durch den Mehrbenutzerbetrieb wird ein unkontrolliertes Ineinandergreifen von verschiedenen Datenverarbeitungsprozessen ermöglicht, das die Korrektheit der Daten zerstören kann (Kapitel 5.2.1). Dieses Problem ergibt sich beim Stapelbetrieb nicht, da hier alle Anwendungsprozesse streng sequentiell ablaufen müssen. Von dieser Erfahrung geleitet begegnete man dem Problem der Nebenläufigkeit im Mehrbenutzerbetrieb mit der Einführung von atomaren Verarbeitungseinheiten, die unter gegenseitigen Ausschluß ablaufen müssen. Neben der korrekten Organisation des Mehrbenutzerbetriebs bot das Konzept der atomaren Verarbeitungseinheit auch neue Möglichkeiten der Kompensation von geräte- und programmtechnischen Unzulänglichkeiten. Mögliche Fehler in der Hard- und Software des verwendeten Systems können die unvollständige Abarbeitung von Verarbeitungseinheiten oder den Verlust von Effekten korrekt abgeschlossener Verarbeitungseinheiten zur Folge haben. Über die atomaren Verarbeitungseinheiten war es möglich, in Datenbanksystemen Recoverymechanismen zu etablieren, die diesen Fehlerursachen begegnen (UNDO- bzw. REDO-Recoveryprozeduren; [Reut 81]). Einerseits gestatten sie das Eliminieren von Effekten unterbrochener Verarbeitungseinheiten (UNDO-Recovery), andererseits sorgen sie für die Dauerhaftigkeit der Effekte beendeter Verarbeitungseinheiten (REDO-Recovery). Im Bereich der Datenbanksysteme wird eine Verarbeitungseinheit, die sowohl atomar als auch fehlertolerant ist, Transaktion genannt.

Der Übergang von isolierten Insellösungen zu einem integrierten Lösungsansatz und der Schritt vom Stapelbetrieb zum Dialogbetrieb verkomplizierte in gewisser Weise die Verwaltung von Anwendungsdaten. Es vollzog sich ein grundsätzlicher Wandel in der Aufgabenstellung eines Datenverwaltungssystems. Während die Datenverwaltung zuerst private Angelegenheit der Anwendungsprogramme war, wurde sie jetzt zunehmend gemeinschaftlich von einer zentralen Komponente, dem Datenbanksystem, übernommen. Gleichermaßen wuchsen die Anforderungen an die Qualität der gespeicherten Daten. Der Wunsch nach erhöhter Datenverfügbarkeit und die Regelung des Mehrbenutzerbetriebs wurden zum fundamentalen Aufgabenbereich von Datenbanksystemen. Maßnahmen zur Aufrechterhaltung eines in diesem Sinne korrekten Datenbestands waren zu entwickeln. Vor allem die Einführung des Begriffs der Benutzertransaktion hat wesentlich dieses Unterfangen unterstützt.

Die Korrektheit der in einem Datenverwaltungssystem gespeicherten Daten bezeichnet man als deren Konsistenz oder Integrität. Spezifizierte Konsistenzregeln bzw. Integritätsbedingungen definieren einen korrekten Datenzustand bzw. eine korrekte Datenzustandsveränderung. Sowohl Konsistenz als auch Integrität, die in dieser Arbeit als bedeutungsgleiche Begriffe betrachtet werden, weisen eine große Mannigfaltigkeit auf. Im nächsten Unterabschnitt erfolgt die Diskussion und Klassifikation dieser Begriffe.

5.1.2 Konsistenztypen

Im folgenden wird ein kurzer Überblick über eine Klassifizierung des Begriffs der Datenkonsistenz gegeben. Die vorgenommene Einteilung der Integritätsbedingungen ist an [Stei 83] angelehnt. Steinbauer unterscheidet vier Klassifizierungsschemata:

1. Die Einteilung nach der Ebene, auf der die Integritätsbeziehung definiert wird. Es existieren drei Ebenen: die physische Ebene, die strukturelle Ebene und die semantische Ebene.

2. Die Einteilung nach den Kriterien ablauf- bzw. zustandsorientiert. Hierbei werden entweder Konsistenzbedingungen definiert, die korrekte Zustandsveränderungen durch Transaktionen beschreiben, oder solche, die korrekte Zustände der modifizierten Daten spezifizieren.

3. Die Einteilung nach der Relevanz der Integritätsbedingungen gemäß ihrer Rekonstruktion aus der Anwendung. Man unterscheidet konstitutive (unveränderbare) und regulative (veränderbare) Integritätsbedingungen ([Wede 83]).

4. Die Einteilung nach der Größe des von einer Konsistenzregel betroffenen Datenbestands. Integritätsbedingungen können sich auf elementare Datensätze, Dateien (Relationen) oder auf Mengen von Datensätzen bzw. Dateien beziehen.

Die einzelnen Klassifizierungskriterien stehen nicht orthogonal zueinander. Für die weitere Diskussion der Integrität bzw. Konsistenz von Datenbeständen werden aus der obigen Kategorisierung abzuleitende Integritäts- bzw. Konsistenztypen benötigt, die nun vorgestellt werden. Dabei wird eine Kombination der in den ersten beiden Konsistenzkategorien definierten Einzelklassen vorgenommen.

Die physische Datenintegrität bezeichnet die korrekte Umsetzung der in einer Datei- oder Relationenbeschreibung festgelegten logischen Struktur auf physikalische Speichergegebenheiten (Speicherkonsistenz). Der operationelle Aspekt der physischen Konsistenz bezieht sich auf die korrekte physische Ausführung von Transaktionen. Eine ausführliche Diskussion der physischen Integrität nimmt [Küsp 85] vor.

Auf der Ebene der strukturellen Integrität werden Konsistenzbedingungen betrachtet, die vor allem auf die Einhaltung von Eigenschaften abzielen, die sich aus der Verwendung eines bestimmten Datenmodells ableiten (z.B. Primärschlüsselbedingung im Relationenmodell). Beziehen sich diese Konsistenzbedingungen auf Daten, spricht man von der strukturellen Datenintegrität. Unter der Ablaufintegrität versteht man den operationellen Anteil der strukturellen Integrität. Hierbei wird die konsistente Abwicklung einer Transaktion betrachtet. Diese wird anhand der von Gray ([Gray 81]) geforderten Eigenschaften einer Transaktion, Atomarität, Konsistenz und Dauerhaftigkeit, bewertet.

In einer zustandsorientierten Betrachtung der semantischen Integrität schränken semantische Datenkonsistenzbedingungen die möglichen Zustände von Daten auf solche ein, die in der modellierten Miniwelt auch möglich sind. Die vorgangsbezogene Sicht der semantischen Konsistenz befaßt sich mit der sogenannten Übergangsintegrität, die Vor- und Nachbedingungen der Ausführung einer Transaktion beschreibt.

Die von Steinbauer vorgeschlagene Definition von Integritätstypen in einem Datenverwaltungssystem soll ergänzt werden um die Betrachtung der Geltungsbereiche von Integritätsbedingungen zur Sicherung der Datenkonsistenz. Eine Anwendung läßt sich unterteilen in Teilanwendungen. Jede dieser Teilanwendung wird auf einem (verteilten) Rechnersystem durch entsprechende Programm- bzw Datenstrukturen realisiert. Es ist festzulegen, ob Integritätsbedingungen in allen Bereichen einer Anwendung Gültigkeit besitzen oder ob für einzelne Teilanwendungen jeweils spezifische Integritätsbedingungen gelten. Eine detaillierte Untersuchung dieser Fragestellung wird im sechsten Kapitel dieser Arbeit vorgenommen.

5.1.3 Extensionaler und intensionaler Konsistenzbegriff

Der Begriff der Konsistenz bzw. der Integrität muß auf zwei verschiedenen Ebenen diskutiert werden ([Wede 89]). Auf der intensionalen Ebene ([Mitt 84, S. 256]) interessiert der Inhalt des Begriffs. Aus der Sicht der Anwendung heraus legt man dabei fest, welche Eigenschaften die im Datenverwaltungssystem gehaltenen Daten aufweisen müssen. Man bedient sich hierbei allerdings solcher (intensionalen) Beschreibungsmittel, die schwerlich durch ein formales Beweisinstrument am Rechner zu kontrollieren bzw. zu überprüfen sind. Der intensionalen Betrachtungsweise steht die extensionale ([Mitt 80, S. 626]) gegenüber. Sie bezieht sich auf den Umfang eines Begriffs. Es werden nicht die Eigenschaften von Begriffen betrachtet, sondern die Klasse der diese Eigenschaften aufweisenden Gegenstände. Diese Klasse ist beschreibbar mit (extensionalen) Mitteln, die auf einem Rechnersystem zur Verfügung gestellt werden. Dies bedeutet, daß rechnergestützt entschieden werden kann, ob ein Gegenstand extensional einem Begriff zuzuordnen ist oder nicht.

Die Problematik bei der Formulierung von Integritäts- oder Konsistenzbedingungen resultiert aus dem Übersetzen von anwendungsspezifischen intensionalen Beschreibungstermini in extensionale, rechnergestützt nachprüfbare Eigenschaften von Gegenständen. Ein fundamentales, als extensional anzusehendes Mittel für die Formulierung von Integritätsbedingungen ist das im Rahmen von Datenbanksystemen entwickelte Transaktionskonzept. Wie die Diskussion der in Kapitel 5.1.2 vorgestellten Integritätsklassen beweist, orientieren sich diese - insbesondere die operationellen - vollständig am Begriff der Transaktion. Das ist eine notwendige Konsequenz aus dem Verlangen, eine nachprüfbare Korrektheitsdefinition für Daten(-modifikationen) zu gewinnen. Es ist aber zu bedenken, daß Transaktionen rein extensional definiert sind. Intensionale Überlegungen zur Datenkonsistenz sind deshalb zunächst unabhängig vom Begriff der Transaktion durchzuführen. Die intensionale Rede über Konsistenz kann nach der Aussage der Extensionalitätsthese ([Mitt 80, S. 627]) im Sinne einer Reduktionsthese auf eine Rede über Extensionen abgebildet werden. Dies zieht als Konsequenz nach sich, daß logische Eigenschaften allein mit extensionalen Mitteln überprüft werden können. Somit können sie auf einem Rechnersystem mit Hilfe von Beweissystemen (hier ist dies die Transaktionsverwaltung des Datenverwaltungssystems) auf ihre Korrektheit getestet werden.

Transaktionen sind gemäß den obigen Ausführungen nicht primär Strukturierungsmittel der Anwendung, sondern stellen einen Verarbeitungsmechanismus eines Datenverwaltungssystems dar. Es ist somit nicht zu überlegen, wie eine Anwendung modifiziert werden muß, damit sie das Transaktionskonzept unterstützt, sondern es ist zu fragen, wie einer Anwendung durch dieses Konzept gedient werden kann. Die Intension der Anwendung bleibt unverändert erhalten; sie wird durch das extensionale Mittel 'Transaktion' auf eine implementierbare Ebene heruntergebrochen.

Analog zur Definition auf extensionaler Ebene, wo sich die Transaktion als Verarbeitungseinheit etabliert hat, wird auf intensionaler Ebene der sogenannte Problemlösungszyklus als Verarbeitungseinheit betrachtet. Es besteht im allgemeinen kein 1:1-Verhältnis zwischen Transaktion und Problemlösungszyklus. Der prinzipielle Unterschied zwischen den beiden Verarbeitungseinheiten wird in vielerlei Hinsicht deutlich. Beispielsweise wechselt zwischen den beiden Verarbeitungseinheiten der Wertmaßstab, an dem die Korrektheit einer Ausführung mehrerer Inkarnationen derartiger Verarbeitungseinheiten gemessen wird. Bezugspunkt für eine korrekte (und damit auch konsistente) Ausführung einer Transaktionsfolge ist ein wohldefinierter Speicherzustand, aus dem alle im System verwalteten Daten eruierbar sind. Die im Abschnitt 5.1 vorgestellte Serialisierungstheorie definiert Vorschriften zum Erreichen eines solchen Zustands. Sie stellt dazu alle Transaktionen in eine partielle Ordnung. Ist eine Transaktionsfolge unter Berücksichtigung der Regeln der Serialisierbarkeitstheorie zu einer möglichen seriellen Transaktionsfolge äquivalent, so gilt die Ausführung der Transaktionsfolge als korrekt.

Anders als bei Transaktionen ist Serialisierbarkeit für die Durchführung einer Folge von Problemlösungszyklen nicht der einzige Maßstab für die Korrektheit der Abarbeitung. Zwar müssen alle Problemlösungszyklen in eine zumindest partielle Ordnung gebracht werden, allerdings ist diese Ordnung keinesfalls beliebig, sondern durch die Anwendungssituation vorgegeben. Ein Beispiel verdeutlicht den Unterschied zwischen einer korrekten Ausführungsfolge von Transaktionen und Problemlösungszyklen. Zwei Verarbeitungsschritte sind durchzuführen. Eine neue Abteilung wird in einem Unternehmen gegründet; außerdem sollen dieser Abteilung Mitarbeiter zugeordnet werden. In einem Datenverwaltungssystem stehen zwei Dateien zur Verfügung, 'ABTEILUNG' und 'PERSONAL', in denen die entsprechenden Eintragungen vorgenommen werden müssen. Jede Eintragung entspricht sowohl einer Transaktion als auch einem Problemlösungszyklus. Aus extensionaler Sicht ist es gleichgültig, in welche der beiden Dateien die neuen Datensätze zuerst eingetragen werden. Wichtig ist nur, daß nach Abschluß der beiden Transaktionen der Speicher lesbar ist. Aus intensionaler Sicht ist allerdings der Problemlösungszyklus 'Definition einer neuen Abteilung' dem Zyklus 'Eintragen von neuen Mitarbeitern' voranzustellen, da aus Sicht der Anwendung eine Zuordnung von Mitarbeitern zu nichtexistierenden Abteilungen nicht möglich ist. Anhand dieses Beispiels erkennt man, wie in vielen Fällen auf der extensionalen Ebene der Datenverwaltung intensionales Wissen dargestellt wird. Mit Hilfe von Integritätsbedingungen, die in obigem Fall besagen, daß ein Mitarbeiter nur aufgenommen werden kann, falls die ihm zugesprochene Abteilung existiert, wird Anwendungswissen ins Datenverwaltungssystem integriert. Dadurch kann für dieses Beispiel eine Transaktionenordnung vorgegeben werden, die auch der Verarbeitungsfolge der Problemlösungszyklen entspricht.

5.2 Serialisierbarkeitstheorie – Basis eines extensionalen Konsistenzbegriffs

In diesem Abschnitt erfolgt die Rekonstruktion des Konsistenzbegriffs, wie er in traditionellen Datenbanksystemen etabliert ist. Insbesondere werden dessen intensionale Grundlagen diskutiert. Schließlich werden die fundamentalen Aussagen der Serialisierungstheorie zusammengefaßt. Sie bilden die extensionale Basis des Konsistenzbegriffs konventioneller Datenbanksysteme.

5.2.1 Rekonstruktion des Konsistenzbegriffs in konventionellen Datenbanksystemen

Alle Überlegungen zur konsistenten Datenverwaltung lehnen sich im Bereich der Datenbanksysteme am Begriff der Transaktion an. Dabei wird oft vergessen, daß eine Transaktion nur ein systemseitig zur Verfügung gestelltes Konstrukt ist, um Aktionen der Anwendungsprogrammierung atomar und fehlertolerant zu machen. Da es sich um ein rein extensionales Mittel handelt, ist es frei von jeglicher Bedeutung oder Interpretation; es erlaubt aber die Überprüfbarkeit der korrekten Umsetzung im Rechnersystem. Eine Transaktion ist lediglich eine Klammerstruktur. Sie stellt ein Werkzeug der Anwendungsprogrammierung dar und beinhaltet keinerlei Anwendungssemantik. In diesem Zusammenhang sei an ein Standardbeispiel aus der kaufmännischen Programmierung erinnert: Soll- und Habenbuchung werden im kaufmännischen Sinne zusammen als atomare Handlung angesehen. Das Transaktionssystem kennt diese Bedeutung nicht, sondern sorgt lediglich dafür, daß die in einer Transaktion zusammengefaßten Buchungsvorgänge entweder vollständig oder überhaupt nicht ausgeführt werden.

Der Festlegung der Eigenschaften einer Transaktion gehen intensionale Vorüberlegungen voraus, aus denen sich die bekannten Merkmale einer Transaktion ableiten. Diese Eigenschaften sind auch an den Charakteristika von Datenverwaltungssystemen zu erkennen, die mit einer Transaktionsverwaltungskomponente ausgestattet sind. Da relationale Datenbanksysteme die bekanntesten Vertreter dieser Systemklasse sind, betrachten wir im folgenden die fundamentalen Anforderungen, die an ein Datenbanksystem gestellt werden:

- Integration verschiedener Teilanwendungen
- zentrale Kontrolle der Datenintegrität
- anwendungsneutrale Datenverwaltung
- Gültigkeit der in einer Datenbank gespeicherten Daten
- Gleichberechtigung der Benutzergruppen.

Das Problem besteht nun darin, diese Anforderungen, die auf der intensionalen Ebene definiert sind, auf die extensionale Ebene abzubilden. Im Mittelpunkt des Interesses steht die Organisation der Datenbereitstellung, so daß obige Postulate erfüllt werden können. Da im vorgegebenen Gedankenmodell die Integration einzelner gleichberechtigter Anwendungen und eine anwendungsneutrale Datenhaltung gefordert werden, müssen allen Anwendungen jeweils die aktuellsten Versionen der im Datenbanksystem gespeicherten Daten zur Verfügung gestellt werden. Auch darf jedes Datum nur in genau einer Ausprägung existieren. Ansonsten kann das System nicht entscheiden, welche Version eines Datums es welcher Anwendung anbieten muß. Dies heißt insbesondere, daß auch bei Vorhandensein mehrerer Replikate eines Datums alle Ausprägungen stets den gleichen Änderungszustand aufweisen müssen. Außerdem muß die Garantie dafür gegeben werden, daß ein im Datenverwaltungssystem erfaßtes Datum gültig ist. Es muß innerhalb einer korrekt abgelaufenen Verarbeitungsaktion in den Datenbestand eingebracht worden sein. Die eben beschriebene Organisationsform orientiert sich streng am sogenannten Ubiquitätsprinzip, welches besagt, daß ein Datum allen Anwendungen zu jeder Zeit in genau einer Ausprägung zur Verfügung steht. Das Datum ist prinzipiell überall (ubiquitär) verfügbar, d.h. für alle Anwendungen zugreifbar.

Die klassische Datenverarbeitung ist so organisiert, daß sie die Verwaltung der im Datenbanksystem gehaltenen Daten nach dem Ubiquitätsprinzip erlaubt. Ein fundamentales Hilfsmittel für dessen Realisierung stellt die Datenbank-Transaktion dar. Sie ist charakterisiert durch vier Eigenschaften ([Gray 81]):

Atomarität: Eine Transaktion wird entweder vollständig oder überhaupt nicht ausgeführt.

Konsistenz: Eine Transaktion führt einen konsistenten Datenbankzustand in einen neuen, ebenfalls konsistenten Datenbankzustand über.

Isolation: Eine Transaktion wird isoliert von konkurrierenden Transaktionen abgearbeitet. Eine Vermischung von mehreren Transaktionen ist nicht zulässig.

Dauerhaftigkeit: Die Effekte einer korrekt beendeten Transaktion überdauern Systemfehler.

Diese vier Eigenschaften werden unter dem Begriff ACID-Prinzip (**A**tomarity, **C**onsistency, **I**solation, **D**urability) zusammengefaßt. Das ACID-Prinzip stellt sicher, daß Transaktionen, die auf gleichen Daten arbeiten, streng seriell abgearbeitet werden. Demzufolge wird im Bereich der (verteilten) Datenbanksysteme die serielle Abarbeitung von Transaktionen als korrekt angesehen. Eine eigens dafür entwickelte Theorie, die Serialisierungstheorie, wird im nachfolgenden Unterabschnitt vorgestellt. Durch die dabei festgelegten Eigenschaften der Transaktionsverarbeitung werden die an ein Datenbanksystem gestellten Anforderungen befriedigt. Insbesondere wird garantiert, daß alle Daten nur in jeweils einer Ausprägung vorhanden sind und alle Anwendungen auf die aktuellste Version eines Datums zugreifen.

Die oben vorgenommene Rekonstruktion der verwaltungsspezifischen Eigenschaften eines Datenbanksystems hat gezeigt, daß nicht die serielle Abarbeitung von Transaktionen Ausgangspunkt der Konsistenzdefinition im Datenbankbereich ist, sondern die Festlegung intendierter Eigenschaften der Datenverarbeitung, wie beispielsweise das Anbieten der aktuellsten Version eines Datums. Die serielle Abarbeitung von Transaktionen ist nur Mittel zum Zweck, diese fundamentalen Datenbankeigenschaften zu realisieren.

5.2.2 Serialisierungstheorie

Die Serialisierungstheorie beschreibt eine konsistenzerhaltende Abarbeitungsstrategie für konkurrierende Transaktionen. Als Bezugspunkt der Theorie dient der im vorangegangenen Unterabschnitt eingeführte traditionelle Konsistenzbegriff. Wir werden im folgenden Abschnitt erarbeiten, daß konsistenzerhaltende Abläufe durch Serialisierbarkeit gekennzeichnet sind.

Im folgenden werden die Grundlagen der Serialisierungstheorie dargestellt. Dabei wird nur darauf eingegangen, wie konsistente Abarbeitungsstrategien für Transaktionen gebildet werden. Weitere, aus der Serialisierungstheorie ableitbare Eigenschaften der Transaktionsverarbeitung wie beispielsweise die Recoveryfähigkeit oder das Vermeiden von rekursivem, kaskadenartigem Zurücksetzen sollen nicht behandelt werden. Eine umfassende Darstellung der Serialisierungstheorie im Rahmen von Datenbanksystemen ist in [BeHG 87] zu finden. Die nun folgende Darstellung der Theorie orientiert sich weitgehend an dieser Basisliteratur.

5.2.2.1 Einführung

Basiseinheit der Serialisierungstheorie ist die Transaktion. Sie gilt als konsistenzerhaltende Einheit, d.h. sie führt einen konsistenten Datenzustand in einen nicht notwendigerweise verschiedenen, konsistenten Datenzustand über. Eine Transaktion setzt sich aus Lese- und Schreiboperationen zusammen und wird mit einer Freigabe- bzw. einer Abbruchaktion beendet. Die Aktionen, aus denen sich eine Transaktion zusammensetzt, stehen zueinander in einer vorgegebenen partiellen Ordnungsrelation. Im weiteren sollen folgende symbolischen Abkürzungen gelten:

$r_i[x]$:= Transaktion i (T_i) liest das Datenobjekt x (read).

$w_i[x]$:= Transaktion i (T_i) beschreibt das Datenobjekt x (write).

c_i := Transaktion i (T_i) endet korrekt (commit). Alle Änderungen werden freigegeben.

a_i := Transaktion i (T_i) bricht ab (abort). Alle Änderungen werden zurückgenommen.

Eine Schreiboperation ist eine beliebige Funktion aller vorausgegangenen Leseoperationen. Eine Transaktion sei folgendermaßen definiert:

Definition: Eine *Transaktion* T_i ist eine partielle Ordnung mit Ordnungsrelation $<_i$, wobei gilt:

1. $T_i \subseteq \{r_i[x], w_i[x] \mid x$ ist eine Datenobjekt$\} \cup \{c_i, a_i\}$;

2. $a_i \in T_i \Leftrightarrow c_i \notin T_i$;

3. t sei a_i oder c_i; für alle anderen Operationen $p \in T_i$ gilt: $p <_i t$;

4. Sind $r_i[x], w_i[x] \in T_i$, dann gilt entweder $r_i[x] <_i w_i[x]$ oder $w_i[x] <_i r_i[x]$.

Die erste Bedingung der Definition besagt, daß sich eine Transaktion aus einer Menge von Schreib- und Leseoperationen und einer Freigabe- bzw. Abbruchoperation zusammensetzt. Das exklusive Auftreten von Freigabe- bzw. Abbruchoperationen wird durch die zweite Forderung festgelegt. Daß alle Schreib- und Leseoperationen einer Transaktion der Freigabe- bzw. Abbruchaktion vorangehen müssen, ist die Aussage der dritten Bedingung. Schließlich wird durch die vierte Eigenschaft eine Ordnung zwischen denjenigen Operationen einer Transaktion definiert, die auf das gleiche Datenobjekt zugreifen. Operationen, die verschiedene Objekte benutzen, müssen nicht in dieser Ordnungsrelation stehen. Somit beinhaltet eine Transaktion im allgemeinen Fall nur eine partielle Ordnung bezüglich konfligierender Operationen.

Im nächsten Schritt ist eine Ordnung zwischen verschiedenen Transaktionen zu definieren, die auf dem gleichen Datenbestand arbeiten. Wir nennen eine solche Ordnung 'Historie'. Der Definition von Historien geht die Klärung des Konflikt-Begriffs voraus.

Definition: Zwei Operationen (Lese- bzw. Schreiboperationen) *stehen zueinander in Konflikt*, wenn zumindest eine der beiden Operationen eine Schreiboperation ist und sich die Operationen auf das gleiche Datenobjekt beziehen.

Daraus leitet sich die folgende Definition von Historie ab:

Definition: Sei $T = \{T_1, T_2, ..., T_n\}$ eine Menge von Transaktionen. Eine *vollständige Historie* H über der Transaktionenmenge T ist eine partielle Ordnung mit Ordnungsrelation $<_H$, wobei gilt:

1. $H = \bigcup_{i=1..n} T_i$;

2. $<_H \supseteq \bigcup_{i=1..n} <_i$;

3. Für alle in Konflikt zueinander stehenden Operationen p, $q \in H$ gilt entweder $p <_H q$ oder $q <_H p$.

Eine Historie umfaßt gemäß obiger Definition alle Operationen der in der Menge T enthaltenen Transaktionen. Die einer Historie zugeordnete Ordnungsrelation $<_H$ stellt eine Vereinigung der Ordnungsrelationen der beteiligten Transaktionen dar. Operationen, die zueinander in Konflikt stehen, müssen darüber hinaus vergleichbar sein, d.h. sie müssen in der partiellen Ordnungsrelation der Historie enthalten sein. Dies gilt unabhängig davon, ob diese Operationen einer einzigen oder verschiedenen Transaktionen angehören.

Für die Definition der Serialisierbarkeit einer Historie werden einige weitere Begriffe benötigt, die im folgenden definiert werden:

Definition: Eine *Historie* ist ein Präfix einer vollständigen Historie.

Definition: Eine Transaktion T_i wird als *vollständig abgeschlossen (freigegeben)* in Historie H betrachtet, falls gilt: $c_i \in H$.

Definition: Eine Transaktion T_i wird als *abgebrochen* in Historie H betrachtet, falls gilt: $a_i \in H$.

Definition: Eine Transaktion T_i wird als *aktiv* in Historie H betrachtet, falls gilt: $c_i \notin H$ und $a_i \notin H$.

Definition: Die *freigegebene Projektion einer Historie H*, C(H), ist der Teil der Historie H, der nur alle in H freigegebenen Transaktionen enthält.

Ein Beispiel verdeutlicht die eben vorgestellten Sachverhalte. Es seien die Transaktionen T_1, T_2 und T_3 gegeben:

T_1: $r_1[x] \rightarrow w_1[x] \rightarrow c_1$
$\quad\;\; r_1[y] \rightarrow w_1[y] \rightarrow c_1$

T_2: $r_2[x] \rightarrow r_2[y] \rightarrow w_2[y] \rightarrow w_2[x] \rightarrow w_2[z] \rightarrow c_2$

T_3: $r_3[x] \rightarrow w_3[x] \rightarrow c_3$

Ein vollständige Historie H über der Transaktionenmenge $\{T_1, T_2, T_3\}$ wird in der folgenden Graphik gezeigt:

H:

$r_1[y] \rightarrow w_1[y] \rightarrow c_1$

$r_1[x] \rightarrow w_1[x] \rightarrow c_1$

$r_2[x] \rightarrow r_2[y] \rightarrow w_2[y] \rightarrow w_2[x] \rightarrow w_2[z] \rightarrow c_2$

($w_2[y] \rightarrow r_1[y]$; $w_2[x] \rightarrow r_1[x]$)

$r_3[x] \rightarrow w_3[x] \rightarrow c_3$

($w_3[x] \rightarrow r_2[x]$)

Wir betrachten eine aus der vollständigen Historie H abgeleitete Historie H':

H':	**C(H'):**
$r_2[x] \rightarrow r_2[y] \rightarrow w_2[y]$	$r_3[x] \rightarrow w_3[x] \rightarrow c_3$
$r_3[x] \rightarrow w_3[x] \rightarrow c_3$ ($w_3[x] \rightarrow r_2[x]$)	

Transaktion T_3 ist in der Historie H' vollständig abgeschlossen, d.h. freigegeben, während Transaktion T_2 noch aktiv ist. Die freigegebene Projektion von H', C(H'), umfaßt in diesem Beispiel nur die Transaktion T_3.

5.2.2.2 Konfliktbasierte Serialisierbarkeit

Der im folgenden definierte Serialisierbarkeitsbegriff ist konfliktbasiert, weil er auf einem Äquivalenzbegriff aufbaut, der sich an der Konflikt-Eigenschaft von Historien orientiert. In diesem Unterabschnitt wird die Äquivalenz von Historien zu seriellen Historien definiert. Gelingt es, eine derartige Äquivalenz aufzuzeigen, nennt man eine Historie serialisierbar. Es wird davon ausgegangen, daß serielle Historien konsistenzerhaltend sind. Dies leitet man aus der Stapelverarbeitung von Programmen ab, wo die strikte Hintereinanderausführung von Programmen als konsistent angesehen wird.

Definition: Zwei Historien H und H' sind *äquivalent* ($\equiv$), falls gilt:

1. H und H' sind über der gleichen Transaktionenmenge definiert; sie weisen einander entsprechende Operationen auf.

2. Alle Operationen nicht-abgebrochener Transaktionen werden in die gleiche Ordnung gestellt. Für in Konflikt stehende Operationen p_i und q_j, die zu den Transaktionen T_i bzw. T_j gehören, gilt: falls $p_i <_H q_j$, dann $p_i <_{H'} q_j$.

Für die Definition von äquivalenten Historien ist demnach von entscheidender Bedeutung, daß konfligierende Operationen in die gleiche Ordnung gebracht werden. Voraussetzung dabei ist, daß sie das gleiche Konfliktverhalten zeigen.

Zur Definition der konfliktbasierten Serialisierbarkeit benötigt man die Begriffe 'seriell' und 'serialisierbar'.

Definition: Eine vollständige Historie ist *seriell*, falls für je zwei Transaktionen T_i und T_j gilt: Alle Operationen von T_i gehen denen von T_j voraus oder umgekehrt.

Definition: Eine Historie H ist *serialisierbar*, wenn ihre freigegebene Projektion C(H) äquivalent zu einer seriellen Historie ist.

Um entscheiden zu können, ob eine Historie konfliktbasiert serialisierbar ist, betrachten wir nicht die Historie selbst, sondern einen daraus abzuleitenden Graphen, den Serialisierungsgraphen.

Definition: H sei eine Historie über der Transaktionenmenge $T = \{T_1, T_2, ..., T_n\}$. Der *Serialisierungsgraph für H, SG(H)*, ist ein gerichteter Graph mit der Kantenmenge E und der Knotenmenge N, wobei gilt:

1. $E := \{T_i \rightarrow T_j \ (i \neq j)$ | mindestens eine der Operationen von T_i konfligiert mit einer Operation von T_j und wird vor dieser ausgeführt$\}$;

2. $N := \{T_i \in T$ | T_i ist in H freigegeben$\}$.

Die Knotenmenge von SG(H) umfaßt die in H freigegebenen Transaktionen. Eine Ordnungsrelation wird aufgebaut, indem die Konflikt-Eigenschaft der Operationen einer Transaktion auf die Transaktionen selbst übertragen wird. Der zum Beispiel aus Kapitel 5.2.2.1 gehörende Serialisierungsgraph der Historie H, SG(H), zeigt folgenden Aufbau:

SG(H): $T_3 \rightarrow T_2 \rightarrow T_1$

Die Feststellung, ob eine Historie serialisierbar ist oder nicht, leitet sich von der Zyklen-Eigenschaft des dazugehörigen Serialisierungsgraphen ab.

Theorem: **(Serialisierbarkeitstheorem)**
Eine Historie H ist genau dann serialisierbar, wenn ihr Serialisierungsgraph SG(H) azyklisch ist.

Beweis: siehe [BeHG 87, S. 33 - 34] ❑

Da der Serialisierungsgraph SG(H) der im obigen Beispiel vorgestellten Historie H azyklisch ist, ist die Historie H serialisierbar und damit konsistent.

5.2.2.3 *Effektbasierte Serialisierbarkeit*

Im vorangegangenen Unterabschnitt wurde die Äquivalenz von Historien und damit auch ihre Serialisierbarkeit auf das Konfliktverhalten zurückgeführt. Es sind aber auch andere Äquivalenzdefinitionen möglich, von denen nun die sogenannte Ergebnis- oder Effektäquivalenz diskutiert wird ([BeHG 87, Kap. 2.6], [Yann 84]). Die Äquivalenz von Transaktionsfolgen wird hierbei an ihren Effekten gemessen. Dabei geht man von zwei Beobachtungen aus:

- Eine Schreiboperation ist eine Funktion der vorangegangenen Leseoperationen innerhalb der Transaktion. Falls entsprechende Transaktionen zweier Historien Eingabewerte lesen, die von den gleichen Schreiboperationen herrühren, dann verursachen die folgenden Schreiboperationen der betrachteten Transaktionen die gleichen Ausgabewerte.
- Falls in zwei Historien für jedes Datenobjekt die gleiche Schreiboperation am Ende der Historie steht, dann wird der endgültige Wert dieser Objekte in beiden Historien der gleiche sein.

Unter Verwendung der Eigenschaft 'letztes Schreiben eines Datums' wird die Effektäquivalenz definiert.

Definition: Das *letzte Schreiben eines Datums in einer Historie H* ist die Schreiboperation $w_i[x] \in H$, wobei gilt:

1. $a_i \notin H$;
2. für alle Schreiboperationen $w_j[x] \in H$ $(j \neq i)$ gilt entweder $w_j[x] < w_i[x]$ oder $a_j \in H$.

Definition: Zwei Historien H und H' sind *(effekt-) äquivalent*, wenn gilt:

1. Sie sind über der gleichen Transaktionenmenge definiert und weisen einander entsprechende Operationen auf.
2. Für alle Transaktionen T_i, T_j mit $a_i, a_j \notin H$ (und somit $a_i, a_j \notin H'$) und für alle Datenobjekte x gilt: falls Transaktion T_i in Historie H das Datum x von Transaktion T_j liest, dann liest Transaktion T_i das Datum x von Transaktion T_j in Historie H'.
   Dabei gilt: Eine Transaktion T_i liest ein Datenobjekt x von Transaktion T_j, falls T_i auf den Wert von x zugreift, der von T_j produziert worden ist.

3. Für alle Datenobjekte x gilt: falls $w_i[x]$ das letzte Schreiben von Datum x in Historie H ist, dann ist es auch das letzte Schreiben von Datum x in Historie H'.

Ähnlich wie bei der Definition der (Konflikt-)Serialisierbarkeit wird bei der Festlegung der (Effekt-)Serialisierbarkeit vorgegangen.

Definition: Eine Historie H ist *(effekt- oder ergebnis-)serialisierbar,* falls für jedes Präfix H' von H gilt: C(H') ist (effekt-)äquivalent zu einer seriellen Historie.

Zum Abschluß der Betrachtung der Serialisierbarkeit wird das Verhältnis der beiden Serialisierbarkeitsdefinitionen beschrieben. Beide Definitionen charakterisieren unterschiedlich mächtige Klassen serialisierbarer Historien.

Theorem: Falls eine Historie H konfliktserialisierbar ist, ist sie auch effektserialisierbar. Die Umkehrung ist im allgemeinen nicht erfüllt.

Beweis: siehe [BeHG 87, S. 40 - 41] ❑

5.2.2.4 Serialisierbarkeit bei Mehrfachversionen

Bei den vorangegangen Betrachtungen zur Serialisierbarkeit von Transaktionsfolgen wurde stets davon ausgegangen, daß genau eine Ausprägung eines Datums im Datenverwaltungssystem existiert. In diesem Unterkapitel wird diese Annahme revidiert, da nun mehrere Versionen eines Datums im System vorliegen dürfen. Dadurch wird die Leistungsfähigkeit eines Datenverwaltungssystems verbessert, da eine höhere Nebenläufigkeit erreicht werden kann ([HäPe 87]). Das System generiert beim Modifizieren eines Datums durch eine Anwendertransaktion eine neue Version des Datums. Währenddessen stehen ältere Versionen für parallele Lesetransaktionen zur Verfügung. Somit wird ein höherer Durchsatz in Hinblick auf die Transaktionsverarbeitung erreicht. Wird eine modifizierende Transaktion abgebrochen, so verfällt automatisch die von ihr erzeugte neue Version eines Datums. Ältere Versionen werden gelöscht, wenn keine aktiven Transaktionen mehr auf diese zugreifen. Das Datenverwaltungssystem verbirgt die Existenz von verschiedenen (Lese- und Schreib-)Versionen vor den Anwendertransaktionen. Diese sehen den Datenbestand so, als ob jedes Datum nur genau in einer Version vorliegt.

Die Aufgabe des Datenverwaltungssystems besteht darin, die im System vorhandenen Mehrfachversionen so zu kontrollieren, daß die Verarbeitung genau wie im Einfachversionenmodus abläuft. Dies wird dadurch erreicht, daß sogenannte Mehrfachversionen-Historien auf Einfachversionen-Historien, die in den vorangegangenen Kapiteln 5.2.2.1 mit 5.2.2.3 behandelt worden sind, abgebildet werden. Dazu muß zunächst eine Verfeinerung bezüglich der Notation der Datenobjekte vorgenommen werden. Versionen eines Datenobjekts x werden indiziert mit der Nummer der

Transaktion, welche dieses produziert hat. Beispielsweise ist die Version x_i des Datums x von der Transaktion T_i generiert worden.

Formal kann die durch das Datenverwaltungssystem vorzunehmende Abbildung von nicht-versionierten Daten auf Versionen durch eine Abbildungsfunktion h dargestellt werden. h nimmt folgende Abbildungen vor:

$$
\begin{aligned}
h:\quad & c_i && \rightarrow && c_i \\
& a_i && \rightarrow && a_i \\
& r_i[x] && \rightarrow && r_i[x_j] \\
& w_i[x] && \rightarrow && w_i[x_i]
\end{aligned}
$$

Bei der Definition der Serialisierbarkeit von Historien für versionierte Daten wird auf die Ergebnisäquivalenz Bezug genommen. Dies resultiert aus der Beobachtung, daß im Versionen- und Nichtversionenbetrieb unterschiedliche Operationen, nämlich Operationen auf Versionen bzw. Operationen auf versionsfreie Datenobjekte, beteiligt sind. Eine Versionenoperation ist eine Schreib- oder Leseoperation auf eine Version eines Datenobjekts. Eine Daten-(objekt-)operation dagegen bezieht sich auf ein versionsfreies Datenobjekt. Demzufolge zeigen Versionen- und Datenoperationen unterschiedliches Konfliktverhalten auf, wie das anschließende Szenario belegt. Die Definition der Serialisierbarkeit für die Versionsverarbeitung muß sich demnach auf Effekte und nicht auf Konflikte beziehen.

Es sei die Historie H gegeben ([BeHG 87, S. 145]):

$$H = w_0[x_0]\ c_0\ w_1[x_1]\ c_1\ r_2[x_0]\ w_2[y_2]\ c_2.$$

In der Historie H stehen nur die Operationen $w_0[x_0]$ und $r_2[x_0]$ zueinander in Konflikt. Transaktion T_2 liest das Datum x_0, welches als letztes von Transaktion T_0 verändert worden ist. In einem Serialisierungsgraphen geht Transaktion T_0 deshalb der Transaktion T_2 voraus. Transaktion T_1 ist nicht in der partiellen Ordnung enthalten. Die versionenbehaftete Historie wird auf eine Einfachversionen-Historie H' abgebildet:

$$H' = w_0[x]\ c_0\ w_1[x]\ c_1\ r_2[x]\ w_2[y]\ c_2.$$

In dieser versionsfreien Betrachtung stehen die Operationen $w_0[x]$, $w_1[x]$ und $r_2[x]$ in Konflikt. Transaktion T_2 liest das Datum x, welches die letzte Änderung von Transaktion T_1 erfahren hat. Der dazugehörende Serialisierungsgraph ordnet Transaktion T_0 vor T_1 und T_1 vor T_2 an. Die Transaktion T_1 wird in Historie H' – im Gegensatz zu Historie H – in die partielle Ordnung aufgenommen. Die Verwendung der Konfliktäquivalenz im Rahmen der Abbildung von versionenbehafteten Historien auf versionenfreie führt offensichtlich zu Unstimmigkeiten. Deshalb bezieht sich die Äquivalenzdefinition auf die Eigenschaft der Ergebnis-Serialisierbarkeit.

Zunächst ist zu definieren, was man unter einer Historie versteht, in der auf Versionen zugegriffen wird.

Definition: Eine *vollständige Mehrfachversionen-Historie H* über einer Menge von Transaktionen T, T = $\{T_0, T_2, \ldots, T_n\}$, ist eine partielle Ordnung mit Ordnungsrelation <, wobei gilt:

1. $H = h\ (\cup_{i=0..n} T_i)$, wobei h eine Abbildungsfunktion ist, die Operationen auf nichtversionierte Daten Operationen auf versionierte Daten zuordnet;

2. für alle Transaktionen T_i und alle Operationen p_i, $q_i \in T_i$ gilt: falls $p_i <_i q_i$, dann $h(p_i) < h(q_i)$;

3. falls $h(r_j[x]) = r_j[x_i]$, dann $w_i[x_i] < r_j[x_i]$;

4. falls $w_i[x] <_i r_i[x]$, dann $h(r_i[x]) = r_i[x_i]$;

5. falls $h(r_j[x]) = r_j[x_i]$, $i \neq j$, und $c_j \in H$, dann $c_i < c_j$.

Gemäß Bedingung (1) werden in einer Mehrfachversionen-Historie alle Operationen der beteiligten Transaktionen reflektiert. Dabei wird sichergestellt, daß deren Ordnung eingehalten wird (Bedingung (2)). Natürlich kann nur eine Version gelesen werden, die schon vorher erzeugt worden ist (Bedingung (3)). Falls eine Transaktion selbst eine Version eines Datums erzeugt, darf die Transaktion nachher nur diese Version lesen (Bedingung (4)). Liest eine Transaktion ein Datum, welches von einer anderen Transaktion erzeugt worden ist, muß vor ihrem Abschluß die externe Transaktion freigegeben sein (Bedingung (5)).

Ebenso wie für Einfachversionen-Historien (Kapitel 5.2.2.1) können die Begriffe *Historie, vollständig abgeschlossen (freigegeben), abgebrochen, aktiv* und *freigegebene Projektion* definiert werden.

Wie oben bereits erwähnt, bedient man sich bei Mehrfachversionen-Historien der Ergebnisäquivalenz. Für deren Definition muß die 'lesen-von'-Eigenschaft eingeführt werden.

Definition: Transaktion T_j *liest Datum x von* Transaktion T_i in der Mehrfachversionen-Historie H, falls T_j die Version des Datums x liest, die von T_i generiert wurde.

Definition: Zwei Mehrfachversionen-Historien über der gleichen Transaktionenmenge T sind *äquivalent*, wenn sie die gleichen Operationen beinhalten und die gleichen 'lesen-von'-Beziehung aufweisen, d.h. wenn sie ergebnis-äquivalent sind.

Schließlich benötigt man den Begriff 'seriell', um darauf aufbauend 'serialisierbar' zu definieren.

Definition: Eine komplette Mehrfachversionen-Historie H ist *seriell*, falls für je zwei in Historie H auftretende Transaktionen T_i und T_j gilt: alle Operationen von T_i gehen denen von T_j voraus oder umgekehrt.

Für die Spezifikation der Teilmenge der seriellen Mehrfachversionen-Historien, welche äquivalent zu seriellen Einfachversionen-Historien sind, benötigt man den Begriff der Einzelkopie-Serialisierbarkeit.

Definition: Eine serielle Mehrfachversionen-Historie H ist *einzelkopie-seriell*, falls für alle Transaktionen T_i, T_j und Datenobjekte x gilt:
Falls T_i das Datum x von T_i liest, dann gilt entweder i = j, oder T_j ist die letzte Transaktion, die T_i vorausgeht und eine Version des Datenobjekts x beschreibt.

Alle einzelkopie-seriellen Mehrfachversionen-Historien sind zu seriellen Einfachversionen-Historien äquivalent. Daraus läßt sich die Serialisierbarkeit für Mehrfachversionen-Historien bestimmen.

Definition: Eine Mehrfachversionen-Historie ist *einzelkopie-serialisierbar*, falls ihre freigegebene Projektion zu einer einzelkopie-seriellen Mehrfachversionen-Historie äquivalent ist.

Der folgende Satz zeigt den Nutzen der Definition der Einfachkopien-Serialisierbarkeit. Man verwendet sie, um die Äquivalenz einer Mehrfachversionen-Historie zu einer Einfachversionen-Historie zu zeigen.

Satz: Sei H eine Mehrfachversionen-Historie über der Transaktionenmenge T. Die freigegebene Projektion von H, C(H), ist genau dann zu einer seriellen Einfachkopien-Historie über T äquivalent, wenn H einzelkopie-serialisierbar ist.

Die Definition eines *Serialisierungsgraphen für Mehrfachversionen-Historien* kann gemäß der für Einfachversionen-Historien gestaltet werden. Dabei verwendet man die Eigenschaft der *konfligierenden* Operationen, die ebenfalls von der Einfachversionen-Betrachtung übernommen wird. Allerdings stehen bei der Versionenbetrachtung zwei Operationen nur dann im Konflikt, wenn sie auf der gleichen Version eines Datums operieren und eine der beiden Operationen eine Schreiboperation ist. Serialisierungsgraphen dienen der Feststellung, ob eine Historie serialisierbar ist. Allerdings muß bei Mehrfachversionen dieser Graph im Vergleich zu Einfachversionen-Serialisierungsgraphen modifiziert werden, um Versionsfolgen repräsentieren zu können. Nur so sind Verstöße gegen die Einfachkopien-Serialisierbarkeit aufzudekken. Dazu ist die Definition einer Versionenordnung notwendig.

Definition: Sei eine Mehrfachversionen-Historie H und ein Datum x gegeben. Eine *Versionenordnung* $\ll$ *für x in H* ist eine totale Ordnung der Versionen in H. Eine *Versionenordnung für H* ist die Vereinigung aller Versionenordnungen der Datenobjekte in H.

Nun kann der Mehrfachversionen-Serialisierungsgraph definiert werden.

Definition: Sei eine Mehrfachversionen-Historie H und eine Versionenordnung $\ll$ gegeben. Der *Mehrfachversionen-Serialisierungsgraph für H und* $\ll$, MVSG(H, $\ll$), ist der Serialisierungsgraph von H, SG(H), der um folgende Kanten erweitert ist:
Für alle $r_k[x_j]$ und $w_i[x_i]$ in C(H) mit $i \neq j \neq k$ gilt:
Falls $x_i \ll x_j$, dann nehme Kante $T_i \rightarrow T_j$ in den Graphen auf; anderenfalls nehme Kante $T_k \rightarrow T_i$ in den Graphen auf.

Die in obiger Definition zusätzlich generierten Kanten kennzeichnen die Versionenordnung in H. Mit Hilfe dieser Definition führen Schreib-Lese-Abhängigkeiten zwischen Versionenoperationen zu Zyklen im Mehrfachversionen-Serialisierungsgraphen. Deshalb kann - vergleichbar mit der Einfachversionenverarbeitung - folgendes Theorem formuliert werden, das ein Kriterium für die Serialisierbarkeit einer Mehrfachversionen-Historie liefert.

Theorem: Eine Mehrfachversionen-Historie H ist genau dann einzelkopie-serialisierbar, wenn eine Versionenordnung $\ll$ existiert, so daß MVSC(H, $\ll$) azyklisch ist.

Beweis: siehe [BeHG 87, S. 152 - 153] ❑

Zur Überprüfung der Serialisierbarkeit bedient man sich im allgemeinen eines Serialisierungsgraphen. Um dies auch im Bereich der Versionenverwaltung anwenden zu können, muß ein Serialisierungsgraph um eine Versionenordnung erweitert werden.

5.2.2.5 *Serialisierbarkeit bei Mehrfachkopien*

Während die bisherigen Ausführungen zur Serialisierungstheorie unabhängig davon waren, ob ein zentralisiertes oder verteiltes Datenbanksystem den Betrachtungen zugrunde liegt, gelten die nachfolgenden Aussagen nur für verteilte Datenbanksysteme. Die nun zu diskutierende Aufgabenstellung behandelt die Übertragung der Serialisierungstheorie auf replizierte Datenbestände. Datenkopien werden eingeführt, um die Verfügbarkeit eines Systems zu erhöhen. Fallen Rechner aus, auf welchen ein verteiltes Datenbanksystem installiert ist, so sind die darauf allokierten Datenkopien nicht mehr erreichbar. Die Daten selbst können aber weiterhin im System verfügbar sein, da auf nicht ausgefallenen Rechnern Replikate dieser Daten vorliegen. Durch die Replizierung der Daten erzielt man auch eine höhere Lokalität beim Datenzugriff, da die Wahrscheinlichkeit sich erhöht, daß eine Datenkopie auf dem Rechner vorliegt, auf welchem eine Applikation abläuft. Allerdings ergeben sich bei der Modifikation von Kopien erhebliche Schwierigkeiten, da alle Kopien simultan geändert werden müssen. Anders ist die in Kapitel 5.2.1 definierte Konsistenz nicht aufrechtzuhalten.

Gemäß den Ausführungen des Kapitels 4.3.2.2 hat ein verteiltes Datenbanksystem die Replizierung der Daten für den Benutzer transparent zu halten. Diesem wird das Bild eines nicht-replizierten Datenbestands gezeigt. Daraus leitet sich die Serialisierbarkeitsforderung für replizierte Daten ab. Die Ausführung von Transaktionen auf replizierten Daten soll zu einer seriellen Ausführung auf einem kopiefreien Datenbestand äquivalent sein, d.h., Mehrfachkopien-Historien sind auf Einfachkopien-Historien abzubilden. Im folgenden wird die Kopie eines Datums x, welche auf dem Rechnerknoten A allokiert ist, mit x_A bezeichnet. Die von einem Benutzer abgesetzten Datenoperationen müssen vom System in Kopienoperationen transformiert werden. Mit Hilfe der Funktion h kann man diesen Sachverhalt formal beschreiben:

$$
\begin{aligned}
h:\quad & c_i && \rightarrow c_i \\
& a_i && \rightarrow a_i \\
& r_i[x] && \rightarrow r_i[x_A] \\
& w_i[x] && \rightarrow \{w_i[x_A], w_i[x_B], \ldots, w_i[x_Z]\}
\end{aligned}
$$

Eine Leseoperation kann demnach auf einer beliebigen Kopie eines Datums durchgeführt werden; eine Schreiboperation muß dagegen alle (erreichbaren) Replikate eines Datums tangieren.

Analog zur Vorgehensweise bei Mehrfachversionen-Datenbeständen definieren wir eine vollständige Mehrfachkopien-Historie.

Definition: Eine *vollständige Mehrfachkopien-Historie H* über einer Menge von Transaktionen T, T = $\{T_0, T_2, \ldots, T_n\}$, ist eine partielle Ordnung mit Ordnungsrelation <, wobei gilt:

1. $H = h(\bigcup_{i=0..n} T_i)$, wobei h eine Abbildungsfunktion ist, die Operationen auf nichtreplizierte Daten in Operationen auf replizierte Daten übersetzt.

2. Für alle Transaktionen T_i und alle Operationen p_i, $q_i \in T_i$ gilt: falls $p_i <_i q_i$, dann $h(p_i) < h(q_i)$.

3. Für jedes $r_j[x_A]$ gilt: es gibt zumindest ein $w_i[x_A]$ mit $w_i[x_A] < r_j[x_A]$.

4. Alle Paare von konfligierenden Operationen stehen in einer Ordnung; zwei Operationen stehen in Konflikt, wenn sie auf der gleichen Kopie operieren und zumindest eine der beiden eine Schreiboperation ist.

5. Falls $w_i[x] <_i r_i[x]$ und $h(r_i[x]) = r_i[x_A])$, dann gilt: $w_i[x_A] \in h(w_i[x])$.

Die erste Bedingung der obigen Definition einer vollständigen Mehrfachkopien-Historie verlangt vom Datenverwaltungssystem die Abbildung jeder Datenoperation einer Transaktion auf eine Kopienoperation. Die Abbildung h behält darüber hinaus die in den Transaktionen definierten Ordnungen bei (Bedingung (2)). Daß das Lesen einer Kopie nur einem vorangegangenen Schreiben folgen kann, besagt Bedingung 3. Die Vergleichbarkeit aller konfligierenden Operationen verlangt Bedingung 4. Schließlich wird in Bedingung 5 postuliert, daß eine Transaktion gegebenenfalls nur die Kopie eines Datums lesen darf, die sie selbst generiert hat.

Die 'lesen-von'-Eigenschaft wird für replizierte Daten folgendermaßen definiert:

Definition: H sei eine Mehrfachkopien-Historie über der Transaktionenmenge T. Transaktion T_j *liest Datum x von* Transaktion T_i in Historie H, falls für eine Kopie x_A gilt: $w_i[x_A] < r_j[x_A]$, und es existiert keine Schreiboperation $w_k[x_A]$ $(k \neq i)$, die zwischen den beiden Operationen abläuft.

Für die Definition der Äquivalenz von Mehrfachkopien-Historien wird wieder die Effektäquivalenz herangezogen. Dies geschieht aus den gleichen Gründen wie bei der Diskussion von Mehrfachversionen-Daten. Ziel der Bemühungen ist, Mehrfachkopien-Historien in Einfachkopien-Historien zu überführen. Da in beiden Historien unterschiedliche Operationen verwendet werden, Datenoperationen bzw. Kopienoperationen, kann die Äquivalenz derartiger Operationenfolgen nur anhand ihrer Effekte beurteilt werden. Die verschiedenen Operationstypen weisen unterschiedliches Konfliktverhalten auf. Folgendes Beispiel legt diesen Sachverhalt dar. Gegeben sei eine Mehrfachkopien-Historie H:

$$H = w_0[x_A]\ c_0\ w_1[x_B]\ c_1\ r_2[x_A]\ w_2[y_C]\ c_2.$$

In der Historie H stehen die Operationen $w_0[x_A]$ und $r_2[x_A]$ in Konflikt. Dies impliziert die Transaktionenordnung $T_0 \rightarrow T_2$. Man bildet die Mehrfachkopien-Historie H auf die Einfachkopien-Historie H' ab:

$$H' = w_0[x]\ c_0\ w_1[x]\ c_1\ r_2[x]\ w_2[y]\ c_2.$$

Nun stehen in Historie H' die Operationen $w_0[x]$, $w_1[x]$ und $r_2[x]$ in Konflikt. Der obige Serialisierungsgraph muß um Transaktion T_1 ergänzt werden, die zwischen T_0 und T_2 eingeordnet wird. Somit wahrt - analog wie bei Mehrfachversionen-Historien - nur die Effekt-Serialisierbarkeit die korrekte Ordnung im Serialisierungsgraphen bei der Abbildung von Mehrfachkopien-Historien nach Einfachkopien-Historien. Die konfliktbasierte Serialisierbarkeit ist nicht ausreichend.

In die Definition der Effekt-Äquivalenz geht das 'letzte Schreiben' eines Datenobjekts ein.

Definition: Gegeben sei eine Mehrfachkopien-Historie H. $w_i[x_A]$ wird als *letztes Schreiben für Replikat* x_A in Historie H bezeichnet, wenn gilt:
$a_i \notin H$ und für alle $w_j[x_A]$ $(j \neq i)$ in Historie H gilt:
entweder $a_j \in H$ oder $w_j[x_A] < w_i[x_A]$.

Definition: Zwei Mehrfachkopien-Historien über einer Transaktionenmenge T sind *äquivalent*, wenn sie ergebnis-äquivalent sind, d.h. sie weisen die gleichen 'lesen-von'-Beziehungen und die gleichen letzten Schreiboperationen auf.

Im nächsten Satz wird die Äquivalenz einer Mehrfachkopien-Historie und einer Einfachkopien-Historie gezeigt.

Satz: Eine Mehrfachkopien-Historie H über einer Transaktionenmenge T ist äquivalent zu einer Einfachkopien-Historie H_{1C}, falls gilt:

1. H und H_{1C} haben die gleichen 'gelesen-von'-Beziehungen in bezug auf beliebige Datenelemente;

2. für jedes letzte Schreiben $w_i[x]$ in H_{1C} ist $w_i[x_A]$ ein letztes Schreiben in H für ein Replikat x_A von Datenelement x.

Die im obigen Satz vorgestellte Bedingung für die Äquivalenz zwischen Mehrfachkopien-Historien und Einfachkopien-Historien dient als Grundlage der Definition von 'einzelkopie-serialisierbar'.

Definition: Eine Mehrfachkopien-Historie ist *einzelkopie-serialisierbar,* falls sie äquivalent zu einer seriellen Einfachkopien-Historie ist.

Zur Überprüfung der Äquivalenz einer Mehrfachkopien-Historie zu einer Einfachkopien-Historie dient das folgende Theorem.

Theorem: H sei eine Mehrfachkopien-Historie. Falls H die gleichen 'gelesen-von'-Beziehungen wie eine serielle Einfachkopien-Historie H_{1C} aufweist, wobei die Transaktionenordnung in Historie H_{1C} konsistent mit dem Serialisierungsgraphen SG(H) ist, dann ist die Historie H einzelkopie-serialisierbar.

Üblicherweise überprüft man die Einfachkopien-Serialisierbarkeit einer Historie mit Hilfe eines Serialisierungsgraphen. Allerdings muß dieser Serialisierungsgraph ergänzt werden, da sonst Konflikte nicht entdeckt werden. Dies beruht darauf, daß Operationen auf Kopien von Daten nicht konfligieren, ihre Pendants in einer replikationsfreien Umgebung aber Konflikte aufweisen. Somit geht in die Definition eines Serialisierungsgraphen auch die Knotenordnung ein. Damit werden Operationen, die auf verschiedenen Kopien eines Datums arbeiten, vergleichbar gemacht.

Definition: Gegeben sei eine Mehrfachkopien-Historie H. Ein *Mehrfachkopien-Serialisierungsgraph für H (MKSG(H))* ist ein Serialisierungsgraph SG(H), der um Kanten erweitert wird, die für alle Datenobjekte x die nachfolgenden Bedingungen erfüllen ($i \neq k$, $k \neq j$):

1. falls Transaktion T_i und T_k das Datum x schreiben, gilt entweder $T_i \ll T_k$ oder $T_k \ll T_i$;

2. falls T_j Datum x von T_i liest, T_k eine Kopie von Datum x schreibt und $T_i \ll T_k$ gilt, dann gilt auch $T_j \ll T_k$.

Die erste Bedingung impliziert eine Schreibordnung im Serialisierungsgraphen, während die zweite eine Leseordnung definiert. Unter Verwendung eines Mehrfachkopien-Serialisierungsgraphen läßt sich eine Aussage darüber machen, ob eine Mehrfachkopien-Historie serialisierbar ist.

Theorem: Sei H eine Mehrfachkopien-Historie. Falls Historie H einen azyklischen Mehrfachkopien-Serialisierungsgraphen MKSG(H) besitzt, dann ist Historie H serialisierbar.

Beweis: siehe [BeHG 87, S. 277] ❑

Ähnlich wie bei der Versionenbetrachtung, bei welcher eine Ordnungsrelation zwischen Versionen eines Datenobjekts in die Diskussion aufgenommen wurde, definiert man bei replizierten Datenbeständen eine Ordnung zwischen Replikaten. Beide Ordnungsrelationen werden herangezogen, um einen Mehrfachkopien-Serialisierungsgraphen zu definieren. Dieser dient der Überprüfung der Eigenschaft 'serialisierbar'.

5.3 Definition eines alternativen Konsistenzbegriffs

Die Ausführungen des Kapitels 5.2 zeigen, daß dem Transaktionskonzept zentrale Bedeutung bei der Definition des Konsistenzbegriffs beigemessen wird. Der eingeführte konventionelle Konsistenzbegriff, für welchen die Serialisierungstheorie die formale Grundlage darstellt, wird gleichermaßen von zentralisierten und verteilten Datenbanken verfolgt. Er reflektiert das sogenannte Ubiquitätsprinzip[1]. Die dem Ubiquitätsprinzip zugrundeliegende Intention ist, nur genau eine gültige Version eines Datums zuzulassen und diese außerdem allen Datenbankbenutzern immer und sofort zur Verfügung zu stellen. Die Anwendungsprogrammierung kann das Datenverwaltungssystem nur unter der Prämisse des Ubiquitätsprinzips verwenden.

[1] Auch die anderen, in Kapitel 4.4 genannten Datenverwaltungskonzepte verfolgen das Ubiquitätsprinzip.

Es besteht keine Möglichkeit, das Datenbanksystem gemäß anwendungsspezifischer Eigenschaften zu konfigurieren; das in einem Datenbanksystem reflektierte Verwaltungsprinzip hat einen statischen Charakter.

Das Konzept von Datenbanksystemen wurde ursprünglich als vollständig anwendungsneutral angesehen. Allerdings zeigt die Definition dieses Konzepts doch einen starken Einfluß der Umgebung auf, in der es entstanden ist. Der Korrektheitsbegriff des Ubiquitätsprinzips ist von einer kaufmännischen Anwendungsumgebung geprägt. Gerade das Transaktionskonzept, welches implizit die kurze zeitliche Dauer einer Transaktion voraussetzt[1], spiegelt die kaufmännische Einflußsphäre wieder. Dort sind nämlich typischerweise kurze Verarbeitungsvorgänge, wie beispielsweise eine Soll-/Habenbuchung, anzutreffen. Außerdem geht das Transaktionskonzept von einer absoluten Zentralisierung der Datenverarbeitung aus. Deshalb bringt seine Übertragung auf verteilte Umgebungen die bekannten Performanceprobleme mit sich (Kapitel 4.3.2).

Die angestrebte strenge Anwendungsneutralität und Konfigurationsunabhängigkeit klassischer Datenbanksysteme wird durch das Ubiquitätsprinzip nicht realisiert, wie obige Ausführungen belegen. Deshalb stellt sich in diesem Zusammenhang prinzipiell die Frage, ob diese Ziele in einem statischen, d.h. nicht konfigurierbaren Datenverwaltungssystems überhaupt erreichbar sind. Wie sich die anwendungs- und rechnerkonfigurationsabhängigen Eigenschaften zentralisierter und verteilter Datenbanksysteme negativ auf ihre allgemeine Verwendbarkeit auswirken, demonstrieren die folgenden beiden Beobachtungen.

Während Datenbanken inzwischen in zentralisierten Systemen etabliert sind, fehlt den verteilten Datenbanken die Akzeptanz. Dies resultiert aus der Tatsache, daß in der verteilten Umgebung die Prämissen einer zentralisierten Umgebung übernommen werden. Nicht berücksichtigt sind beispielsweise die hohen Kommunikationskosten beim Abarbeiten verteilter Operationen, die die Verarbeitung einer Transaktion nach den Richtlinien des Ubiquitätsprinzips ineffizient macht. Um weitestgehend die zeit- und kostenintensive verteilte Verarbeitung zu vermeiden, führt man Datenreplikate ein. Diese erfordern aber bei modifizierenden Verarbeitungsvorgängen gegenüber der redundanzfreien Datenhaltung einen nochmals gesteigerten Kommunikationsaufwand. Dadurch, daß Kommunikationskosten bei der Konzeption des Korrektheitsbegriffs in der zentralisierten Umgebung keine Rolle spielen, führt die einfache Übertragung dieser Prinzipien auf verteilte Umgebungen zu enormen Performanceeinbußen.

Daß Datenbanken in einem hohen Maß Entwurfsprinzipien aus dem kaufmännischen Bereich übernommen haben, zeigt sich indirekt an der unbefriedigenden

[1] Konzeptionell gibt es weder (zeitlich) kurze noch lange Transaktionen. Eine Transaktion stellt eine Verarbeitungseinheit dar, welche die ACID-Eigenschaft aufweist. Eine Aussage bezüglich der zeitlichen Dauer ist in der Definition nicht erhalten.

Einsetzbarkeit in technischen Anwendungen. Beispielsweise weist ihre Verwendung bei der Abspeicherung von geometrischen Daten erhebliche Mängel auf, die sich vor allem in einem nicht-akzeptablen Performance-Verhalten widerspiegeln. Die nicht ausreichende Performance von Datenbanksystemen in technischen Anwendungen wirft die Frage auf, ob die vom kaufmännischen Sektor geprägten Entwurfsrichtlinien nicht ihre Anwendbarkeit in anderen Bereichen vollkommen unmöglich macht. Eine Gegenüberstellung der Anforderungen des kaufmännischen und des technischen Bereichs ([HäRe 85]) deckt nämlich fundamentale Unterschiede in bezug auf die Datenverwaltung auf. Der Entwicklung von Non-Standard-Datenbanksystemen für den technischen Bereich ist daher mit Skepsis zu begegnen, da sie nicht auf ein allgemeingültiges, sondern ein im kaufmännischen Anwendungsbereich vorherrschendes Grundkonzept aufbaut.

Neben den dargestellten Entwurfsmängeln des Datenverwaltungskonzepts in Datenbanksystemen[1] besteht außerdem das Defizit der Nichteinbeziehung von echten Versionen und Varianten eines Datums ([MüSW 84], [WeMü 81]). Sie werden bei der Konsistenzbetrachtung vollständig vernachlässigt, da immer nur eine einzige Version und Variante eines Datums gültig, d.h. zugreifbar, sein darf. Versionen werden zwar systemseitig zur Performancesteigerung eingesetzt (Kapitel 5.2.2.4), vor dem Benutzer werden sie aber transparent gehalten. Aber gerade Anwendungen des technischen Bereichs verlangen die Einführung von zeitbehafteten Datenobjekten ([HäRe 85]).

Motiviert durch die Mängel des traditionellen Konsistenzbegriffs wird eine Revision des Begriffs vorgenommen. Er wird zunächst informell definiert:

> Ein Datenbestand soll als konsistent angesehen werden, wenn er den an ihn gestellten anwendungsorientierten Zustands- und Übergangsbedingungen entspricht[2].

Ein Kennzeichen des neuen Konsistenzbegriffs ist seine flexible Auslegungsmöglichkeit. Daher ist die Definition von Zustands- und Übergangsbedingungen von der jeweiligen Anwendung individuell vorzunehmen. Die Bedingungen sind so zu formulieren, daß die Objekte des Datenbestands die zu modellierende Anwendungssituation korrekt beschreiben. Das in obiger Definition ausgedrückte Prinzip der Datenverwaltung wird Need-to-Know-Prinzip genannt ([Wede 88b]).

---

[1] Die Verwendung des Begriffs 'Mangel' ist an dieser Stelle gerechtfertigt, da die globale Einsetzbarkeit von Datenbanksystemen diskutiert wird. Die Eignung von Datenbanksystemen in traditionellen kaufmännischen Anwendungen bleibt unbestritten.

[2] In diesem Kapitel wird lediglich eine informelle Definition des Konsistenzbegriffs eingeführt. Im sechsten Kapitel wird die Definition, eingebettet in ein formales Modell der verteilten Datenverwaltung, präzisiert.

Um in einem Rechner nachvollziehbar zu sein, muß die intensionale Festlegung des Konsistenzbegriffs auf eine extensionale Dimension heruntergebrochen werden. Dazu kann man sich eines Sprachkonstrukts bedienen, mit dem sowohl Zustände eines Datenbestands als auch Beziehungen zwischen verschiedenen Datenbeständen spezifiziert werden können. Es ist also nicht wie bei Datenbanksystemen von universell geltenden Konsistenzvorschriften auszugehen, sondern die vom Datenverwaltungssystem reflektierte Konsistenzdefinition orientiert sich an der Anwendung[1] und wird von ihr determiniert. Somit kann eine bessere Annäherung der Datenverwaltungsaufgabe an die jeweilige Anwendung stattfinden, die eine höhere Leistungsfähigkeit des Systems mit sich bringen kann.

Wie das Konstrukt zur Spezifikation der Datenkonsistenz prinzipiell aufgebaut ist, wird im siebten Kapitel dieser Arbeit gezeigt. An dieser Stelle seien nur einige wesentliche Systemeigenschaften vorgestellt, die durch das Sprachkonstrukt spezifiziert werden müssen:

- *Welche Versionen eines Datums werden im System gehalten?*
  Eine Version ist eine Ausprägung eines Datums zu einem bestimmten Zeitpunkt. Es kann auf beliebige Versionen zugegriffen werden.

- *Welche Varianten eines Datums sind verfügbar?*
  Unter Varianten werden von der Anwendung sichtbare, gleichzeitig aktuelle Ausprägungen eines Datums verstanden.

- *Welche Beziehungen weisen Kopien eines Datums zueinander auf?*
  Es ist zu entscheiden, ob und wann Modifikationen, die an einer Ausprägung eines Datums vollzogen worden sind, auch an andere Kopien dieses Datums übermittelt werden.

Hintergrund der Überlegungen zu diesem neuen, flexibel gestaltbaren Konsistenzbegriff ist die Tatsache, daß Anwendungen im allgemeinen zu verschieden sind, um unter einem Konsistenzbegriff vereinigt werden zu können. Außerdem zeigt sich oft schon innerhalb einer Anwendung eine gewisse Heterogenität der Teilapplikationen, die ebenfalls bei der traditionellen Definition des Konsistenzbegriffs völlig außer acht gelassen wird. Beispielsweise können durch den herkömmlichen Konsistenzbegriff, der von der Gleichstellung aller Anwender ausgeht, keine Master-/Slave-Beziehungen im Datenverwaltungssystem modelliert werden (Kapitel 2.1.3). Dies ist aber bei der vorgestellten Neuinterpretation des Integritätsverhaltens möglich.

---

[1] Bei einer derartigen Festlegung des Konsistenzbegriffs stellt sich nicht mehr die Problematik, wie man die Anwendung aufbereiten muß, um ein Systemkonzept (Transaktionsverarbeitung) verwenden zu können. Man wird stattdessen mit der Aufgabe konfrontiert, das Datenverwaltungssystem so zu konfigurieren, daß es die Anwendung gut unterstützt.

Daß die Entwicklung eines neuen Konsistenzbegriffs und daraus resultierend eines neuen Transaktionsbegriffs notwendig ist, läßt sich zum einen an den in Kapitel 5.4 zitierten Arbeiten erkennen. Dort werden Ansätze vorgestellt, die von der traditionellen Interpretation des Konsistenzbegriffs abweichen. Zum anderen belegt das Protokoll eines Workshops des neugegründeten International Computer Science Institute (ICSI) an der Universität von Kalifornien in Berkeley den Bedarf einer Überarbeitung und Neudefinition des Konsistenz- bzw. Transaktionsbegriffs in Datenverwaltungssystemen:

> "On the other hand, there was great enthusiasm for work on new transaction models. The standard notion of transactions as serializable and atomic has not changed in 15 years. There have been occasional wrinkles such as nested transactions [siehe Kapitel 5.4.6; Anm. d. Verf.] and sagas [siehe Kapitel 5.4.2; Anm. d. Verf.]. However, the sense of the meeting was that new application areas such as CASE and CIM would benefit from a more comprehensive transaction model. Such a model might encompass
>
> 1) check-in check-out protocols with version control,
> 2) weaker semantics than serializability or
> 3) transactions which can be UNDONE after committing.
>
> There was no censensus on what the model would look like, just that it was needed. ([NeSt 88, S. 8])"

5.4 Beispiele für die Abkehr vom traditionellen Konsistenzbegriff

In diesem Abschnitt sollen Beispiele aus der Literatur vorgestellt werden, bei denen eine partielle Abkehr vom traditionellen Konsistenzbegriff festzustellen ist. Die Autoren der zitierten Arbeiten bemängeln, daß konventionelle Datenbanksysteme den von der Anwendung diktierten Anforderungen nicht gewachsen sind. Die im folgenden referenzierten Arbeiten kritisieren am konventionellen Konsistenzbegriff im wesentlichen drei Aspekte:

- mangelnde Performance;
- fehlende Strukturierungs- bzw. Modellierungsmöglichkeiten für die Anwendungsprogrammierung;
- ungeeignete Behandlung von Fehlersituationen, insbesondere zu geringe Verfügbarkeit von Daten bei Netzpartitionierungen in verteilten Systemen.

Aufgrund von Performanceüberlegungen kritisieren das Snapshot-Konzept (Kapitel 5.4.1), das Konzept der semantisch konsistenten Historien (Kapitel 5.4.3), das Konzept der kommutativen Transaktionen (Kapitel 5.4.4), die Escrow-Methode (Kapitel 5.4.5), das Konzept der geschachtelten Transaktionen (Kapitel 5.4.6) und der Ansatz der anwendungsspezifischen Neudefinition des Konfliktbegriffs (Kapitel 5.4.6) die konventionelle Realisierung der Transaktionsverarbeitung. Mangelnde Modellierungsmöglichkeiten sind Ursachen für die Entwicklung des Snapshot-Konzepts (Kapitel 5.4.1), des Saga-Konzepts (Kapitel 5.4.2) und des Konzepts der geschachtelten Transaktionen (Kapitel 5.4.6). Wegen der ungenügenden Behandlung von Fehler- bzw. Abbruchsituationen bei der konventionellen Transaktionsverwaltung sind das Saga-Konzept (Kapitel 5.4.2), das Konzept der geschachtelten Transaktionen (Kapitel 5.4.6) und die spezialisierten Strategien zur Behebung von Fehlersituationen in verteilten Systemen (Kapitel 5.4.6) entwickelt worden.

5.4.1 Snapshots, Albums und Movies

Der erste Ansatz, herkömmliche Datenbanksysteme um neue Mechanismen zu erweitern, beruht auf den Überlegungen von Adiba und Lindsay, die das sogenannte 'Snapshot'-Konzept in der Umgebung der relationalen Datenbanken entwickelt haben ([AdLi 80]). Unter einem Snapshot versteht man einen Abzug eines Datenbestands (Basisdatenbestand) zu einem bestimmten Zeitpunkt. Er stellt die Materialisierung der Ergebnisrelation einer Datenbankanfrage dar, die für beliebige Anwendungen zur Verfügung steht. Der Snapshot darf allerdings nicht modifiziert, sondern nur gelesen werden. Zu bestimmten Ereignissen, die anwendungsspezifisch festgelegt werden, wird ein Snapshot aktualisiert (refreshed). Dabei wird die den Snapshot definierende Anfrage nochmals ausgeführt und das Ergebnis dieser Operation in den Snapshot eingebracht ([LHMP 86]).

Gründe für die Einführung des Snapshot-Konzepts sind spezielle Modellierungsanforderungen der Anwendung und der Wunsch nach Verbesserung der Performance eines (verteilten) Datenbanksystems. Konventionelle Datenbanksysteme gewähren nur Zugriff auf die aktuellsten Werte eines Datums. Manche Anwendungen wünschen aber, auf spezielle Datenausprägungen zuzugreifen, die zu einem bestimmten Zeitpunkt der Vergangenheit gültig waren. Beispielsweise fallen periodisch aufzunehmende Statistiken bzw. Berichte oder auch viele Planungsrechnungen in diese Anwendungsklasse. Die von diesen Applikationen benötigten Daten müssen dem laufenden Änderungsdienst entzogen werden. Deshalb werden die Daten in Form eines Snapshots aus dem Basisdatenbestand extrahiert und stehen der Anwendung zur Auswertung zur Verfügung. Anhand dieser Beispielanwendungen ist zu erkennen, inwiefern der Snapshot ein Mittel zur Performanceverbesserung darstellt. Dadurch, daß die möglicherweise sehr aufwendigen, d.h. zeitintensiven (Lese-)Operationen der genannten Applikationen aus dem normalen Wettbewerb um den Zugriff auf die Basisdaten entfernt werden, können die auf den Basisdaten operierenden Aktionen effizienter abgearbeitet werden. Speziell in einer verteilten Umgebung kann außerdem durch die Definition von Snapshots das Zugriffsverhalten von Anwendungen lokaler gestaltet werden, indem Snapshots auf den Rechnern eines verteilten Systems verbreitet werden. Diese verursachen aber nicht die schon des öfteren erwähnten Probleme der Kopienhaltung in verteilten Datenbanksystemen, die durch das synchrone Ändern aller Replikate eines Datums verursacht werden. Das Aktualisieren eines Snapshot fällt aus dem üblichen Propagieren von Datenmodifikationen heraus, da Snapshots nur zu a priori festgelegten Zeitpunkten durch Refreshoperationen dem aktuellen Stand der Basisdaten angeglichen werden.

In einer anderen Arbeit ([AdBu 88]) verbinden Adiba und Bui Quang das Snapshot-Konzept mit dem Konzept der historischen Datenbanken und führen somit zeitliche Versionen von Snapshots ein. In historischen Datenbanken werden Daten nicht mehr zeitunabhängig, sondern in Verbindung mit einem Gültigkeitszeitpunkt betrachtet. Das Datum d wird demzufolge durch das Tupel (w_i, t_i) beschrieben, welches den Wert w_i des Datums d zum Zeitpunkt t_i bezeichnet. Das Tupel kennzeichnet eine Version des Datums. Drei Begriffe sind im Zusammenhang mit historischen Daten zu diskutieren. Als erstes ist festzulegen, wann eine neue Version angelegt werden muß (Periodizität). Beispielsweise soll jede Woche eine neue Version generiert werden. Zweitens ist zu bestimmen, wann und wie Modifikationen der Primärdaten an die zeitlich behafteten historischen Daten weitergereicht werden. Schließlich muß definiert werden, wie lange eine Version eines Datums existiert (Persistenz). Man kann beispielsweise aus Speichergründen daran interessiert sein, nur eine bestimmte Anzahl von Versionen zu halten. Die zeitlichen Folgen von Datenversionen nennen Adiba und Bui Quang 'Historien'[1].

Historien können auf drei alternative Arten generiert werden. Erfolgt die Definition einer neuen Datenversion aufgrund eines expliziten Benutzerwunsches, resultieren daraus manuelle Versionenhistorien (MVH: **M**anual **V**ersion **H**istory). Systemseitig periodisch generierte Versionen bilden eine periodische Versionenhistorie (PVH: **P**eriodical **V**ersion **H**istory). Alle Modifikationen eines Datenobjekts werden bei den bisher vorgestellten Historien-Typen in der aktuellsten Version reflektiert. Führen alle Modifikationen eines Datenobjekts automatisch zu neuen Datenversionen, so ergeben sich daraus sukzessive Versionenhistorien (SVH: **S**uccessive **V**ersion **H**istory).

Die Anwendung der Konzepte der historischen Datenbanken auf den Snapshot führt zum Konzept des dynamischen Snapshots. Dabei kann man verschiedene

[1] In diesem Unterabschnitt wird der Begriff 'Historie' für eine Versionenfolge verwendet. Er ist nicht zu verwechseln mit dem Historienbegriff des Kapitels 5.2.

Klassen von dynamischen Snapshots unterscheiden, die sich in der Periodizität der Refreshoperation, dem Versionierungsverfahren und der Persistenz der Snapshotversionen unterscheiden. Beim MVDS (Manual Version Dynamic Snapshot) wird eine neue Snapshotversion aufgrund einer expliziten Benutzeranforderung generiert. Refreshoperationen aktualisieren die neueste Snapshotversion, legen aber keinen neuen Snapshot an. Demgegenüber wird beim PVDS (Periodic Version Dynamic Snapshot) die Periodizität der Refreshoperation im voraus festgelegt; jeder Snapshotrefresh führt zur Generierung einer neuen Snapshotversion. Gemäß der Definition der sukzessiven Versionenhistorie wird beim SVDS (Successive Version Dynamic Snapshot) ein Refresh bei jeder Modifikation der Primärdaten ausgelöst; dieser Refresh verursacht wiederum den Aufbau einer neuen Snapshotversion. Die Historie von Snapshots wird als manuell aufgebautes Album bezeichnet, falls sie sich aus MVDS zusammensetzt. Entsprechend besteht ein automatisch aufgebautes Album aus mehreren PVDS. Der Begriff Album leitet sich dabei von der Beobachtung ab, daß die Snapshots eine zeitliche Folge von Momentaufnahmen repräsentieren. Spiegeln diese Bilderfolgen alle Zustände des primären Datenbestands wieder, so bezeichnet man sie als Movie. Ein Movie wird aus SVDS aufgebaut.

Zusammenfassend läßt sich feststellen, daß die sehr restriktive Eigenschaft von Datenbanksystemen, einem Anwender nur die aktuellste Version eines Datums zur Bearbeitung anzubieten, und die mangelhafte Leistungsfähigkeit verteilter Datenbanksysteme die Entwicklung von (dynamischen) Snapshots motiviert hat. Das Einfrieren eines Datenbankzustands zu einem bestimmten Zeitpunkt ist ein klarer Verstoß gegen den traditionellen Konsistenzbegriff. Aber nur so lassen sich die Forderungen spezieller Anwendungssituationen erfüllen bzw. modellieren.

5.4.2 Sagas

Garcia-Molina und Salem bemängeln in [GaSa 87] die schlechte Performance von Datenbanksystemen bei der Verarbeitung von langandauernden Transaktionen. Um die ACID-Eigenschaft zu realisieren, halten Transaktionen Sperren auf die von ihnen benötigten Datenobjekte bis zum Commit-Zeitpunkt. Da rechenintensive Transaktionen in der Regel viele Datenobjekte verarbeiten und deshalb mit einer Lese- oder Schreibsperre belegen, schränken sie die Nebenläufigkeit in einem Datenbanksystem erheblich ein. Zudem steigt die Deadlockgefahr; in [GHOK 81] wird die Schätzung aufgestellt, daß sich die Deadlockwahrscheinlichkeit in der vierten Potenz zum Transaktionsvolumen (Zahl der von der Transaktion benutzten Datenobjekte) erhöht. Letztendlich vergrößert sich bei einer langandauernden Transaktion auch die Wahrscheinlichkeit, daß sie durch einen Systemfehler abgebrochen wird.

In [GaSa 87] wird behauptet, daß sich in speziellen Anwendungssituationen Transaktionen, die eine übergroße Menge von Datenobjekten verarbeiten müssen, vermeiden lassen. Es wird vorgeschlagen, solche Transaktionen auf eine Folge kürzerer Transaktionen abzubilden. Die Transaktionenfolge verliert dadurch zwar ihre Atomarität, wahrt aber dennoch die 'alles-oder-nichts'-Eigenschaft, d.h. sie wird entweder komplett oder gar nicht ausgeführt. Ein Beispiel für eine derartige Anwendungssituation ist aus dem Bereich der Flugreservierung entnommen. Um an ein Reiseziel zu gelangen, muß eine Anzahl von unabhängigen Teilstrecken gebucht werden. Die eben aufgeführten Anforderungen an die Transaktionsverarbeitung reichen für diese Anwendungssituation vollkommen aus, da folgendermaßen vorgegangen wird: Jede Teilstrecke wird innerhalb einer eigenen Transaktion gebucht; es werden somit nicht alle Teilstrecken zusammen durch eine Transaktion belegt. Die Einzelbuchungen werden aber in eine Transaktionsfolge geklammert. Die Anwendung fordert, daß entweder alle oder keine der Teilstrecken gebucht werden. Dafür sorgt die 'alles-oder-nichts'-Eigenschaft der Verarbeitung der Transaktionsfolge. Daß die Atomarität der Transaktionskette zerstört wird, da zwischen den Einzelbuchungen andere Reservierungen eingeschoben werden dürfen, schadet der Anwendung nicht.

Das vorangegangene Beispiel zeigt, welche speziellen Eigenschaften eine Anwendungssituation erfüllen muß, um für die vorgestellte Art der Transaktionsverarbeitung geeignet zu sein. Eine derartige Anwendungssituation und die aus ihr resultierende Handlung muß sich aus mehreren Einzelschritten zusammensetzen, die einen hohen Grad an Unabhängigkeit aufweisen. Dadurch können sie jeweils separat bearbeitet werden. Allerdings muß die gesamte Anwendungshandlung dem 'alles-oder-nichts'-Prinzip gehorchen. Dazu ist notwendig, daß für jede schon ausgeführte und korrekt abgeschlossene Teilhandlung eine Kompensationshandlung definiert ist, welche die Effekte der Teilhandlung gegebenenfalls zurücksetzt. Nur so ist die Eliminierung der Auswirkungen einer nur teilweise abgearbeiteten Transaktionenkette möglich.

Von Garcia-Molina und Salem ist ein Datenverarbeitungsmechanismus entwickelt worden, der zur Realisierung obiger Konzepte verwendet werden kann. Alle Einzelschritte einer komplexen Handlung werden innerhalb von Transaktionen ausgeführt. Die Transaktionen weisen die aus dem Datenbankbereich bekannte ACID-Eigenschaft auf. Zur Klammerung von Transaktionsfolgen, die eine komplexe Handlung ausmachen, werden Sagas verwendet; sie dienen der Realisierung einer Gesamthandlung. Sagas sind nicht atomar, da eine Vermischung ihrer Konstituenten, der Transaktionen, nicht ausgeschlossen ist. Allerdings verlangt das Saga-Konzept die vollständige Ausführung einer Saga oder die vollständige Eliminierung ihrer Effekte. Deshalb muß sowohl das Zurücksetzen noch laufender als auch das Kompensieren bereits beendeter Transaktionen ermöglicht werden. Das Zurücksetzen unvollständiger Transaktionen geschieht nach dem aus dem Datenbankbereich bekannten Recoverymethoden ([Reut 81]). Um korrekt abgeschlossene Transaktionen rücksetzen zu können, sind vom Anwender Kompensationstransaktionen zu definieren, welche die Effekte dieser Transaktionen aus dem Datenbereich entfernen.

Sei S eine Saga, die sich aus den Transaktionen $T_1, \ldots, T_n$ zusammensetzt. Für jede Transaktion T_i sei eine Kompensationstransaktion C_i definiert. Das Datenverwaltungssystem sorgt dafür, daß entweder die Transaktionsfolge

$$T_1, \ldots, T_n$$

oder die Folge

$$T_1, \ldots, T_i, C_i, \ldots, C_1 \ (i \leq n)$$

ausgeführt wird.

Das Saga-Konzept verstößt gegen den traditionellen Konsistenzbegriff, da ein Anwender nicht davon ausgehen kann, daß die Effekte einer korrekt beendeten Transaktion persistent im System erhalten bleiben. Durch eine Kompensationstransaktion können sie innerhalb einer Saga zurückgesetzt werden. Der Gültigkeitszeitpunkt eines Transaktionseffekts ist daher nur sehr vage zu bestimmen. Außerdem ist die Definition von Kompensationstransaktionen sehr problematisch. Transaktionen, die irreversible Vorgänge initiieren ([JaWZ 88]), können a priori nicht durch das Saga-Konzept behandelt werden. Trotz dieser Schwierigkeiten kann durch die beim Saga-Konzept vorgenommene Remodellierung der Anwendung - es wird versucht, umfangreiche kritische Bereiche auf mehrere kleinere abzubilden - bei bestimmten Anwendungssituationen die Effizienz der Verarbeitung gesteigert werden; insbesondere kann in verteilten Systemen der Grad der Verteiltheit einer Transaktion herabgesetzt werden, da die Zahl der Objekte, auf die eine Transaktion zugreift, stark reduziert wird.

5.4.3 Semantisch konsistente Historien

Bereits in einer früheren Arbeit ([Garc 83]) hat Garcia-Molina die mangelnde Performance verteilter Datenbanksysteme kritisiert. Verantwortlich für die geringe Leistungsfähigkeit ist nach seiner Meinung die Verwendung von atomaren (verteilten) Transaktionen und das Streben nach serialisierbaren Historien: "But it does seem clear that no matter what mechanism is used to guarantee atomic transactions and serializable schedules in a distributed database system, the performance cost will be high. ([Garc 83, S. 189])" In verteilten Systemen sind die Kommunikationskosten in der Regel so intensiv, daß eine effiziente Implementierung von verteilten Transaktionen nach dem in zentralisierten Datenbanksystemen vorgegebenen Schema nicht möglich ist. Daher schlägt er vor, die Verarbeitung von verteilten Transaktionen durch die Spezifikation von Semantik zu verbessern. Dadurch wird ermöglicht, nicht-serialisierbare Historien aufzubauen, die dennoch für ausgewählte Anwendungen konsistenzerhaltend sind.

In [Garc 83] wird ein modifizierter Konsistenzbegriff definiert, der semantische Konsistenz genannt wird. Historien, die diesem abgeschwächten Konsistenzbegriff genügen, erlauben eine größere Parallelität der Verarbeitung. Dazu werden Transaktionen einem bestimmten semantischen Typ zugeordnet. Anschließend werden Kompatibilitätsmengen für jeden semantischen Typ definiert. Kompatibilitätsmengen bestehen selbst wieder aus semantischen Typen. Die Einzelschritte einer Transaktion T, die dem Transaktionstyp typ_i zugeordnet ist, können vermischt mit den Einzelschritten von Transaktionen ausgeführt werden, welche einen Typ aufweisen, der in der Kompatibilitätsmenge der Transaktion T, $comp_T$, enthalten ist. Die Transaktion T ist zu denen aus $comp_T$ kompatibel. Man erreicht durch diese Vorgehensweise im Vergleich zur konventionellen Transaktionsverarbeitung eine höhere Parallelität, da die überlappende Abarbeitung ohne die Festlegung der semantischen Information (bezüglich Kompatibilitätsmengen) nicht möglich wäre.

Die erhöhte Parallelität von Transaktionen kann allerdings nur erreicht werden, wenn Transaktionen die von ihnen bearbeiteten Datenobjekte nicht bis zum Freigabe-Zeitpunkt sperren, sondern sie bereits vorher freigeben. Dadurch dürfen (nebenläufige) Transaktionen auf diese Objekte schon vor Beendigung der Transaktion zugreifen. Soll die erstere Transaktion zurückgesetzt werden, müßte ein kaskadenartiges Rücksetzen all der Transaktionen vorgenommen werden, die die schon freigegebenen Datenobjekte inzwischen verwendet haben. Dies verzehrt den Performancegewinn, den man durch die erhöhte Parallelisierung erzielt hat. Deshalb beschreitet man einen anderen Weg: Transaktionen werden nicht zurückgesetzt, sondern ihre Effekte werden durch geeignete Kompensationstransaktionen aus dem Datenbestand eliminiert.

Das eben beschriebene semantische Optimierungskonzept für die Abarbeitung von Transaktionen verstößt gegen den traditionellen Konsistenzbegriff, weil die dort geforderte Serialisierbarkeit mißachtet wird. Garcia-Molina ist allerdings der Ansicht, daß bei vielen Anwendungssituationen der abgeschwächte semantische Konsistenzbegriff den gestellten Anforderungen genügt: "In some applications, users may be satisfied with a schedule that preserves consistency even though it is not serializable. ([Garc 83, S. 189])"

5.4.4 Kommutative Transaktionen

Kumar und Stonebraker nutzen die Kommutativität (Vertauschbarkeit) von Transaktionen aus, um die Performance eines verteilten Datenbanksystems zu erhöhen ([KuSt 88]). Sie beklagen, daß die Verarbeitung von Kopien in Datenbanksystemen sehr ineffizient ist. Wohl können durch Replikate Leseaktionen in ihrem Antwortzeitverhalten verbessert werden, Modifikationsoperationen werden dagegen durch die Anwendung von zeit- und rechenintensiven Synchronisationsprotokollen stark beeinträchtigt. Kumar und Stonebraker schlagen deshalb vor, die verteilte Modifikation eines replizierten Datenobjekts in unabhängigen Teilschritten zu vollziehen. Dazu ordnen sie Transaktionen während einer Präanalyse einer Gruppe zu. Die Transaktionen einer Gruppe kommutieren. Für die Konsistenz der von kommutierenden Transaktionen modifizierten Daten wird gefordert, daß alle Transaktionen vollständig ablaufen. Soll ein repliziertes Datum von mehreren kommutativen Transaktionen verändert werden, generiert jede Transaktion pro Replikat eine Teiloperation, die diese Modifikation vornimmt. Die Reihenfolge, in der die verschiedenen Teiloperationen an den verschiedenen Datenkopien abgearbeitet werden, kann für jede Kopie unterschiedlich sein. Somit kann auf eine strenge Synchronisation der Teilverarbeitungsschritte verzichtet werden.

Durch die asynchrone Verarbeitung verteilter Transaktionen, die nicht global serialisierbar sind, wird in Kauf genommen, daß die Kopien eines Datums zu einem bestimmten Zeitpunkt unterschiedliche Werte aufweisen. Diese sind zwar durchaus konsistent, aber teilweise veraltet. Erst wenn alle kommutativen Transaktionen bezüglich aller Replikate ihre Verarbeitung beendet haben, erscheinen alle Kopien wieder in der gleichen Ausprägung. Bevor diese Situation eintritt, übernimmt das System die Verantwortung dafür, daß keine fremden Transaktionen die im strengen Sinne nicht konsistenten Daten benutzen können; beziehungsweise erlaubt es zwar die Verwendung dieser Daten, weist aber den Anwender auf die eventuell fehlende Aktualität der Kopienausprägungen hin.

In [KuSt 88] werden Algorithmen beschrieben, welche die Verarbeitung von kommutativen und nicht-kommutativen Transaktionen kontrollieren. Außerdem machen die Autoren Vorschläge, wie Integritätsbedingungen in die Verarbeitung aufgenommen werden können. Kumar und Stonebraker weisen nachdrücklich darauf hin, daß durch ihre Verarbeitungstechnik keine Serialisierbarkeit garantiert wird, aber die Korrektheit der Daten - im Sinne der Anwendung - erhalten bleibt. Streng genommen verstoßen aber die vorgeschlagenen Verfahren gegen den traditionellen Konsistenzbegriff, da durch die Aufgabe der Serialisierbarkeit Daten gelesen werden können, die nicht die aktuellsten Versionen darstellen.

5.4.5 Die Escrow-Methode

Performanceprobleme bei der Verwendung von Datenbanksystemen sind hauptsächlich auf zwei Ursachen zurückzuführen. Zum einen werden Datenobjekte bis zum Freigabezeitpunkt einer Transaktion gesperrt, wodurch die Parallelität der Transaktionsverarbeitung stark eingeschränkt wird. Besonders bei Transaktionen, die aus vielen Einzelschritten bestehen, fällt diese Eigenschaft stark ins Gewicht. Zum anderen existieren Datenelemente, die von vielen Transaktionen oft benötigt werden. Diese Daten werden als 'hot spots' bezeichnet. O'Neil schlägt aufgrund der beiden obigen Beobachtungen vor, bei der Synchronisation von Verarbeitungsaktionen die Escrow-Methode zu verwenden, die eine höhere Nebenläufigkeit von Transaktionen verspricht ([ONei 86], [Reut 82]).

Der Begriff 'Escrow' hat seinen Ursprung im Bankenbereich. Legt man einen Teilbetrag eines Kontos für einen bestimmten Zweck zur Seite, spricht man von einem Escrow-Journal. Daraus leitet sich die Escrow-Methode als Synchronisationsverfahren im Datenbankbereich ab. Man greift nicht exklusiv auf ein Datenobjekt zu und vollzieht an diesem die gewünschten Modifikationen, sondern man überprüft lediglich, ob die Modifikationen gegen irgendwelche Integritätsbedingungen verstoßen. Danach gibt man das Datenobjekt sofort für konkurrierende Anwendungstransaktionen frei. Die eigentliche Datenmodifikation wird zu einem vom Benutzer spezifizierbaren späteren Zeitpunkt nachgeführt. Somit erreicht man, daß Datenobjekte nur noch für kurze Zeitspannen exklusiv belegt werden müssen. Insbesondere in verteilten Datenbanken müssen Datenobjekte somit nicht mehr bis zum Abschluß des verteilten Zwei-Phasen-Freigabe-Protokolls gesperrt werden.

Ein Datenbankanwender hat festzulegen, welche Daten nach der Escrow-Methode verwaltet werden. Diese Daten müssen einige Vorbedingungen erfüllen ([Härd 88]):

- Die Datentypen müssen numerisch sein oder zumindest kommutierbare Operationen zulassen.
- Leseoperationen auf Daten müssen durch Testoperationen auf Wertebereiche ersetzbar sein, da die Werte einer Escrow-Variablen nicht exakt bestimmbar sind.
- Modifikationsoperationen sind relativ und daher kommutativ. Speziell bei numerischen Datentypen sind sie deshalb inkrementell.
- Die Ausführung einer Operation muß mit Hilfe eines Wertebereichstests auf Zulässigkeit überprüfbar sein.

Die Durchführung einer Modifikation auf einem Escrow-Datum vollzieht sich in zwei Schritten. Zunächst wird getestet, ob es möglich ist, das Escrow-Datum um eine bestimmte Größe zu verändern. Dazu wird nachgeprüft, ob die vorzunehmende Datenmodifikation gegen vorher abgesetzte Escrow-Reservierungen verstößt. Bei erfolgreicher Überprüfung wird der Modifikation stattgegeben, indem die gewünschte Quantität auf die Seite gelegt wird. Die eigentliche Änderung wird zu einem späteren Zeitpunkt vom Benutzer initiiert. Dabei kann der tatsächliche Betrag, um welchen das betrachtete Datum verändert wird, auch kleiner sein als der im Escrow-Test beantragte. Auch kann die reservierte Quantität in mehreren Einzelschritten in Anspruch genommen werden. Das Testen und das tatsächliche Beanspruchen eines Escrow-Werts muß allerdings in einer einzigen Transaktion stattfinden.

Eine Transaktion kann noch vor der Inanspruchnahme des Escrow-Betrags abgebrochen werden bzw. sie kann einen kleineren Betrag entnehmen, als sie reserviert hatte. Deshalb ist der exakte Wert einer Escrow-Größe nie genau bestimmbar; er unterliegt immer einer gewissen Unbestimmtheit. Eine erfolgreiche Escrow-Anfrage vergrößert den Grad an Ungewißheit, der Abschluß einer Transaktion reduziert ihn. Deshalb wird für ein Escrow-Datum D immer ein Tripel mitgeführt, welches sich aus den folgenden Größen zusammensetzt:

val(D): Datum D nimmt den Wert val(D) an, falls alle Transaktionen, die D modifizieren, erfolgreich beendet werden und auch den vollen, reservierten Escrow-Betrag beanspruchen.

inf(D): Der Wert inf(D) stellt den niedrigsten Wert (Infimum) von D dar, der sich aufgrund einer beliebigen Kombination von korrekt beendeten bzw. abgebrochenen Transaktionen errechnet.

sup(D): Der Wert inf(D) stellt den höchsten Wert (Supremum) von D dar, der aufgrund einer beliebigen Kombination von korrekt beendeten bzw. abgebrochenen Transaktionen entsteht.

Besonders geeignet für die Anwendung in verteilten Systemen, die sich auf die Replizierung von Daten stützen, ist das von Härder vorgeschlagene hierarchische Escrow-Konzept ([Härd 88]). Soll ein repliziertes Datum aufgrund von Integritätsüberlegungen nur Werte innerhalb eines bestimmten Bereichs annehmen, definiert man individuell für jedes Replikat einen eigenen Gültigkeitsbereich. Diese lokalen Intervalle sind so gewählt, daß die Zusammenfassung der Operationen an den Replikaten nicht gegen die Integritätsbedingung des Datums verstoßen. Ein einfaches Beispiel ist die Verwaltung eines Bankkontos. Es wird angenommen, daß pro Tag nur ein bestimmter Betrag MAX abgehoben werden darf. Dies kann an n verschiedenen Banken vorgenommen werden. Man definiert n lokale Escrow-Bedingungen, die besagen, daß nur jeweils ein Betrag von MAX/n pro Lokation abgebucht werden darf. Modifikationen an einer Datenkopie können somit asynchron zu denen an anderen Replikaten durchgeführt werden; das Replikat muß lediglich einen Wert innerhalb des lokalen Gültigkeitsbereichs aufweisen. Um eine lokale Integritätskontrolle für Escrow-Daten vornehmen zu können, ist zu bestimmten Zeitpunkten eine Synchronisierung der Ausprägungen eines Datums notwendig. Im obigen Beispiel müßten die Escrow-Kopien jeweils zu Beginn eines Tages aneinander angeglichen werden.

Die Escrow-Methode lockert die Bedingungen des konventionellen Konsistenzbegriffs, da der exakte Wert eines Datums nicht zu jedem Zeitpunkt eruierbar ist. Allerdings ist O'Neil der Auffassung, daß viele Anwendungen dies tolerieren können und dadurch eine Leistungssteigerung in der Datenverarbeitung erreichbar ist.

5.4.6 Weitere Ansätze

Abschließend werden in diesem Unterkapitel einige weitere Ansätze vorgestellt, die auf eine Abschwächung der Auslegung des traditionellen Konsistenzbegriffs abzielen. Zuerst sei auf die Arbeit von Korth und Speegle ([KoSp 88]) verwiesen, in der die mangelhafte Modellierungsmöglichkeit und Performance herkömmlicher Transaktionssysteme kritisiert wird. Besonders bei Anwendungen in der Büroautomatisierung, der Softwareentwicklung und im Bereich des geometrischen Modellierens sind diese Systeme nicht brauchbar. Die Autoren verweisen zunächst auf die Verwendung von Versionen, um die Leistungsfähigkeit der Transaktionsverarbeitung zu erhöhen. Dies stellt aber einen bereits in der Serialisierungstheorie berücksichtigten etablierten Lösungsansatz dar, bei dem durch das Bereitstellen von speziellen Datenversionen für Leseoperationen die Performance der Transaktionsverarbeitung verbessert wird. Weiterhin propagieren Korth und Speegle, die Modellierungsmöglichkeiten durch geschachtelte Transaktionen zu erhöhen. Dies soll außerdem die Leistungsfähigkeit der Verarbeitung steigern, da Parallelität innerhalb einer geschachtelten Transaktion möglich ist. Die interessanteste Idee der Arbeit von Korth und Speegle, die eine Abwendung vom konventionellen Konsistenzdenken darstellt, ist die anwendungsspezifische Neudefinition des Begriffs der konfligierenden Transaktion. Die Konfliktdefinition stellt immer den zentralen Begriff bei der Definition von Serialisierbarkeit dar. Sie kann durch die Anreicherung um Anwendungswissen zu einer deutlichen Steigerung der Verarbeitungsleistung eines Datenverwaltungssystems führen, da auf die Eigenheiten der Anwendung spezifisch eingegangen wird. Der Konsistenzbegriff bekommt durch die abgeänderte Festlegung der Konflikteigenschaft konsequenterweise auch eine neue Bedeutung zugesprochen. Ablaufpläne, die den semantisch angereicherten Konfliktbegriff berücksichtigen, sind gemäß der Regeln der Serialisierungstheorie (Kapitel 5.2.2) nicht serialisierbar.

Im Zusammenhang mit der Diskussion von Ansätzen, die eine abweichende Auslegung des traditionellen Konsistenzbegriffs versuchen, darf die Betrachtung von geschachtelten Transaktionen nicht fehlen ([Moss 82]). Die Entwicklung von geschachtelten Transaktionen wurde motiviert durch die fehlende Flexibilität des herkömmlichen Transaktionskonzepts in bezug auf die Modellierbarkeit einer Anwendung, die Mehrbenutzerkontrolle, die Recovery und die verteilte Verarbeitung ([HäRo 86], [HäRo 87]). Eine geschachtelte Transaktion besteht aus mehreren Subtransaktionen, denen weitere Subtransaktionen unterstellt sein können. In verteilten Systemen lassen sich derartige Subtransaktionen so verteilen, daß sie auf verschiedenen Rechnern nebenläufig ausgeführt werden. Darüber hinaus können Subtransaktionen, die in keiner hierarchischen Beziehung zueinander stehen, ohne Auswirkungen auf andere Subtransaktionen abgebrochen und zurückgesetzt werden. Die gute Strukturierungsmöglichkeit einer Anwendung durch geschachtelte Transaktionen zeigt sich vor allem in der Unterstützung eines modularisierten Systementwurfs und der freien Wahl von Implementierungstechniken für Subtransaktionen.

Es ist allerdings festzuhalten, daß geschachtelte Transaktionen letztlich nicht gegen den in Kapitel 5.2 eingeführten Konsistenzbegriff verstoßen. Die äußerste Transaktion, die sogenannte Top-Level-Transaktion, weist die ACID-Eigenschaft auf. Nur die internen Subtransaktionen verzichten auf die Eigenschaften 'Konsistenz' und 'Dauerhaftigkeit'. Konsistenz von einer Subtransaktion zu fordern, ist überflüssig, da ihre Effekte für externe Transaktionen nicht sichtbar sind; eine temporäre Verletzung von Integritätsbedingungen durch Subtransaktionen muß deshalb gestattet werden. Einheit der Konsistenzerhaltung ist die Top-Level-Transaktion. Subtransaktionen hängen außerdem vollständig von der sie umgebenden Transaktion ab; insbesonders bedeutet dies, daß ein Abbruch einer äußeren Transaktion auch den der inneren nach sich zieht, obwohl diese schon korrekt abgeschlossen ist (fehlende Dauerhaftigkeit). Geschachtelte Transaktionen sind im eigentlichen Sinne flache Transaktionen, die um eine interne Strukturierung ergänzt sind. Sie umgehen in keiner Weise den konventionellen Konsistenzbegriff, was die ACID-Eigenschaft der Top-Level-Transaktion beweist. Geschachtelte Transaktionen sind im engeren Sinne nur ein Mittel der Performancesteigerung, da ein Anwender durch das Einbringen von Applikationswissen parallel ausführbare Subtransaktionen spezifizieren kann.

Schließlich ist in diesem Unterabschnitt noch auf eine Reihe von Arbeiten hinzuweisen, die sich mit der Konsistenzerhaltung bzw. -wiedergewinnung in partitionierten Netzwerken nach Fehlerereignissen befaßt. Eine zusammenfassende Darstellung dieser Ansätze ist in [DaGS 85] zu finden, wobei diese um die neueren Arbeiten von Jajodia und Meadows (z.B. [JaMe 87]) zu ergänzen sind. All diese Arbeiten behandeln die Dichotomie zwischen der Korrektheit von replizierten Daten im Fehlerfall und ihrer Verfügbarkeit. Man geht im allgemeinen von der Modellvorstellung aus, daß Replikate eines Datums in einem Rechnernetz verteilt sind. Durch einen Netzfehler wird das Rechnersystem partitioniert, wodurch nicht mehr alle Replikate eines Datums für durchzuführende Modifikationsoperationen zugänglich sind. Es stellt sich nunmehr die Frage, ob in einer Netzpartition Modifikationen trotzdem bearbeitet werden dürfen, oder ob sie bis zur Wiederherstellung des Rechnernetzes verzögert werden müssen. Im Falle der ungehinderten Durchführung der Operationen ist zu klären, wie nach der Reorganisation des Netzwerks die verschiedenen Replikate, die durch unabhängige Modifikationen verändert wurden, wieder aneinander angeglichen werden. Oftmals sind in solchen Fällen Kompensationsoperationen oder korrigierende Transaktionen notwendig; auf jeden Fall sind inhaltliche Kenntnisse bei der Zusammenführung erforderlich.

Dürfen Modifikationsoperationen in Netzpartitionen ausgeführt werden, so wird die Verfügbarkeit der Daten erhöht, ihre Korrektheit aber abgeschwächt. Andererseits wahrt ein Verbot dieser Operationen wohl die Korrektheit der Daten, reduziert aber deren Verfügbarkeit erheblich. Bestimmte Anwendungssituationen verlangen nach sofortiger Befriedigung ihrer Anforderungen, auch wenn dies auf Kosten der Korrektheit der Daten geht. Beispielsweise sind hier Buchungssysteme für die Flugreservierung oder militärische Anwendungen zu betrachten.

In [DaGS 85] wird eine Klassifizierung von Verarbeitungsstrategien vorgenommen, die in partitionierten Netzwerken angewandt werden. Eine erste Bewertungsrichtlinie orientiert sich an der Bedeutung, der man Korrektheit bzw. Verfügbarkeit der Daten zurechnet. Pessimistische Strategien sehen die Korrektheit der Daten als oberstes Gebot an. Sie erlauben keine Operationen, die inkorrekte Datenzustände nach sich ziehen könnten. Dies mindert allerdings die Verfügbarkeit der Daten. Im Gegensatz dazu erlauben optimistische Strategien die Veränderung von Datenobjekten in Netzpartitionen. Die Verfügbarkeit der Daten wird nicht eingeschränkt; die globale Konsistenz der Daten wird hingegen vermindert. In den Netzpartitionen wird allerdings immer für die Einhaltung von (lokalen) Konsistenzbedingungen Sorge getragen.

Eine zweite Meßskala für Strategien, die die Arbeit in Netzpartitionen regeln, ist die unterschiedliche Information, auf welche Verarbeitungseinheiten zugreifen. Die sogenannten syntaktischen Strategien orientieren sich streng an der Einfachkopien-Serialisierbarkeit. Sie verwenden lediglich die von einer Transaktion benutzten Lese- und Schreibmengen, um durch das Ausnutzen der Konflikteigenschaft konsistente Transaktionsabläufe zu gewinnen. Dagegen nutzen semantische Strategien Informationen aus, die aus der Bedeutung der Operationen bzw. der Daten ableitbar sind. Diese sich an der Anwendung orientierenden Vorgehensweisen können nochmals zwei disjunkten Unterklassen zugeordnet werden. Die eine unterstützt den konventionellen Serialisierbarkeitsgedanken, verwendet allerdings anwendungsspezifische Information um die Serialisierbarkeit zu überprüfen. Die andere stützt sich nicht einmal mehr auf Serialisierbarkeit, sondern definiert einen anwendungsabhängigen eigenständigen Konsistenzbegriff.

Verstöße gegen den etablierten Konsistenzbegriff sind vor allem bei den optimistischen Strategien anzutreffen. Für sie ist die Verfügbarkeit eines Datums von entscheidender Bedeutung, weshalb sie eine nur partielle Korrektheit der Daten (innerhalb einer Netzpartition) akzeptieren. Festzuhalten ist aber, daß eine strenge Verfolgung der durch den herkömmlichen Konsistenzbegriff auferlegten Vorschriften aufgrund von anwendungsbedingten Anforderungen oftmals nicht möglich ist.

6 Ein Modell der verteilten Datenverarbeitung

Der Vorstellung eines Systems zur Datenverwaltung in verteilten Systemen (Kapitel 7) geht in diesem Kapitel eine Analyse voraus, die potentielle Organisationsformen der verteilten Datenverarbeitung aufzeigt. Gegenstand der Untersuchung sind prinzipielle Verarbeitungsstrategien für die Datenverwaltung in verteilten Systemen. Zu Beginn wird auf mögliche Kooperationstechniken zwischen Anwendungen in verteilten Systemen eingegangen. Daran anschließend wird der statische und der dynamische Teil eines Modells der verteilten Datenverarbeitung vorgestellt. Schließlich erfolgt die Diskussion der Konsistenz verteilter Datenbestände anhand des Modells der verteilten Datenverarbeitung. Dabei wird auf den in Kapitel 5.3 eingeführten flexiblen und anwendungsorientierten Konsistenzbegriff Bezug genommen. Prämissen für die Realiserung eines verteilten Datenverwaltungssystems, das die im Modell der verteilten Datenverarbeitung entwickelten Eigenschaften reflektiert, werden am Schluß dieses Kapitels diskutiert.

6.1 Kooperationsformen in verteilten Systemen

Eine Anwendung sei partitioniert in Teilanwendungen, die in Anlehnung an die ISO/OSI-Referenzarchitektur Anwendungsinstanzen genannt werden. Jede Anwendungsinstanz ist auf einem Rechnerknoten eines verteilten Systems allokiert. Zur Erfüllung der Gesamtaufgabe müssen die zu einer Anwendung gehörenden Instanzen miteinander kooperieren. Dazu ist Kommunikation erforderlich, die den Informationsaustausch zwischen den Anwendungsinstanzen vornimmt. Gemäß der in dieser Arbeit vorherrschenden datenorientierten Betrachtungsweise kann Informationsaustausch mit dem Austausch von Daten gleichgesetzt werden. Verteilte Datenverarbeitung wird demzufolge hauptsächlich betrachtet als der Austausch von Informationen (Daten) zwischen Instanzen einer Anwendung in einem verteilten Rechnersystem.

Für die anschließenden Betrachtung wird das in Kapitel 3 entwickelte Knotenmodell eines Rechners modifiziert und das in Abbildung 6-1 gezeigte datenorientierte Modell eines Rechnerknotens verwendet. Auf jedem Rechnerknoten ist der Kern eines (verteilten) Datenverwaltungssystems allokiert. Dieser steht den lokalen Anwendungsinstanzen für den Zugriff auf die den Knoten zugeordneten Datenbestände zur Verfügung.

Die Kooperation zwischen zwei Anwendungsinstanzen kann auf verschiedene Weisen vorgenommen werden. Zunächst ist eine Unterscheidung notwendig, wer der ausführende Träger einer Kooperationshandlung ist. Zum einen mag diese Funktion von den Anwendungsinstanzen selbst getragen werden (anwendungskontrollierte Kooperation); zum anderen ist die Steuerung der Kooperation durch die beteiligten Datenverwaltungssysteme möglich (systemkontrollierte Kooperation). Unabhängig von dieser Entwurfsentscheidung läßt die Realisierung der Kommunikation zwischen Anwendungsinstanzen mehrere Freiheitsgrade zu. Die Kommunikation kann durch den direkten Austausch von Informationen (Daten) zwischen Anwendungsinstanzen aufgebaut werden. Dazu sind Mittel zur Inter-Prozeß-Kommunikation nötig. Diese Form der Kooperation wird als direkte Kooperation bezeichnet. Ein Anwendungsprozeß übermittelt dabei einem kommunizierenden Anwendungsprozeß direkt die gewünschte Information. Alternativ dazu ist die Kooperation zwischen Anwendungsinstanzen über einen gemeinsamen Speicherbereich realisierbar. Diese Vorgehensweise wird indirekte Kooperation genannt, da sie nicht direkt zwischen Anwendungsinstanzen abläuft, sondern über einen gemeinsamen Kommunikationspuffer. Will eine Anwendungsinstanz einer anderen Information übersenden, so modifiziert sie Daten des kollektiven Speicherpools. Diese Datenänderungen werden von der empfangenden Anwendungsinstanz registriert und interpretiert.

Die jeweils zwei Möglichkeiten bezüglich der Handlungsträger und der Realisierungsform einer Kooperation können beliebig miteinander kombiniert werden. Die daraus resultierenden vier Formen der Kooperation sind in Abbildung 6-2 zusammengefaßt. Sie werden nun im einzelnen diskutiert.

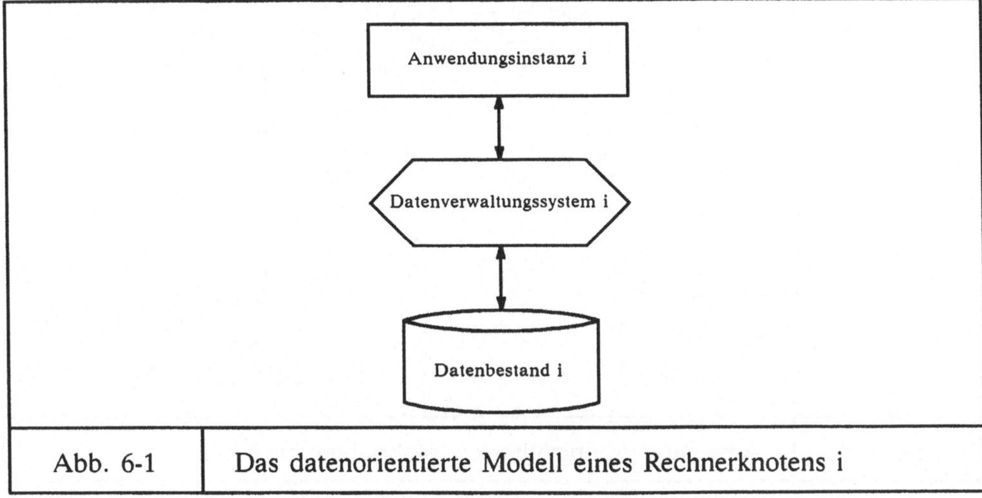

Abb. 6-1 Das datenorientierte Modell eines Rechnerknotens i

		Handlungsträger	
		Anwendung	System
Realisierung	direkt	anwendungskontrollierter Nachrichtenaustausch [1]	systemkontrollierter Nachrichtenaustausch [2]
	indirekt	anwendungskontrollierte verteilte Datenverwaltung [3]	systemkontrollierte verteilte Datenverwaltung [4]

Abb. 6-2 Kooperationsformen in verteilten Systemen

1. Anwendungskontrollierter Nachrichtenaustausch

Abbildung 6-3 zeigt schematisch den anwendungskontrollierten Nachrichtenaustausch. Will eine Anwendungsinstanz mit einer anderen kommunizieren, so sendet sie dieser direkt die zu übermittelnde Information (resp. die entsprechenden Daten) in einer Nachricht. Wie die empfangende Anwendungsinstanz die Nachricht verarbeitet, legt sie unabhängig davon fest. Beim anwendungskontrollierten Nachrichtenaustausch werden die den Anwendungsinstanzen an den Verarbeitungsknoten zugeordneten Datenverwaltungssysteme bzw. Datenbestände nicht von der Kooperation berührt. Es mag allerdings der Fall eintreten, daß eine Anwendung aufgrund einer empfangenen Nachricht Modifikationen an lokalen Datenbeständen vornimmt.

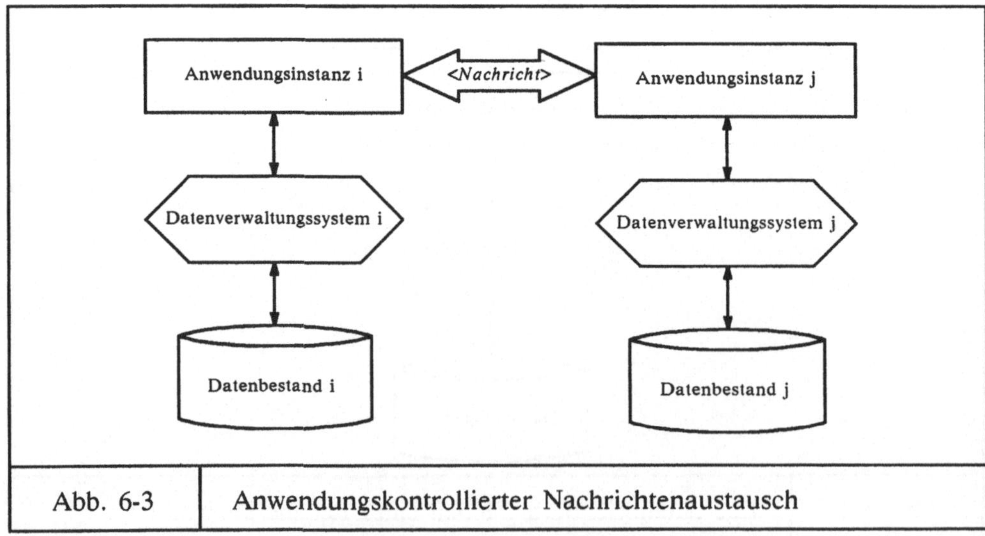

Abb. 6-3 Anwendungskontrollierter Nachrichtenaustausch

2. Systemkontrollierter Nachrichtenaustausch

Die Realisierung einer anwendungsbedingten Kooperation durch den in Abbildung 6-4 dargestellten systemkontrollierten Nachrichtenaustausch ist nicht sinnvoll. Ein Austausch von anwendungsspezifischen Informationen zwischen den verteilten Komponenten eines Datenverwaltungssystems ohne Einbeziehung der zugeordneten Datenbestände erscheint nicht notwendig. Der systemkontrollierte Nachrichtenaustausch wird allerdings bei der Kommunikation von Systeminstanzen benötigt. Beispielsweise erfolgt die Zeitsynchronisation in verteilten Systemen oftmals nach diesem Verarbeitungsschema.

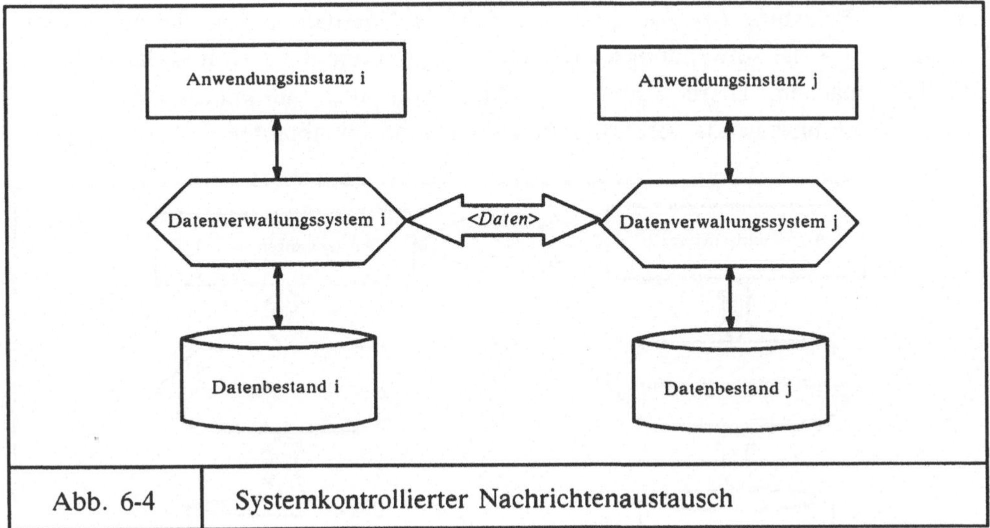

Abb. 6-4 Systemkontrollierter Nachrichtenaustausch

3. Anwendungskontrollierte verteilte Datenverwaltung

Sowohl das dritte als auch das vierte Modell der Kooperation zwischen zwei Anwendungsinstanzen stellen Realisierungsformen der indirekten Kooperation dar; sie sind dadurch gekennzeichnet, daß die Kooperation unter Verwendung der an den Systemknoten allokierten Datenverwaltungssysteme bzw. Datenbestände abläuft. Aus diesem Grund werden beide Modelle auch als Formen der verteilten Datenverwaltung bezeichnet.

Die anwendungskontrollierte verteilte Datenverwaltung wird charakterisiert durch den benutzergesteuerten Austausch von Daten zwischen den Anwendungsinstanzen. Die Modellvorstellung geht davon aus, daß die Anwendungsinstanzen im allgemeinen nur auf ihre lokalen Datenbestände zugreifen. Will eine Teilanwendung einer anderen Informationen übermitteln, muß sie dafür Sorge tragen, daß entsprechende Datenmodifikationen bei deren lokalem Datenbestand vorgenommen werden. Abbildung 6-5 demonstriert ein solches anwendungsgesteuertes Austauschszenario[1]. Anwendungsinstanz i nimmt unter Verwendung von Datenverwaltungssystem i Modifikationen am lokalen Datenbestand i vor. Diese Datenänderungen will sie beispielsweise der Instanz j mitteilen; sie extrahiert die entsprechenden Daten aus Datenbestand i ([1]) und versendet eine Nachricht ([2]). Ein dedizierter, auf Knoten j eingerichteter Prozeß verarbeitet die empfangene Nachricht, indem er sie in den lokalen Datenbestand j überträgt ([3]). Somit kann die übermittelte Information von der Anwendungsinstanz j auf Knoten j abgerufen werden.

Bei der anwendungskontrollierten Datenverwaltung wird die Übertragung von Information von der Anwendung selbst organisiert. Als Nachteil ergibt sich bei diesem Ansatz die Belastung der Anwendung durch die Übernahme von standardisierten Vorgängen, die die Anwendungsprogrammierung verkomplizieren und damit fehleranfälliger machen. Diese Standardvorgänge sind auch automatisch von einem System durchführbar, da sie größtenteils schematisch ablaufen.

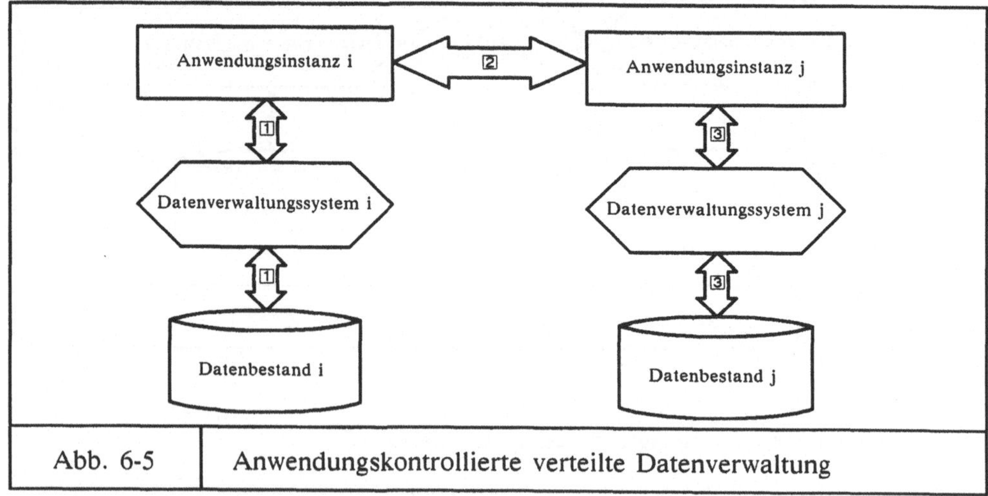

Abb. 6-5	Anwendungskontrollierte verteilte Datenverwaltung

4. *Systemkontrollierte verteilte Datenverwaltung*

Den benutzerfreundlichsten Lösungsansatz zur Realisierung einer verteilten Kooperation stellt das Modell der systemkontrollierten verteilten Datenverwaltung dar. Hierbei wird versucht, die Nachteile der anwendungskontrollierten verteilten Datenverwaltung zu eliminieren, indem standardisierte, automatisierbare Verwaltungsvorgänge von einem (verteilten) Datenverwaltungssystem übernommen werden. Die Kooperation zwischen zwei Rechnerknoten i und j findet wie in Abbildung 6-6

[1] In [Zörn 88] wird diese Kooperationsform als 'Kooperation durch ausschließliche Anwendungsinteraktion' bezeichnet. Die noch vorzustellende systemkontrollierte verteilte Datenverwaltung wird dagegen 'Kooperation durch ausschließliche Datenverwaltungsinteraktion' genannt.

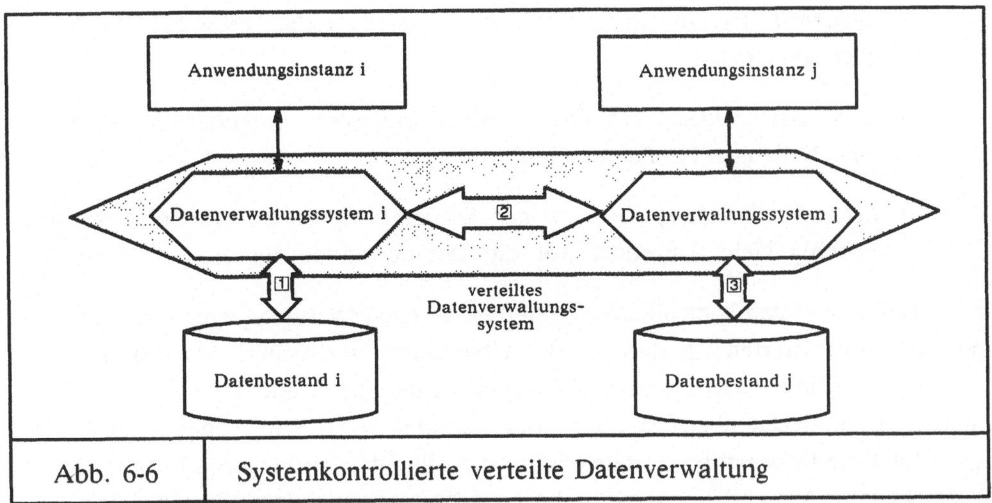

Abb. 6-6	Systemkontrollierte verteilte Datenverwaltung

gezeigt statt. Das Datenverwaltungssystem i selektiert nach einer vorgegebenen anwendungsorientierten Spezifikation aus dem Datenbestand i die zu übermittelnden Daten (1) und übergibt diese dem Datenverwaltungssystem j (2); dieses arbeitet die Informationen automatisch in den Datenbestand j ein (3). Der Benutzer hat sich um die Realisierung des eigentlichen Datenaustauschvorgangs nicht mehr zu kümmern, da dieser selbständig von den lokalen Datenverwaltungssystemen vorgenommen wird. Letztere bilden zusammen ein sogenanntes verteiltes Datenverwaltungssystem (Abbildung 6-6). Im weiteren wird die systemkontrollierte verteilte Datenverwaltung auch das Modell der verteilten Datenverwaltung genannt.

Den lokalen Datenverwaltungssystemen der Rechnerknoten muß von den Anwendungsinstanzen mitgeteilt werden, wann eine Interaktion mit einem anderen Datenverwaltungssystem stattfinden muß. Dies geschieht in einer sogenannten Spezifikations- oder Definitionsphase, die der Betriebsphase des Systems vorausgeht. Hier werden entsprechende Festlegungen für die Durchführung der systemkontrollierten verteilten Datenverwaltung getroffen. Mittel für die Spezifikation der Datenverteilung werden in einem späteren Abschnitt dieses Kapitels vorgestellt.

Die systemkontrollierte verteilte Datenverwaltung soll im weiteren Verlauf dieser Arbeit näher beschrieben werden. In diese Modellklasse der Kooperation fallen die in Kapitel 4 vorgestellten Datenverwaltungskonzepte für verteilte Systeme. Das in dieser Arbeit zu entwickelnde Datenverwaltungssystem ist konzeptionell ebenfalls dieser Klasse zuzuordnen. Warum in dieser Arbeit eine Konzentration auf die Modelle der systemkontrollierten verteilten Datenverwaltung erfolgt, wird im folgenden begründet. Die indirekte Kooperation weist gegenüber der direkten einige gravierende Vorteile auf:

- *Sicherheit:* Die Informationen werden im ausfallsicheren Sekundärspeicher abgelegt.
- *Keine Beschränkung des Kommunikationsvolumens:* Datenbestände können eine beliebige Größe annehmen.
- *Keine Beschränkung der Zahl der Kooperationspartner:* Prinzipiell können beliebig viele Anwender auf die Datenbestände zugreifen.

Der Vorteil der systemkontrollierten verteilten Datenverwaltung gegenüber der vom Anwender organisierten ist, daß bei der Übernahme der eigentlichen Datenverteilung durch die beteiligten Datenverwaltungssysteme eine strikte Trennung zwischen Datenzugriff und Datenbereitstellung vorgenommen wird. Wie Abbildung 6-6 darlegt, erfolgt die Informationsbereitstellung, d.h. die Übermittlung von Informationen an interessierte Anwender, ausschließlich auf (Datenverwaltungs-)Systemebene. Die Anwendungen sind von dieser Aufgabe befreit und können unabhängig davon auf die lokalen Datenbestände zugreifen. Dadurch wird auch die Programmierung der Anwendung erleichtert und somit fehlerfreier, da Datenzugriff und -bereitstellung modular getrennt werden. Die Verbindung zwischen der von der Anwendung geforderten Datenbereitstellung und deren Durchführung durch das System wird in der Spezifikationsphase hergestellt.

6.2 Der statische Teil des Modells der verteilten Datenverarbeitung

In diesem Abschnitt wird zunächst die Modularisierung einer Anwendung betrachtet. Daran anschließend wird der Aufbau einer Teilanwendung analysiert.

6.2.1 Modularisierung einer Anwendung

Grundlage des Modells der verteilten Datenverarbeitung ist die Modularisierung einer Anwendung. Nach Parnas ([Parn 72]) wird die Strukturbeschreibung eines Systems in eine Menge von Moduln aufgeteilt. Diese Module sind miteinander verbunden. Entlang dieser Verbindungen tauschen Module Information aus; Parnas beschreibt die Verbindungen anhand ihrer Bedeutung: "The connections between modules are the assumptions which the modules make about each other. ([Parn 72, S. 339])" Die Aufspaltung eines Gesamtsystems in Module hält Parnas hauptsächlich aus zwei Gründen für notwendig: Zum einen dienen sie der Eingrenzung der Effekte, die durch Systemänderungen verursacht werden. Solange Modifikationen lokal innerhalb eine Moduls vorgenommen werden und die Verbindungen dieses

Moduls zu anderen trotzdem noch ihre Bedeutung beibehalten können, sind sie problemlos durchzuführen. Ohne Modularisierung ist schwerlich zu erkennen, ob eine Spezifikationsänderung eines Teilsystems vollständig in der Realisierung reflektiert ist oder nicht. Der zweite Grund für die Forderung nach Modularisierung resultiert aus der dadurch erst ermöglichten bzw. wesentlich erleichterten Korrektheitsprüfung eines Gesamtsystems. Schließlich soll die Bedeutung der Modularisierung eines Systems bei der Fehlerbewältigung hervorgehoben werden. Durch die Aufspaltung einer Anwendung in Module ist die Eingrenzung von Fehlern innerhalb dieser Funktionseinheiten möglich, wodurch die fehlerfreien Module nicht in ihrer Funktionstüchtigkeit eingeschränkt werden.

Gegeben ist eine Anwendung, die auf einem verteilten Rechnersystem realisiert werden muß. Diese Anwendung sei modularisiert in Teilanwendungen oder Kontrollbereiche, die dadurch gekennzeichnet sind, daß sie in sich geschlossene Einheiten darstellen. Das in Abbildung 6-7 gezeigte vereinfachte Beispiel aus dem Bereich der rechnerintegrierten Produktion verdeutlicht die Spezifikation von Teilanwendungen. An diesem Beispiel ist darüber hinaus zu erkennen, daß eine Teilanwendung auf ein oder mehrere Rechnersysteme abgebildet werden kann. Der Ausschnitt einer Teilanwendung, der auf einem Rechner allokiert ist, wird die Anwendungsinstanz der Teilanwendung auf dem betreffenden Rechner genannt. Sie kann sich wiederum aus mehreren der Instanz zugeordneten Anwendungsprozessen zusammensetzen. Obwohl die meisten Kommunikationsvorgänge zwischen den Anwendungsinstanzen bzw. -prozessen gemäß der Grundidee der Modularisierung innerhalb einer Teilanwendung angesiedelt sind, ist zur Erfüllung der Gesamtfunktionalität einer Anwendung in beschränktem Ausmaß auch die Kooperation zwischen Teilanwendungen notwendig. Auf das Beispiel aus Abbildung 6-7

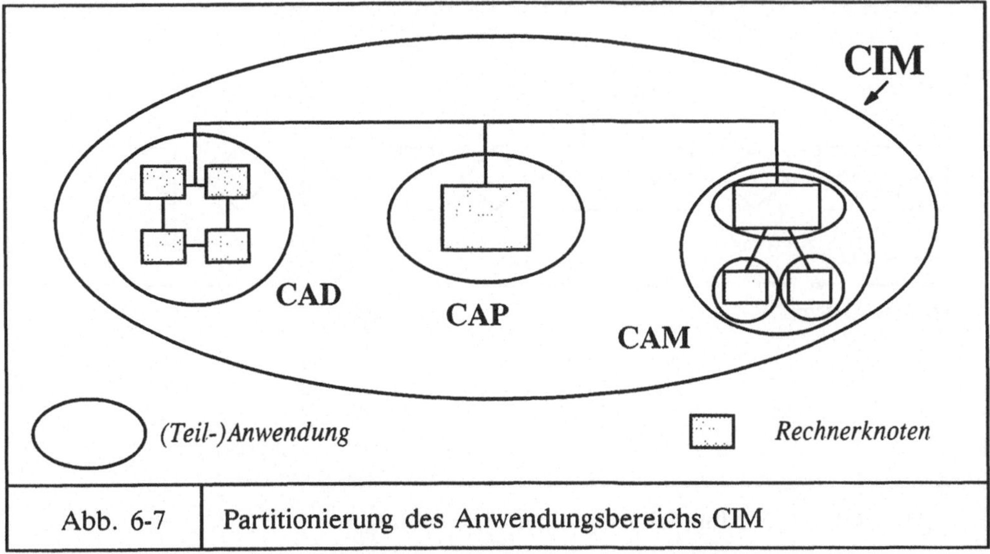

Abb. 6-7	Partitionierung des Anwendungsbereichs CIM

übertragen bedeutet diese Feststellung, daß beispielsweise Anwendungsinstanzen bzw. -prozesse der CAD-Teilanwendung vor allem untereinander kommunizieren, die Kooperation mit anderen Teilanwendungen wie dem Planungsbereich (CAP) allerdings auch gefordert wird. Es findet hier unter anderem ein Austausch von Produktdaten statt, die aus der Konstruktion im CAD-Bereich gewonnen werden und bei der Einplanung von Kunden- oder Fertigungsaufträgen im Planungssektor verarbeitet werden. Schließlich ist in Abbildung 6-7 zu erkennen, daß aus Gründen der besseren Strukturierung eine hierarchische Schachtelung von Teilanwendungen angebracht sein kann.

Die Modularisierung eines Anwendungssystems und dessen Abbildung auf ein Rechnersystem beschreibt Abbildung 6-8. Dabei wird eine Darstellung benutzt, die den Entity-Relationship-Modellen entlehnt ist: Rechtecke bezeichnen Elemente, während in den Rauten die 'besteht-aus'- bzw. die 'geht-ein-in'-Eigenschaft dieser Elemente festgehalten wird.

6.2.2 Die Konstituenten einer Teilanwendung

Eine Teilanwendung setzt sich aus drei Konstituenten zusammen: Aktionen, Daten und lokalen Regeln (Abbildung 6-9). Die Aktionen sind die aktiven Komponenten einer Teilanwendung. Sie stellen die Trägerhandlungen dar, welche die passiven Bestandteile einer Teilanwendung, die Daten, lesen und modifizieren. Die gesamte in einer Teilanwendung vorhandene Information ist in den Daten enthalten. Der Ablauf bzw. die Durchführung einer Aktion wird durch die in der Teilanwendung definierten lokalen Regeln (Verarbeitungsvorschriften) kontrolliert. Anwenderprogramme eines Kontrollbereichs greifen unter Benutzung der Aktionen auf die Daten

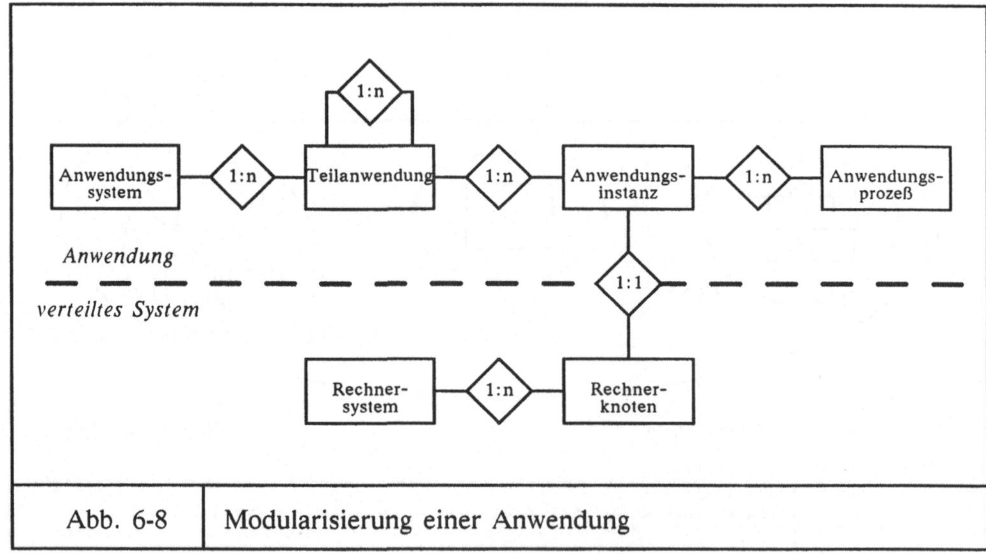

Abb. 6-8	Modularisierung einer Anwendung

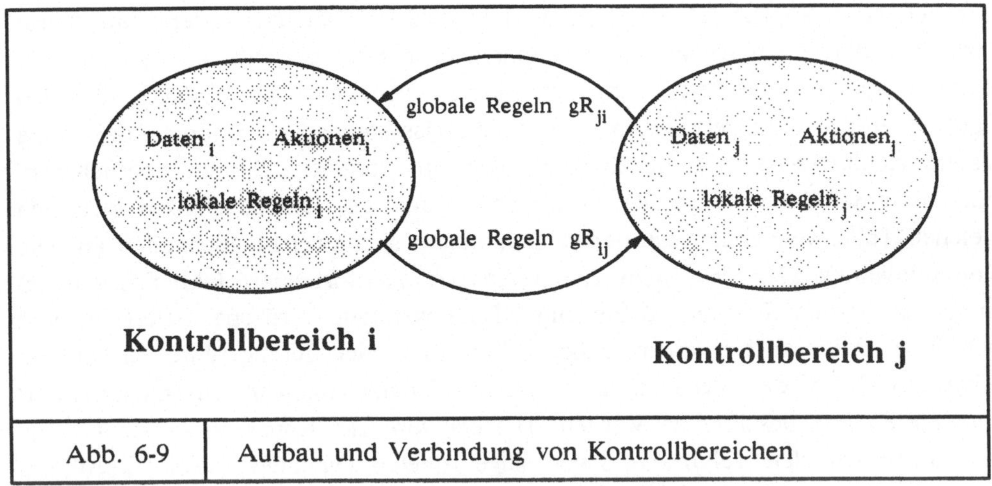

Abb. 6-9	Aufbau und Verbindung von Kontrollbereichen

eines Kontrollbereichs zu. Wird beispielsweise für die Datenhaltung in einer Teilanwendung ein relationales Datenbanksystem herangezogen, so stellen Datenbanktransaktionen die Aktionen des Kontrollbereichs dar. Alle Daten sind in den Relationen der Datenbank abgelegt. Die lokalen Verarbeitungsvorschriften regeln die Durchführung einer Transaktion. Sie verlangen das Sperren von Datenobjekten, die von den Transaktionen benutzt werden. Nach Beendigung einer Transaktion werden diese Sperren wieder freigegeben. Insgesamt beschreiben die lokalen Regeln das Zwei-Phasen-Sperr-Protokoll. Außerdem verlangen sie das Protokollieren der Datenzustände vor und nach Datenmodifikationen (before / after images). Bei Beendigung einer Transaktion muß gemäß den lokalen Verarbeitungsvorschriften eines Datenbanksystems das Zwei-Phasen-Freigabe-Protokoll beachtet werden.

Die Definition von Teilanwendungen und somit auch die Allokation von Datenbeständen wird so vorgenommen, daß alle Programme weitgehend nur auf die lokal in einem Kontrollbereich vorhandenen Daten zugreifen müssen. Allerdings ist bereits in Kapitel 6.2.1 erwähnt worden, daß zur Erfüllung der Funktionalität der Gesamtanwendung in gewissem Ausmaß die Kooperation von verschiedenen Teilanwendungen erforderlich ist. Deshalb werden globale Regeln (Verarbeitungsvorschriften) definiert, welche die Kommunikation zwischen jeweils zwei Teilanwendungen regeln. In Abbildung 6-9 ist zu erkennen, daß diese Regeln (globale Regeln gR_{ij} bzw. globale Regeln gR_{ji}) gerichtet sind und somit zur vollständigen Spezifikation der Kooperation zweier Teilanwendungen ein Paar dieser globalen Verarbeitungsvorschriften spezifiziert werden muß. Globale Regeln beziehen sich auf Teilbereiche der einer Teilanwendung zugeordneten Datenbestände. Zwischen zwei Teilanwendungen sind demnach mehrere globale Regeln definiert, die sich jeweils auf verschiedene Teildatenbestände beziehen.

Wie bereits in Kapitel 6.1 erwähnt, wird in dieser Arbeit die systemkontrollierte verteilte Datenverwaltung als Kooperationsmechanismus gewählt. Bezogen auf die Kommunikation zwischen Kontrollbereichen bedeutet dies, daß die den Kontrollbereichen zugeordneten Datenhaltungssysteme - ergänzt um eine Datenverteilungsschicht - die Datentransfers im verteilten System übernehmen. Für die anwendungsspezifische Festlegung, wann ein Datenaustausch zwischen welchen Teilanwendungen stattfinden soll, bieten sich zwei Möglichkeiten an. Die Kommunikation kann in einem ersten Ansatz ablauforientiert (aktionsorientiert) festgelegt werden. Für die Aktion einer Teilanwendung wird spezifiziert, ob und wie diese Aktion auch in einem anderen Kontrollbereich durchgeführt werden soll. Alternativ kann die Verbindung zwischen Teilanwendungen zustandsorientiert (datenorientiert) beschrieben werden. Hierbei wird die Kooperation anhand von Zuständen der den Teilanwendungen zugeordneten Datenbeständen kontrolliert. Falls ein gewünschter, von der Anwendung festgelegter Datenzustand erreicht ist, wird eine Kommunikation ausgelöst. In unserem Modell wird die zustandsorientierte Spezifikation der Kooperation verfolgt, da sie gegenüber der ablauforientierten Vorteile in bezug auf die Modellierbarkeit von Anwendungssituationen aufweist. Ein Beispiel verdeutlicht diesen Sachverhalt: Die zentrale Einkaufsabteilung eines Warenhauses ist an den Verkaufszahlen der vertriebenen Produkte interessiert, um unter anderem bei sinkendem Vorrat rechtzeitig den Bestand wieder aufzufrischen. Dazu ist es aber nicht notwendig, daß die Verkaufsfilialen jeden einzelnen Verkaufsvorgang melden. Es ist ausreichend, eine Nachricht an die Einkaufsabteilung zu versenden, wenn die Absatzzahlen einen bestimmten Schwellwert überschritten haben. Dieses Auslöseereignis einer Kommunikation ist datenorientiert elegant zu formulieren. Andererseits fällt die aktionsorientierte Beschreibung schwer, da in diesem Anwendungsbeispiel völlig unerheblich ist, in wievielen Einzelgeschäften ein Produkt verkauft worden ist.

6.3 Der dynamische Teil des Modells der verteilten Datenverarbeitung

Neben dem Aufbau einer (lokalen) Datenverarbeitungsaktion wird die Struktur einer verteilten Datenverarbeitungsaktion vorgestellt. Kernstück dieses Unterkapitels ist die Definition möglicher Ablaufstrategien für verteilte Datenverarbeitungsaktionen. Das Problem der asynchronen verteilten Datenverarbeitung wird am Ende dieses Unterkapitels ausführlich diskutiert.

6.3.1 Definition einer verteilten Datenverarbeitungsaktion

Die in Abbildung 6-9 dargestellten Aktionen bilden den aktiven Bestandteil einer Teilanwendung. Eine Aktion wird aufgespaltet in vier Phasen: Initialisierungsphase, lokale Verarbeitungsphase, globale Verarbeitungsphase und Abschlußphase.

In der Initialisierungs- und der Abschlußphase sind die Verwaltungsaufgaben zu erfüllen, die in den lokalen Verarbeitungsregeln definiert sind. Beispielsweise sind in der Initialisierungsphase Sperren zu setzen, welche in der Abschlußphase wieder freizugeben sind. Der Zugriff auf lokale Daten der Teilanwendung ist innerhalb der lokalen Verarbeitungsphase einer Aktion vorzunehmen, während alle Arbeiten der globalen Verarbeitung in der globalen Verarbeitungsphase zu verrichten sind. Unter der globalen Verarbeitung werden in unserem Modell der verteilten Datenverarbeitung die Vorgänge zusammengefaßt, die notwendig sind, um einer anderen, externen Teilanwendung Daten (Informationen) der lokalen Teilanwendung zukommen zu lassen. Zum Beispiel können sich diese Verwaltungsvorgänge darauf beziehen, modifizierte Datensätze so zu kennzeichnen, daß sie zu einem späteren Zeitpunkt einer anderen Teilanwendung übermittelt werden können.

Die Aufspaltung des Ablaufs einer Aktion in vier strikt voneinander getrennte Phasen ist idealisiert. In den Realisierungsformen bzw. Implementierungvarianten einer Aktion kann es durchaus zweckmäßig sein, die den vier Modellphasen zugeordneten Arbeiten verschränkt ablaufen zu lassen. Dies ist allerdings kein Widerspruch zu der im Modell erhobenen Forderung, eine strenge konzeptionelle Trennung der Teilschritte einer Aktion in vier Phasen vorzunehmen. Nur durch diese Aufspaltung gelingt es, die Teilarbeiten einer Aktion sauber voneinander zu trennen. Dadurch wird wiederum die Neustrukturierung einer Aktion erleichtert. Diese kann verwendet werden, um für eine spezielle Anwendungssituation eine geeignete Ablaufvariante einer Aktion zu spezifizieren.

Eine verteilte Datenverarbeitungsaktion ist die Kombination mehrerer lokaler Datenverarbeitungsaktionen in verschiedenen Teilanwendungen. Dabei sollen in den weiteren Ausführungen nur solche Aktionen betrachtet werden, die Modifikationen an den lokalen Datenbeständen vornehmen. Reine Leseaktionen sind nicht von Interesse. Sie können aber als Spezialfall der Modifikationsoperationen angesehen werden (Menge der modifizierten Datensätze ist leer) und somit problemlos in das Modell integriert werden.

In der Menge der lokalen Datenverarbeitungsaktionen, die zusammengenommen eine verteilte Datenverarbeitungsaktion ausmachen, ist eine Operation ausgezeichnet. Sie wird direkt von einem Anwendungsprogramm (einer Anwendung) initiiert. Beispielsweise ist dies eine Datenbanktransaktion, die am lokalen Datenbestand der Teilanwendung Modifikationen vornimmt. Diese ausgezeichnete, unbedingte, von einer Anwendung initiierte Aktion wird Primäraktion genannt. Alle zugehörigen Aktionen, die in den externen Kontrollbereichen ablaufen, werden Sekundäraktionen genannt. Sie werden, bedingt durch die Durchführung der Primäraktion, aufgrund von globalen Verarbeitungsregeln gestartet. Die globalen Regeln besagen, daß die externen Teilanwendungen an Modifikationen des Datenbereichs, auf dem die Primäraktion abläuft, interessiert sind.

Eine genaue Analyse dieser Vorgänge findet anhand der Abbildung 6-10 statt. Ohne Beschränkung der Allgemeinheit ist lediglich ein externer Kontrollbereich (Teilanwendung j) an den Zustandsänderungen der Primäraktion (Teilanwendung i) interessiert, d.h. es wird genau eine Sekundäraktion gestartet. Die in der Teilanwendung i initiierte Primäraktion nimmt am lokalen Datenbestand Modifikationen vor ([1]). In der globalen Verarbeitungsphase wird registriert, daß der Teilanwendung j die aus diesen Modifikationen resultierenden Zustandsänderungen mitzuteilen sind. Es existiert also eine globale Regel gR_{ij}, die einen entsprechenden Kommunikationsvorgang auslöst bzw. vorbereitet. In der globalen Verarbeitungsphase der Primäraktion wird deshalb für die Sekundäraktion eine Änderungsmeldung generiert ([2]). Der aktuelle Datenzustand wird der externen Teilanwendung j angeboten ([3]). Gemäß der Modellvorstellung übergibt die Primäraktion diesen Datenzustand an einen imaginären Zwischenpuffer. Nach Eintreffen einer anwendungsspezifischen Bedingung wird er von der Teilanwendung j dort abgerufen ([4]). Durch eine Sekundäraktion wird die dem Puffer entnommene Modifikationsinformation interpretiert ([5]) und in den Datenbestand der Teilanwendung j eingearbeitet ([6]).

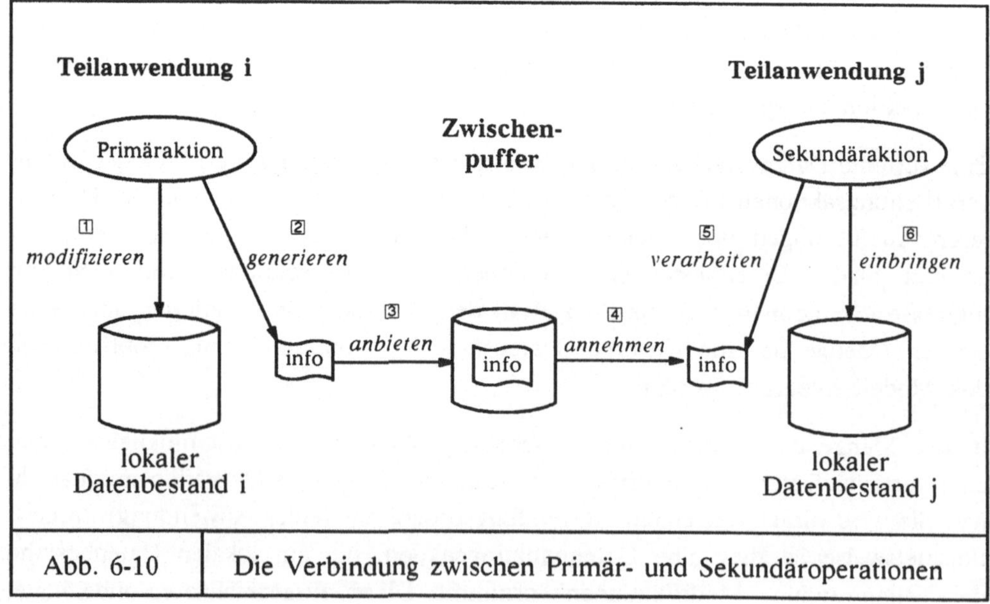

Abb. 6-10 Die Verbindung zwischen Primär- und Sekundäroperationen

Bei der geschilderten Verarbeitungsweise ergeben sich für die Teilschritte [2] mit [5] Freiheitsgrade, die in den folgenden Unterabschnitten diskutiert werden. Zum einen kann anwendungsabhängig definiert werden, wann eine Information in den imaginären Puffer eingebracht und wann diese wieder ausgelesen wird (Kapitel 6.3.2); zum anderen ist die Verarbeitung von Information, die aus dem Zwischenpuffer ausgelesen worden ist, ebenfalls anwendungsabhängig zu spezifizieren (Kapitel 6.3.3).

Ein Beispiel aus dem Anwendungsgebiet CIM, welches in Kapitel 6.2.1 eingeführt wurde, verdeutlicht den Zusammenhang zwischen Primär- und Sekundäroperation (Abbildung 6-11). In der Teilanwendung CAP wird ein neuer Fertigungsauftrag FA_{neu} generiert. Dies bedeutet, daß ein entsprechender Datensatz innerhalb einer Primäraktion in die Datei (Relation) 'FERTIGUNGSAUFTRAG' aufgenommen wird ([1]). Die Primäraktion wird unbedingt auf Veranlassung eines Anwendungsprogramms gestartet. Aufgrund der Spezifikation von globalen Verarbeitungsvorschriften bekundet die Teilanwendung CAM Interesse an Modifikationen des Datenbestands 'FERTIGUNGSAUFTRAG' des Kontrollbereichs CAP. Deshalb generiert der Kontrollbereich CAP eine Änderungsmeldung für das neue Datum ([2]) und bietet diese dem Kontrollbereich CAM an, indem er sie in den entsprechenden Zwischenpuffer kopiert ([3]). Die Teilanwendung CAM entnimmt die Information aus dem Zwischenpuffer ([4]) und verarbeitet sie gemäß den in einer globalen Regel spezifizierten Vorschrift ([5]). Dies führt beispielsweise dazu, daß im CAM-Bereich ebenfalls ein neuer Datensatz in der entsprechenden Datei (Relation) 'FERTIGUNGSAUFTRAG' definiert wird ([6]).

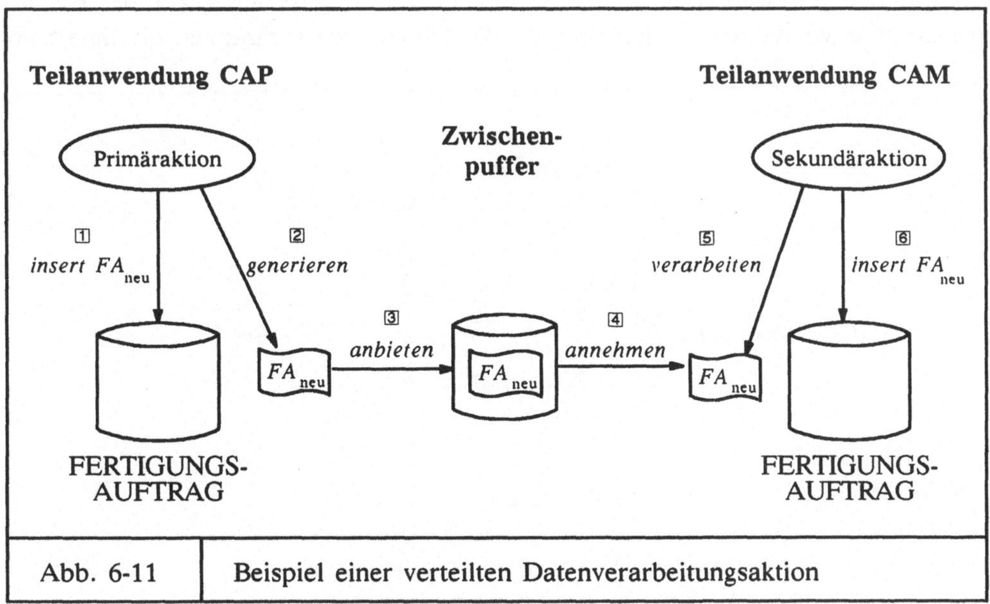

Abb. 6-11 Beispiel einer verteilten Datenverarbeitungsaktion

6.3.2 Ablaufstrategien für verteilte Datenverarbeitungsaktionen

Neben verschiedenen Varianten des Anbietens von Modifikationsinformation sollen Formen des Annehmens dieser Informationen diskutiert werden. Kombiniert man die eingeführten Alternativen, ergeben sich verschiedene Möglichkeiten der Realisierung einer verteilten Datenverarbeitungsaktion. Abschließend wird vorgestellt, wo bei einer verteilten Datenverarbeitungsoperation gemäß den Vorstellungen dieses Modells Optimierungsstrategien angesetzt werden können.

6.3.2.1 Anbieten von Modifikationsinformation

Wie im vorangehenden Abschnitt bereits erwähnt, ergeben sich für die Modellierung der Übergabe von Informationen an den Zwischenpuffer bestimmte Freiheitsgrade. Die aus der Durchführung einer Primäraktion resultierende Modifikationsinformation kann einerseits sofort innerhalb der globalen Verarbeitungsphase an den Zwischenpuffer übergeben werden, d.h. sie wird sofort (direkt) externen Teilanwendungen zur Weiterverarbeitung angeboten (Abbildung 6-12a). Andererseits kann vom Anwender festgelegt werden, daß die produzierte Information erst bei Eintreffen eines Ereignisses (indirekt) externen Kontrollbereichen angeboten wird (Abbildung 6-12b). Dazu hat der Anwender einen Trigger zu definieren, der bei Eintreffen eines Ereignisses ausgelöst wird. Er sorgt für die Initiierung einer sogenannten Ersatz-Primäraktion. Sie sammelt die von den vorangegangenen Primäraktionen verursachten Modifikationen, die von diesen als solches gekennzeichnet worden sind. Innerhalb der globalen Phase der Ersatz-Primäraktion werden die akkumulierten Modifikationsinformationen an den imaginären Puffer gesandt. Von der Ersatz-Primäraktion werden die Änderungen der Primäraktionen gesammelt, die innerhalb

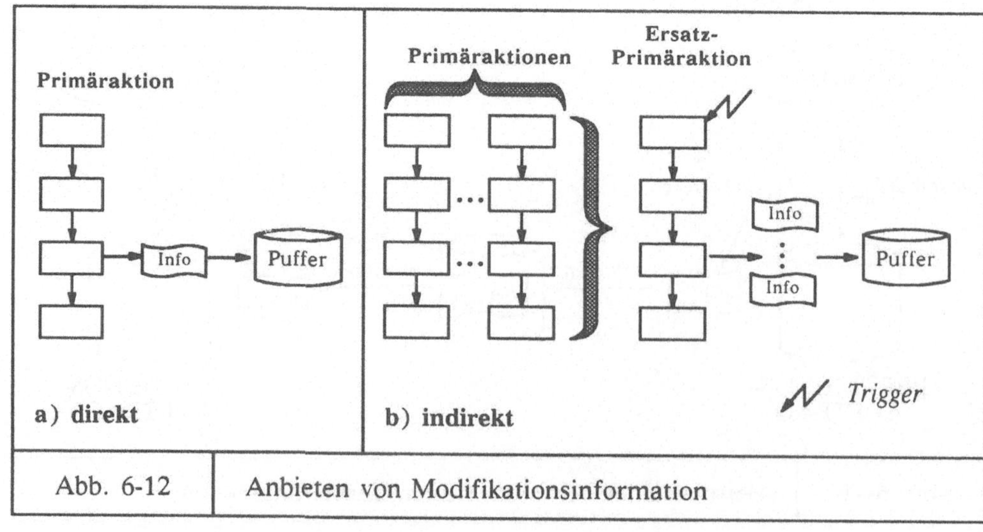

Abb. 6-12 Anbieten von Modifikationsinformation

eines vom Benutzer festgelegten Zeitraums stattgefunden haben. Meist ist der Beginn des Zeitintervalls durch die letzte Kommunikation mit dem betreffenden externen Kontrollbereich vorgegeben. Das Ende des Zeitintervalls ist im Normalfall der aktuelle Zeitpunkt. Entscheidend an der zeitversetzten Weitergabe von Informationen ist, daß die eigentlichen Primäraktionen durch das Weitergeben der von ihnen produzierten Informationen an andere Teilanwendungen nicht belastet werden. Nur eine Kennzeichnung der von ihnen modifizierten Datensätze ist erforderlich, was allerdings keinen hohen zusätzlichen Rechenaufwand erfordert. Der eigentliche aufwendige Kommunikationsvorgang selbst findet unabhängig von der Primäraktion statt.

Das direkte Propagieren von Änderungsinformationen wird immer dann angewandt, wenn der Kommunikationspartner ohne Verzögerung über Modifikationen informiert werden muß. Beispielhaft ist das Weiterreichen von Fehlerinformationen in Prozeßsteuerungssystemen zu nennen. Nur das schnellstmögliche Weitergeben von Informationen kann in solchen Fällen eine Ausbreitung von Fehlern verhindern, wodurch katastrophale Folgen vermieden werden können.

Als Anwendungsbeispiel für das verzögerte Weitergeben von Modifikationsinformationen an andere Teilanwendungen kann wiederum das CIM-Anwendungsszenario aus Kapitel 6.3.1 herangezogen werden. Falls die Teileproduktion in diesem Beispiel schichtweise organisiert ist, ist eine Propagierung von Datenmodifikationen, das sind hier neu zusammengestellte Fertigungsaufträge, bis zu einem Schichtwechsel zu verzögern. Neben der geringeren Belastung der lokalen Teilanwendung durch das Verschieben der Kommunikation in ein wenig ausgelastetes Zeitintervall (Schichtwechsel bzw. Pause zwischen zwei Schichten) resultiert aus der verzögerten Weitergabe ein weiterer wichtiger Vorteil: Solange derartige Informationen noch nicht nach außen propagiert worden sind, ist es möglich, diese lokal nochmals zu modifizieren. Andere Teilanwendungen sind von dieser Korrektur nicht betroffen, wodurch keine aufwendigen verteilten Kompensations- bzw. Korrekturaktionen gestartet werden müssen.

6.3.2.2 Annehmen von Modifikationsinformation

Entsprechend den Realisierungsformen für das Anbieten von Informationen an andere Teilanwendungen bieten sich auch für das Auslesen dieser Information aus dem Zwischenpuffer verschiedene Strategien an. Zunächst ist das sofortige Auslesen der Information bei deren Eintreffen im Puffer möglich. Wie in Abbildung 6-13a dargestellt, feuert sofort bei Eintreffen von Informationen am Zwischenpuffer ein Trigger, der die entsprechende Sekundäraktion initiiert. Innerhalb der lokalen Verarbeitungsphase wird diese Information sofort (synchron) aus dem Puffer extrahiert und in den lokalen Datenbestand eingearbeitet. Strategien für das Einarbeiten werden im Unterabschnitt 6.3.3 vorgestellt. Falls das Auslösen der Sekundäraktion erst zu einem späteren Zeitpunkt durch einen Trigger erfolgt, spricht man von der asynchronen Annahme der Modifikationsinformation. Bei der asynchronen Weiterverarbeitung besteht die Möglichkeit, daß sich im Puffer Informationen angesammelt haben, die von mehreren Primär- oder Ersatz-Primäraktionen herrühren. Die Sekundäraktion muß zwischen den verschiedenen Herkunftsorten der Information im Puffer nicht unterscheiden, da sie sich alle auf denselben Ausschnitt des Datenbestands beziehen. Die Spezifikation der Trigger, die das Annehmen von Modifikationsinformation durch die Sekundäraktionen veranlassen, ist wiederum anwendungsspezifisch vorzunehmen.

Als Anwendungsbeispiel für die sofortige Annahme von angebotenen Informationen kann ebenfalls das Beispiel 'Prozeßsteuerungssystem' aus dem vorherigen Unterabschnitt herangezogen werden. Um rechtzeitig auf Fehler reagieren zu können, ist eine unmittelbare Reaktion notwendig, welche durch das sofortige Verarbeiten (Annehmen) von Fehlerinformationen unterstützt wird.

Ein Beispiel für eine verzögerte Annahme von Modifikationsinformationen leitet sich aus einer Erweiterung des CIM-Anwendungsszenarios aus dem Unterabschnitt 6.3.2.1 ab. Der CAM-Kontrollbereich ist bereit, neue Fertigungsaufträge anzunehmen, wenn er alle alten abgearbeitet hat. Im CAM-Kontrollbereich wird ein Trigger definiert, der dann feuert, wenn alle vorliegenden Fertigungsaufträge beendet sind. Die durch den Trigger initiierte Sekundäroperation liest erst zu diesem Zeitpunkt die sich im Zwischenpuffer angesammelten neuen Fertigungsaufträge und bringt sie in den Datenbestand der CAM-Teilanwendung ein.

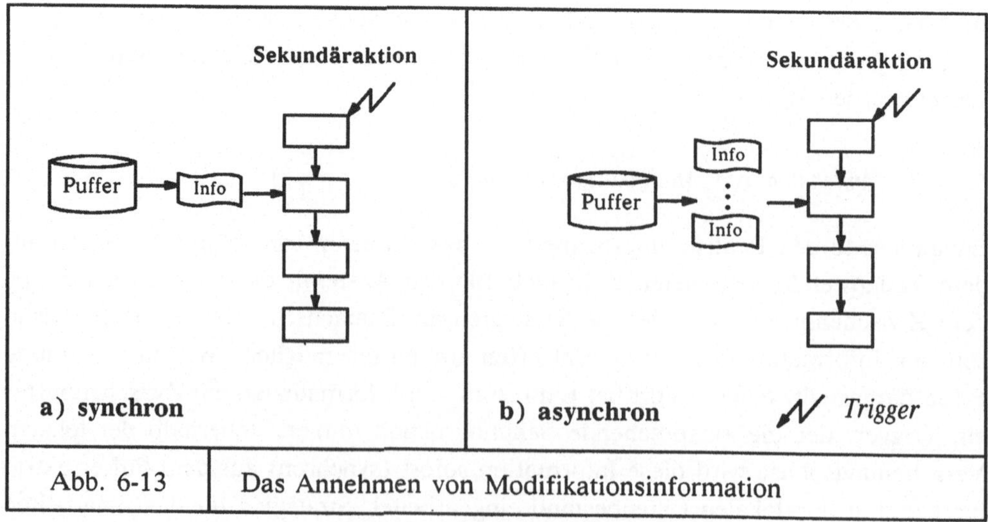

Abb. 6-13 Das Annehmen von Modifikationsinformation

6.3.2.3 Ablaufstrategien

In diesem Abschnitt werden die verschiedenen Kombinationen für das Propagieren und Annehmen von Datenmodifikationen diskutiert. Daraus leiten sich vier mögliche Ablaufstrategien für verteilte Datenverarbeitungsaktionen ab. In Abbildung 6-14 sind die prinzipiellen Kommunikationsmöglichkeiten zwischen zwei Teilanwendungen aufgeführt. Der Vollständigkeit halber sind auch die Situationen aufgenommen, bei denen die Weitergabe oder die Annahme von Modifikationsinformation von einem der Kommunikationspartner verweigert wird.

		Annehmen		
		nie	asynchron	synchron
Anbieten	nie	Ø	Ø	Ø
	indirekt	Ø	indirekte asynchrone Verarbeitung iv	indirekte synchrone Verarbeitung iii
	direkt	Ø	direkte asynchrone Verarbeitung ii	direkte synchrone Verarbeitung i

Abb. 6-14 Kommunikationsmöglichkeiten zwischen zwei Teilanwendungen

i) Direkte synchrone Verarbeitung

Eine Kombination aus dem direkten Anbieten von Modifikationsinformation und deren synchroner Annahme und Verarbeitung beschreibt die direkte synchrone Verarbeitungsform für eine verteilte Datenverarbeitungsaktion (Abbildung 6-15). Die in einer Primäraktion vorgenommenen Datenzustandsänderungen werden in deren globalen Verarbeitungsphase sofort der Sekundäraktion angeboten. Diese hat die angebotene Information synchron zu verarbeiten. Die Primäraktion endet, sobald sie vom Abschluß der Sekundäraktion informiert worden ist.

Kennzeichen der direkten synchronen Verarbeitung ist die Quasi-Parallelität zwischen Primär- und Sekundäraktion. In allen Datenbanksystemen, die mit einem verteilten Transaktionsmechanismus ausgestattet sind, findet man diese Verarbeitungsform vor. Der quasi-gleichzeitige Abschluß von Primär- und Sekundäraktion wird in diesen Systemen dadurch erreicht, daß in den Abschlußphasen beider Operationen ein Zwei-Phasen-Freigabe-Protokoll abläuft. Verzichtet man auf diese

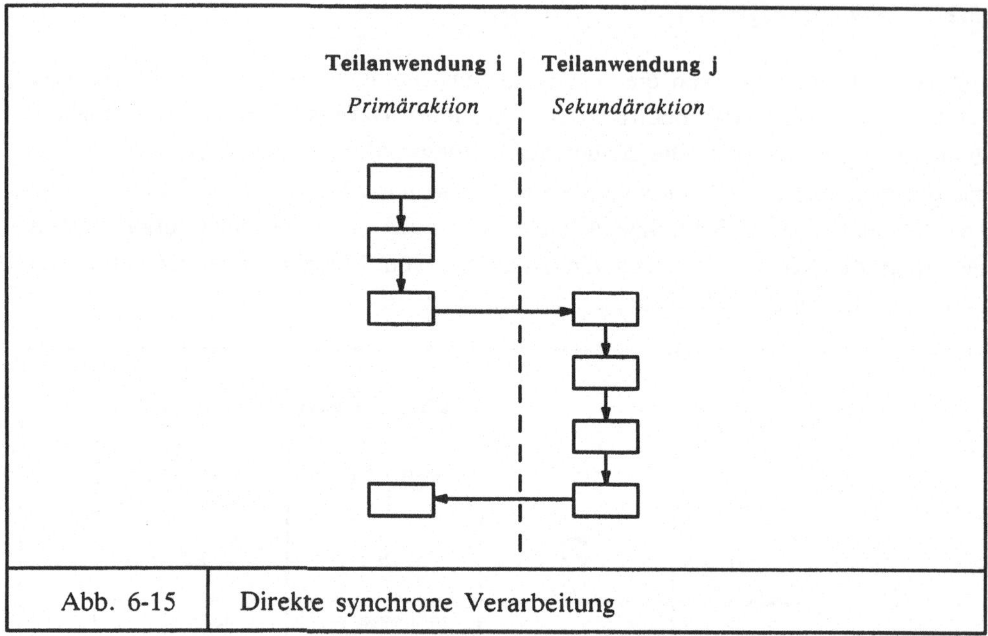

Abb. 6-15 Direkte synchrone Verarbeitung

aufwendige Maßnahme der Konsistenzsicherung, genügt ein einfaches Abschlußprotokoll zum quasi-gleichzeitigen Abschluß der beteiligten Primär- bzw. Sekundäraktion[1]. Die direkte synchrone Verarbeitung stellt die aufwendigste Verarbeitungsform einer verteilten Datenverarbeitungsaktion dar, da sie eine synchrone Verarbeitung zweier Operationen in einer verteilten Anwendungsumgebung verlangt. Dies ist immer nur unter Berücksichtigung aufwendiger verteilter Protokollmaßnahmen möglich.

Anwendungen der direkten synchronen Verarbeitung finden sich beispielsweise im Bankgewerbe. Unter der Annahme, daß ein Kunde sein Konto nur um einen festgesetzten Betrag überziehen darf, er aber in allen Bankfilialen (Teilanwendungen) auf sein Konto zugreifen kann, muß zwischen den einzelnen Filialen sofort jeder Buchungsvorgang ausgetauscht werden. Ansonsten kann die festgesetzte Einschränkung nicht aufrecht erhalten werden. Ein weiteres Anwendungsgebiet für den direkt synchronen Verarbeitungsmodus ist das in Kapitel 2.1.4 vorgestellte Reiseunternehmen.

ii) Direkte asynchrone Verarbeitung

Verbindet man das direkte Anbieten von Information mit deren asynchroner Annahme durch den empfangenden Kontrollbereich, so erhält man die direkte asynchrone Verarbeitungsform für eine verteilte Datenverarbeitungsaktion. Aus Abbildung 6-16

[1] In Abbildung 6-15 sowie in den weiteren Abbildungen dieses Unterabschnitts sind die Protokolle, die zwischen Primär- und Sekundäraktion ablaufen, nicht berücksichtigt. Die Abbildungen beschreiben lediglich die prinzipielle Verschränkung zwischen Primär- und Sekundäraktion.

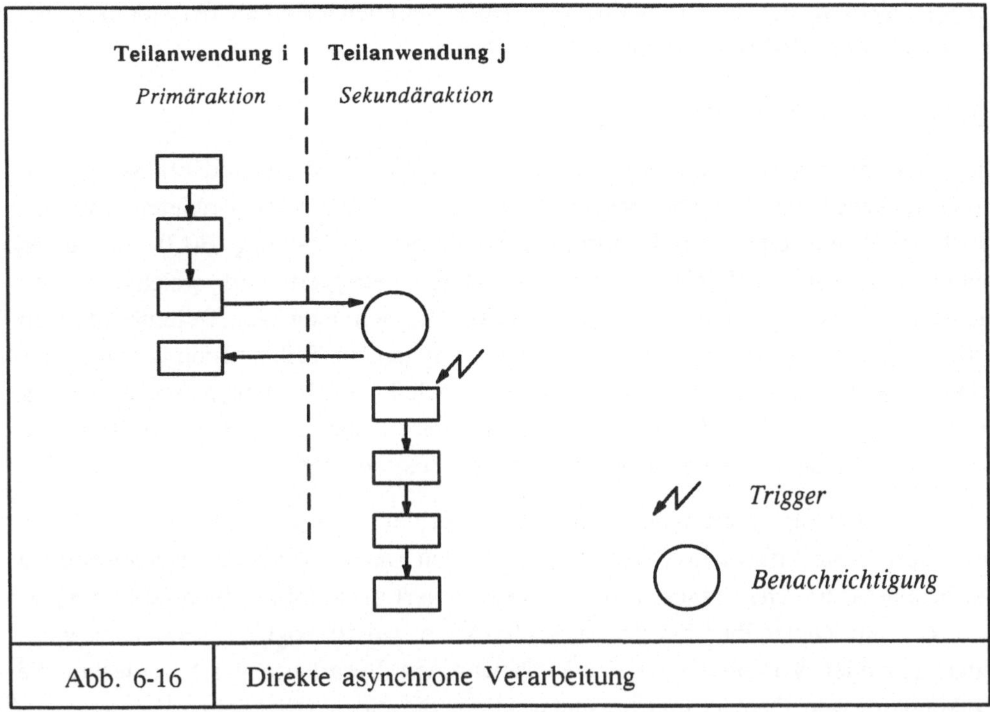

Abb. 6-16 Direkte asynchrone Verarbeitung

wird ersichtlich, daß innerhalb der globalen Verarbeitungsphase der Primäraktion der empfangende Kontrollbereich lediglich davon informiert wird, daß ihm neue Informationen angeboten worden sind. Er wird sie aber erst verarbeiten, wenn ein von ihm spezifizierter anwendungsabhängiger Trigger dieses veranlaßt. Es ist zu entscheiden, wem die Verantwortung für den Transport der Modifikationsinformation von der primären zur sekundären Teilanwendung obliegt. Eine mögliche Vorgehensweise ist, sie der Primäraktion zu übertragen. Hierbei wird zugleich mit der Benachrichtigung des empfangenden Kontrollbereichs die Modifikationsinformation übergeben. In diesem Fall ist der imaginäre Zwischenpuffer (Abbildung 6-10) innerhalb des Kontrollbereichs der Sekundäraktion materialisiert. Andererseits kann die Verantwortung für die Übertragung der Information auch der Sekundäraktion übergeben werden. Bei dieser Alternative ist es sinnvoll, die Modifikationsinformation zunächst im Kontrollbereich der Primäraktion zu belassen. Die Sekundäraktion kann die hinterlegte Modifikationsinformation zu einem beliebigen Zeitpunkt dort abgreifen. Der imaginäre Zwischenpuffer ist somit innerhalb der Teilanwendung der Primäraktion materialisiert.

Der entscheidende Vorteil der direkten asynchronen Verarbeitungsform ist die Entkopplung zwischen Primär- und Sekundäraktion. So kann auf aufwendige Protokolle zur Koordinierung von Primär- und Sekundäraktion verzichtet werden. Als Beispiel für diese Verarbeitungsform kann das in Kapitel 6.3.2.2 vorgestellte Szenario herangezogen werden, das die Annahme von neu zusammengestellten Fertigungsaufträgen durch den CAM-Kontrollbereich beschreibt.

iii) Indirekte synchrone Verarbeitung

Die dritte Strategie für die Verbindung von Primär- und Sekundäraktion ist die indirekte synchrone Verarbeitung. Hierbei wird das indirekte Anbieten und das synchrone Verarbeiten von Information kombiniert (Abbildung 6-17). Indirektes Anbieten bedeutet, daß eine Ersatz-Primäraktion getriggert wird, welche die von mehreren Primäraktionen produzierten Informationen externen Teilanwendungen anbietet. Da diese Informationen von der empfangenden Teilanwendung sofort verarbeitet werden müssen, wird innerhalb der globalen Verarbeitungsphase der Ersatz-Primäraktion eine Sekundäraktion initiiert. Letztere bringt die übertragene Information sofort in den lokalen Datenbestand der Sekundäraktion ein.

Bei der indirekten synchronen Verarbeitung verbleibt die von den Primäraktionen gekennzeichnete Information zunächst im lokalen Datenbereich der Teilanwendung der Primäraktion. Die Ersatz-Primäraktion selektiert diese Information und transportiert sie zum Kontrollbereich der Sekundäraktion, wo sie sogleich verarbeitet wird. Entscheidender Vorteil der indirekten synchronen Verarbeitung ist wiederum die Entkopplung von Primär- und Sekundäraktion, die einen erheblichen Performancegewinn in einer verteilten Rechnerumgebung verspricht, da abermals auf aufwendige Protokolle verzichtet wird. Ein Anwendungsbeispiel für diesen Kommunikationsme-

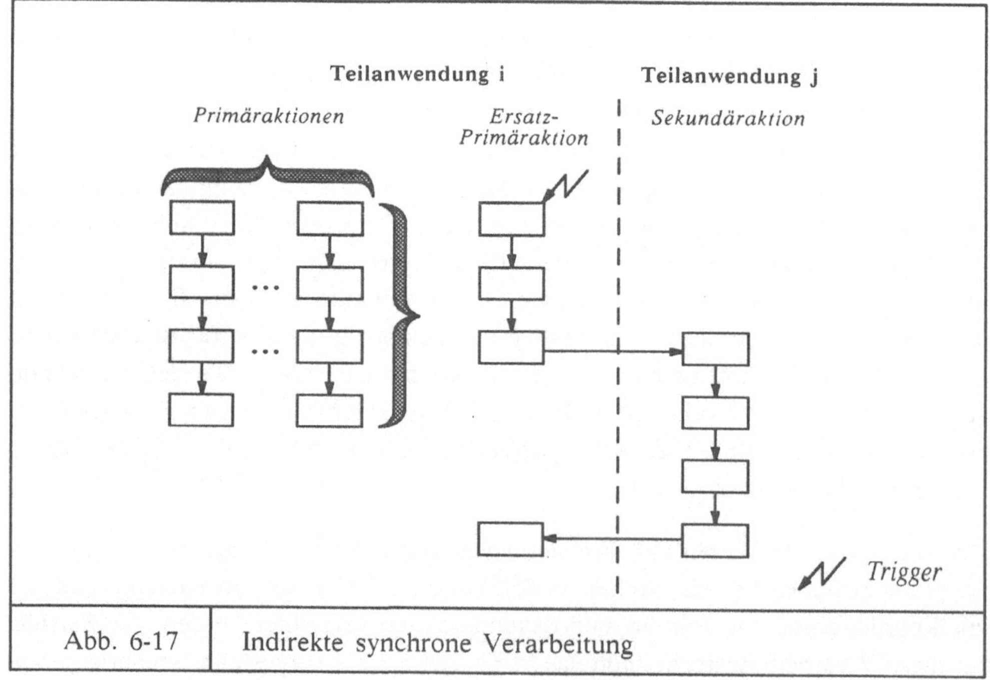

Abb. 6-17	Indirekte synchrone Verarbeitung

chanismus ist in Kapitel 6.3.2.1 demonstriert worden. Dort wurden Fertigungsaufträge erst bei Beginn einer neuen Verarbeitungsschicht an den Fertigungsbereich übergeben.

iv) indirekte asynchrone Verarbeitung

Die loseste Form der Kopplung zwischen Primär- und Sekundäraktion ist bei der indirekten asynchronen Verarbeitung einer verteilten Datenverarbeitungsaktion anzutreffen (Abbildung 6-18). Eine Ersatz-Primäraktion sammelt die von mehreren Primäraktionen generierten Datenmodifikationen und stellt diese dem Kontrollbereich der Sekundäraktion zur Verfügung. Die Realisierung des Zwischenpuffers bzw. die Verantwortung für den Transfer der Informationen ist wie bei der direkten synchronen Verarbeitung zu regeln. Der Unterschied zu allen bisherigen Bearbeitungsstrategien für eine verteilte Datenverarbeitungsaktion ist, daß bei der indirekten asynchronen Verarbeitung sowohl das Freigeben als auch das Verarbeiten von Modifikationsinformation durch einen Trigger gesteuert anwendungsspezifisch gestaltet werden kann.

Eine geeignete Anwendung dieser stark entkoppelten Verarbeitungsalternative sind sequentielle Bearbeitungsketten. Jeder Arbeitsschritt wird als eine Teilanwendung angesehen. Ist ein Arbeitsschritt einer solchen Kette beendet, stellt er die produzier-

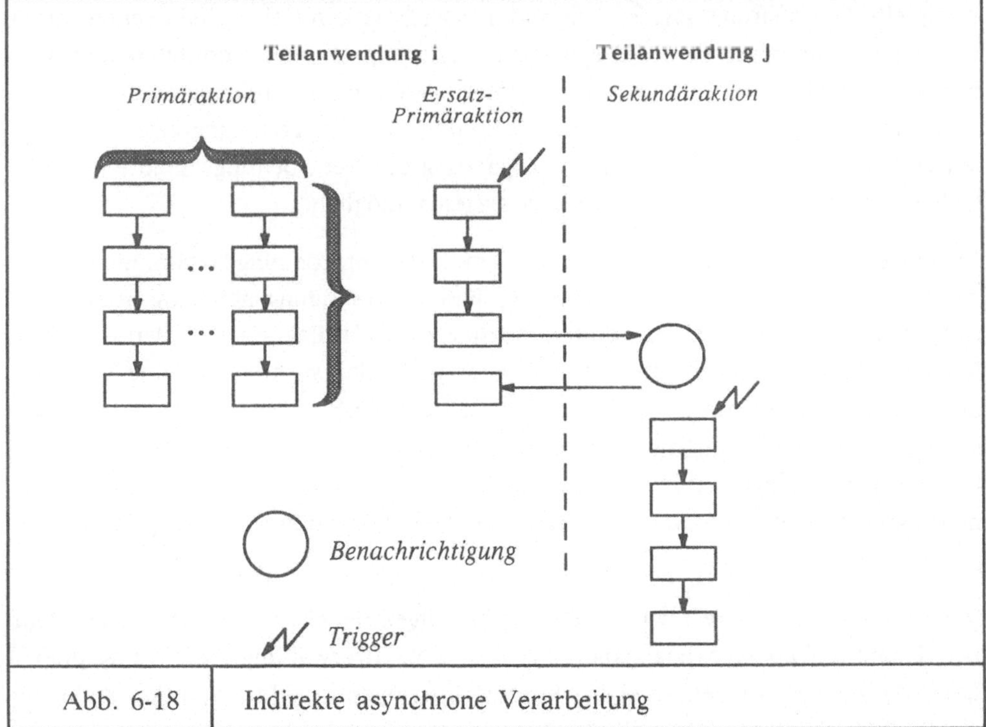

Abb. 6-18	Indirekte asynchrone Verarbeitung

te Information dem nächsten zur Weiterverarbeitung zur Verfügung. Dieser wird diese Daten aber erst dann aufnehmen, wenn er dazu in der Lage ist, d.h. seine bisherigen Arbeitsaufträge beendet hat.

6.3.2.4 Bewertung

Durch die Definition und das Angebot von mehreren, qualitativ sehr unterschiedlichen Verarbeitungsstrategien für verteilte Datenverarbeitungsaktionen ist eine erhebliche Steigerung der Performance von verteilten Anwendungssystemen möglich. Alle konventionellen Systemansätze für die konsistente verteilte Datenverwaltung wie verteilte Datenbanksysteme oder Server-Datenbanksysteme weisen nachweislich Performanceprobleme auf. Dies resultiert vor allem auch aus der Tatsache, daß sie nur die direkte synchrone Verarbeitungsstrategie für verteilte Operationen zulassen. Gemäß dieser Strategie muß ein zeitintensives verteiltes Zwei-Phasen-Freigabe-Protokoll abgewickelt werden. Allerdings sind viele Anwendungssysteme dadurch gekennzeichnet, daß sie neben der sehr aufwendigen direkten synchronen Kommunikationsform auch oft durch eine mehr asynchrone und damit effizientere Abarbeitungsstrategie gut bedient werden können (Kapitel 2.1.1 mit 2.1.3). Da in konventionellen Datenverwaltungssystemen keine derartigen Mechanismen angeboten werden, muß immer auf die direkte synchrone Verarbeitung zurückgegriffen werden. Somit wird ein unnötiger und vermeidbarer Verarbeitungsmehraufwand verursacht. Eine prinzipielle Optimierung solcher Anwendungssysteme kann also allein schon durch das Angebot mehrerer flexibler synchroner und asynchroner Kommunikationsmechanismen erreicht werden. Durch das Einbringen von Anwendungswissen in diese Mechanismen (anwendungsorientierte Definition von Triggerbedingungen) ist eine weitere Performancesteigerung durch Anpassung der Verarbeitungsabläufe auf dem Rechnersystem an die des Anwendungssystems möglich.

Die eingeführten Varianten einer verteilten Datenverarbeitungsaktion dienen der Optimierung der verteilten Verarbeitung, indem anwendungsabhängig spezifiziert wird, wann die eine verteilte Aktion konstituierenden Teilaktionen in den einzelnen Teilanwendungen abgewickelt werden. In diesem Modell wird die verteilte Verarbeitung streng von der lokalen getrennt. Die lokale Verarbeitung verschiedener Aktionen auf einem Rechner (bzw. in einer Teilanwendung) kann gemäß den bekannten Verarbeitungsstrategien für zentralisierte Systeme organisiert werden; lokale Optimierungsstrategien können zur Verbesserung der lokalen Verarbeitung herangezogen werden.

Einen entscheidenden Performancegewinn erbringen die eben vorgeschlagenen flexiblen Kommunikationsmechanismen bei der Kopienverwaltung. Wie in Kapitel 1 dieser Arbeit beschrieben, sind die Forderungen nach Lokalität von Anwendungen in verteilten Systemen bzw. die Autonomie der Komponenten eines verteilten Systems zentrale Anliegen bei der Konzeption derartiger Systeme. Um einen lokalen Datenzugriff zu gewährleisten, führt man in verteilten Systemen Datenreplikate ein. Die Kopienverwaltung mit konventionellen Systemen ist sehr ineffizient, da von Modifikationsoperationen alle Replikate eines Datums betroffen sind. Sie müssen synchron verändert werden. Das Resultat dieser Vorgehensweise ist der Verlust an Autonomie der Einzelkomponenten eines verteilten Systems. Verwendet man eine der in Kapitel 6.3.2.3 vorgeschlagenen asynchronen Kommunikationsformen für die Verwaltung von Replikaten, so kann man diese Leistungsminderung umgehen. Einerseits erreicht man durch die Definition von Kopien Lokalität im Datenzugriff; andererseits wird durch die lediglich asynchrone Weitergabe von Modifikationen an Replikate der oben beschriebene Verlust der Autonomie der Einzelkomponenten vermieden. Es werden beispielsweise keine synchronen verteilten Operationen durchgeführt, falls man die indirekte asynchrone Verarbeitungsform benutzt. Die asynchrone Verwaltung von Kopien erscheint deshalb der einzig gangbare Weg zu sein, durch Replikate die Lokalität in einem verteilten System zu erhöhen. Die dabei allerdings anfallenden Konsistenzprobleme werden in den Kapiteln 6.3.3 und 6.4 erörtert.

6.3.3 Einbringstrategien für Sekundäraktionen

Bei der Durchführung von Sekundäroperationen werden Einbringstrategien verwendet. Sie werden bei der asynchronen Datenverarbeitung benötigt, da Modifikationen an Replikaten eines Datums unabhängig voneinander durchgeführt werden können. In diesem Unterabschnitt wird die Ursache beschrieben, die Anlaß der Definition von Einbringstrategien ist; außerdem werden die Ziele erörtert, welche von Einbringstrategien verfolgt werden; letztendlich wird ein formales Modell für die Beschreibung möglicher Einbringstrategien vorgestellt.

6.3.3.1 Problemstellung

Bei der ausschließlich synchronen Datenverarbeitung durch einen direkten synchronen Verarbeitungsmechanismus (z.B. verteiltes Datenbanksystem) wird jede Modifikation eines Datums sofort an alle Teilanwendungen bzw. dort allokierten Datenbestände weitergegeben. Da gewährleistet ist, daß alle existierenden Kopien des Datums bei der Abwicklung der direkten synchronen Verarbeitung gesperrt sind, wird sichergestellt, daß die durchzuführende Modifikation die einzige im gesamten System ist; deshalb kann sie problemlos durchgeführt werden. Werden allerdings neben dem streng synchronen Verarbeitungsmodus auch asynchrone Modi angeboten, können unabhängig voneinander an Replikaten eines logisch gleichen Datums verschiedene Modifikationen durchgeführt werden. Wird nun eine Modifikation von einem Kontrollbereich zu einen anderen hin transferiert, liegen dort zwei zunächst gleichwertige Modifikationen vor: zum einen diejenige, die initiiert durch eine globale Verarbeitungsregel von einem externen Kontrollbereich übermittelt worden ist und zum anderen die, welche inzwischen lokal im Kontrollbereich vollzogen worden ist. Es ist in der vorliegenden Konfliktsituation zu entscheiden, welche Ausprägung für das am Empfangskontrollbereich vorliegende logische Datum zukünftig gelten soll. Prinzipiell bieten sich drei Varianten an: erstens wird der lokal im Datenbestand des Kontrollbereichs vorliegende Datenwert übernommen; zweitens kann der transferierte externe Datenwert weiterverwendet werden; schließlich kann funktional aus beiden Eingabewerten ein neuer berechnet werden.

In Abbildung 6-19 ist eine beispielhafte Anwendungssituation gezeigt. In einem Kontrollbereich i wird ein logisches Datum vom Wert a nach a' verändert. In einem anderen Kontrollbereich j wird unabhängig davon das gleiche logische Datum von a nach a'' überführt. Gemäß einer globalen Regel gR_{ij} wird der Datenwert a' vom Kontrollbereich i zum Kontrollbereich j transferiert. Im Kontrollbereich j ist nun zu entscheiden, ob a', a'' oder ein aus beiden Versionen abgeleiteter Wert den Einbringvorgang überdauern soll.

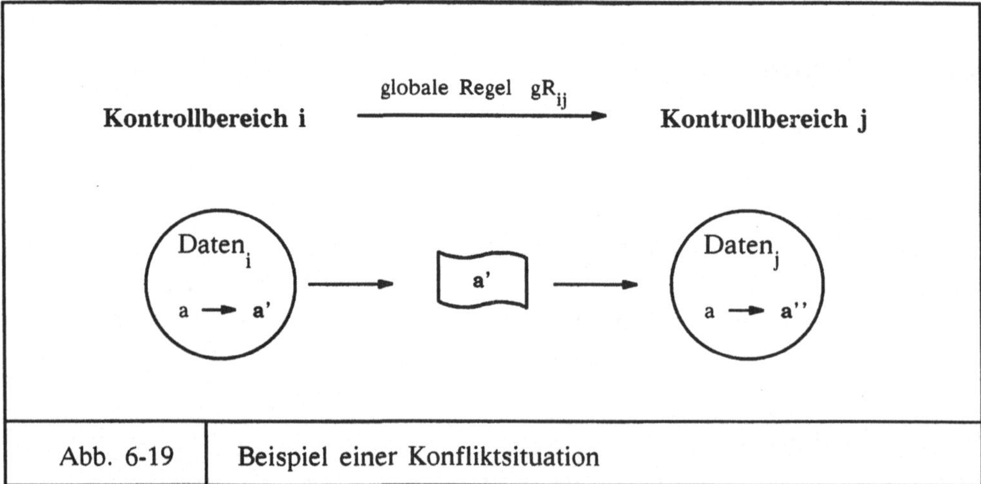

Abb. 6-19	Beispiel einer Konfliktsituation

Obige Konfliktsituation kann innerhalb des Modells der verteilten Datenverarbeitung immer dann auftreten, wenn bei der Durchführung eines asynchronen Verarbeitungsmodus innerhalb einer Sekundäraktion Modifikationen in einen externen Datenbestand einzubauen sind. Deshalb wird die lokale Verarbeitungsphase einer Sekundäraktion um eine Einbringstrategie erweitert (Abbildung 6-20). Sie hat in diesen Konfliktfällen anwendungsabhängig zu entscheiden, welche Ausprägung eines Datums zukünftig im lokalen Datenbestand einer Teilanwendung übernommen wird. Einbringstrategien bewerten somit anwendungsspezifisch, ob externe fremde Modifikationen oder lokale eigene Datenänderungen für eine bestimmte Teilanwendung größere Bedeutung besitzen.

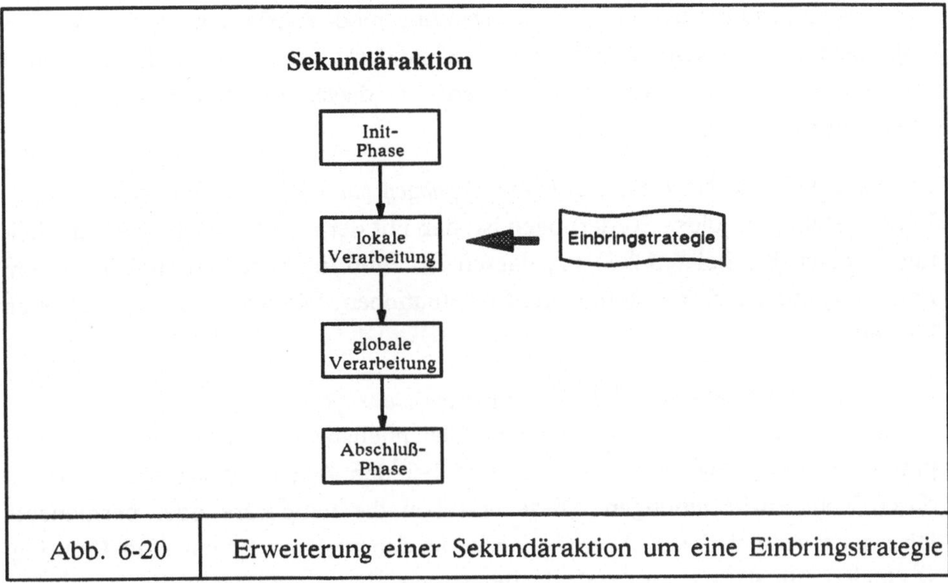

Abb. 6-20	Erweiterung einer Sekundäraktion um eine Einbringstrategie

6.3.3.2 Ziele

Der Nutzen von asynchronen Verarbeitungsstrategien ist in Kapitel 6.3.2 diskutiert worden. Aufgrund von spezifischen Anforderungen einer Anwendung kann die zeitgleiche Existenz verschiedener Ausprägungen eines Datums in einem verteilten System gerechtfertigt sein. Verschiedene Teilanwendungen eines Systems sehen oftmals gleiche logische Daten in einem anderen Kontext; sie interpretieren diese unterschiedlich. Beispielsweise beschreibt das logische Datum 'Umsatz' für eine rechnergesteuerte Verkaufskasse (Teilanwendung LOKAL) in einem Kaufhaus ihren lokalen Geldumsatz während eines Tages; auf einem zentralen Rechner (Teilanwendung GLOBAL) wird das Datum 'Umsatz' allerdings als Vereinigung aller lokalen Kassenumsätze während eines Abrechnungstages betrachtet. Obwohl die Interpretationen in beiden Teilanwendungen differieren, besteht ein enger logischer Zusammenhang zwischen beiden Ausprägungen des Datums. Mit Hilfe einer speziellen Einbringstrategie kann dieser anwendungsabhängige Zusammenhang auf der Ebene der Datenverwaltung beschrieben werden. Der lokale Umsatzwert einer Verkaufskasse aus obigen Beispiel wird mit $wert_{LOKAL}$ bezeichnet; der globale Umsatzwert im zentralen Rechner heißt $wert_{GLOBAL}$. Die Einbringstrategie wird durch die Formel

$$wert_{GLOBAL} := wert_{GLOBAL} + wert_{LOKAL}$$

definiert. Der neue Umsatzwert eines Tages auf dem zentralen Rechnersystem berechnet sich demnach aus dem alten Wert und dem Umsatzwert, der von der Verkaufskasse übermittelt worden ist. In diesem Beispiel sollte nach erfolgter Übertragung der Umsatzwert bei der lokalen Kasse zurückgesetzt werden.

In einem System, in dem asynchrone Verarbeitungsmodi zugelassen werden, können Ausprägungen eines logischen Datums auseinanderlaufen. Prinzipiell kann man verschiedene Vorgehensweisen unterscheiden, wie dieser Situation auf Seiten der Datenverwaltung zu begegnen ist:

i) *Es wird a priori nicht erlaubt, daß Ausprägungen eines Datums differieren.*
Voraussetzung für diese Forderungen ist, daß nur der direkte synchrone Verarbeitungsmodus (Kapitel 6.3.2.3) zugelassen ist. Einbringstrategien sind in diesem Fall bedeutungslos, da keine Konfliktsituationen (Kapitel 6.3.3.1) auftreten können.

ii) *Es wird prinzipiell erlaubt, daß Ausprägungen eines Datums differieren.*
Die in der Alternative i) vorherrschende Gleichheitsbeziehung zwischen den Ausprägungen eines logischen Datums wird bei den folgenden Strategien ersetzt durch Kohärenzbeziehungen. Diese erlauben die temporäre oder permanente Divergenz verschiedener Ausprägungen. In den meisten Fällen sind Einbringstrategien zu definieren, welche der Anwendung entsprechende Kohärenzbeziehungen zu modellieren gestatten. Aus Anwendungssicht kann man folgende Fälle unterscheiden:

α) *Die Ausprägungen entwickeln sich zu unabhängigen logischen Daten.*
Bei diesem Extremfall leiten sich aus einem logischen Datum unterschiedliche neue Daten ab. Einbringstrategien erübrigen sich, da sie nur für die Überwachung der Kohärenzbeziehungen eines logisch gleichen Datums verantwortlich sind.

β) *Die Ausprägungen bilden echte Versionen des Datums.*
Die verschiedenen Versionen eines Datums müssen in diesem Fall nicht aneinander angeglichen werden, da sie die zeitliche Folge der Zustände eines Datums wiedergeben. Einbringstrategien haben dafür zu sorgen, daß neue Versionen eines Datums generiert werden.

γ) *Die Ausprägungen eines Datums werden bei bestimmten Ereignissen wieder zusammengeführt.*
Durch die asynchrone Datenverarbeitung können sich verschiedene Versionen eines logischen Datums bilden. Spezielle Einbringstrategien führen die Versionen des Datums wieder in einen einheitlichen Zustand über. Dies geschieht zu einem Zeitpunkt, der anwendungsspezifisch gewählt wird. In unserem Modell entspricht diesem Zeitpunkt das triggergesteuerte Auslöseereignis einer Sekundäroperation.

δ) *Aus den verschiedenen Ausprägungen eines Datums wird eine neue Version abgeleitet.*
Die neue Version eines Datums ist keine der bereits existierenden, sondern sie ist aus den bereits vorhandenen abzuleiten. In der Einbringstrategie ist die Heuristik bzw. Funktion zur Gewinnung der neuen Datenversion zu verschlüsseln.

Für die oben vorgestellten Fälle werden Beispiele angegeben, die verschiedene Anwendungssituationen demonstrieren.

i) (gleiche Datenversionen)

Kundenkonto in einem Bankenverbund
Es wird nicht zugelassen, daß das Konto eines Bankkunden in verschiedenen Filialen der Bank zu einem Zeitpunkt unterschiedliche Werte aufweist.

ii) (kohärente Datenversionen)

α) *Entwurfsobjekte in einem Konstruktionsprozeß*
Aus einem gemeinsamen Entwurfsobjekt werden neue und unabhängige Objekte abgeleitet. Die ursprüngliche Verbindung zum Originalobjekt muß nicht mehr im Datenbestand festgehalten werden.

β) *Entwicklungshistorie eines Produkts*
Im Lauf der Zeit verändern sich einige spezifische Eigenschaften eines Produkts. Allerdings verändern sie das Produkt nicht prinzipiell, sondern stellen nur zeitbehaftete Varianten desselben dar. Im Datenverwaltungssystem werden die Zugehörigkeit der verschiedenen Versionen zu einem logischen Objekt und diese Objektversionen selbst abgespeichert.

γ) *Konstruktion eines neuen Entwurfsobjekts*
Die Konstruktion eines Entwurfsobjekts wird in disjunkte Teilbereiche untergliedert. Jeder Konstrukteur bearbeitet unabhängig seinen Teilentwurf. Zu bestimmten Zeitpunkten wird aus den Teilentwürfen ein neues Gesamtobjekt generiert, das allen Konstrukteuren als aktualisierte Konstruktionsgrundlage zur Verfügung gestellt wird. Aus allen partiell modifizierten Teilentwürfen wird eine neue aktualisierte Version des Entwurfsobjekts geschaffen, die im gesamten System Gültigkeit besitzt.

δ) *Produktionsfortschritt in einem Fertigungsbetrieb*
Für jede einzelne Fertigungsmaschine wird die aktuelle Produktionsleistung protokolliert. In einem zentralen Verwaltungsrechner wird das gesamte Produktionsergebnis des Betriebs festgehalten. Aus den aktuellen Produktionsfortschrittszahlen für die einzelnen Maschinen und dem bisherigen Gesamtproduk-

tionsvolumen wird das neue Produktionsergebnis durch Addition der maschinenbezogenen Werte und des vorläufigen Gesamtergebnisses gewonnen. Nach Berechnung des neuen Gesamtergebnisses können die lokalen Fortschrittszahlen der Bearbeitungsmaschinen auf Null gesetzt werden.

Anwendungsabhängig ist zu entscheiden, welche der fünf zur Verfügung stehenden Gleichheits- bzw. Kohärenzbeziehungen zwischen den Ausprägungen eines Datums in einem verteilten System zu unterstützen sind. Für jede der Gestaltungsformen sind entsprechende Einbringstrategien zu definieren. In Kapitel 6.3.4 wird ein Anwendungsbeispiel für das Modell der verteilten Datenverarbeitung beschrieben, wobei insbesondere auch spezielle Einbringstrategien definiert werden.

Eine sehr wichtige Strategie zur Behandlung von differierenden Ausprägungen eines Datums wird durch die Strategie ii γ) beschrieben. Es handelt sich hierbei um eine symmetrische Strategie, die das Zusammenfügen aller Datenausprägungen zu einer einzigen gültigen Version behandelt. Da die Definition der globalen Regeln im Modell der verteilten Datenverarbeitung asymmetrisch ist - globale Regeln sind gerichtet -, wird hier beschrieben, wie eine symmetrische Verarbeitungsform mit asymmetrischen Mitteln modelliert werden kann: Für zwei Datenbestände verschiedener Kontrollbereiche, die in diesem Sinne aneinander anzugleichen sind, muß in den beiden zwischen ihnen definierten gerichteten globalen Verarbeitungsregeln die Verwendung derselben Einbringstrategie vorgeschrieben werden. Gleichzeitig sind aus beiden Datenbeständen alle interessanten Modifikationen zu extrahieren und an den jeweilig anderen Kontrollbereich zu senden. Dort sind sie sofort einzubauen. Protokolle gewährleisten, daß zwischen dem Extrahieren von Modifikationsinformation und dem Einbauen der übertragenen Datenänderungen keine anderen Modifikationsaktionen stattfinden.

6.3.3.3 Ein Modell zur Beschreibung von Einbringstrategien

In diesem Unterabschnitt wird ein Modell eingeführt, anhand dessen beliebige Varianten von Einbringstrategien beschrieben werden können. Ohne Beschränkung der Allgemeingültigkeit wird davon ausgegangen, daß nur zwei Kontrollbereiche i und j miteinander kommunizieren. Diese Kontrollbereiche sind durch globale Regeln gR_{ij} bzw. gR_{ji} verbunden, die unter anderem bestimmen, welche Einbringstrategien bei der Verarbeitung von Modifikationsinformation innerhalb von Sekundäraktionen zu verfolgen sind.

In Abbildung 6-21 wird das Verarbeitungsmodell gezeigt. Aus den Datenbeständen der Kontrollbereiche i und j werden Informationen herausgezogen (in_i, in_j), die Aussagen über Datenmodifikationen beinhalten, die für den jeweils anderen Kontrollbereich interessant sind. Diese Informationen werden im Entscheidungsprozeß

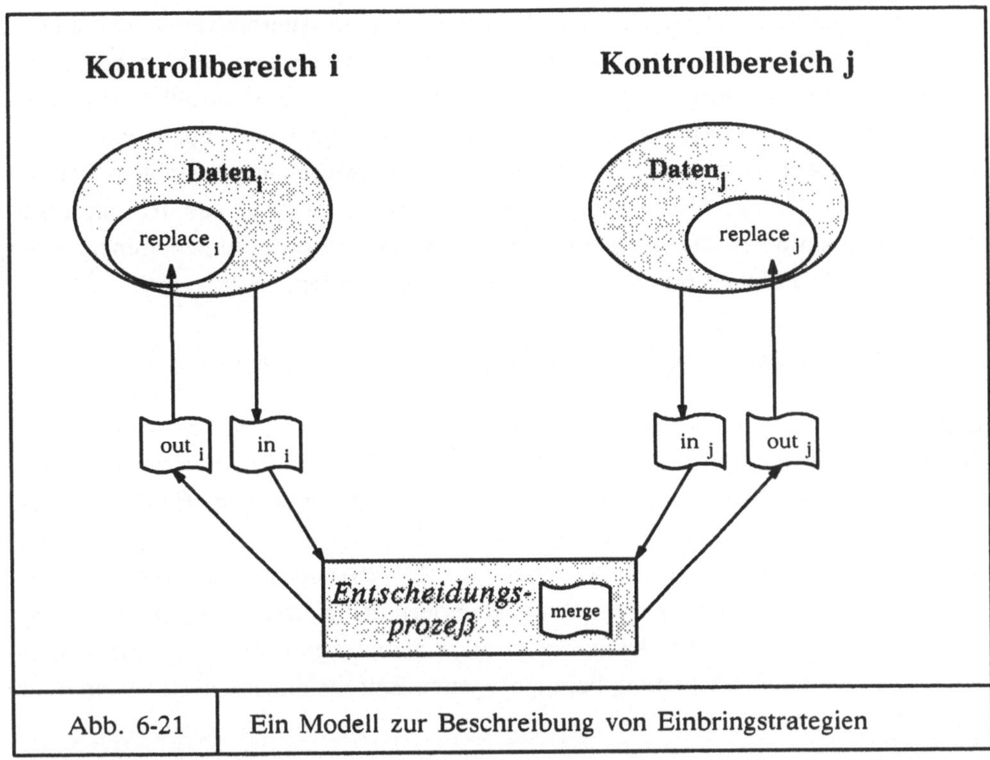

Abb. 6-21	Ein Modell zur Beschreibung von Einbringstrategien

entsprechend der festgelegten Einbringstrategie verarbeitet. Das Resultat dieser Verarbeitung ist die Datenmenge *merge*. Den Datenbeständen der Kontrollbereiche i und j sind Teile der Datenmenge *merge* oder die vollständige Menge *merge* zu übertragen (out_i, out_j). Die Mengen out_i bzw. out_j ersetzen in den Datenbeständen der Kontrollbereiche die Zieldatenmengen $replace_i$ bzw. $replace_j$. Im folgenden werden die konstituierenden Schritte der Verarbeitung und die dabei zu definierenden Mengen diskutiert.

i) Bestimmung der Informationsmengen in_i und in_j

Zunächst ist zu klären, welche Informationsmengen in_i und in_j dem Entscheidungsprozeß übergeben werden. Da prinzipiell die systemkontrollierte verteilte Datenverwaltung verfolgt wird (Kapitel 6.1), beschreibt die in den Extraktionsmengen enthaltene Information die Resultate der Datenmodifikationen, die in den jeweiligen Teilanwendungen stattgefunden haben. Die Kommunikation zwischen zwei Teilanwendungen wiederholt sich im Verlauf der Zeit. Um einen vollständigen Informationsaustausch zwischen zwei Teilanwendungen zu garantieren, werden bei einem Kommunikationsvorgang zumindest all jene Änderungen berücksichtigt, die seit dem letzten Kommunikationsvorgang vorgenommen worden sind. Auch kann der komplette Datenbestand an den Entscheidungsprozeß übergeben werden. Weitere Kriterien zur Definition der Extraktionsmengen in_i und in_j sind möglich; sie werden anwendungsspezifisch festgelegt. Die beiden vorgestellten Alternativen stellen allerdings die Vorgehensweisen dar, die das breiteste Anwendungsspektrum besitzen. Fundamental für das vorgestellte Modell ist, daß für beide Kontrollbereiche die Kriterien für die Zusammenstellung der Extraktionsmengen individuell und unabhängig voneinander bestimmt werden können. Beispielsweise kann aus einem Datenbestand die vollständige Information extrahiert werden, während aus dem anderen nur die Modifikationen, die seit dem letzten Austauschvorgang vorgenommen worden sind, an den Entscheidungsprozeß übertragen werden.

ii) Gestaltung des Entscheidungsprozesses – Gewinnung der Datenmenge merge

Aufgabe von Einbringstrategien ist es, konfligierende Informationen über Datenmodifikationen anwendungsspezifisch zu verarbeiten. Diese werden verursacht von unabhängigen Modifikationsvorgängen auf logisch gleichen Daten. Einbringstrategien sind im Entscheidungsprozeß realisiert. Sie können verschiedene Kriterien für die Entscheidung darüber heranziehen, wie Modifikationsinformationen zu gewichten sind. Anhand dieser Bewertung generiert der Entscheidungsprozeß neue Versionen der eingegebenen Daten, die in der Datenmenge *merge* zusammengefaßt werden. Die bei der Verarbeitung herangezogenen Entscheidungskriterien kann man in vier Klassen einteilen:

α) *Zeit*
Die Bedeutung eines Datensatzes für eine Einbringstrategie kann durch das Alter der Datenmodifikation determiniert werden. Für die meisten Anwendungssituationen werden die Daten relevanter sein, welche einen jüngeren Entstehungszeitpunkt aufweisen.

β) *Organisatorische Maßnahmen*
Unter dem Stichwort 'organisatorische Maßnahmen' werden zwischen Teilanwendungen vorherrschende Beziehungsverhältnisse betrachtet. Zum Beispiel kann ein Teilanwendungsbereich als dominant gegenüber einem anderen erklärt werden. Für Datenmodifikationen, die in beiden Teilanwendungen am gleichen Datum vorgenommen worden sind, bedeutet dies, daß die Modifikationen im dominanten Teilanwendungsbereich höher gewichtet werden.

γ) *Heuristiken*
Für asynchron vorgenommene Datenmodifikationen wird durch eine vordefinierte Heuristik entschieden, wie daraus eine neue Datenausprägung abzuleiten ist. Die Heuristiken sind Funktionen der gegebenen Werte eines Datums; im Extremfall kann die neue Ausprägung eines Datums einem der bereits vorliegenden Werte gleichen. Ein Beispiel einer Heuristik ist die Festlegung eines neuen Datenwerts als das arithmetische Mittel der Ausgangswerte.

8) *Entscheidung des Anwenders*
Bei dieser Variante bestimmt der Anwender selbst im Dialog mit dem Datenverwaltungssystem, wie aus den vorliegenden Werten ein neuer abzuleiten ist. Im verteilten Betriebssystem LOCUS ([WPEK 83]) wird beispielsweise nach einer Netzpartitionen, bei der gleichzeitig und unabhängig voneinander Modifikationen an den Replikaten eines Datums vorgenommen werden können, von einem Benutzer entschieden, welche Version des Datums nach Wiederherstellung des Netzes übernommen wird.

iii) *Definition der Informationsmengen out_i und out_j und der Ersetzungsmengen $replace_i$ und $replace_j$*

Nach Abschluß der Verarbeitung der Modifikationsinformationen durch den Entscheidungsprozeß wird festgelegt, welche Informationsmengen out_i und out_j an die kooperierenden Kontrollbereiche zurückgeschickt werden. Die beiden Ausgabemengen des Entscheidungsprozesses können beliebige Ausschnitte der Datenmenge *merge* bzw. identisch mit ihr sein. Im Extremfall sind die Mengen out_i bzw. out_j leer, was bedeutet, daß der davon betroffene Kontrollbereich am Verarbeitungsergebnis des Entscheidungsprozesses nicht interessiert ist. Für jeden der Kontrollbereiche i und j sind die Ausgabemengen unabhängig zu definieren.

In einem weiteren Schritt ist festzulegen, welcher Ausschnitt der Basisdatenbestände der Kontrollbereiche i und j von den in out_i bzw. out_j enthaltenen Sätzen betroffen ist, d.h., welche Datensätze der Basisdatenbereiche durch die in den Ausgabemengen des Entscheidungsprozesses enthaltenen Daten ersetzt werden müssen. Dazu sind die Mengen $replace_i$ und $replace_j$ zu definieren, welche die Zielmengen des Ersetzungsprozesses darstellen. Die Festlegung der Informationsmengen in_i und in_j berücksichtigend, bieten sich zwei alternative Strategien an: von der Ausgabe des Entscheidungsprozesses ist nur der Teil der Basisdaten betroffen, der auch dem Entscheidungsprozeß zur Verarbeitung zur Verfügung gestellt worden ist; andererseits kann prinzipiell der gesamte Datenbestand der Kontrollbereiche als Zielmenge betrachtet werden. Im ersten Fall werden genau die an den Entscheidungsprozeß zu transferierenden Daten durch die Menge *merge* ersetzt. Bei der zweiten Realisierungsform wird der gesamte Datenbestand von der Menge *merge* überschrieben. Die Zielmengen des Ersetzungsprozesses sind ebenfalls von den betroffenen Kontrollbereichen unabhängig festzulegen.

Abschließend ist zu klären, wie das Teilmodell zur Darstellung von Einbringstrategien in das Gesamtmodell der verteilten Datenverarbeitung einzuordnen ist. Die Darstellung der Einbringstrategien anhand des eben vorgestellten Modells ist symmetrisch. Ein außerhalb der Kontrollbereiche stehender Entscheidungsprozeß verarbeitet die von den Kontrollbereichen übergebenen Daten und gibt sie an beide Kontrollbereiche entsprechend einer vorgegebenen Strategie zurück. Im allgemeinen

Modell der verteilten Datenverarbeitung wird aber der Entscheidungsprozeß immer im Empfangskontrollbereich einer Teilanwendung allokiert sein, in der gemäß der anwendungsabhängig spezifizierten Kooperationsvorgänge eine Sekundäraktion gestartet worden ist (globale Regel gR_{ij}). Somit stellt die Eingabemenge in_i die Menge der Datenmodifikationen dar, welche vom Kontrollbereich i an den Kontrollbereich j übergeben worden ist. in_j dagegen existiert nicht als separater Datenbestand, sondern ist Teil der Anwendungsdaten, die im Kontrollbereich j allokiert sind. Für die Ausgabemenge des Entscheidungsprozesses out_j gilt, daß sie sofort in den vorliegenden Datenbestand der Teilanwendung j integriert werden kann. Komplizierter ist der Sachverhalt für die Ausgabemenge out_i. Da innerhalb eines Kommunikationsvorgangs, der durch eine globale Verarbeitungsregel initiiert worden ist, nur die Kooperation in eine Richtung stattfindet, können keinerlei Informationen an den sendenden Kontrollbereich zurückgegeben werden. Deshalb muß für eine Rückmeldung an einen sendenden Kontrollbereich eine symmetrische globale Regel gR_{ji} formuliert werden, wie in Kapitel 6.3.3.2 beschrieben wird. Das vierte Beispiel des folgenden Unterabschnitts beschreibt eine derartige Anwendungssituation.

6.3.3.4 Beispiele für Einbringstrategien

In diesem Unterabschnitt werden einige typische Einbringstrategien vorgestellt, die ein sehr breites Anwendungsgebiet aufweisen. Jede dieser Einbringstrategien wird beschrieben durch die Eingabemengen für den Entscheidungsprozeß, den Entscheidungsprozeß selbst und dessen Ausgabemengen. Als Beispiele werden die Verarbeitungsstrategien vollständige Dominanz, partielle Dominanz und asymmetrische bzw. symmetrische zeitliche Konkurrenz herangezogen. Es wird in allen Beispielen davon ausgegangen, daß die Einbringstrategien zwischen zwei Kontrollbereichen i und j in den globalen Verarbeitungsregeln gR_{ij} bzw. gR_{ji} spezifiziert sind.

i) vollständige Dominanz

Bei der vollständigen Dominanz gilt, daß der Kontrollbereich i dem Kontrollbereich j übergeordnet ist. Der Kontrollbereich j hat bei einem Abgleichsvorgang im Rahmen einer Einbringstrategie den Datenbestand von Kontrollbereich i zu übernehmen. Bei der vollständigen Dominanzbeziehung werden alle Datensätze des übergeordneten Kontrollbereichs ohne Änderung durch den Entscheidungsprozeß an den untergeordneten Kontrollbereich weitergereicht. Dort ersetzen sie den vorliegenden Datenbestand komplett. Die Einbringstrategie 'vollständige Dominanz' kopiert demnach den gesamten Datenbestand einer übergeordneten Teilanwendung in den Datenbestand einer untergeordneten Teilanwendung. Sie stellt demzufolge eine asymmetrische Verarbeitungsstrategie dar.

in_i der komplette Datenbestand der Teilanwendung i;

in_j leer;

Entscheidungsprozeß

Einbringstrategie
alle eingegebenen Datensätze des Kontrollbereichs i werden zu Ausgabesätzen;

merge
entspricht der Eingabemenge in_i;

out_i leer;

out_j die Datenmenge *merge*;

$replace_i$ leer;

$replace_j$ die gesamte Datenmenge der Teilanwendung i;

Nach Durchführung der Einbringstrategie 'vollständige Dominanz' gleichen sich Sende- und Empfangsdatenbestand vollständig. Zwischen zwei Kommunikationsvorgängen können sie sich allerdings unabhängig voneinander entwickeln.

ii) partielle Dominanz

Bei der partiellen Dominanz ist der Kontrollbereich i ebenfalls dem Kontrollbereich j übergeordnet. Alle Änderungen des sendenden Kontrollbereichs müssen vom empfangenden übernommen werden. Allerdings werden außerhalb der übertragenen Datenmenge keinerlei Veränderungen am Datenbestand des empfangenden Kontrollbereichs vorgenommen. Sinnvollerweise werden pro Kommunikationsvorgang diejenigen Datenmodifikationen übertragen, die seit dem letzten Austauschvorgang vorgenommen worden sind. Falls bei dieser Verarbeitungsstrategie unabhängig voneinander in beiden Kontrollbereichen Datenmodifikationen durchgeführt worden sind, werden die des dominanten Kontrollbereichs übernommen. Die im untergeordneten Kontrollbereich stattgefundenen Datenänderungen sind für den übergeordneten nicht von Interesse. Alle nicht von der Menge *merge* betroffenen Datensätze bleiben unverändert im untergeordneten Kontrollbereich erhalten. Auch die partielle Dominanz ist eine asymmetrische Verarbeitungsstrategie.

in_i Datenmodifikationen seit dem letzten Kommunikationsvorgang;

in_j leer;

Entscheidungsprozeß

Einbringstrategie
alle eingegebenen Datensätze des Kontrollbereichs i werden zu Ausgabesätzen;

merge
entspricht der Eingabemenge in_i;

out$_i$ leer;

out$_j$ die Datenmenge *merge*;

replace$_i$ leer;

replace$_j$ die Teilmenge des Datenbestands des Kontrollbereichs j, die logisch der Datenmenge *merge* entspricht[1];

Die Datenbestände des sendenden Kontrollbereichs und des empfangenden Kontrollbereichs gleichen sich nach einem Kommmunikationsvorgang nur in den Datensätzen, die der Menge *merge* entsprechen. Alle übrigen Datensätze können in beiden Kontrollsphären unterschiedliche Werte aufweisen.

iii) asymmetrische zeitliche Konkurrenz

Wird die Einbringstrategie 'asymmetrische zeitliche Konkurrenz' gewählt, werden in Konfliktfällen die Modifikationen übernommen, die jüngeren Datums sind. Die asymmetrische Form der zeitlichen Konkurrenz beschreibt nur die gerichtete Kommunikation von einem sendenden Kontrollbereich zu einem empfangenden Kontrollbereich. Eine Rückmeldung der Ergebnisse des Entscheidungsprozesses an den Sender ist nicht vorgesehen. Ergebnis der asymmetrischen Konkurrenz ist, daß im empfangenden Kontrollbereich die aktuellsten Datenzustände vorhanden sind (bezogen auf die an der Kommunikation beteiligten Kontrollbereiche).

in$_i$ Datenmodifikationen seit dem letzten Kommunikationsvorgang;

in$_j$ die der Menge in_i logisch entsprechende Datenmenge;

Entscheidungsprozeß

Einbringstrategie
bei konfligierenden Datensätzen wird der ausgegeben, der den jüngeren Änderungszeitpunkt aufweist; alle nicht-konfligierenden Sätze werden ebenfalls zu Ausgabesätzen;

---

[1] Zwei Daten entsprechen sich logisch, wenn sie durch den gleichen Identifikator beschrieben werden. Es handelt sich demnach um verschiedene Ausprägungen eines einzigen logischen Datums.

merge
entspricht logisch den Eingabemengen in_i und in_j, wobei in Konfliktfällen nur die jeweils jüngsten Datenausprägungen übernommen werden;

out_i leer;

out_j die Datenmenge *merge*;

$replace_i$ leer;

$replace_j$ die Teilmenge des Datenbestands des Kontrollbereichs j, die logisch der Datenmenge *merge* entspricht;

Die Datenbestände des sendenden und des empfangenden Kontrollbereichs weisen auch nach der Durchführung eines Kommunikationsvorgangs unterschiedliche Werte auf. Die Datenbestände beider Kontrollbereiche gleichen sich nur partiell.

iv) symmetrische zeitliche Konkurrenz

Die symmetrische Form der Einbringstrategie 'zeitliche Konkurrenz' unterscheidet sich von der asymmetrischen Alternative nur dadurch, daß das Ergebnis des Entscheidungsprozesses an beide Kontrollbereiche übergeben wird. Beide Teilanwendungen weisen somit nach Abschluß der Verarbeitung die aktuellsten Versionen der in beiden Teilanwendungen allokierten Daten auf. Innerhalb einer einzigen globalen Regel kann die symmetrische Ausprägung der zeitlichen Konkurrenz nicht spezifiziert werden (Kapitel 6.3.3.2 bzw. 6.3.3.3). Deshalb sind zwei globale Regeln zu definieren (globale Regel gR_{ij}, globale Regel gR_{ji}), die beide gemäß der asynchronen Form der zeitlichen Kokurrenz formuliert sind. Durch die geeignete Wahl von Protokollen muß gewährleistet werden, daß die Extraktionsvorgänge, in deren Verlauf die Mengen in_i bzw. in_j zusammengestellt werden, und die Einbauvorgänge, welche die Mengen out_i bzw out_j in die Basisdatenbestände einarbeiten, in beiden Kontrollbereichen ohne Interferenz anderer Aktionen ablaufen.

in_i Datenmodifikationen seit dem letzten Kommunikationsvorgang;

in_j Datenmodifikationen seit dem letzten Kommunikationsvorgang;

Entscheidungsprozeß

Einbringstrategie
bei konfligierenden Datensätzen wird der ausgegeben, der den jüngeren Änderungszeitpunkt aufweist; alle nicht-konfligierenden Sätze werden ebenfalls zu Ausgabesätzen;

merge
entspricht logisch der Vereinigung der Mengen in_i und in_j, wobei bei Konflikten nur die jeweils jüngsten Datenausprägungen übernommen werden;

out$_i$ die Datenmenge *merge*;

out$_j$ die Datenmenge *merge*;

replace$_i$ die Teilmenge des Datenbestands des Kontrollbereichs i, die logisch der Datenmenge *merge* entspricht;

replace$_j$ die Teilmenge des Datenbestands des Kontrollbereichs j, die logisch der Datenmenge *merge* entspricht;

Nach der Abarbeitung der symmetrischen Einbringstrategie 'zeitliche Konkurrenz' enthalten die an der Kommunikation teilhabenden Kontrollbereiche für alle modifizierten Daten die gleichen (aktuellsten) Ausprägungen.

Zum Abschluß dieses Unterabschnitts wird in Abbildung 6-22 schematisch dargestellt, welche Auswirkungen verschiedene Einbringstrategien auf die Datenbestände zweier Kontrollbereiche i und j haben. Bei den asymmetrischen Einbringstrategien vollständige Dominanz, partielle Dominanz und asymmetrische zeitliche Konkurrenz ist die Kommunikation gerichtet vom Kontrollbereich i zum Kontrollbereich j. Die Datenbestände werden zu drei Zeitpunkten betrachtet. Zunächst werden die Ausgangsdatenbestände für beide Kontrollbereiche gezeigt. Anschließend werden sie

Ausgangsdatenbestände der Kontrollbereiche		KB i	a	b	c	d	e	f	g		
		KB j	a	b	c	d	e			h	i
lokal durchgeführte Datenmodifikationen		KB i	a'	b'	c'	d	e	f'	g		
		KB j	a''	b''	c	d''	e			h''	i
Ergebnis-Datenbestände der Kontroll-bereiche	vollständige Dominanz	KB i	a'	b'	c'	d	e	f'	g		
		KB j	a'	b'	c'	d	e	f'	g		
	partielle Dominanz	KB i	a'	b'	c'	d	e	f'	g		
		KB j	a'	b'	c'	d''	e	f'		h''	i
	zeitliche Konkurrenz (asymmetrisch)	KB i	a'	b'	c'	d	e	f'	g		
		KB j	a''	b'	c'	d''	e	f'		h''	i
	zeitliche Konkurrenz (symmetrisch)	KB i	a''	b'	c'	d''	e	f'	g	h''	
		KB j	a''	b'	c'	d''	e	f'		h''	i

Abb. 6-22 Darstellung der verschiedenen Einbringstrategien

Datum	*existiert in KB i*	*existiert in KB j*	*modifiziert in KB i*	*modifiziert in KB j*	*Reihenfolge der Modifikationen*
a	ja	ja	ja	ja	$t_i < t_j$
b	ja	ja	ja	ja	$t_j < t_i$
c	ja	ja	ja	nein	
d	ja	ja	nein	ja	
e	ja	ja	nein	nein	
f	ja	nein	ja		
g	ja	nein	nein		
h	nein	ja		ja	
i	nein	ja		nein	

Abb. 6-23 Charakterisierung der Beispieldaten

betrachtet, nachdem lokale Modifikationen vorgenommen worden sind. Diese Modifikationen sind fallspezifisch für den jeweilig externen Kontrollbereich von Interesse. Dies ist innerhalb von globalen Regeln gR_{ij} und gR_{ji} spezifiziert. Die Datenbestände der Kontrollbereiche werden abschließend dargestellt, nachdem die Modifikationsinformationen an die externen Kontrollbereiche weitergegeben und dort unter Berücksichtigung verschiedener Einbringstrategien verarbeitet worden sind.

In Abbildung 6-22 sind alle möglichen Varianten von Ausgangsdaten berücksichtigt. Zunächst ist unterschieden worden, ob ein Datum in beiden Kontrollbereichen existiert oder nur in einem der beiden. Bei den letzten zwei Alternativen ist zu differenzieren, ob das Datum in diesem Kontrollbereich seit dem letzten Kommunikationsvorgang modifiziert worden ist oder nicht. Existiert ein Datum in beiden Kontrollbereichen als Replikat, können Modifikationen an diesem Datum in einem der beiden oder in beiden Kontrollbereichen vorgenommen worden sein. Sind an zwei Ausprägungen des Replikats Änderungen durchgeführt, bildet letztendlich die Reihenfolge dieser Änderungsvorgänge ein Unterscheidungskriterium. In Abbildung 6-23 (KB ≈ Kontrollbereich; t_i / t_j ≈ Zeitpunkt der Modifikation in Kontrollbereich i / j) werden die verschiedenen Datenklassen aus Abbildung 6-22 beschrieben.

6.3.4 Ein Beispiel für die Anwendung des Modells der verteilten Datenverarbeitung

Nachdem das Modell der verteilten Datenverarbeitung vorgestellt ist, wird eine Anwendung des Modells anhand eines Beispiels demonstriert. Es ist aus dem Bereich der Teilefertigung entnommen ([Zörn 88]). Betrachtet wird die Fortschreibung des Fertigungsfortschritts in einem Fertigungssystem. Letzteres setzt sich aus zwei Fertigungszellen Fz_1 und Fz_2 zusammen. Diesen Zellen ist ein Fertigungsleitsystem Fl übergeordnet, welches die Kontrolle über die Zellen Fz_1 und Fz_2 ausübt. Das in Abbildung 6-24 dargestellte System ist in drei Teilanwendungen unterteilt, welche die Fertigungszellen Fz_1 und Fz_2 sowie das Fertigungsleitsystem Fl umfassen. In jeder Teilanwendung ist eine Relation (Datei) 'PRODUKTIONSFORTSCHRITT' definiert. Die drei Ausprägungen der Relation nehmen die Identifikatoren und Produktionszahlen für die hergestellten Teile auf. Die in den Fertigungszellen fortgeschriebenen Zahlen werden pro Fertigungsschicht an den Fertigungsleitrechner weitergegeben. Dort werden die akkumulierten Fertigungsergebnisse für eine Fertigungsperiode gehalten. Eine Fertigungsperiode setzt sich aus mehreren Fertigungsschichten zusammen. Das Durchreichen der Fertigungsfortschrittszahlen von den Zellen zum Leitstand kann innerhalb einer Schicht bis an deren Ende verzögert werden. Das Fertigungsleitsystem übernimmt diese Informationen immer erst dann, wenn Programme sie benötigen oder wenn die Rechnerbelastung unterhalb einer definierten Auslastungsgrenze liegt.

Mit den durch das Modell der verteilten Datenverarbeitung zur Verfügung gestellten Mitteln wird nun die beschriebene Anwendungssituation dargestellt. Zunächst erfolgt die Festlegung der Kooperation zwischen den einzelnen Teilanwendungen. Gemäß der vereinbarten Festlegung wird die systemkontrollierte verteilte Datenverwaltung eingesetzt. Infolgedessen werden in den drei Teilanwendungen Datenbereiche (z.B. Relationen) definiert, welche die Fertigungsfortschrittszahlen aufnehmen. Zur Beschreibung dieser Datenbereiche wird die relationale Schreibweise verwendet:

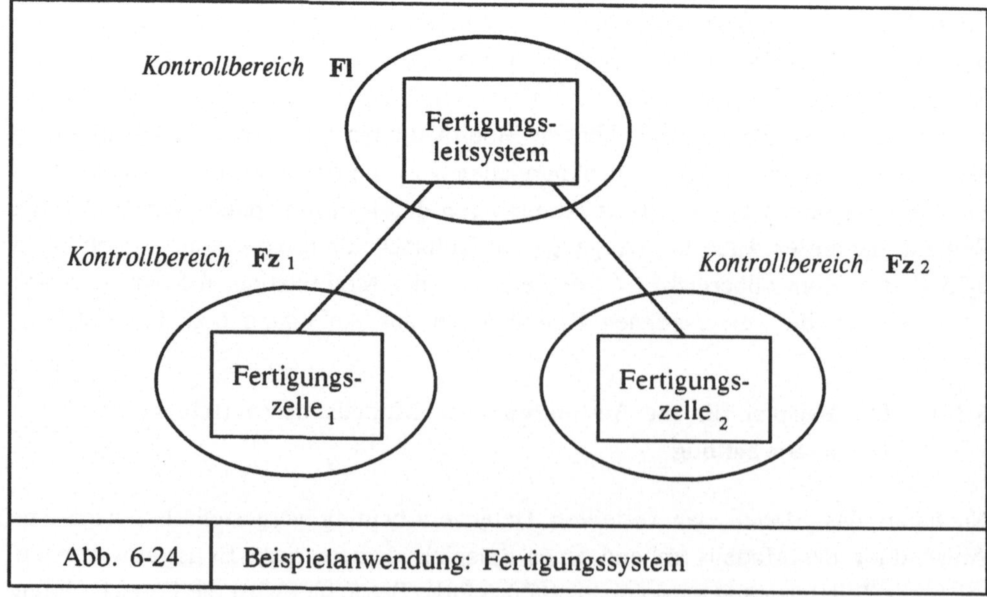

Abb. 6-24 Beispielanwendung: Fertigungssystem

Teilanwendung	*Relation*	
Fl	PRODUKTIONSFORTSCHRITT_fl	(**Teil_id**, Anzahl)
Fz_1	PRODUKTIONSFORTSCHRITT_fz_1	(**Teil_id**, Anzahl)
Fz_2	PRODUKTIONSFORTSCHRITT_fz_2	(**Teil_id**, Anzahl)

Zu definieren sind anschließend die lokalen Verarbeitungsregeln, die die in einem Kontrollbereich zu verwendenden Aktionen näher spezifizieren. Da die in einer Fertigungszelle registrierten Fortschrittszahlen durch Sensorvorrichtungen aus dem mechanischen Fertigungssystem leicht eruierbar sind und die Verarbeitungsleistung der Fertigungszellenrechner eingeschränkt ist, wird als Datenhaltungsmedium ein einfaches Dateisystem herangezogen. Dieses wird mit ungesicherten Lese- und Schreiboperationen bedient. Die lokalen Verarbeitungsregeln fordern daher nur das Setzen von Sperren bei Lese- und Schreibvorgängen; auf eine aufwendige Protokollierung kann verzichtet werden. Dagegen findet im Fertigungsleitrechner ein Datenbanksystem Anwendung. Alle hier gespeicherten Daten müssen gehobenen Sicherheitsansprüchen genügen. Die lokalen Verarbeitungsregeln verlangen die von Datenbanksystemen bekannten Maßnahmen zur Sperrverwaltung und Protokollierung.

Bei der Festlegung der globalen Regeln können die Spezifika der Anwendungssituation sehr nahe modelliert werden. Ausgenutzt wird dabei die Tatsache, daß die Datenmanipulationsvorgänge zwischen den Zellen und dem Leitsystem unabhängig und zeitlich versetzt ablaufen dürfen. Daher entscheidet man sich bezüglich der Kommunikationsform zwischen den beiden Zellrechnern und dem Leitrechner für die indirekte asynchrone Verarbeitung. Das Anbieten von Modifikationsinformation, das sind hier Produktionsfortschrittszahlen einer Fertigungsschicht, geschieht durch einen Trigger gesteuert am Ende einer Fertigungsschicht. Die Annahme dieser Information durch den Leitstand wird wiederum durch einen anwendungsspezifischen Trigger geregelt. Eine Kommunikation bezüglich der Produktionsfortschrittszahlen vom Leitstand zu den Zellen bzw. zwischen den Zellen ist in diesem Beispiel nicht notwendig. Zu definieren sind demnach zwei globale Regeln gR_{Fz1Fl} und gR_{Fz2Fl}, die zwischen den Teilanwendungen Fz_1 und Fl bzw. zwischen Fz_2 und Fl den Informationsfluß bezüglich der Produktionsfortschrittsdaten regeln. Sie schreiben hier die indirekte asynchrone Kommunikation vor.

Da eine asynchrone Kommunikationsform gewählt wurde, ist in den globalen Regeln gR_{Fz1Fl} und gR_{Fz2Fl} zu spezifizieren, welche Einbringstrategien anzuwenden sind. Prinzipiell werden die Ausprägungen der in den Relationen gehaltenen Daten unterschiedliche Werte annehmen. Aus den jeweils aktuellen Werten müssen bei einem Einbringvorgang innerhalb einer Sekundäraktion neue Datenwerte berechnet werden. Sie ergeben sich funktional aus der Summation der von den Zellen übermittelten schichtbezogenen Fortschrittsdaten und den im Leitrechner bereits vorliegenden

Produktionsdaten der Fertigungsperiode. Nach dem Übertrag der Fortschrittszahlen vom Zellrechner zum Leitrechner müssen in den Zellen die Datenbestände für die folgende Fertigungsperiode neu initialisiert werden.

Die Einbringstrategie wird abschließend mit der Notation aus Kapitel 6.3.3.3 beschrieben. Dabei wird nur die Einbringstrategie der globalen Regel gR_{Fz1Fl} angegeben. Die globale Regel gR_{Fz2Fl} ist entsprechend zu formulieren.

in_{Fz1} Datenmodifikationen seit dem letzten Kommunikationsvorgang;

in_{Fl} die der Menge in_{Fz1} logisch entsprechende Datenmenge;

Entscheidungsprozeß

Einbringstrategie
die neue Datenausprägung wird durch Summation der eingegebenen Werte berechnet;

merge
entspricht logisch den Eingabemengen in_{Fz1} und in_{Fl}; die neu berechneten Datenausprägungen werden übernommen;

out_{Fz1} leer;

out_{Fl} die Datenmenge *merge*;

$replace_{Fz1}$ leer;

$replace_{Fl}$ die Teilmenge des Datenbestands des Kontrollbereichs Fl, die logisch der Datenmenge *merge* entspricht;

6.4 Konsistenzbetrachtung

In diesem Unterkapitel wird der Begriff der Datenkonsistenz im Zusammenhang mit dem in diesem Kapitel eingeführten Modell der verteilten Datenverarbeitung diskutiert. Da Transaktionen bei klassischen Konsistenzbetrachtungen eine zentrale Rolle spielen, wird ihre Bedeutung für das hier vorgestellte Modell in Kapitel 6.4.2 herausgearbeitet.

6.4.1 Konsistenz und Kohärenz

Zentrale Aussage der klassischen Konsistenztheorie ist, daß alle Ausprägungen eines replizierten Datums gleich sein müssen (Versionen von Daten sind ausgenommen). Da diese Forderung im vorgeschlagenen Modell zur Datenverarbeitung in einem verteilten Rechnersystem nicht aufrecht erhalten werden kann, muß eine Neudefinition der Datenkonsistenz erfolgen. Aufgrund der enormen Flexiblilität bei der Datenverwaltung im vorliegenden Modell ist die Definition eines formalen Konsistenzbegriffs nahezu aussichtslos. Man sollte deshalb besser von Kohärenz- als von Konsistenzbeziehungen zwischen den verschiedenen Ausprägungen eines Datums sprechen. Allerdings ist selbst die Festlegung dieser Kohärenzen schwer zu fassen. Der in [ABGA 88] vorgeschlagene Ansatz zur Definition von Kohärenz ist nicht anwendbar. Dort wird die erlaubte Differenz zwischen Ausprägungen eines Datums durch folgende Einflußfaktoren festgelegt:

- *zeitliche Verzögerung*
  Es wird festgelegt, wie lange eine Ausprägung eines Datums eine an einer anderen Ausprägung durchgeführte Modifikation ignorieren darf.

- *Zahl der Versionen*
  Jede Modifikation eines Datums generiert per definitionem eine neue Version. Mit Hilfe der Kohärenzbeziehung wird ausgedrückt, welche Differenz in der Versionenzahl zwischen zwei Ausprägungen erlaubt ist.

- *arithmetische Bedingung*
  Bei numerischen Werten wird spezifiziert, welche arithmetische Differenz zwischen zwei Werten maximal erlaubt ist.

Im vorliegenen Modell ist das Ausmaß der Kohärenz zwischen Werten von Ausprägungen eines Datums ausschließlich durch anwendungsspezifische Bedingungen beschränkt. Diese Bedingungen sind völlig frei formulierbar. Sie hängen von den folgenden Konstituenten ab:

- *Datum*
  Für jedes logische Datum kann die Kohärenzbedingung individuell und unabhängig festgelegt werden. Ebenso können den Replikaten eines logischen Datums verschiedene Kohärenzdefinitionen zugeordnet werden.

- *Kommunikationsform*
  Sicherlich ist die Kohärenzbeziehung in großem Maße von der gewählten Kommunikationsverbindung abhängig. Beispielsweise gleicht sie bei der direkten synchronen Kommunikation der klassischen Konsistenzdefinition; andererseits impliziert die indirekte asynchrone Kommunikationsform eine schwächere Kohärenzbeziehung zwischen den Ausprägungen eines Datums. Da die Durchführung der indirekten bzw. asynchronen Kommunikation weitgehend von Triggern abhängt, bestimmen diese anwendungsspezifisch formulierten Kontrollmechanismen die Kohärenz der im System gehaltenen Daten.

- *Einbringstrategie*
  Bei asynchronen Kommunikationsverbindungen zwischen Kontrollbereichen beeinflußt die gewählte Einbringstrategie erheblich die Beziehung zwischen Ausprägungen eines logischen Datums (Kapitel 6.3.3.4).

- *Protokoll*
  Das Kohärenzverhältnis zwischen Replikaten eines logischen Datums verändert sich, wenn verschiedene Protokolle bei der Abwicklung von verteilten Verarbeitungsaufgaben gewählt werden. Diese regeln beispielsweise, ob bei der Abarbeitung einer verteilten Datenverarbeitungsaktion Interferenzen mit anderen Aktionen auftreten, welche schließlich zu unterschiedlichen Datenwerten führen können.

Zusammenfassend ist festzustellen, daß in einem gemäß dem vorgestellten Modell der verteilten Datenverarbeitung konzipierten Datenverwaltungssystem ein flexibler und vor allem anwendungsabhängiger Konsistenzbegriff (Kohärenzbegriff) verfolgt wird. Dessen Formalisierung ist schwer möglich, da intensionales Wissen über die modellierte Anwendungssituation die Basis für seine Formulierung darstellt. Ein Datum ist konsistent im Sinne dieses anwendungsabhängigen Konsistenzbegriffs, wenn alle lokalen und verteilten Verarbeitungsvorgänge korrekt abgearbeitet worden sind. Für deren Absicherung können anwendungsspezifisch fehlertolerante Protokolle oder Datenhaltungssysteme verwendet werden. Werden weniger ausfallsichere Mechanismen bzw. Systeme gewählt, ist die in Kauf genommene Fehlerunsicherheit aus Sicht der Anwendung zu tolerieren. Die im System anzuwendenden Recoverymethoden sind ebenfalls anwendungsabhängig festzulegen.

6.4.2 Die Bedeutung der Transaktion

Die Frage nach der Bedeutung der Transaktion für das eingeführte Modell der verteilten Datenverarbeitung wird aufgespalten in zwei Unterthemen. Zum einen wird die lokale Ausprägung der klassischen Transaktion betrachtet, während daran anschließend auf verteilte Transaktionen Bezug genommen wird.

Wie schon oben diskutiert, können die lokalen Datenverarbeitungsaktionen durch entsprechende Spezifikation der lokalen Verarbeitungsregeln wie konventionelle Transaktionen gestaltet werden (Kapitel 6.2.2). Das Scheduling der Transaktionen kann nach den bekannten und bewährten Strategien in klassischen Datenbanksystemen organisiert werden.

Eine verteilte Transaktion wird im vorgestellten Modell nur bei der Wahl der direkten synchronen Kommunikation zwischen verschiedenen Kontrollbereichen angetroffen. Bei entsprechender Formulierung der Kommunikationsprotokolle wird eine konventionelle verteilte Transaktion simuliert.

Der konstitutive Unterschied zwischen der Verwendung von lokalen und verteilten Transaktionen in konventionellen Datenbanksystemen und im eingeführten Modell der verteilten Datenverarbeitung besteht darin, daß sie in den herkömmlichen Systemen obligatorisch ist, während sie im eingeführten Modell optional ist. Gemäß den Charakteristika des Modells stellen Transaktionen nur eine Möglichkeit für die lokale oder verteilte Verarbeitung dar.

6.5 Prämissen für die Realisierung des Modells

Für die Realisierung eines verteilten Datenverwaltungssystems, das die Eigenschaften des vorgestellten Modells der verteilten Datenverarbeitung reflektiert, sind einige Voraussetzungen zu erbringen. Auf die systemtechnischen Prämissen, die in den Kapiteln 3 und 4 eingehend erörtert worden sind, wird an dieser Stelle nicht mehr eingegangen. Durch die sehr anwendungsnahe Konfigurierbarkeit, die durch das Modell angeboten wird, erscheint die Frage von größerem Interesse, wie ein Anwender die anwendungsbezogenen Informationen und Modellierungsvorschriften dem System übermitteln kann.

Das Problem der Spezifikation von Anwendungswissen läßt sich beim Modell der verteilten Datenverarbeitung übersichtlich in zwei Teilprobleme untergliedern: Starker Anwendungsbezug ist auf der einen Seite bei der lokalen Datenhaltung beobachtbar. Die hierfür benötigten Informationen sind innerhalb von lokalen Regeln der Teilanwendungen zu spezifizieren. Andererseits ist anwendungsabhängig zu formulieren, wie die verteilte Datenverarbeitung zu organisieren ist. Dafür sind die globalen Regeln heranzuziehen. Das sich auf die lokale oder verteilte Datenverarbeitung beziehende Anwendungswissen ist dem Datenverwaltungssystem durch Sprachkonstrukte mitzuteilen. Im folgenden soll nicht der syntaktische Aufbau dieser Werkzeuge diskutiert werden, dies geschieht im siebten bzw. achten Kapitel, sondern es wird angegeben, welche Informationen prinzipiell durch diese Sprachkonstrukte dem System bekanntzugeben sind.

Zunächst wird die Definition von lokalen Verarbeitungsregeln betrachtet. In einer lokalen Verarbeitungsvorschrift ist Information über folgende Systemeigenschaften festzuhalten:

- *Sperren*
  Dem Datenverwaltungssystem ist mitzuteilen, welche Sperren beim Zugriff auf die im System verwalteten Daten zu verwenden sind. Im Regelfall werden Lesesperren für lesende Zugriffe und Schreibsperren für die Zugriffsarten Löschen, Modifizieren und Einfügen gesetzt.

- *Protokollierung*
  Unter Protokollierung wird zusammengefaßt, welche Protokolle von den Daten gezogen werden, die von einem Zugriff tangiert werden. Bei Dateisystemen werden derartige Protokollierungen im Normalfall nicht vorgenommen, während bei Datenbanksystemen vor und nach einem Datenzugriff alle Datenversionen üblicherweise automatisch protokolliert werden.

In einem Sprachkonstrukt ist festzuhalten, welche Sperr- bzw. Protokollierungsmaßnahmen zu treffen sind. Diese Entscheidungen können in jedem Kontrollbereich individuell für jedes Datum anwendungsspezifisch getroffen werden.

Die globalen Verarbeitungsvorschriften regeln die verteilte Datenverarbeitung. Sie kontrollieren den Daten- bzw. Informationsaustausch zwischen den eine Anwendung ausmachenden Kontrollbereichen. In den globalen Regeln sind die folgenden Konstituenten zu spezifizieren:

- *Daten*
  Es muß festgelegt werden, zwischen welchen Datenbeständen welche globalen Verarbeitungsregeln definiert sind. Sowohl der sendende als auch der empfangende Datenbereich einschließlich der entsprechenden Kontrollbereiche sind zu bestimmen.

- *Kommunikationsform*
  Für den Datenaustauschvorgang zwischen den Datenbereichen verschiedener Kontrollbereiche ist die Form der Kommunikation zu spezifizieren. Eine der in Unterabschnitt 6.3.2.3 vorgeschlagenen Strategien ist zu wählen. In Abhängigkeit der selektierten Ablaufstrategie sind die folgenden drei konstituierenden Merkmale zu deklarieren:

  - *Trigger*
    Bei indirekten oder asynchronen Verarbeitungsformen bestimmen die eine Kommunikation auslösenden anwendungsspezifischen Trigger weitgehend das Systemverhalten. Sowohl für das Anbieten als auch für das Annehmen von transferierter Information sind Trigger zu definieren.

  - *Einbringstrategie*
    Für die Sekundäraktionen müssen anwendungsabhängige Einbringstrategien deklariert werden. Wie in Kapitel 6.3.3.4 dargestellt, können dadurch anwendungsbedingte Eigenschaften im Datenverwaltungsbereich modelliert werden.

  - *Protokoll*
    Für die zeitliche Koordination von verteilten Verarbeitungsvorgängen sind Verarbeitungsprotokolle zu definieren. Sie legen zum einen fest, wie

sicher ein Kommunikationsvorgang ist; zum anderen bestimmen sie, wie Teilaktionen verschiedener verteilter Datenverarbeitungsaktionen ineinander verschachtelt sein können. Die Sicherheit eines Kommunikationsvorgangs läßt sich dadurch erhöhen, daß eingetroffene Nachrichten durch Rückmeldungen bestätigt werden. Für den gegenseitigen Ausschluß von Teilaktionen verteilter Datenverarbeitungsaktionen veranlassen die globalen Regeln die lokalen Verwaltungssysteme, dies durch das Setzen von Sperren zu gewährleisten.

Durch ein Sprachkonstrukt muß individuell für jede Verbindung zwischen Datenbeständen unterschiedlicher Kontrollbereiche ein Paar von (gerichteten) globalen Verarbeitungsvorschriften spezifiziert werden. Durch die vielen zur Verfügung stehenden Entscheidungsstellen kann die verteilte Verarbeitung sehr anwendungsnah modelliert werden. In den folgenden beiden Kapiteln wird die Umsetzung des hier beschriebenen allgemeinen Modells in ein prototypisches System gezeigt.

7 Das Konzept eines verteilten Datenverwaltungssystems

In diesem Kapitel wird ein System zur Datenverwaltung in verteilten Rechnersystemen vorgestellt. Es wird **D**istributed **D**ata **M**anagement **S**ystem (DDMS) genannt. Das Konzept des DDMS spiegelt die Umsetzung der theoretischen Ausführungen des Modells der verteilten Datenverarbeitung (Kapitel 6) in ein realisierbares System wider. Allerdings wird in diesem Kapitel zunächst nur ein systemunabhängiges Implementierungskonzept für das DDMS vorgeschlagen; im anschließenden achten Kapitel erfolgt die Beschreibung zweier konkreter Implementierungsansätze. Durch die ausschließliche Konzentration auf die globale konzeptionelle Gestaltung einer Implementierung kann in diesem Kapitel eine übersichtliche und auf Optimalität ausgerichtete Architektur des DDMS präsentiert werden, die Einschränkungen, welche aus der Verwendung bestimmter Hard- oder Softwarebausteine resultieren, nicht berücksichtigen muß.

Zunächst wird in Abschnitt 7.1 ein globaler Überblick über die Konzeption des DDMS vermittelt. Daran anschließend erfolgt die Vorstellung der fundamentalen Teilsysteme des DDMS, des Definitionssystems, des Präcompilers, des Datenhaltungssystems und des Datenverteilungssystems. Die Arbeitsweise des DDMS wird im abschließenden Abschnitt analysiert. Wesentlicher Bestandteil dieses Kapitels ist die Definition von Sprachkonstrukten, die es einem Systemanwender ermöglichen, das DDMS für seine anwendungsabhängigen Bedürfnisse zu konfigurieren.

7.1 Überblick über die Gesamtarchitektur des DDMS

Neben den der Konzeption des DDMS zugrundeliegenden Entwurfsgrundsätzen wird eine Grobarchitektur des DDMS vorgestellt. Außerdem werden die wesentlichen Aufgaben der funktionalen Teilsysteme des DDMS diskutiert.

7.1.1 Entwurfsgrundsätze

Das DDMS hat die in Abschnitt 2.2 zusammengestellten Anforderungen von Anwendungen an ein Datenverwaltungssystem für verteilte Rechnersysteme zu erfüllen. Diese Anforderungen bezogen sich im wesentlichen auf die folgenden Aspekte:

- globale Kontrolle
- Autonomie der Teilsysteme
- Integration heterogener Systeme
- Basisdienste
- Zugriffszeit
- Fehlerverhalten
- Beziehung zwischen Teilkomponenten.

Das Modell der verteilten Datenverarbeitung (Kapitel 6) ist so konzipiert, daß alle oben aufgeführten anwendungsbedingten Anforderungen beim Aufbau des verteilten Datenverwaltungssystems berücksichtigt werden können. Im weiteren Verlauf des Kapitels 7.1 wird gezeigt, welche Teilkomponenten des DDMS die einzelnen Anforderungspunkte reflektieren.

Ein System, welches obigen Anforderungen entspricht, kann nicht statisch aufgebaut sein. Da die gestellten Vorgaben direkt von speziellen Anwendungssituationen abhängen, muß ein geeignetes Datenverwaltungssystem Konfigurierbarkeit in Hinblick auf wechselnde Anforderungen anbieten. Dies ist allerdings nur von einem erweiterbaren Systemansatz zu erwarten. Nach [NeSt 88] unterscheidet man bei erweiterbaren Systemarchitekturen zwischen den folgenden beiden Alternativen:

erweiterbares Datenverwaltungssystem

Kennzeichen dieses Ansatzes ist die Existenz eines kompletten verteilten Datenverwaltungssystems. Vom Benutzer des Systems spezifizierte und programmierte Module erlauben die zusätzliche Anpassung des Systems an die individuellen Bedürfnisse der Anwendung. Zum Beispiel können neue Datentypen durch den Benutzer definiert und ins verteilte Datenverwaltungssystem integriert werden.

'Tool-Kit'-Ansatz

Beim 'Tool-Kit'-Ansatz wird einem Benutzer eine vorgegebene Menge von Teilkomponenten eines verteilten Datenverwaltungssystems angeboten. Er kann sich gemäß den speziellen Anforderungen seiner Anwendungssituation aus diesem Werkzeugkasten bedienen und sich ein maßgeschneidertes verteiltes Datenverwaltungssystem aufbauen. Beispielsweise stehen zur Kontrolle des Mehrbenutzerbetriebs mehrere Systemkomponenten zur Verfügung, aus denen sich ein Anwender die für ihn optimale Komponente auswählen kann.

Ein verteiltes Datenverwaltungssystem, das gemäß dem präsentierten Modell der verteilten Datenverarbeitung konzipiert ist, muß aktive Komponenten aufweisen.

Wie die Ausführungen des sechsten Kapitels demonstrieren, sind asynchrone, durch Trigger initiierte Aktivitäten häufig anzutreffen. Ein diesen Ansprüchen gerecht werdendes System wird nach [NeSt 88] aktives Datenverwaltungssystem genannt. Das DDMS weist Merkmale eines solchen Systems auf; ein wichtiger Bestandteil des DDMS ist daher ein vom Anwender konfigurierbares Triggersystem.

Abschließend sei auf die Frage der Transparenz eingegangen, die dem Anwender vom DDMS zu gewähren ist. In Kapitel 4.2 wurde die Transparenz eines Datenverwaltungssystems aufgeteilt in die Teilaspekte Verteilungstransparenz, Komponententransparenz, Fragmenttransparenz, Lokationstransparenz und Replikationstransparenz. Das DDMS weist aufgrund der Analyse von verschiedenen Anwendungssituationen (Kapitel 2) Komponententransparenz für alle Anwenderklassen[1] vor. Der Systemadministrator und alle Benutzer brauchen folglich nicht zu wissen, welches lokale Datenhaltungssystem auf einem Rechnerknoten installiert ist, sondern sie können alle verwendeten Datenhaltungssysteme mit einer globalen Sprache bedienen (Kapitel 7.4.1). Alle anderen Formen der Transparenz werden im DDMS für die Anwender, nicht jedoch für einen Systemadministrator gewährt. Ein Systemadministrator hat die Fragmente der Relationen (Dateien) einer Anwendung im System zu allokieren und ihre Verbindungen untereinander zu spezifizieren. Der eigentliche Anwender bzw. das Anwendungsprogramm greift auf ein beliebiges Fragment zu und braucht sich beispielsweise nicht darum zu kümmern, ob dieses Fragment repliziert ist. Der Anwender konzentriert sich infolgedessen ausschließlich auf den eigentlichen Datenzugriff; die Datenbereitstellung, unter die auch die Verwaltung von Kopien fällt, ist allein die Angelegenheit des verteilten Datenverwaltungssystems.

7.1.2 Die Grobarchitektur des DDMS

Die Architektur des DDMS ist geprägt durch die vielfältigen lokalen und verteilten Verarbeitungsstrategien, welche das Modell der verteilten Datenverarbeitung ermöglicht. Daher wird eine prinzipielle Trennung der Systemfunktionalität in die Teilaufgaben Datenhaltung und Datenverteilung vorgenommen (Abbildung 7-1). Schon in Abschnitt 4-1 wurde die Aufspaltung der Funktionalität eines verteilten Datenverwaltungssystems in diese beiden Teilfunktionalitäten vorgeschlagen. Aufgabe der Datenhaltungskomponenten ist die lokale Verarbeitung der Daten an den Rechnerknoten. Das Datenverteilungssystem stellt die Verbindung zwischen den lokalen Datenhaltungssystemen dar. Die Auslegung und Konfigurierung eines Datenhaltungssystems wird hauptsächlich von den lokalen Verarbeitungsregeln bestimmt.

[1] Es sind zwei Benutzerklassen zu unterscheiden: der Systemadministrator, der das DDMS administiert, und die Anwender, die das DDMS in Anwendungsprogrammen benutzen.

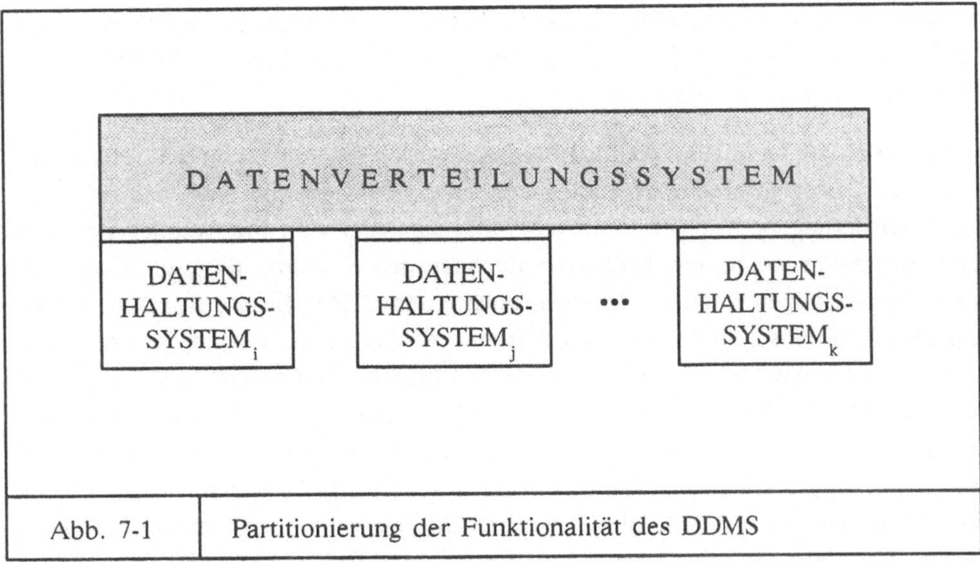

Abb. 7-1 Partitionierung der Funktionalität des DDMS

Die globalen Verarbeitungsregeln determinieren die an jedem Rechnerknoten zusätzlich allokierte Funktionalität bezüglich der Datenverteilung.

Die Zuordnung der Funktionen des DDMS zu den Knoten eines verteilten Rechnersystems wird nun von der systemtechnischen Seite betrachtet. Es stellt sich die Frage, wie das verteilte Datenverwaltungssystem prinzipiell organisiert ist. Drei Realisierungsformen bieten sich an:

- Das DDMS ist zentral auf einem ausgezeichneten Rechnerknoten installiert; die Verwaltung der weiteren Knoten des verteilten Systems geschieht von dieser zentralen Instanz aus.
- Auf jedem Rechner ist die gesamte Funktionalität des DDMS vorhanden.
- Auf jedem Rechnerknoten des verteilten Systems ist ein voll funktionstüchtiger Kern des DDMS allokiert; systemweit zu verwendende Werkzeuge und Komponenten sind nur auf einem dedizierten Rechner installiert.

Die erste Organisationsform ist für das DDMS nicht geeignet, da von einem derartigen zentralisierten System die vorgegebenen Anforderungen (Kapitel 1, Kapitel 2.2) nicht erfüllt werden können. Die zweite Alternative für die Gestaltung des DDMS stellt einen zu teueren Lösungsansatz dar. Es ist nicht notwendig, die gesamte Funktionalität des Systems gleichermaßen auf jedem Rechnerknoten anzubieten. Deshalb wird für das DDMS die dritte Architekturvariante gewählt. Auf jedem Rechner eines verteilten Anwendungssystems wird ein Kernsystem installiert, das fundamentale Funktionen der lokalen Datenhaltung bzw. der Datenverteilung realisiert. Einige allgemeine Komponenten, wie beispielsweise der Präcompiler (Kapitel 7.1.4) oder das Definitionssystem (Kapitel 7.1.3), sind dagegen nur genau einmal im verteilten System vorhanden; sie werden als allgemein zugängliche Dienstobjekte betrachtet. Somit bietet sich für die grundsätzliche Architektur des DDMS die in Abbildung 7-2 gezeigte Form an.

Zu Abbildung 7-2 ist anzumerken, daß sie nur logisch die Allokation der Teilkomponenten des DDMS in einem verteilten Rechnersystem wiedergibt. In einer tatsächlichen Realisierung ist der ausgezeichnete Rechner, der den Präcompiler und das Definitionssystem trägt, ein beliebiger Rechner des Systems. Er kann zusätzlich zu den beiden allgemeinen Werkzeugen auch einen DDMS-Kern aufweisen. In den folgenden Unterabschnitten wird überblicksartig vorgestellt, welche Funktionalität die einzelnen Teilsysteme des DDMS erbringen müssen. Außerdem wird angegeben, von welcher Teilfunktionalität die an das DDMS gestellten Anforderungen reflektiert werden. Eine detaillierte Beschreibung der Teilsysteme des DDMS schließt sich dann in den folgenden Abschnitten 7.2 mit 7.5 an. Durch die vorangestellte knappe Darstellung der Teilsysteme soll ein grober Überblick über das DDMS vermittelt werden. Er erleichtert die Einordnung der anschließend diskutierten Teilsysteme. Es sei bereits hier darauf hingewiesen, daß die Zuordnung von Funktionen zu den einzelnen Teilsystemen nicht disjunkt ist. Beispielsweise ist die verteilte Zugriffsverwaltung teilweise der Datenhaltungs- und teilweise der Datenverteilungskomponente zuzurechnen.

7.1.3 Aufgaben des Definitionssystems

Eine wichtige Anforderung an das DDMS ist die Ausübung einer globalen, im gesamten verteilten System wirkenden Kontrollfunktion. Alle unter dem DDMS

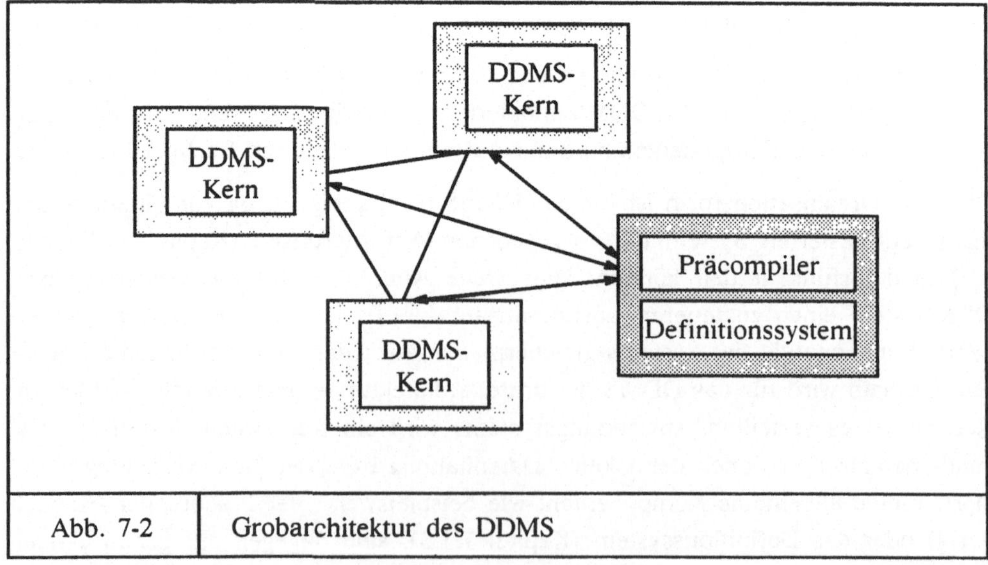

Abb. 7-2	Grobarchitektur des DDMS

verwalteten Daten werden von einer globalen Kontrollkomponente erfaßt. Diese wird gebildet durch die Menge der im verteilten System installierten DDMS-Kerne. Um deren Funktionalität festzulegen, ist eine Dialogkomponente notwendig, durch die der Anwender das DDMS gemäß seinen individuellen Wünschen konfigurieren kann. Das Definitionssystem bietet diese Funktionalität an. Es baut einen globalen Systemkatalog ('data dictionary') auf, in dem die vollständige Benutzerspezifikation enthalten ist. In den Aufgabenbereich des Definitionssystems fallen vor allem folgende zwei Tätigkeiten:

- *Verwaltung der Anwendungsspezifikation*
  Der Benutzer kann unter Verwendung des Definitionssystems das verteilte Rechnersystem bzw. das verteilte Datenverwaltungssystem individuell konfigurieren. Da dies die zentrale Aufgabe des Systemadministrators ist, genügt zur Bereitstellung dieser Funktionalität eine Instanz des Definitionssystems auf einem dedizierten Knoten.

  Eine Anwendung ist dadurch charakterisiert, daß sie sich im Verlauf der Zeit zumindest teilweise verändert. Diese Modifikationen müssen im Datenverwaltungssystem entsprechend reflektiert werden. Dazu bietet das Definitionssystem eine Modifikationskomponente an. Sie überwacht, ob die vom Administrator verlangten Änderungen konsistent durchführbar sind oder ob sie abgewiesen werden müssen.

- *Aufbau des verteilten Datenverwaltungssystems*
  Gemäß der Spezifikation der Anwendung, welche im globalen Systemkatalog niedergelegt ist, baut die Definitionskomponente das verteilte Datenverwaltungssystem auf. Auf den Rechnern des verteilten Systems werden die lokalen Datenhaltungs- und Datenverteilungskomponenten (DDMS-Kerne) und die lokalen Systemkataloge installiert. Bei Systemmodifikationen ist es die Aufgabe des Definitionssystems, diese konsistent in das Gesamtsystem zu integrieren.

7.1.4 Aufgaben des Präcompilers

Der Präcompiler ist neben dem Definitionssystem der zweite zentrale Dienst des DDMS. Für jede Programmiersprache, von der aus auf die vom DDMS verwalteten Datenbestände zugegriffen werden kann, ist nur genau ein Präcompiler vorhanden. Die in den Anwendungsprogrammen eingebetteten Datenzugriffsoperationen müssen für das DDMS modifiziert werden. Die Notwendigkeit eines Präcompilers hat zwei Ursachen:

- *globale Sprachschnittstelle*
  Das DDMS bietet für alle lokalen Datenhaltungssysteme eine einheitliche Sprachschnittstelle an. Dies bedeutet, daß mit der vom DDMS bereitgestellten Datenzugriffs- und -manipulationssprache beliebige Datenhaltungssysteme bedient werden können. Für die verschiedenen lokalen Systeme ist eine Übersetzung von der globalen Sprache des DDMS auf die des lokalen Systems vorzunehmen. Die oben erwähnte Komponententransparenz wird durch diese Vorgehensweise unterstützt.

- *Erweiterung der Zugriffsoperationen um Verwaltungsanweisungen*
  Die in die Anwendungsprogramme eingebetteten Datenzugriffsoperationen müssen für den Gebrauch im DDMS um Verwaltungsanweisungen erweitert werden. Vor dem Benutzer wird dies transparent gehalten. Beispielsweise sind Datenzugriffsoperationen um Routinen zur Überprüfung von Triggerbedingungen zu ergänzen.

7.1.5 Aufgaben des Datenhaltungssystems

In diesem Unterabschnitt werden die wichtigsten Aufgaben des Datenhaltungssystems des DDMS beschrieben. Sie decken die folgenden Teilfunktionen ab:

- *Verwaltung der Benutzerspezifikation*
  Aufgabe eines lokalen Datenhaltungssystems ist die Verwaltung der Benutzerspezifikation, welche die von einem DDMS-Knoten durchzuführenden Tätigkeiten beschreibt. Diese Information wird in den lokalen Systemkatalogen ('data dictionaries') gehalten.

- *lokale Zugriffsverwaltung*
  Zentrale Aufgabe des Datenhaltungssystems ist die Organisation der lokalen Datenverarbeitung. Dabei sind unter anderem die Aufgabengebiete Mehrbenutzerkontrolle, Sperrverwaltung, lokale Protokollverwaltung und Integritätskontrolle abzudecken. Diese Teilfunktionalitäten sind von jedem beliebigen (verteilten) Datenverwaltungssystem zu erbringen; sie sind nicht DDMS-spezifisch. Aufgabe der lokalen Zugriffsverwaltung ist die Realisierung der Initialisierungs- und der Abschlußphase sowie der lokalen Verarbeitungsphase einer Datenverarbeitungsaktion, wie sie im Modell der verteilten Datenverarbeitung vorgestellt worden ist.

- *Triggersystem*
  Speziell für die Bedürfnisse der Datenverwaltung im DDMS ist das Datenhaltungssystem um eine Triggerkomponente zu expandieren. Diese hat bei anwendungsspezifisch definierten Ereignissen indirekte oder asynchrone Datenverar-

beitungsvorgänge zu initiieren (Kapitel 6). Die Triggerkomponente kann neben diesen an der Funktionsweise des DDMS orientierten Tätigkeiten auch andere Aufgaben übernehmen. Beispielsweise kann sie bei der Integritätskontrolle, bei der Spezifikation von Zugriffsrechten oder bei der Unterstützung von Sichten eingesetzt werden ([Eswa 76]).

Durch die lokalen Datenhaltungssysteme wird vor allem das Zeitverhalten und die Fehlerbehandlungsstrategie des DDMS bestimmt. Eine restriktive Form der Mehrbenutzerkontrolle und aufwendige Protokollierungsverfahren zur Steigerung der Fehlertoleranz mindern zum Beispiel das zeitliche Reaktionsvermögen des verteilten Datenverwaltungssystems. Das im Zuge der Anwendungsspezifikation in das Triggersystem und den Entscheidungsprozeß eingebrachte Wissen erlaubt die anwendungsspezifische Organisation der Kommunikation zwischen den Rechnerknoten, wodurch die größtmögliche, von der Anwendung noch tolerierbare Autonomie der Rechner gewährleistet werden kann. Darüber hinaus werden besondere Eigenschaften der Basiskomponenten des verteilten Datenverwaltungssystems durch die anwendungsnahe Spezifikation des Systemverhaltens berücksichtigt. Wenn beispielsweise ein Kommunikationsmedium nur zeitlich begrenzt zur Verfügung steht, kann die Kommunikation zwischen den Rechnerknoten diesen restriktiven Gegebenheiten angepaßt werden.

7.1.6 Aufgaben des Datenverteilungssystems

Das Aufgabengebiet des Datenverteilungssystems ist untergliedert in die folgenden fundamentalen Teilbereiche:

- *Kommunikation*
  Die wichtigste Aufgabe des Datenverteilungssystems ist die Abwicklung der Kommunikationsvorgänge im verteilten System, wie sie in den Benutzerspezifikationen beschrieben sind. Initiiert durch die Triggerkomponente oder ein lokales Zugriffssystem, sind Nachrichten im verteilten System zu verschicken. In Abhängigkeit von der gewählten Verarbeitungsstrategie sind von der Kommunikationskomponente mehr oder weniger fehlerresistente Protokolle zu verwenden.

- *verteilte Zugriffsverwaltung*
  Der zweite Aufgabenbereich des Datenverteilungssystems ist die Unterstützung von Rechnergrenzen überschreitenden Zugriffen. Muß ein Anwendungsprogramm neben den auf dem eigenen Knoten allokierten Daten auch solche benutzen, die an einem anderen Knoten abgespeichert sind, hat das Datenverteilungssystem diesbezüglich Mechanismen zur Verfügung zu stellen (z.B. Fernaufruf).

Der verteilten Zugriffsverwaltung wird auch die Präparation lokaler Information für eine spätere Propagierung an externe Kontrollbereiche auferlegt. Beispielsweise können in einer bestimmten Realisierungsform alle von einem lokalen Prozeß modifizierten Sätze mit einem Zeitstempel der Modifikationsdurchführung versehen werden. In der globalen Verarbeitungsphase einer Datenverarbeitungsaktion können dann anhand dieser Informationen zu verschickende Tupel identifiziert werden.

- *Extraktions- und Einbringverfahren*
  Wird eine indirekte Verarbeitungsweise gewählt, so sind einem externen Kontrollbereich Modifikationen von bereits abgeschlossenen lokalen Aktionen anzubieten. Für die Extraktion dieser Information ist ein spezielles Programm erforderlich, welches gemäß der Benutzerspezifikation die entsprechenden Datensätze aus dem lokalen Datenbestand selektiert.

  Eine der charakterisierenden Eigenschaften des DDMS ist die Verwendung von Einbringstrategien bei asynchronen Verarbeitungsvorgängen (Kapitel 6.3.3). Diese sind in einem Entscheidungsprozeß zu realisieren. Der Entscheidungsprozeß ist vom lokalen Datenhaltungssystem zu kontrollieren. Besonders bei der Wahl und der Definition von Entscheidungsprozessen zeigt sich die Erweiterbarkeit des DDMS. Für eine bestimmte Anwendung kann ein dafür konzipierter Entscheidungsprozeß verwendet werden, der eine dieser Anwendung gerecht werdende Einbringstrategie zur Verfügung stellt.

- *Verwaltung der Zwischenpuffer*
  Wie in Kapitel 6.3.1 eingeführt wurde, wird bei der im DDMS realisierten Kommunikationsform ein (virtueller) Zwischenpuffer benötigt. Unabhängig von dessen Realisierung ist er vom lokalen Datenhaltungssystem zu verwalten. Da die in den Zwischenpuffern gehaltene Information nur für bestimmte Zeit benötigt wird, müssen periodische oder aperiodische Aufräumarbeiten durchgeführt werden (Reorganisation). Wann diese Arbeiten initiiert werden, hängt unter anderem vom gewählten Recoveryverfahren ab: Je länger die Information in einem Zwischenpuffer gehalten wird, desto länger steht sie auch für Recoveryzwecke zur Verfügung.

An dieser Stelle muß darauf hingewiesen werden, daß das dem Datenhaltungssystem zugeordnete Triggersystem auch die bestimmende Komponente des Datenverteilungssystems ist. Die durchzuführenden indirekten und asynchronen Kommunikationsvorgänge werden anwendungsabhängig durch das Triggersystem initiiert. Deshalb ist es durchaus möglich, das Triggersystem dem Datenverteilungssystem zuzuordnen. Dies soll aber hier nicht geschehen, um zu unterstreichen, daß die Triggerkomponente über die Kommunikationssteuerung hinaus wichtige Anforderungen zu befriedigen hat (Kapitel 7.1.5).

7.1.7 Das Zusammenwirken der Teilsysteme

Ohne auf die Gesamtarchitektur des DDMS genauer einzugehen, wird in diesem Unterabschnitt überblicksartig die globale Verarbeitungsstrategie des verteilten Datenverwaltungssystems vorgestellt. In Abschnitt 7.5 erfolgt eine detaillierte Diskussion der Arbeitsweise des DDMS.

Es wird unterschieden zwischen der Definitions- und der Laufzeitphase des DDMS. In der Definitionsphase wird das Datenverwaltungssystem in einer verteilten Rechnerumgebung aufgebaut. Dazu bedient sich der Systemadministrator des Definitionssystems. Von diesem wird die gesamte anwendungsspezifische Information im globalen Systemkatalog abgelegt. Nach Beendigung der Spezifikation veranlaßt das Definitionssystem die Installation der DDMS-Kerne, der lokalen Systemkataloge und der Benutzerrelationen bzw. -dateien auf den Rechnern des verteilten Anwendungssystems. Damit ist die Definitionsphase abgeschlossen.

In der Laufzeitphase greifen Anwendungsprogramme unter Verwendung der lokalen und verteilten Zugriffsverwaltung auf die lokalen Benutzerdaten zu. Das Triggersystem prüft ständig, ob Trigger feuern können, die indirekte oder asynchrone Datenverarbeitungsaktionen initiieren. Bei indirekten Kommunikationsvorgängen wird die Extraktionskomponente angestoßen. Sie extrahiert aus einem lokalen Datenbestand die relevanten Daten und legt sie entweder in einen Zwischenpuffer ab, wo sie vom Kommunikationspartner abgerufen werden können, oder übermittelt sie unter Verwendung der Kommunikationskomponente einem anderen Rechnersystem. Bei asynchronen Einbringvorgängen werden die Daten der Kooperationspartner unter Verwendung einer anwendungsspezifischen Einbringstrategie in den entsprechenden lokalen Datenbestand eingebracht.

Das Definitionssystem erlaubt während der Laufzeitphase die partielle Modifikation der DDMS-Strukturen. Definitions- und Laufzeitphase können sich daher zeitlich überlappen. Das Definitionssystem überprüft, ob vom Anwender gewünschte Änderungen der Systemstruktur erlaubt werden können. Gegebenenfalls führt es die anfallenden Modifikationen durch, wobei darauf geachtet wird, daß die nebenläufigen Verarbeitungsaktionen konsistent weitergeführt werden können.

7.2 Das Definitionssystem

Das Definitionssystem dient der anwendungsorientierten Spezifikation und Konfiguration des DDMS durch den Systemadministrator. Die gesamte Beschreibung der Anwendung wird in einem zentralen Systemkatalog abgelegt. Aufgrund dieser Anwendungsspezifikation ist anschließend das verteilte Datenverwaltungssystem aufzubauen. Am Ende dieses Unterkapitels erfolgt ein Architekturvorschlag für das Definitionssystem.

7.2.1 Der globale Systemkatalog

Die Spezifikation der Anwendung wird im globalen Systemkatalog abgelegt. Ein Systemkatalog kann nach unterschiedlichen Prinzipien aufgebaut werden; daher ist die Diskussion der wichtigsten Gestaltungsalternativen für die Systemkataloge des DDMS Gegenstand des ersten Gliederungspunkts. Die Phasen der Datenverteilung werden im zweiten Unterabschnitt dargestellt. Daran schließt sich die Beschreibung der im globalen Systemkatalog allokierten Informationsmenge an. Auf Integritätsfragen bezüglich des Inhalts des globalen Systemkatalogs wird im vierten Teil dieses Abschnitts eingegangen. Abschließend werden Sprachkonstrukte zur Formulierung der anwendungsspezifischen Systemspezifikation eingeführt.

7.2.1.1 Gestaltungsprinzipien für die Systemkataloge

Das DDMS weist zwei Arten von Systemkatalogen auf. Es ist zu unterscheiden zwischen dem globalen Systemkatalog, der auf dem Rechner des Definitionssystems allokiert ist, und den lokalen Systemkatalogen, die auf allen Rechnern des verteilten Systems aufgebaut werden, auf denen das DDMS installiert ist (DDMS-Knoten). Die Funktionalität der verschiedenartigen Kataloge wird anhand einiger ausgezeichneter Merkmale differenziert:

Informationsmenge

Der globale Systemkatalog umfaßt die gesamte vom Systemadministrator eingegebene Information über das Anwendungssystem. Aufgrund dieser Spezifikation wird das DDMS gemäß den speziellen Anforderungen der Anwendung konfiguriert. Die lokalen Systemkataloge enthalten dagegen nur die partielle Informationsmenge, die für einen speziellen Knoten des verteilten Systems von Interesse ist. Darunter werden beispielsweise Angaben über Kommunikationspartner und Kooperationsformen eines DDMS-Knotens verstanden.

Aktualitätsstand

Der globale Systemkatalog weist immer den größtmöglichen Aktualitätsstand auf. Die lokalen Kataloge werden dagegen erst dann gemäß den veränderten Anforderungen der Anwendung aktualisiert, wenn dies konsistenzerhaltend während der laufenden Verarbeitung des DDMS durchführbar ist.

Zugänglichkeit

Der globale Systemkatalog ist ausschließlich für den Systemadministrator zugänglich. Er bedient sich der Definitionskomponente, um dem DDMS Metainformationen der Anwendung zu übermitteln, und greift dabei direkt auf den globalen Systemkatalog zu. Die lokalen Kataloge stehen lediglich den Verarbeitungsroutinen des DDMS zur Verfügung. Falls sich die Systembeschreibung aufgrund neuer Anforderungen der Anwendung ändert, wird dies dem globalen Systemkatalog bekanntgegeben. Für jeden lokalen Katalog wird sogleich die relevante Information extrahiert und dorthin transferiert. Systemprogramme des DDMS modifizieren anschließend die lokalen Kataloge, wobei darauf geachtet werden muß, daß die dazu nebenläufigen Verarbeitungsprogramme konsistent fortgeführt werden können.

Aufgrund der eben beschriebenen Gestaltung des globalen und der lokalen Systemkataloge leiten sich für das DDMS folgende Vorteile ab:

- Durch die Verwaltung der gesamten Metainformation der Anwendung im globalen Systemkatalog kann eine zentrale Kontrollfunktion ausgeübt werden. Eine nur lokal vorgenommene und nicht zur Kontrollinstanz transferierte Änderung der DDMS-Anwendungsstrukturen ist prinzipiell nicht möglich. Inkonsistenzen bezüglich der Systembeschreibung zwischen dem globalen und den lokalen Katalogen sind daher ausgeschlossen.
- Die redundante Abspeicherung der das Anwendungssystem beschreibenden Information im globalen Systemkatalog erhöht die Recoverymöglichkeit des DDMS. Fällt ein Rechnerknoten aus, kann die dort benötigte lokale Metainformation aufgrund des Inhalts des globalen Katalogs rekonstruiert werden.

In [CePe 84] werden für die Realisierung eines Systemkatalogs einer verteilten Datenbank drei Architekturvorschläge angegeben. Beim ersten wird die gesamte Metainformation in einem zentralen Katalog auf einem ausgewählten Rechner gehalten. Nachteilig wirkt sich bei dieser Realisierungsvariante die Abhängigkeit des Gesamtsystems von der Funktionstüchtigkeit des ausgezeichneten Rechners aus. Als alternative Variante bietet sich die vollständige Replizierung des Systemkatalogs auf allen Rechnern des verteilten Systems an. Diese Realisierungsform wird durch das Durchreichen aller Systemmodifikationen an alle lokalen Kataloge in ihrer Leistungsfähigkeit stark beeinträchtigt. Ein enormer Mehraufwand ist beispielsweise dann in Kauf zu nehmen, wenn durch eine nur lokal relevante Modifikation der Systembeschreibung alle Kataloge gesperrt und aktualisiert werden müssen. Ceri und Pelagatti schlagen deshalb eine dritte Realisierungsform für einen Systemkatalog vor. Sie definieren lokale Kataloge, die jeweils nur die Beschreibung der am gleichen Rechner allokierten Daten umfassen.

Im DDMS ist eine Mischform der drei Realisierungsvarianten vorzufinden. Es existiert ein zentraler Katalog, der die gesamte Metainformation des Anwendungssystems enthält. Um aber die restriktiven Eigenschaften dieser Implementierungsform zu vermeiden, wird für jeden Rechner aus dem zentralen Katalog ein lokaler Systemkatalog extrahiert, der die notwendigen Informationen für alle lokal abzuwickelnden Verarbeitungsvorgänge beinhaltet. Somit sind die Vorteile des zentralen und der lokalen Katalogarchitektur nach [CePe 84] im DDMS vereinigt.

7.2.1.2 Phasen der Spezifikation von Anwendungsdaten

Voraussetzung für das Verständnis des Aufbaus des globalen Systemkatalogs ist die Kenntnis der Vorgehensweise bei der Spezifikation der Datenbestände einer Anwendung. Diese Datendefinition erfolgt in fünf sequentiellen Schritten:

i. Entwicklung eines konzeptionellen Datenschemas
Erster Schritt bei der Definition der unter dem DDMS zu verwaltenden Daten ist die Entwicklung eines konzeptionellen Datenschemas, welches auch alle anwendungsabhängigen Integritätsbedingungen umfaßt. Dabei wird die in [Wede 81] vorgeschlagene Entwicklungsmethodologie verwendet, nach der über die Rekonstruktion von Begriffen ein konzeptionelles Schema gewonnen wird. Die aus den Begriffen abzuleitenden Relationen bilden einschließlich der Integritätsbedingungen das konzeptionelle Datenschema der Anwendung. Obwohl bei der Beschreibung dieses Schemas auf die relationale Darstellungsweise rekurriert wird, bedeutet dies nicht, daß die unter dem DDMS integrierten Datenhaltungssysteme ausschließlich das relationale Datenschema unterstützen. Die relationale Darstellung stellt vielmehr ein elegantes Beschreibungsmittel für ein konzeptionelles Schema dar, weshalb sie hier verwendet wird. Eine Umsetzung der Datenbeschreibung des allgemeinen konzeptionellen Schemas auf das der lokalen Datenhaltungssysteme ist gegebenenfalls vorzunehmen.

ii. Definition von Datensegmenten
Unter einem Datensegment wird ein horizontales und/oder vertikales Fragment einer Relation des konzeptionellen Schemas verstanden, wobei jedes Datensegment den Primärschlüssel (Identifikator eines Datensatzes) der Basisrelation enthalten muß. Ein Datensegment stellt die kleinste Einheit eines unter dem DDMS verwalteten Datenbestands dar. Es besteht aus einer Sequenz von Tupeln, welche in typisierte Felder unterteilt sind. Der Datenbestand einer Teilanwendung setzt sich aus einer Menge von Datensegmenten zusammen.

iii. Allokation von Datensegmenten
Die im zweiten Schritt definierten Datensegmente werden nun den Kontrollbereichen des verteilten Anwendungssystems zugewiesen. Die allokierten Datensegmente heißen Partitionen. Da die Kontrollbereiche Rechnern zugeordnet sind, erfolgt hiermit die Distribution der Datensegmente im verteilten Rechnersystem.

Falls ein Datensegment mehrmals zugeteilt wird oder sich überlappende Datensegmente in verschiedenen Kontrollbereichen allokiert werden, resultiert daraus Datenreplikation.

iv. Spezifikation der Datenverteilung
Die entscheidende Phase der Datenspezifikation ist die Phase der Datenverteilung. Für die allokierten Datenpartitionen werden globale Verarbeitungsregeln spezifiziert, welche ihre verschiedenartigen Kommunikationsbeziehungen beschreiben (Kapitel 6.3.2.3).

v. Definition von Zugriffsrechten und Sichten
Beim abschließenden Schritt der Datenspezifikation erfolgt die Festlegung von Zugriffsrechten für die den Kontrollbereichen zugeordneten Daten. Darüber hinaus können logische Sichten auf Datensegmenten gebildet werden.

7.2.1.3 Inhalt des globalen Systemkatalogs

Die Beschreibung des Inhalts des globalen Systemkatalogs erfolgt gemäß der in [Wede 81] eingeführten Entwicklungsmethodologie. Demzufolge werden die entsprechenden Begriffe (Objekttypen), die den Inhalt des globalen Systemkatalogs ausmachen, aus der Anwendung rekonstruiert. Es werden nur diejenigen Begriffe eingeführt, welche notwendigerweise im globalen Systemkatalog gehalten werden müssen. Für eine konkrete Implementierung des DDMS (Kapitel 8) können weitere Begriffe notwendig sein bzw. kann auf einige der hier aufgeführten Begriffe verzichtet werden. Es wird außerdem nicht darauf geachtet, eine möglichst vollständige Menge von Apprädikatoren für einen Begriff zu eruieren, da diese wiederum stark von der Implementierung abhängig ist. Daher werden nur die wesentlichen und notwendigen Attribute eines Begriffs neben den identifizierenden Eigenprädikatoren genannt.

Der Inhalt des globalen Systemkatalogs läßt sich in drei disjunkte Bereiche aufgliedern. Im ersten Abschnitt wird die hard- und softwaretechnische Systemumgebung des DDMS beschrieben. Der zweite Teil des globalen Systemkatalogs beinhaltet das konzeptionelle Schema der Anwendungsdaten. Schließlich erfolgt im dritten Abschnitt die Spezifikation der Datenverteilung des globalen Systemkatalogs.

α) Beschreibung der Systemumgebung

Auf der Hardwareseite sind die Rechner und ihre gegenseitigen Verbindungen zu spezifizieren. Softwareseitig ist zu unterscheiden zwischen dem Betriebssystem eines Rechners, dem (den) dort allokierten Datenhaltungssystem(en) und den Kommunikationssystemen, welche der Kooperation zwischen Rechnerknoten dienen. Jeder Rechner ist mit einem Betriebssystem ausgestattet. Jede Kommunikationsverbindung weist eine ausgezeichnete Kommunikationssoftware auf. Da auf einem Rechner mehrere Datenhaltungssysteme allokiert sein können, welche Benutzerdaten aufnehmen, werden Lokationen definiert. Sie bezeichnen eindeutige Orte in der Organisationsstruktur eines Rechnerknotens. Meist sind sie durch einen Pfadnamen in einem hierarchischen Dateisystem realisiert. Die Datenbestände mehrerer Kontrollbereiche werden möglicherweise vom Datenhaltungssystem einer Lokation verwaltet. Andererseits können die Daten eines Kontrollbereichs auf mehrere Datenhaltungssysteme aufgeteilt werden.

Abbildung 7-3 zeigt die Begriffsschemata der Systemumgebung. Die rekonstruierten Begriffe sind jeweils um das Suffix '_GS' ergänzt. Das Suffix 'G' bedeutet, daß der Begriff zum globalen Systemkatalog gehört; das Suffix 's' weist auf die Verwendung des Begriffs zur Beschreibung der Systemumgebung hin. Fremdschlüsselbeziehungen sind in den folgenden Abbildungen durch gestrichelte Pfeile gekennzeichnet.

Einer der elementaren Begriffe des Schemas aus Abbildung 7-3 ist RECHNERKNOTEN_GS. Eine notwendige Apprädikation ist sein Betriebssystem. Weitere Attribute beziehen sich auf den Rechnertyp oder den geographischen Standort des Rechners.

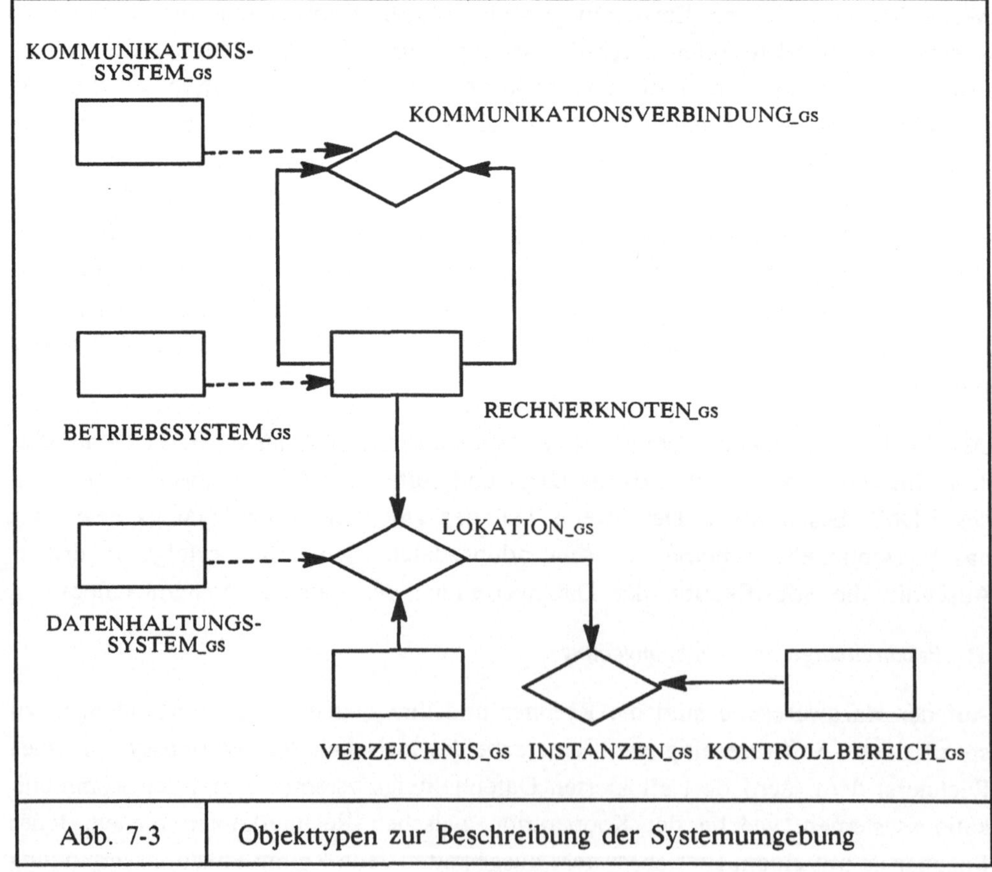

Abb. 7-3	Objekttypen zur Beschreibung der Systemumgebung

Der Begriff BETRIEBSSYSTEM_GS beschreibt die im verteilten System verwendeten lokalen Betriebssysteme. Optionale Attribute dieses Objekttyps sind die Version des betrachteten Systems oder die Beschreibung, ob es mehrbenutzerfähig ist oder nicht. Alle im verteilten System existierenden Kommunikationssysteme sind unter dem Begriff KOMMUNIKATIONSSYSTEM_GS zusammengefaßt. Apprädikatoren charakterisieren die Fähigkeiten der einzelnen Systeme; zum Beispiel beschreiben sie die Möglichkeit des Dateitransfers oder des Fernzugriffs. Schließlich sind die Funktionalitäten der lokalen Datenhaltungssysteme durch den Begriff DATENHALTUNGSSYSTEM_GS festgelegt. Eine Beschreibung ihrer Sperr-, Protokollierungs- und Recoveryverfahren ist notwendiger Bestandteil dieses Begriffsschemas. Außerdem muß bestimmt sein, welche Schnittstellen bzw. welche Datenorganisation (satzorientiertes Dateisystem oder relationales, netzwerkartiges bzw. hierarchisches Datenbanksystem) ein Datenhaltungssystem zur Verfügung stellt. Die Kontrollbereiche des Anwendungssystems sind unter dem Begriffsschema KONTROLLBEREICH_GS zu finden. Eindeutige Orte in der Organisationsstruktur eines Rechnerknotens sind unter dem Objekttyp VERZEICHNIS_GS zusammengefaßt.

Der komposite Begriff KOMMUNIKATIONSVERBINDUNG_GS umschreibt die im verteilten Rechnersystem existierenden Knotenverbindungen. Notwendiges Attribut dieses Begriffs ist ein Kommunikationssystem, das die Verbindung zwischen zwei Rechnerknoten kontrolliert. Eine Komposition der Begriffe RECHNERKNOTEN_GS und VERZEICHNIS_GS bildet den fundamentalen Begriff LOKATION_GS. Er bezeichnet die eindeutige Lokation eines Datenhaltungssystems auf einem Rechnerknoten[1]. Die Zuordnung von Kontrollbereichen zu Lokationen findet durch den Objekttyp INSTANZEN_GS statt. Er beschreibt die Allokation der Daten eines Kontrollbereichs im verteilten Rechnersystem.

β) Beschreibung des konzeptionellen Datenschemas

Der zweite Abschnitt des globalen Systemkatalogs beschreibt das konzeptionelle Datenschema der Anwendung. Die Relationen des Schemas werden Basisrelationen genannt. Ihre Attribute und eindeutigen Primärschlüssel sind vom Anwender zu bestimmen. Obwohl sie wichtige Bestandteile des konzeptionellen Schemas sind, werden die Integritätsbedingungen aus der Beschreibung herausgenommen; ebenfalls wird auf die Deklaration der Zugriffsrechte verzichtet. Integritätsbedingungen und Zugriffsrechte können in Abhängigkeit von der gewählten Realisierungsform den im folgenden noch zu definierenden Begriffen ATTRIBUTDOMAIN_GK, ATTRIBUT_GK, RELATION_GK, SEGMENT_GV, PARTITION_GV oder SICHT_GV zugeordnet werden. In Abbildung 7-4 sind die Objekttypen um das Suffix 'GK' erweitert, was

[1] Aus Gründen der Vereinfachung wird im folgenden immer davon ausgegangen, daß pro Rechner nur genau eine Lokation definiert ist. Falls mehrere Lokationen an einem Rechner existieren, wird dies explizit angegeben.

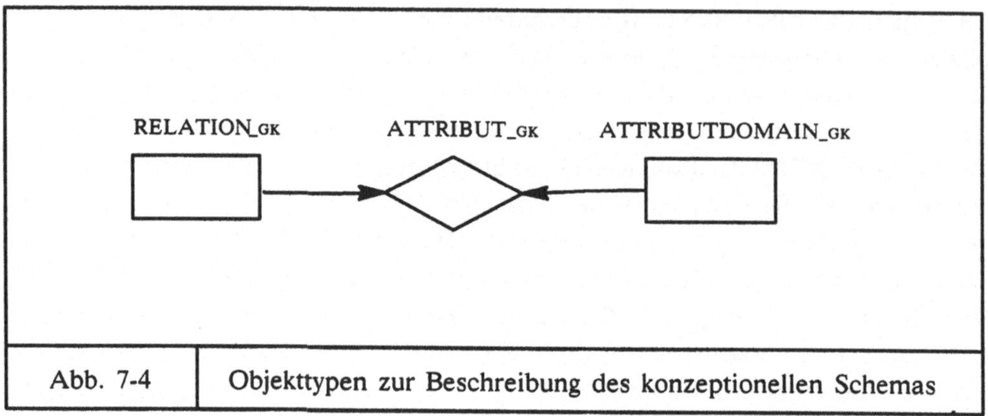

Abb. 7-4	Objekttypen zur Beschreibung des konzeptionellen Schemas

auf die Verwendung des Begriffs zur Beschreibung des konzeptionellen Schemas im globalen Systemkatalog hinweist.

Die Basisrelationen des konzeptionellen Schemas sind unter dem Objekttyp RELATION_GK subsumiert. Der Begriff ATTRIBUTDOMAIN_GK umfaßt den Wertebereich für die Attribute der Relationen. Konstitutiver Apprädikator dieses Begriffs ist der Typ der Elemente des Wertebereichs. Aus der Komposition der Objekttypen RELATION_GK und ATTRIBUTDOMAIN_GK resultiert der Begriff ATTRIBUT_GK, welcher eine Zuordnung von Attributen zu Relationen vornimmt. Eine notwendige Apprädikation des Begriffs ATTRIBUT_GK besagt, ob ein Attribut für eine ihm zugeordnete Relation einen Primärschlüssel darstellt.

γ) Beschreibung der Datenverteilung

Im dritten Bereich des globalen Systemkatalogs sind die Begriffe zusammengefaßt, welche die Datenverteilung im Anwendungssystem näher charakterisieren. Zunächst sind die Granulate der Datenverteilung, die Datenpartitionen, zu definieren. Ein Anwender hat die Möglichkeit, logische Sichten über eine Menge von Partitionen zu legen. Wichtigster Bestandteil des dritten Abschnitts des globalen Systemkatalogs ist die Charakterisierung der Datenverteilung. Es wird festgehalten, zwischen welchen Datenpartitionen unter Berücksichtigung welcher globalen Verarbeitungsvorschriften kommuniziert wird. Die Objekttypen der Abbildung 7-5 sind mit dem Suffix 'GV' ausgestattet, das auf die Verwendung der Begriffe bei der Festlegung der Datenverteilung im globalen Systemkatalog hindeutet.

Zunächst ist der Begriff des Datensegments (SEGMENT_GV) zu rekonstruieren. Wie schon in Abschnitt 7.2.1.2 eingeführt, stellt ein Segment eine Teilmenge einer Relation des konzeptionellen Schemas dar. Ein Segment ist daher mit dem Namen der Relation zu attributieren, von welcher es abgeleitet ist. Zusätzlich ist die dabei angewandte Spezifikationsbedingung anzugeben. Diese Bedingung beschreibt die horizontale und/oder vertikale Fragmentierung der Basisrelation, welche einem Seg-

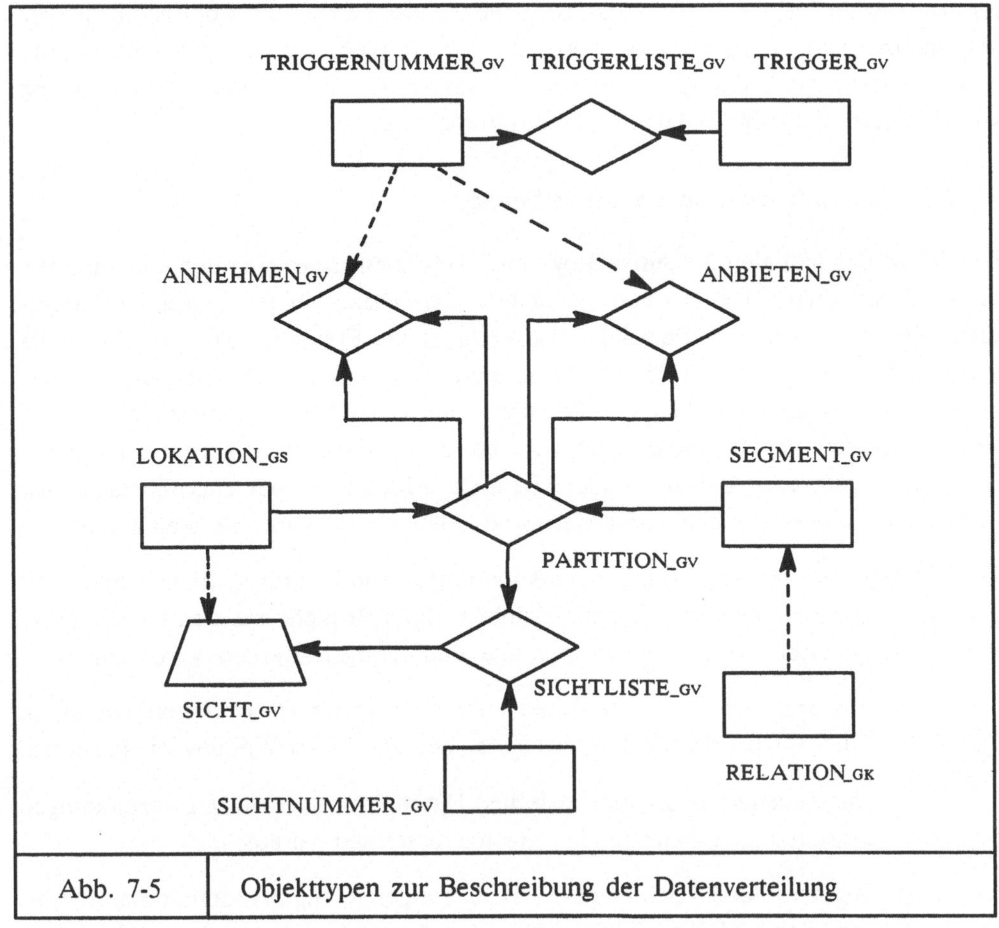

Abb. 7-5	Objekttypen zur Beschreibung der Datenverteilung

ment entspricht. Zentraler Begriff der Datenverteilung ist PARTITION_GV, welcher aus der Komposition der Begriffe LOKATION_GS und SEGMENT_GV entsteht. Er legt die eindeutige Zuteilung eines Datensegments zu einem Rechner fest. Logische Sichten werden über den kompositen Begriff SICHTLISTE_GV eingeführt. Er beinhaltet die Partitionen, die zusammen eine Sicht ausmachen. Durch Reduktion entsteht aus dem Objekttyp SICHTLISTE_GV der Begriff SICHT_GV. Über die Angabe einer Lokation ist zu bestimmen, von wo aus die logische Sicht zugreifbar ist.

Die eigentliche Datenverteilung wird durch die Begriffe ANBIETEN_GV und ANNEHMEN_GV reflektiert. Der Begriff ANBIETEN_GV gibt an, wie eine anbietende Partition an die spezifizierte empfangende Partition Datenmodifikationen versendet. Dabei sind Attribute zu besetzen, welche die Art der Anbietens der Modifikationsinformation (direkt, indirekt), gegebenenfalls zu verwendende Trigger und das Kommunikationsprotokoll bestimmen. Der Objekttyp ANNEHMEN_GV legt fest, wie angebotene Information von einem Empfänger aufgenommen wird (synchron, asynchron). Benötigte Trigger und die anzuwendende Einbringstrategie sind außerdem zu spezifizieren. Da sowohl für das Anbieten als auch für das Annehmen der Modifikationsinformation mehrere Trigger verantwortlich sein können, ist es notwendig, eine Triggerliste (Begriff TRIGGERLISTE_GV) aufzubauen, die sich aus einer Sequenz von Triggern (Begriff TRIGGER_GV) zusammensetzt.

7.2.1.4 Integrität des globalen Systemkatalogs

Der Inhalt des globalen Systemkatalogs muß konsistent sein. Aus den Diagrammen in den Abbildungen 7-3, 7-4 und 7-5 lassen sich bereits einige konstitutive Integritätsbedingungen ableiten. Beispielsweise verlangt die Fremdschlüsselbeziehung die Existenz von Primärschlüsseln, um sie in anderen Relationen als Attribut benutzen zu können. Die Eindeutigkeit des Eigenprädikators stellt eine weitere konstitutive Integritätsbedingung dar. Schließlich wird bei der Bildung eines kompositen Eigenprädikators gefordert, daß die entsprechenden Prädikatoren der zugrundeliegenden Ausgangsrelationen bereits vorhanden sind. Gleiches gilt für die Reduktion.

Die Objekttypen der drei genannten Abbildungen sind darüber hinaus noch um regulative Integritätsbedingungen zu ergänzen, die sich nicht aus den Beschreibungen direkt ableiten lassen. Einige wichtige Bedingungen werden vorgestellt:

- Ein Segment muß den Eigenprädikator seiner Basisrelation enthalten. Eine entsprechende Forderung ist bei der Sichtenbildung zu beachten.
- Datenaustauschvorgänge zwischen Datenpartitionen setzen Verbindungen zwischen den betreffenden Rechnersystemen voraus.
- Segment- oder sichtbildende Bedingungen (Fragmentdefinitionen) müssen sich auf die Grundmenge der Attribute beschränken, die in der (den) Basisrelation(en) vorliegt.

Bei der Realisierung des DDMS sind sicherlich weitere Integritätsbedingungen notwendig. Da sie aber wiederum größtenteils von der speziellen Implementierung des DDMS abhängen, wird hier auf eine detaillierte Darstellung verzichtet.

7.2.1.5 Definition der Systembeschreibung

Für die Spezifikation der Systembeschreibung sind dem Systemadministrator geeignete Sprachmittel zur Verfügung zu stellen. In diesem Unterabschnitt wird keine exakte Grammatik für diese Sprache eingeführt, sondern es wird lediglich die prinzipielle Funktionalität der Sprachelemente diskutiert. Im achten Kapitel wird für eine konkrete Implementierung des DDMS eine vollständige Schnittstellenbeschreibung angegeben. Es ist nicht sinnvoll, diese in allgemeiner Weise hier zu definieren, da sie weitgehend von der Mächtigkeit der implementierten Version des verteilten Datenverwaltungssystems abhängt.

Die Beschreibungssprache ist gemäß einer erweiterten SQL-Notation aufgebaut. Sie ist deskriptiv und mengenorientiert; ihr Aufbau ist durch Schlüsselwörter bestimmt. Die Anwenderschnittstelle muß drei Klassen von Sprachelementen aufweisen:

- Sprachkonstrukte zur Definition von Elementen der Objekttypen
- Sprachkonstrukte zum Löschen von Elementen der Objekttypen
- Sprachkonstrukte zur Modifikation von Elementen der Objekttypen.

Für die Sprachkonstrukte zur Definition neuer Objekte muß die Angabe eines eindeutigen Eigenprädikators gefordert werden. Die Spezifikation einiger notwendiger Attribute ist obligatorisch (Kapitel 7.2.1.3). Wahlweise kann ein Eintrag durch weitere beschreibende Attribute näher bestimmt werden. Eine Definitionsanweisung weist die folgende Struktur auf:

```
DEFINE IN              <object_type>
OBJECT                 <object_id>
WITH ATTRIBUTES        <attribute_id_1> = <value_1>,
                       ...
                       <attribute_id_n> = <value_n>;
```

Beim Löschen von Objekten genügt die Angabe des eindeutig identifizierenden Eigenprädikators und des betreffenden Objekttyps:

```
DELETE IN              <object_type>
OBJECT                 <object_id>;
```

Die Modifikation eines Elements verlangt die Bestimmung des Objekttyps, den Objektidentifikator und das (die) zu ändernde(n) Attribut(e) zusammen mit dem(n) neuem(n) Attributwert(en):

```
MODIFY IN              <object_type>
OBJECT                 <object_id>
CHANGE ATTRIBUTE       <attribute_id_1>
TO NEW VALUE           <value_1>,
...
CHANGE ATTRIBUTE       <attribute_id_n>
TO NEW VALUE           <value_n>;
```

Beim Löschen und Ändern kann die Spezifikation der Objekte auch mengenartig erfolgen. Das terminale Symbol <object_id> ist dann zu ersetzen durch die Beschreibung einer Objektmenge, die folgendermaßen definiert ist:

```
<object_set>           WHERE <condition>
```

Die mengenbildende Bedingung <condition> ist gemäß der 'where'-Klausel einer SQL-Anweisung zu formulieren.

Schließlich sind Integritätsbedingungen zu definieren. Sie spezifizieren Einschränkungen, die von einem oder von mehreren Elementen eines Objekttyps einzuhalten sind. Ein Sprachkonstrukt zur Formulierung einer Integritätsbedingung weist den folgenden Aufbau auf:

```
DEFINE INTEGRITY CONSTRAINT    <constraint>
ON     <object_type>
FOR    <object_id>;
```

In Abhängigkeit vom Bezug einer Integritätsbedingung ist der Objektidentifikator durch eine Mengenidentifikation zu ersetzen.

7.2.2 Konfigurierung des DDMS

Neben der Verwaltung der Spezifikation der Anwendung liegt die zweite Aufgabe des Definitionssystems im Aufbau des verteilten Datenverwaltungssystems. Dazu ist die Installation der Datenhaltungs- und Datenverteilungskomponenten auf den Rechnern des verteilten Systems einschließlich der lokalen Systemkataloge (DDMS-Kerne) durchzuführen. Gegebenenfalls sind Modifikationen an der aktuellen Konfiguration des DDMS vorzunehmen, falls sich die Anforderungen der Anwendung ändern.

Bei der Konfiguration des DDMS stehen die Lokationen für die Installation der DDMS-Kerne im Zentrum des Interesses. In einer Lokation wird sowohl das Datenhaltungs- und Datenverteilungssystem aufgebaut als auch der lokale Systemkatalog definiert. Außerdem werden die Datenbehälter zur Aufnahme der Anwendungsdaten eingerichtet. Ein Befehl zum Aufbau eines DDMS-Kerns an einer Lokation weist folgendes Format auf:

```
INSTALL KERNEL AT <location_id>;
```

Die Installationsprozedur ist in drei Phasen aufgeteilt. Zunächst wird für die gegebene Lokation die gesamte Information aus dem globalen Systemkatalog extrahiert. Im zweiten Schritt wird diese Informationsmenge gemeinsam mit zusätzlichen Verwaltungsprogrammen zur Lokation transferiert. Diese Verwaltungsprogramme installieren während der dritten Phase in der Lokation den DDMS-Kern und legen Dateien bzw. Relationen für die Aufnahme der Benutzerdaten an.

Zur Modifikation eines lokalen DDMS-Kerns muß aus dem globalen Systemkatalog die aktualisierte Konfigurationsvorschrift selektiert werden. Dabei können zwei alternative Wege beschritten werden. Eine rudimentäre Vorgehensweise stellt die Extraktion der gesamten die Lokation betreffenden Information aus dem globalen Systemkatalog und deren anschließende Übermittlung an die Lokation dar. Eine effizientere Bearbeitungsstrategie wird dadurch realisiert, daß nur die modifizierten Konfigurationsvorschriften selektiert und an die Lokation gesendet werden. Die an den Lokationen installierten Verwaltungsprogramme haben die transferierte Änderungsmeldung so in den lokalen Katalog aufzunehmen bzw. das lokale System so zu rekonfigurieren, daß die Verarbeitung von Anwendungsprogrammen konsistent fortgesetzt werden kann. Dazu kann die vorübergehende Unterbrechung des laufenden Betriebs erforderlich sein. Zur Rekonfigurierung einer Lokation kann der obige Definitionsbefehl verwendet werden, wenn das System erkennen kann, daß es sich nicht um einen Neuaufbau handelt, sondern, daß ein bestehendes System modifiziert werden muß.

7.2.3 Aufbau und Arbeitsweise des Definitionssystems

Das Definitionssystem besteht aus drei Programmodulen: dem Dialog-Manager, dem Katalog-Manager und dem Installations-Manager (Abbildung 7-6). Der Dialog-Manager kontrolliert den Dialog des Systemadministrators mit dem Definitionssystem. Die Katalogverwaltung wird vom Katalog-Manager übernommen. Der Installations-Manager sorgt für die Verteilung und den Aufbau des DDMS im verteilten System.

Der Systemadministrator ruft das Definitionssystem auf, um eine neue Systembeschreibung in den globalen Systemkatalog einzubringen bzw. eine bereits bestehende zu modifizieren. Der Dialog-Manager unterstützt den Systemadministrator durch die syntaktische Analyse der Eingaben und bietet in einer komfortablen Implementierung semantische Orientierungshilfen an. Beispielsweise zeigt er dem Administrator bei der Spezifikation einer Kommunikationsverbindung mögliche Zielknoten an. Zu empfehlen ist die Ausstattung der Dialogkomponente mit einer Online-Hilfsfunktion. Mit ihr kann sich der Administrator über die Syntax und Bedeutung von Befehlen des Dialog-Managers informieren. Um einen Überblick über bereits spezifizierte Charakteristika des Anwendungssystems zu eruieren, sollte die Dialogkomponente außerdem über eine dafür geeignete Protokollfunktion verfügen.

Der Katalog-Manager kontrolliert alle Zugriffe des Dialog-Managers auf den globalen Systemkatalog. Da der Systemkatalog selbst wieder in einem Datenhaltungssystem abgelegt werden muß, hält der Katalog-Manager das Datenhaltungssystem des Systemkatalogs für das Definitionssystem transparent. Somit müssen beim Austausch dieses Datenhaltungssystems nur die entsprechenden Programmteile des Katalog-Managers neu formuliert werden. Eine der wichtigsten Aufgaben des Katalog-

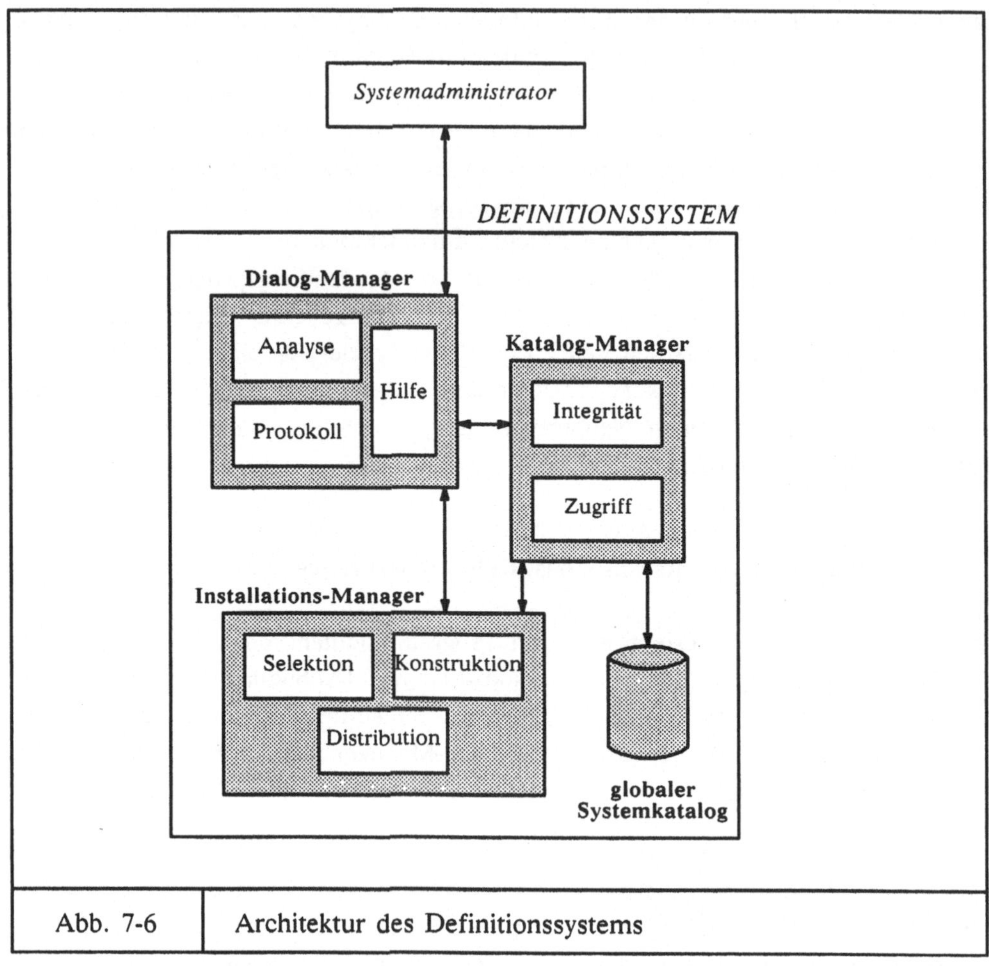

Abb. 7-6	Architektur des Definitionssystems

Managers ist die Überwachung der Integrität des globalen Systemkatalogs. Alle dem System übergebenen Daten werden deshalb anhand der konstitutiven und regulativen Integritätsbedingungen überprüft (Kapitel 7.2.1.4).

Den Aufbau des verteilten Datenverwaltungssystems übernimmt der Installations-Manager. Wie bereits in Kapitel 7.2.2 demonstriert, arbeitet er in drei Phasen. Der Selektions-Manager selektiert die gesamte Information aus dem globalen Systemkatalog, welche die Konfiguration eines lokalen Datenverwaltungssystems beschreibt. Der Distributions-Manager transferiert diese Information an die entsprechenden Lokationen. Dort werden sie mit Hilfe von Programmen des Konstruktions-Managers zum Aufbau der lokalen Datenverwaltungssysteme verwendet.

7.3 Der Präcompiler

Der Präcompiler ist einer der beiden zentralen Dienste des DDMS. Er deckt im wesentlichen zwei Aufgabenbereiche ab. Zum einen ermöglicht er die Verwendung einer globalen Datenanfrage- und -modifikationssprache im DDMS. Somit können die unter dem DDMS integrierten lokalen Datenhaltungssysteme mit der gleichen Sprache bedient werden. Die zweite Aufgabe des Präcompilers besteht darin, die Schnittstellenaufrufe der Anwenderprogramme um DDMS-spezifische Verwaltungsoperationen zu ergänzen.

7.3.1 Die globale Sprachschnittstelle

Ein Grundsatz des DDMS-Konzepts ist, lokale Datenhaltungssysteme verschiedener Typen (z.B. mit satz- bzw. mengenorientierter Schnittstelle) zu integrieren, um auf die individuellen Bedürfnisse einer Anwendung eingehen zu können. Nur so können die Anforderungen an die Datenverwaltung für die Kontrollbereiche einer Anwendung individuell befriedigt werden. Die Heterogenität der lokalen Datenhaltungssysteme erschwert die Handhabung des DDMS und macht Programme, die auf unter dem DDMS verwaltete Daten zugreifen, sehr lokationsabhängig. Deshalb wird im DDMS eine globale Programm- und Dialogschnittstelle zur Verfügung gestellt, die es dem Anwender erlaubt, mit einer einheitlichen Sprache auf beliebige Teilkomponenten des DDMS zuzugreifen. Diese Sprache soll deskriptiv und mengenorientiert sein; da sich SQL ([HuHu 88]) für eine Standardisierung und Normierung im Bereich der Datenmanipulationssprachen empfiehlt ([Ston 88]), lehnt sich die im DDMS verwendete Sprache an SQL an.

Für jedes lokale Datenhaltungssystem ist gemäß der Darstellung in Abbildung 7-7 eine Abbildungsfunktion zu definieren, die eine Transformation zwischen der lokalen Datenmanipulationssprache und der globalen DDMS-Sprache vornimmt. Diese Abbildungsfunktion ist im Präcompiler realisiert. Der Umfang der globalen Sprachschnittstelle soll mindestens der Schnittmenge der Funktionalität der lokalen Sprachschnittstellen entsprechen. Ist eine Option der globalen Sprache nicht durch eine lokale Sprache zu erbringen, muß der Präcompiler dies erkennen und beim Übersetzungsvorgang entsprechend darauf reagieren. Die Sprache des lokalen Systems kann sowohl mengen- als auch satzorientiert aufgebaut sein. Die sich in Kapitel 8 anschließende Vorstellung von Implementierungen des DDMS demonstriert, wie die Abbildung einer mengenorientierten Sprache (globale Schnittstelle) auf eine ebenfalls mengenorientierte bzw. auf eine satzorientierte lokale Sprache durchgeführt werden kann.

Die globale Datenselektions- und -manipulationssprache des DDMS orientiert sich am SQL-Standard. In [HuHu 88] wird ein noch umfassenderer Sprachumfang für

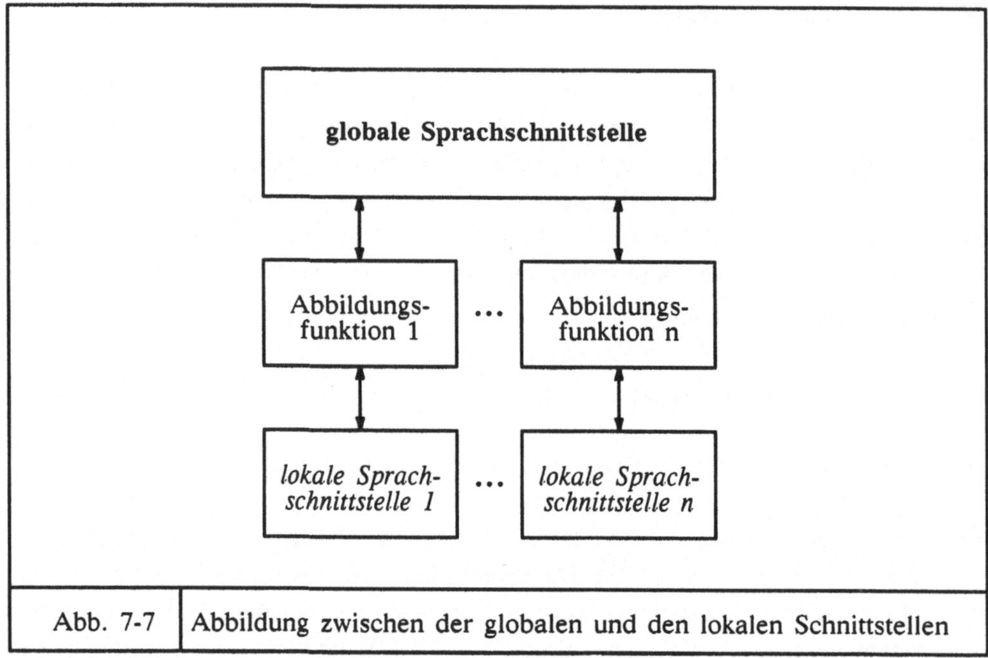

Abb. 7-7 Abbildung zwischen der globalen und den lokalen Schnittstellen

SQL vorgeschlagen. Welche Funktionalität prinzipiell von der DDMS-SQL abzudekken ist, wird in [LoSc 87] beschrieben. Da der tatsächlich in einer Implementierung des DDMS zur Verfügung gestellte Sprachvorrat sehr von der betreffenden Realisierung abhängt, wird an dieser Stelle nur ein Überblick über eine wünschenswerte Menge von Funktionen zur Datenselektion und -manipulation gegeben.

Zuerst wird auf die Möglichkeiten zur Datenselektion eingegangen. Das Sprachkonstrukt zum Selektieren von Werten aus einer Partition (Tabelle) ist die 'SELECT'-Anweisung. Sie weist die folgende Struktur auf:

```
SELECT  <attribute_list>
FROM    <table_list>
WHERE   <condition>
```

Die nach dem Schlüsselwort 'SELECT' aufgeführten Attribute legen fest, welche Spalten einer Partition in der Ergebnismenge einer Anfrage aufgeführt werden. Aus welchen Partitionen die Ergebnismenge abgeleitet werden soll, wird in der 'FROM'-Klausel angegeben. Schließlich schränkt die im 'WHERE'-Teil der Anfrage definierte Bedingung <condition> die Sätze einer Tabelle ein, die als Ausgabemenge der Anfrage betrachtet werden. Die Angabe des dritten Teils der 'SELECT'-Anweisung ist optional.

Einige nützliche Ergänzungen der obigen elementaren Form der 'SELECT'-Anweisung werden nun vorgestellt. Wünschenswert ist die Definition einer Sortierreihenfolge für die Ergebnisrelation ('ORDER BY'-Klausel). Ebenso sollte sowohl der Existenz- als auch der Allquantor in der Anfragesprache darstellbar sein. Mengenoperationen, die Ergebnismengen miteinander verknüpfen, sollten ebenfalls zur Verfügung stehen (UNION, INTERSECTION, DIFFERENCE). Die Anwendungsprogrammierung wird durch 'built-in'-Funktionen wesentlich erleichtert. Die wichtigsten Vertreter dieser Funktionsklasse sind Summenbildung (SUM), Durchschnittsberechnung (AVG), Zählfunktion (COUNT) und Funktionen zur Berechnung von Maximal- bzw. Minimalwerten (MAX, MIN). Schließlich sind Routinen zur Bildung von Mengen ('GROUP BY'-Klausel) und zur Deklaration mengenspezifischer Eigenschaften ('HAVING'-Klausel) empfehlenswert.

Die Datenmanipulation verlangt drei Funktionstypen. Zur Übergabe von Daten an das DDMS ist eine 'INSERT'-Funktion zu definieren. Sie hat folgende Struktur:

```
INSERT  INTO  <table>
VALUES        <value_1>, <value_2>, ..., <value_n>
```

In die Tabelle <table> ist ein Datensatz mit den Attributwerten <value_1>, <value_2>, ..., <value_n> einzutragen. Um Felder eines Satzes zu ändern, benötigt man eine 'UPDATE'-Funktion:

```
UPDATE    <table>
SET       <value_1>, <value_2>, ..., <value_n>
WHERE     <condition>
```

Für den Datensatz oder die Datensätze, welche durch die in <condition> abgelegte Bedingung beschrieben werden, werden die neuen Attributwerte <value_1>, <value_2>, ..., <value_n> definiert. Schließlich sind Datensätze aus einer Partition wieder zu löschen:

```
DELETE    <table>
WHERE     <condition>
```

Aus der Partition <table> sind die Datensätze zu entfernen, für welche die Bedingung <condition> zutrifft.

Das Ergebnis einer 'SELECT'-Anfrage ist eine Menge von qualifizierten Datensätzen. Falls die Sätze einzeln in einem Anwendungsprogramm verarbeitet werden sollen, ist dafür die Definition eines Cursors notwendig:

```
$ LET     <cursor_name> BE
          <select_statement>
```

Der über den Namen <cursor_name> referenzierbare Cursor wandert sequentiell durch die Menge der selektierten Datensätze. Er ist mit dem Befehl

$ OPEN <cursor_name>

zu aktivieren. Deaktiviert wird er durch die Anweisung

$ CLOSE <cursor_name>.

Die einzelnen Datensätze der Ergebnismenge der Anfrage werden durch den Aufruf

$ FETCH <cursor_name>

zur Bearbeitung markiert. Die Kennzeichnung der Anweisungen durch das Zeichen '$' weist darauf hin, daß diese Befehle vom Präcompiler bearbeitet werden müssen, damit sie anschließend ein Standardcompiler einer Programmiersprache verarbeiten kann.

7.3.2 Verwaltungsaufgaben des Präcompilers

Neben der Definition einer globalen Sprachschnittstelle und der dabei anfallenden Transformation der globalen Befehlssyntax in die der lokalen Datenmanipulationssprache, sind vom Präcompiler Verwaltungsaufgaben zu erbringen. In diesem Abschnitt werden die wichtigsten Tätigkeiten des Präcompilers zusammenfassend beschrieben.

i) Vorbereitung der indirekten bzw. asynchronen Datenaktualisierung

Eine der wichtigsten Eigenschaften des DDMS ist die verzögerte Weitergabe oder Annahme von Datenänderungen. Um dies zu ermöglichen, müssen die für den Datenaustausch verantwortlichen Verwaltungsprogramme erkennen, welche Datensätze seit einem festgelegten Zeitpunkt in der Vergangenheit modifiziert worden sind. Dazu ist es notwendig, jeden Datensatz einer Partition mit einem Zeitstempel zu versehen; dieser Eintrag zeigt den letzten Modifikationszeitpunkt für einen Datensatz an. Ein Verwaltungsprogramm erkennt somit alle für einen Kommunikationsvorgang relevanten Datensätze.

Problematisch wird die Verwaltung der Änderungszeitpunkte bei zu löschenden Datensätzen. Diese dürfen nicht ohne weitere Vorkehrungen physisch aus dem Datenbestand entfernt werden; man bemerkt sonst nicht, daß ein Datensatz innerhalb eines interessierenden Zeitintervalls gelöscht, d.h. modifiziert worden ist. Deshalb ist neben einem Zeitstempelattribut auch ein Statusattribut zu definieren, das die Existenz bzw. Nicht-Existenz eines Datensatzes kennzeichnet. Das Löschen eines Datensatzes erfolgt nunmehr nur noch logisch: Das Status-Attribut wird auf 'gelöscht' gesetzt, ohne daß der Datensatz aus dem Datenbestand eliminiert wird. Alle logisch gelöschten Tupel sind im Zuge einer Reorganisation (Kapitel 7.5.4) auch physisch aus dem Datenbestand zu entfernen.

Die Attribute 'Zeitstempel' und 'Status' sind vom Präcompiler zu setzen, d.h. die Datenzugriffsoperationen der Anwendungsprogramme sind um Wertzuweisungen für die beiden Attribute zu ergänzen. Folgende zusätzlichen Wertzuweisungen sind vom Präcompiler bei der Modifikation (Einfügen, Ändern, Löschen) eines Datensatzes vorzunehmen:

α) *Einfügen eines neuen Datensatzes*
Zeitstempel := <aktuelle_Zeit>;
Status := 'existiert';

β) *Ändern eines Datensatzes*
Zeitstempel := <aktuelle_Zeit>;
Status := 'existiert';

γ) *Löschen eines Datensatzes*
Zeitstempel := <aktuelle_Zeit>;
Status := 'gelöscht';

Leseoperationen müssen ebenfalls vom Präcompiler transformiert werden. Nur die Datensätze, die den Wert 'existiert' im Status-Attribut aufweisen, dürfen gelesen werden. Die 'where'-Klausel einer Selektionsanweisung ist dementsprechend aufzubereiten.

ii) Einfügen von Aufrufen zur Triggersteuerung

Das Auslösen von Triggern hängt von sehr unterschiedlichen Ereignissen ab (Kapitel 7.4.3). Beispielsweise kann die Durchführung einer bestimmten Zugriffsoperation ein solches Ereignis darstellen; auch kann eine durchzuführende Datenmodifikation eine trigger-auslösende Situation herbeiführen (z.B Überschreiten eines Schwellwerts für ein Attribut). Um derartige Ereignisse zu erkennen, sind vom Präcompiler Verwaltungsanweisungen in die Benutzerprogramme einzufügen (Kapitel 7.4.3.4).

iii) Einfügen von Datenaustauschroutinen

Wenn die von einem Zugriff tangierten Datenpartitionen mit anderen Partitionen direkt kooperieren (direkt synchrone oder direkt asynchrone Kommunikation), muß der Präcompiler die sofortige Weitergabe der Datenmodifikationen vorbereiten, indem er entsprechende Verwaltungsaufrufe in die Anwendungsprogramme einfügt. Dadurch wird die verteilte Kommunikation initiiert und der Aufbau von verteilten Protokollen veranlaßt.

iv) Syntaktische und semantische Analyse

Der Präcompiler hat die syntaktische und semantische Analyse der zu verarbeitenden Eingabesprache vorzunehmen. Er überprüft, ob die DDMS-Sprachanweisungen gemäß der DDMS-Grammatik formuliert sind. Bei Abweichungen des Eingabetextes von der Sprachvorschrift gibt er entsprechende Fehlermeldungen an den Benutzer aus. Neben der syntaktischen Analyse hat der Präcompiler auch die semantische Analyse zu übernehmen. Er kontrolliert, ob die in den Anweisungen der Sprachschnittstelle referenzierten Partitionen, Attribute und sonstigen DDMS-spezifischen Konstrukte im globalen Systemkatalog definiert sind. Falls eine Inkorrektheit entdeckt wird, wird ebenfalls die Ausgabe einer Fehlermeldung veranlaßt.

7.3.3 Aufbau und Arbeitsweise des Präcompilers

Der Präcompiler besteht aus zwei Programmoduln (Abbildung 7-8): dem Transformer, der die Übersetzung von der globalen in die lokale Datenmanipulationssprache vornimmt, und der Kommunikations-/Triggerverwaltung, welche die Triggerverarbeitung und die Kommunikation vorbereitet.

Im Transformer ist die Syntax der globalen DDMS-Sprache hinterlegt. Ebenfalls sind die Sprachgrammatiken für alle unter dem DDMS integrierten lokalen Sprachen abgespeichert. Der Transformer übersetzt die in der globalen Sprache formulierten Anweisungen in die Sprachen der lokalen Datenhaltungssysteme. Welche Sprache dabei zu verwenden ist, leitet der Transformer aus dem Inhalt des globalen System-

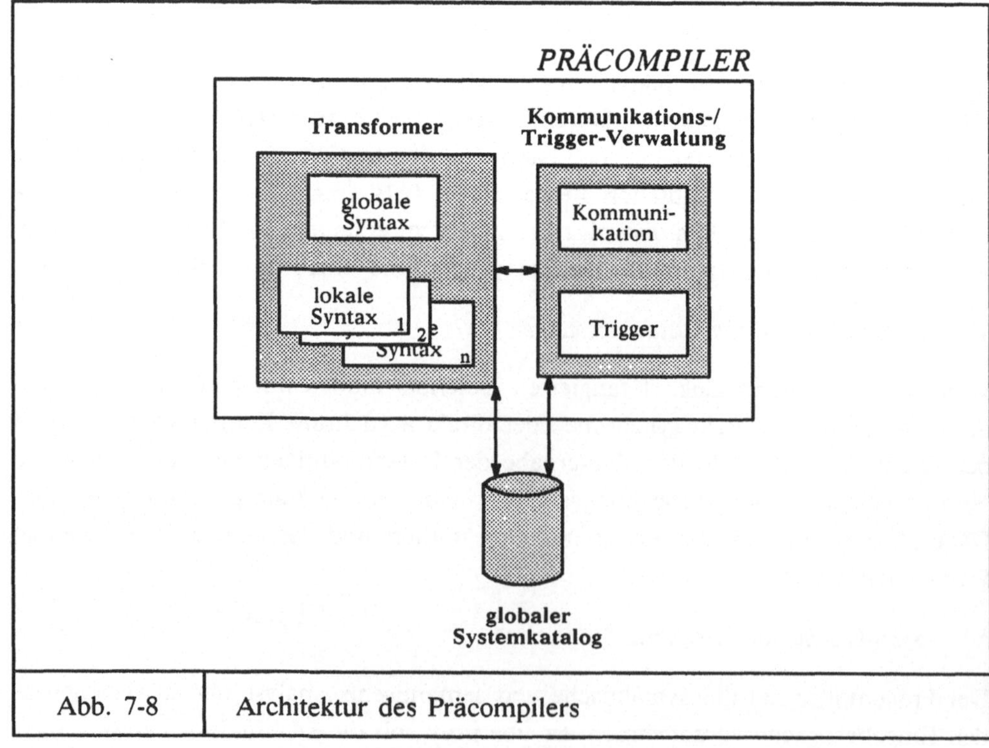

Abb. 7-8 Architektur des Präcompilers

katalogs ab: Über die in den Anwendungsprogrammen referenzierten Datenpartitionen ist das lokale Datenhaltungssystem zu bestimmen.

Die Kommunikations-/Triggerverwaltung ergänzt die Zugriffsoperationen der Anwendungsprogramme um Verwaltungsroutinen, welche die in Kapitel 7.3.2 vorgestellten Aufgaben i) mit iv) realisieren. Dazu ist ebenfalls der Zugriff auf den globalen Systemkatalog notwendig, um die partitionsabhängigen Trigger- bzw. Kommunikationsaufrufe in die Anwendungsprogramme integrieren zu können.

7.4 Das Datenhaltungssystem des DDMS

Ein lokales Datenhaltungssystem ist unter dem DDMS für die folgenden drei Aufgabenbereiche verantwortlich: Verwaltung der lokalen Systemkataloge, Verwaltung der lokalen Zugriffe und Verwaltung des Triggersystems. Zentraler Bestandteil eines Datenhaltungssystems ist der lokale Systemkatalog.

7.4.1 Der lokale Systemkatalog

Wie bereits in Kapitel 7.2.1.1 diskutiert wurde, existiert für jede Rechnerlokation des DDMS ein lokal geltender Systemkatalog. Er umfaßt nur die für diese Lokation (Rechner) wichtige Information. In diesem Abschnitt wird umrissen, welchen Inhalt ein lokaler Systemkatalog im Vergleich zum globalen Katalog aufweist. Allerdings wird nicht im Detail darauf eingegangen, welche Objekte im einzelnen in jedem lokalen Systemkatalog definiert sein müssen; vielmehr erfolgt eine prinzipielle Darlegung der Unterschiede und der Gemeinsamkeiten zwischen globalem und lokalem Systemkatalog. Die genaue Konzeption eines lokalen Systemkatalogs ist stark implementierungsabhängig.

Im allgemeinen gilt, daß ein Objekttyp des lokalen Systemkatalogs ein horizontales Fragment des gleichnamigen Objekttyps des globalen Katalogs darstellt. Die horizontale Abgrenzung ist erforderlich, da für eine Lokation nur die Objekte von Interesse sind, die diese Lokation betreffen. Es kann notwendig sein, einen Objekttyp des lokalen Systemkatalogs um Attribute zu erweitern oder zu verkleinern. Beispielsweise muß in einem lokalen Systemkatalog festgehalten werden (u.a. aus Recoverygründen), wann zuletzt mit einem Partnerknoten kommuniziert worden ist. Im globalen Systemkatalog ist diese Information nicht von Interesse. Umgekehrt können Attribute des globalen Katalogs für eine lokale Ausprägung irrelevant sein. Als Beispiel wird die Herstelleradresse eines Rechners betrachtet. Für Wartungszwecke muß sie im globalen Katalog hinterlegt sein.

Teilweise werden in den lokalen Systemkatalogen Objekttypen benötigt, die im globalen Katalog kein Pendant aufweisen. Diese sind meistens für die Erfüllung lokaler Verwaltungsaufgaben notwendig. Beispielsweise müssen an einer Lokation alle eingegangenen Nachrichten mit Modifikationsinformationen protokolliert werden.

7.4.2 Die lokale Zugriffsverwaltung

Die Aufgaben der lokalen Zugriffsverwaltung erstrecken sich neben der Kontrolle des Datenzugriffs auf die Regelung des Mehrbenutzerbetriebs, die dafür notwendige Sperrverwaltung, die Protokollierung für Recoveryzwecke und die Integritätskontrolle. Auf die Themen Mehrbenutzerbetrieb, Sperrverwaltung und Protokollierung soll an dieser Stelle nicht näher eingegangen werden. Durch die strenge Trennung von lokaler und verteilter Verarbeitung in der Konzeption des DDMS können diese Teilaufgaben nach konventionellen Schemata gelöst werden. In [Härd 78], [Reut 81] und [LoSc 87] werden für diese Aufgabenbereiche bekannte und bewährte Lösungskonzepte vorgestellt.

Von größerem Interesse ist beim DDMS die Realisierung der Integritätskontrolle. Sie wird dadurch erschwert, daß durch die asynchrone Verarbeitungsweise an Replikaten eines Datums unabhängig voneinander Modifikationen vorgenommen werden dürfen. Problematisch ist daher schon die Spezifikation von Integritätsbedingungen. Mehrere Möglichkeiten bieten sich hierfür an:

1. Für ein logisches Datum wird genau eine Integritätsbedingung definiert, die von allen Replikaten des Datums einzuhalten ist.

2. Für jede Ausprägung eines logischen Datums wird individuell eine Integritätsbedingung spezifiziert.

3. Für ein logisches Datum wird genau eine Integritätsbedingung definiert; daraus wird für jede Ausprägung des Datums eine lokal geltende Teilbedingung abgeleitet.

Die erste Vorgehensweise erleichert die Spezifikation von Integritätsbedingungen, da für jedes logische Datum nur genau eine definiert werden muß. Allerdings kann nicht auf die individuellen Eigenheiten der unabhängigen Replikate eines Datums eingegangen werden. Eine sinnvolle Anwendung dieser Spezifikationsart ist die Einschränkung eines Wertebereichs für ein Attribut: Beispielsweise darf das Attribut 'Geschlecht' nur die Werte 'männlich' oder 'weiblich' annehmen.

Wird für jede Ausprägung eines logischen Datums individuell eine Integritätsbedingung angegeben, so vergrößert dies zwar den Spezifikationsaufwand, der Individualität der einzelnen Ausprägung kann aber eher Rechnung getragen werden. Für die Bestandswerte eines Verkaufsprodukts gilt, daß die Schwellwerte, bei welchen neue Produkte bestellt werden müssen, in den verschiedenen Filialen einer Verkaufsorganisation unterschiedlich hoch sind. Dies liegt zum Beispiel daran, daß gewisse Filialen als Vorratslager dienen oder bestimmte Kunden zu bedienen haben, die große Mengen des Produkts abnehmen.

Eine elegante Möglichkeit der Spezifikation von Integritätsbedingungen stellt die dritte Alternative dar. Aus einer einzigen Definition der Integritätsbedingung für ein logisches Datum werden individuelle Konsistenzbedingungen für dessen Ausprägungen abgeleitet. Somit werden die Vorteile der ersten beiden Definitionsarten vereint und deren Nachteile kompensiert. Eine Technik zur Realisierung dieser Vorgehensweise ist die Escrow-Methode ([ONei 86]) bzw. die von Härder in [Härd 88] vorgeschlagene hierarchische Escrow-Methode. Sie erspart bei Replikaten in einer verteilten Rechnerumgebung aufwendige Synchronisationsmaßnahmen. In Kapitel 5.4.5 ist ein Beispiel angegeben, wie mit der hierarchischen Escrow-Methode die Sparkonten in einem Bankenverbund überwacht werden können: Ausgehend von der global geltenden Einschränkung, daß kein Kundenkonto negative Beträge annehmen darf, werden für alle Bankfilialen individuell lokale Integritätsschranken festgelegt.

7.4.3 Das Triggersystem

Konventionelle Datenverwaltungssysteme stellen ein passives Repositorium für die Abspeicherung von Benutzerdaten dar. In vielen Anwendungen wird aber die Reaktivität des Datenverwaltungssystems auf bestimmte Situationen der Anwendungswelt gefordert. Beispielsweise verlangen kritische Datenzustände im Bereich der Prozeßautomatisierung die sofortige Reaktion durch das Kontrollsystem. Auf derartige Konstellationen muß innerhalb eines vordefinierten Zeitintervalls reagiert werden, da sonst Fehlerzustände im Anwendungssystem verursacht werden können. Aufgrund dieser Beobachtung stattet man Datenverwaltungssysteme mit Komponenten zur Erkennung von anwendungsspezifischen Ereignissen aus, die bei deren Eintreffen Aktionen initiieren. Solche Systeme werden aktive Datenverwaltungssysteme genannt. Ihr dynamisches Systemverhalten wird durch Triggerkomponenten realisiert ([BuCl 79], [Daya 88], [DBBC 88], [Eswa 76], [KoDM 88], [LiNR 87], [StHP 87]).

7.4.3.1 Anwendungsgebiete für Triggermechanismen

Nach [Daya 88] und [DBBC 88] werden Triggersysteme unter anderem für die folgenden Aufgaben herangezogen:

i) Alerter

Alerter sind besondere Trigger für die Überwachung der Zustände eines Datenbestands. Falls die Daten eine bestimmte Konstellation aufweisen, werden Aktionen ausgelöst. Beispielsweise werden in einem Datenbanksystem für die Überwachung einer Blutbank Alarmmeldungen ausgegeben, falls der Vorrat einer Blutkonserve unter einen kritischen Wert fällt ([BuCl 79]).

ii) Regelbasierte Verarbeitung

Die Verwendung eines aktiven Datenbanksystems als Speichermedium eines Expertensystems ermöglicht die parallele Ausführung von Regeln. Dabei wird die Mehrbenutzerkontrolle des Datenbanksystems verwendet ([StHP 87]).

iii) Überwachung von Integritätsbedingungen

Die ersten Anwendungen eines Triggermechanismus in Datenbanksystemen dienten der Überwachung von Integritätsbedingungen ([Eswa 76]). Beispielsweise werden bei Änderungen des Datenbankzustands Konsistenzregeln zur Evaluierung der Korrektheit einer Modifikationsoperation überprüft.

iv) Zugriffskontrolle

Trigger werden zur Unterstützung der Zugriffskontrolle eingesetzt ([Eswa 76]). Zum Beispiel werden unerlaubte Zugriffe auf geschützte Daten protokolliert.

v) Verwaltung von abgeleiteten Daten

Materialisierte Sichten ([BlLT 86]), Snapshots ([AdLi 80]) oder Quasi-Kopien ([ABGA 88]) werden durch Trigger aktualisiert. Falls ein vom Benutzer spezifiziertes Ereignis eintritt, wird vom Basisdatenbestand eine Aktualisierungsmeldung an den abgeleiteten Datenbestand übermittelt.

Neben den in [Daya 88] und [DBBC 88] aufgeführten Aufgabengebieten soll auf die Verwendung von Triggern in Entwurfsdatenbanken hingewiesen werden:

vi) Konsistenzsicherung in Entwurfsdatenbanken

Nach [DiKM 86] und [KoDM 88] sind Triggersysteme zur Überwachung von Konsistenzbedingungen in Entwurfsdatenbanken notwendig. Durch die Komplexität der in derartigen Datenbanken abgelegten Objekte und der dazugehörigen Bedingungen müssen automatisierbare Mechanismen zur Konsistenzüberprüfung herangezogen werden; eine manuelle Kontrolle der Integrität ist nicht mehr durchführbar ([Kotz 88]).

Aufgrund der besonderen Verarbeitungslogik des DDMS zählt in dieser Arbeit die Steuerung von Datenaustauschvorgängen zwischen Datenpartitionen zu den wichtigsten Aufgaben eines Triggersystems:

vii) Steuerung des Datenaustausches zwischen Datenpartitionen

Charakterisierendes Merkmal des DDMS ist die teilweise verzögerte Weitergabe von Datenänderungen zwischen nicht-disjunkten Datenpartitionen. Trigger werden zur anwendungsspezifischen Kontrolle der indirekten und asynchronen Transfervorgänge verwendet. Dieser Aufgabenbereich eines Triggersystems ähnelt prinzipiell den Tätigkeiten bei der Verwaltung von abgeleiteten Daten.

7.4.3.2 Aufbau von Triggern

In Anlehnung an die Definition von Triggern in [Daya 88] und [DBBC 88] setzen sich Trigger im DDMS aus drei Bestandteilen zusammen, nämlich Ereignissen, Bedingungen und Aktionen. Ereignisse sind Zustände der Anwendungswelt, wobei die Zustände der im aktiven Datenbanksystem verwalteten Daten ausgeschlossen werden. Nur Bedingungen beziehen sich auf Konstellationen dieser Daten. In den Aktionen werden beliebige Operationen zusammengefaßt, die Veränderungen der Benutzerdaten bewirken können, aber nicht notwendigerweise müssen. Falls ein benutzerdefiniertes Ereignis eintritt, wird für jeden davon betroffenen Trigger überprüft, ob die dazugehörende Triggerbedingung erfüllt ist. Nur bei einem positiven Ergebnis wird der gegebene Aktionsteil ausgeführt.

Für die drei Konstituenten eines Triggers bieten sich jeweils zwei alternative Realisierungsformen an. Es kann zum einen ein fester Operationsvorrat zur Definition von Ereignissen, Bedingungen und Aktionen vorgegeben sein. Andererseits ermöglicht eine Spezifikationssprache die freie Formulierung von Elementen der drei Konstituenten. Während für die erste Alternative ein Kontrollsystem zur Überwachung oder Abarbeitung der einzelnen Objekte a priori aufgebaut werden kann, ist dies bei der zweiten Spezifikationsmethode nicht möglich. Hierbei müssen derartige Kontrollsysteme zur Formulierung von Ereignissen, Bedingungen und Aktionen gesondert spezifiziert werden.

Die Definition eines Triggers erlaubt zwei verschiedene Vorgehensweisen. Werden zunächst unabhängig voneinander Ereignisse, Bedingungen und Aktionen formuliert, kann ein Trigger anschließend durch die Kombination von beliebigen Elementen dieser drei Mengen zusammengestellt werden. Alle Einzelobjekte der drei Konstituentenmengen können wahlweise in mehreren Triggerdefinitionen verwendet werden. Konträr zu dieser flexiblen Vorgehensweise ist die Spezifikation von Triggern als feste, dreiteilige Einheit möglich.

Durch das Zusammenfassen von mehreren Triggern zu Triggerklassen und die Möglichkeit zur Aktivierung und Deaktivierung dieser Gruppen ist eine flexible Anpassung des Triggersystems an die aktuelle Anwendungssituation realisierbar. Beispielsweise kann in Fehlerfällen eine spezielle Triggerklasse aktiviert werden, die besonders auf diese Situation reagiert.

7.4.3.3 Klassen von Ereignissen, Bedingungen und Aktionen

Eine Einteilung von Triggern in Klassen kann anhand der Untergliederung der Ereignis-, Bedingungs- und Aktionenmenge vorgenommen werden. Im folgenden wird eine Klassifizierung dieser drei Konstituenten eines Triggers vorgestellt:

i) Ereignisse

Alle elementaren Ereignisse lassen sich beliebig zu komplexen Ereignissen kombinieren. Man unterscheidet programminterne und externe Ereignisse:

i1) Programminterne Ereignisse

Die Ereignisse dieser Klasse sind dadurch ausgezeichnet, daß sie direkt in den Anwendungsprogrammen verankert sind. Sie beziehen sich beispielsweise auf Datenzugriffsoperationen, bestimmte Programmsituationen (Starten oder Verlassen von Unterprogrammen, Öffnen und Schließen von Datenbanken bzw. Dateien, Programmstart oder -ende) oder auf abstrakte Ereignisse (z.B. ondemand-event; Kapitel 8.2.2.3), deren Eintreffen direkt im Programm spezifiziert wird.

i2) Externe Ereignisse

Externe Ereignisse referenzieren Gegebenheiten, die außerhalb der Anwendungsprogramme angesiedelt sind. Die wichtigsten Repräsentanten dieser Klasse sind aperiodische oder periodische Zeitereignisse. Besonders im Bereich der Prozeßautomatisierung bilden Sensormeldungen aus dem Fertigungsprozeß eine wichtige Ereignisklasse.

ii) Bedingungen

Bedingungen beziehen sich auf Zustände des vom Datenverwaltungssystem kontrollierten Datenbestands. Beliebige Anfragen können zur Formulierung von Bedingungen herangezogen werden. Falls ein Ereignis innerhalb einer Benutzer-Transaktion ausgelöst wird, ist zu entscheiden, ob die die Bedingung überprüfende System-Transaktion sofort nach dem Auslösen des Ereignisses innerhalb der Benutzer-Transaktion, am Ende dieser Transaktion oder nach deren Abschluß abgearbeitet wird.

iii) Aktionen

Die durch einen Trigger ausgelösten Aktionen sind in hohem Maß vom Einsatzgebiet des betreffenden Triggers abhängig. Bei dessen Verwendung als Initiator des Datenaustausches zwischen Datenpartitionen im DDMS ist beispielsweise durch die Triggeraktionen immer das Extrahieren oder Einbringen von Modifikationsinformation zu realisieren. Falls eine Aktion wiederum Änderungen des verwalteten Datenbestands bewirkt, ist festzulegen, ob sie innerhalb oder nach der Transaktion zur Überprüfung einer Triggerbedingung abläuft.

7.4.3.4 Verarbeitung von Triggern

Bei der Verarbeitung von Triggern muß unterschieden werden, ob von ihr Anwendungsprogramme tangiert werden oder nicht. Falls keine Programme in die Bearbeitung involviert sind, erleichtert dies die Triggerverwaltung. Ereignisse, Bedingungen und Aktionen werden durch separate Teilsysteme verwaltet und können unabhängig von den Benutzerprogrammen modifiziert werden.

Anwendungsprogramme werden in die Triggerverarbeitung einbezogen, wenn in ihnen (programminterne) Ereignisse referenziert werden, die eine Triggerbearbeitung initiieren. Zwei Möglichkeiten bieten sich für die Ereigniskontrolle in Programmen an. Beim Präcompileransatz werden die Anweisungen eines Anwendungsprogramms daraufhin analysiert, ob sie ein definiertes Triggerereignis auslösen. Geeignete Verwaltungsroutinen werden in die Programme aufgenommen, falls eine derartige Konstellation erkannt wird. Bei Modifikationen von Triggern, insbesondere von Triggerereignissen, müssen alle davon betroffenen Anwendungsprogramme neu übersetzt und analysiert werden, um sie der neuen Situation anzupassen.

Die Überprüfung, ob ein Ereignis ausgelöst wird, kann auch in die Phase der Programmausführung verschoben werden. Bei allen möglichen Programmkonstellationen, die ein derartiges Ereignis herbeiführen können, ist eine Kontrollaktion abzuarbeiten. Dies bedeutet einen erheblichen Mehraufwand der Programmverarbeitung. Allerdings können beliebige Triggermodifikationen durchgeführt werden, ohne daß die Anwendungsprogramme erneut angepaßt werden müssen.

7.4.3.5 Architektur eines Triggersystems

Ein Triggersystem setzt sich aus drei Bestandteilen zusammen (Abbildung 7-9). Zur Detektion von Ereignissen ist eine 'Ereignis-Kontrolle' zu installieren. Die Überprüfung von Triggerbedingungen besorgt die 'Bedingungs-Kontrolle'. Für die Abarbeitung von Triggeraktionen ist die 'Aktions-Kontrolle' verantwortlich. Bei der Realisierung der 'Ereignis-Kontrolle' bietet sich eine Untergliederung in Teilmodule an ([DBBC 88], [LiNR 87]). Beispielsweise überprüft die 'DVS-Ereignis-Kontrolle', ob auf Daten zugegriffen worden ist, welche unter dem aktiven Datenverwaltungssystem gehalten werden. Zeitereignisse lassen sich von einem 'Zeit-Monitor' kontrollieren. Die von einem Detektor gemeldeten Ereignisse werden in eine Ereignis-Warteschlange eingereiht, wobei gegebenenfalls Verarbeitungsprioritäten berücksichtigt werden. Die 'Bedingungs-Kontrolle' prüft für die Trigger, die zu den aus der Warteschlange entnommenen Ereignissen gehören, ob die jeweiligen Bedingungen erfüllt sind. Bei erfolgreichem Test fordert sie die 'Aktions-Kontrolle' auf, die spezifizierten Aktionen auszuführen.

7.4.4 Aufbau und Arbeitsweise des Datenhaltungssystems

Ein Basisdatenhaltungssystem des DDMS besteht aus drei Komponenten (Abbildung 7-10). Die lokale Zugriffsverwaltung ist verantwortlich für die Verwaltung der Anwenderdaten eines Rechnerknotens. Insbesondere sind Aufgaben der Sperrverwaltung, der Protokollierung, der Recovery und der Integritätskontrolle zu erfüllen. Das Triggersystem bereichert das eigentlich passive Datenverwaltungssystem um die aktive Reaktionsmöglichkeit auf interne und externe Ereignisse. Die gesamte eine DDMS-Lokation betreffende Metainformation ist im lokalen Systemkatalog zusammengefaßt. Zugriffsverwaltung, Triggersystem und lokaler Systemkatalog sind die Komponenten eines lokalen Datenhaltungssystems, die einem DDMS-Kern zugeordnet werden.

Die lokale Zugriffsverwaltung muß gemäß der Benutzerspezifikation für die korrekte Abwicklung der ersten, zweiten und vierten Phase einer verteilten Datenverwal-

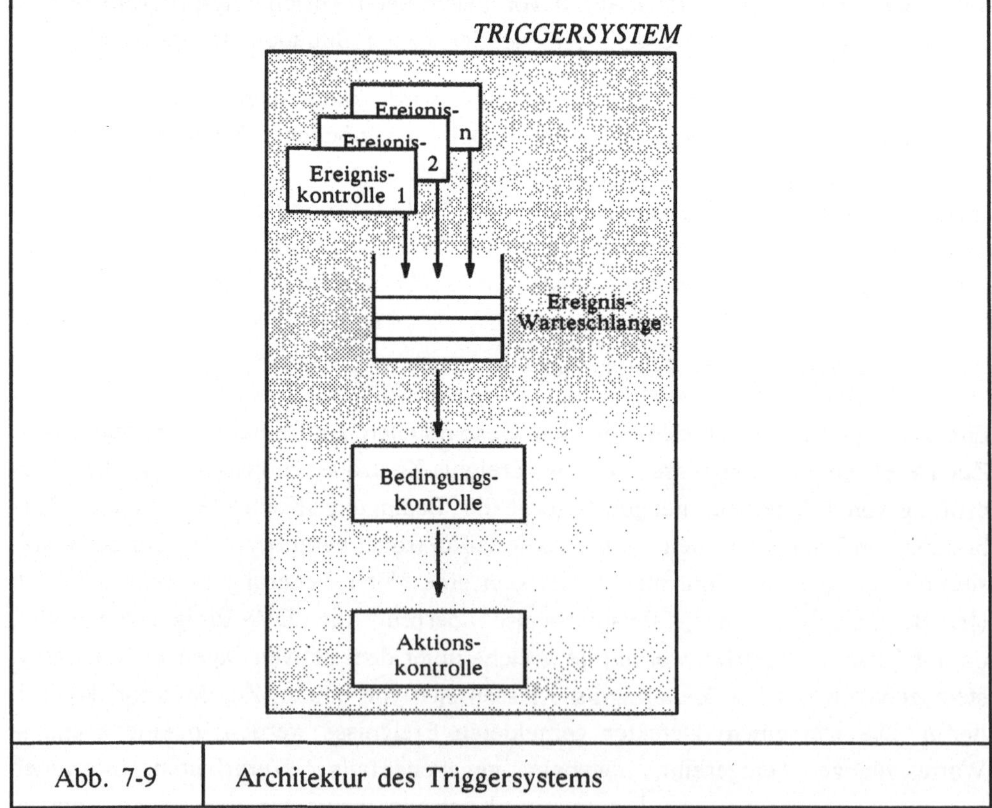

Abb. 7-9 Architektur des Triggersystems

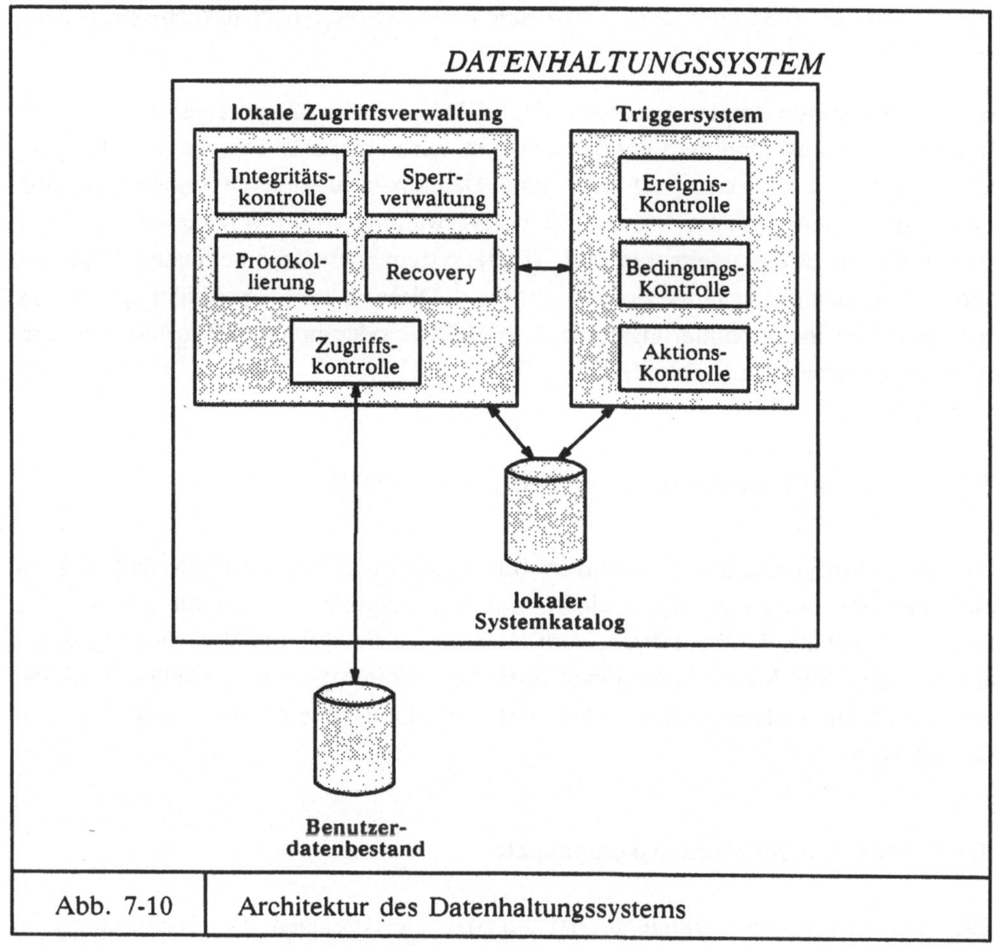

Abb. 7-10	Architektur des Datenhaltungssystems

tungssaktion sorgen, die im Modell der verteilten Datenverarbeitung definiert wurden (Kapitel 6.3.1). Bei jedem Datenzugriff sind demzufolge die geforderten Verwaltungsarbeiten bezüglich Sperrverwaltung, Protokollgenerierung und Integritätskontrolle durchzuführen. Das Triggersystem kontrolliert ständig, ob ein triggerauslösendes Ereignis eingetreten ist. Gegebenenfalls wird eine Triggeraktion gestartet.

Im DDMS sind zwei Initiatoren für Datenverarbeitungsaktionen zu unterscheiden. Der Anwender veranlaßt in seinen Programmen die Durchführung von lokalen und verteilten Datenverarbeitungsaktionen. Wie aber im sechsten Kapitel ausführlich dargelegt wurde, werden sogenannte Ersatz-Primäraktionen und Sekundäraktionen vom DDMS aufgrund von Benutzerspezifikationen ausgelöst. Sie werden zur Realisierung der asynchronen Datenverarbeitungsvorgänge benötigt. Diese verzögerten Aktionen werden durch das Eintreffen anwendungsspezifischer Ereignisse ausgelöst. Dies wird vom Triggersystem überwacht. Die initiierten Triggeraktionen sind

Ersatz-Primäraktionen oder Sekundäraktionen, die indirekte oder asynchrone Datenverarbeitungsvorgänge realisieren.

In einer konkreten Implementierung des DDMS werden Zugriffsverwaltung und Triggersystem aus Optimierungsgründen eng zusammenarbeiten. Ist ein Triggerereignis an einen Datenzugriff oder eine Datenmanipulation gebunden, so wird das Triggersystem von der lokalen Zugriffsverwaltung sofort von diesem Ereignis benachrichtigt. Andererseits hat das Triggersystem oftmals eine Datenmanipulationsoperation als Triggeraktion zu initiieren. Diese muß - in Abhängigkeit von der gewählten Implementierungsform - in gleicher oder höherer Priorität wie eine normale Benutzeraktion ablaufen.

7.5 Das Datenverteilungssystem des DDMS

Das Aufgabenspektrum der Datenverteilungskomponente des DDMS läßt sich in zwei Bereiche aufspalten. Zum einen sind Vorbereitungsarbeiten für die verteilte Datenverarbeitung durchzuführen; zum anderen ist die verteilte Verarbeitung selbst abzuwickeln. Alle Metainformationen über die Gestaltung einer speziellen Funktion entnehmen die Teilkomponenten des Datenverteilungssystems den lokalen Systemkatalogen.

7.5.1 Die Kommunikationskomponente

Die Kommunikationskomponente hat für das Durchreichen von Nachrichten im verteilten Rechnersystem Sorge zu tragen. Sie bedient sich dabei der Dienste des Betriebs- und des Kommunikationssystems, um eine Verbindung zwischen Datenlokationen aufzubauen. Datenaustausch zwischen Lokationen, die sich am gleichen Rechner befinden, ist über eine lokale Prozeß- zu Prozeßkommunikation abzuwickeln. Falls mit einem anderen Rechnerknoten kooperiert werden muß, sind Transferfunktionen des Kommunikationssystems zu verwenden.

Die Abwicklung der Kommunikation zwischen zwei Lokationen kann auf zwei alternative Arten realisiert werden. Einerseits ist es möglich, die einen Kooperationsvorgang ausmachenden Informationen in einer einzigen Nachricht zusammenzufassen und diese in einem einzigen Kommunikationsvorgang zu übertragen. Eine aufwendigere Realisierung ist, die zu transferierende Information satzweise zu versenden. Dabei wird die gesamte Information in mehrere Teilübertragungsschritte partitioniert. Aus Kostengründen bietet sich die erste Kooperationsform bei allen indirekten bzw. asynchronen Kommunikationsformen an, da bei diesen die gesamte Informationsmenge vor der Weiterverarbeitung gesammelt und zwischengespeichert werden muß. Bei der direkten, synchronen Kommunikationsform ist implementierungsabhängig zwischen den beiden Strategien zu wählen. Hier kann aus Protokoll- und Recoverygründen auch die satzweise Übertragung von Anwendermodifikationen notwendig sein.

Die Übertragung von Anwenderdaten ist durch Protokolle abzusichern. Zu entscheiden ist dabei, ob ein fehlerresistentes Protokoll wie das Zwei-Phasen-Freigabe-Protokoll oder ein einfacheres, aber fehleranfälligeres Protokoll gewählt wird. In Kapitel 3.2.2 werden mehrere Implementierungsvarianten von Protokollen vorgestellt.

7.5.2 Die verteilte Zugriffsverwaltung

Alle Zugriffe auf die Benutzerdaten durch die Komponenten des Datenverteilungssystems werden über die verteilte Zugriffsverwaltung abgewickelt. Sie arbeitet eng mit den lokalen Zugriffsverwaltungen der zugrundeliegenden Datenhaltungssysteme zusammen und wird realiter mit diesen verschmolzen sein.

Eine besondere Aufgabe der verteilten Zugriffsverwaltung ist die Kontrolle von entfernten Datenzugriffen. Falls aus einem Anwendungsprogramm heraus auf einen entfernt liegenden Datenbestand zugegriffen wird, erkennt dies die verteilte Zugriffsverwaltung und registriert anhand eines Eintrags im lokalen Systemkatalog beispielsweise, daß über eine logische Sicht eine physische Datenpartition eines anderen Rechners gelesen werden soll. Sie setzt den vormals lokalen Zugriff auf die logische Sicht um in einen Fernzugriff auf die materialisierte Datenpartition.

Eine weitere wichtige Aufgabe der verteilten Zugriffsverwaltung ist die Vorbereitung der lokalen Daten für verteilte Verarbeitungsschritte. Diese Aufgabe ist modellhaft in der dritten Phase einer Datenverarbeitungsaktion angesiedelt. Es geht hierbei darum, lokale Daten für den Datenaustausch mit externen Lokationen so aufzubereiten, daß sie zu einem späteren Zeitpunkt an diese übergeben werden können. Die durch den Präcompiler vorbereiteten Arbeiten bezüglich des Setzens von Zeitstempeln und Statusanzeigen (Kapitel 7.3.2) fallen in diesen Tätigkeitsbereich.

Beim direkten synchronen Kommunikationsmodus ist von der verteilten Zugriffsverwaltung die Kommunikationskomponente zu initiieren, die einen sofortigen Datenaustausch ermöglichen muß. Beim indirekten Verarbeitungsmodus beschränkt sich die Arbeit der verteilten Zugriffsverwaltung auf die Markierung von Datensätzen für spätere Datenübertragungen. Dies entspricht der Ablage der Sätze in einem Zwischenpuffer.

7.5.3 Extraktions- und Einbringverfahren

Neben der Diskussion der wesentlichen Konstituenten für die Extraktions- und Einbringverfahren wird in diesem Unterabschnitt das fundamentale Problem der Zeitstempelvergabe im Zusammenhang mit der indirekten bzw. asynchronen Datenverarbeitung diskutiert.

7.5.3.1 Extraktionsverfahren

Extraktionsverfahren werden bei der indirekten Kommunikation verwendet. Für die verzögerte Weitergabe müssen einer kooperierenden Datenpartition Informationen über vorgenommene Datenmodifikationen übermittelt werden. Der Extraktionsprozeß benötigt im wesentlichen zwei Angaben:

Zeitintervall für Datenmodifikationen

Der Extraktionsprozeß muß darüber informiert werden, welche Datenmodifikationen für den Kommunikationspartner von Interesse sind. Dies bedeutet, daß ein Zeitpunkt bestimmt wird, ab dem die im Primärdatenbestand durchgeführten Modifikationen dem Partner gemeldet werden. Wie bereits in Kapitel 6.3.3.3 beschrieben wurde, bieten sich zwei prägnante Zeitpunkte an. Wird der Definitionszeitpunkt einer Datenpartition als Zeitmarke herangezogen, werden vom Extraktionsprozeß alle aktuell gültigen Datensätze selektiert. Alternativ können alle Datenmodifikationen, die seit dem letzten Austauschvorgang vorgenommen worden sind, übertragen werden. Somit wird die Menge der zu übertragenden Sätze kleiner, wobei dennoch alle Datenmodifikationen an den Kommunikationspartner gemeldet werden. Falls keine Recoverybehandlungen anstehen, ist das Ende des zu betrachtenden Zeitintervalls durch den aktuellen Zeitpunkt vorgegeben.

Definition der Empfangspartition

Aus Optimierungsgründen ist dem Extraktionsprozeß die Definition der empfangenden Datenpartition bekanntzugeben. Somit kann die Menge der zu transferierenden Daten minimiert werden. Es werden vom Extraktionsprozeß nur die Attribute der Datensätze selektiert, die in der Empfängerpartition definiert sind. Durch die Spezifikation von 'WHERE'-Klauseln für die Sende- und Empfangspartitionen wird die Durchschnittsmenge der beiden Partitionen darüber hinaus prinzipiell verkleinert.

7.5.3.2 Einbringverfahren

Das Datenverteilungssystem des DDMS bietet für das Einbringen von externen Änderungen bei synchronen und asynchronen Empfangsvorgängen einen speziellen

Einbringprozeß an. Er baut externe Datenmodifikationen entsprechend der lokalen Vorschriften in einen Empfängerdatenbestand ein. Der Einbringprozeß muß darüber informiert werden, von welchem Sender die einzuarbeitenden Datenmodifikationen stammen. Außerdem wird ihm mitgeteilt, in welche Empfangspartition diese eingebracht werden muß. In Abhängigkeit von den beiden Parametern ist eine Einbringstrategie zu wählen. Diese ist gemäß der Kriterien aus Kapitel 6.3.3.3 zu spezifizieren.

7.5.3.3 Die Vergabe von Zeitstempeln

Bei der indirekten bzw. asynchronen Datenverarbeitung ist die Vergabe von Zeitstempeln von entscheidender Bedeutung. Beim Abgleich verschiedener Datenpartitionen stellen die Zeitstempel der dem Einbringprozeß übergebenen Datensätze eine der wichtigsten Informationsquellen dar. Zum Beispiel entscheidet sich bei der in Kapitel 6.3.3.4 vorgestellten Einbringstrategie 'zeitliche Konkurrenz' anhand der Zeitstempel der zu vergleichenden Datensätze, welchem Datensatz im Einbringprozeß die größere Bedeutung zugesprochen wird.

Das Problem der Zeitstempelvergabe wird nun anhand des Extrahierens und des Einbringens von Datenmodifikationen diskutiert. Angenommen, ein Datensatz x sei zu einem Zeitpunkt t_{mod} zuletzt modifiziert worden. Zu einem Zeitpunkt t_{ext} wird ein Extraktionsprozeß innerhalb einer Ersatz-Primäraktion gestartet. In der Modifikationsnachricht wird der Zeitstempel t_{nach} mitgeführt. Zwei Möglichkeiten bieten sich für dessen Definition an:

$t_{nach} := t_{mod}$ bzw.

$t_{nach} := t_{ext}$.

Um zeitabhängige Einbringstrategien zu realisieren, wie beispielsweise die Strategie 'zeitliche Konkurrenz', benötigt man den tatsächlichen Änderungszeitpunkt eines Datensatzes. Deshalb soll t_{nach} den Wert t_{mod} annehmen.

Zu einem Zeitpunkt t_{ein} wird in einem Einbringverfahren, welches innerhalb einer Sekundäraktion abläuft, die Modifikationsnachricht in die empfangende Partition eingearbeitet. Für die Vergabe des Zeitwerts t_{neu}, das ist der Zeitstempel des Datensatzes x', der in die Empfangspartition aufgenommen wird, stehen wiederum zwei Alternativen zur Auswahl:

$t_{neu} := t_{nach}$ bzw.

$t_{neu} := t_{ein}$.

Wählt man die erste Alternative, können erhebliche Konsistenzprobleme auftreten, da kommunizierende Partitionen Änderungen in der Datenpartition nicht registrieren. Ein kurzes Szenario verdeutlicht diesen Sachverhalt: Mit einer externen Datenpartition D ist zuletzt zum Zeitpunkt t_{komm} kommuniziert worden. Da t_{nach} kleiner als t_{komm} sein kann, t_{ein} aber größer als t_{komm} ist ($t_{nach} < t_{komm} < t_{ein}$), wird der durch ein Einbringverfahren generierte Datensatz x' unter Umständen nicht an die Datenpartition D übertragen. Dies ist dann der Fall, wenn bei der nächsten Kommunikation mit Partition D nur die Datensätze betrachtet werden, die seit dem letzten Kommunikationsvorgang geändert worden sind. Durch die oben beschriebene Vergabe des Zeitstempels t_{ein} wird die Modifikation des Datensatzes x' nicht bemerkt. Deshalb muß, um solche Inkonsistenten zu vermeiden, t_{neu} den Wert von t_{ein} übernehmen. Es gilt nämlich immer: $t_{komm} < t_{ein}$.

7.5.4 Die Zwischenpufferverwaltung

Die Funktion eines Zwischenpuffers liegt in der temporären Aufbewahrung von Datenmodifikationen. Beim indirekten Anbieten von Datenmodifikationen müssen diese solange im Zwischenpuffer gelagert werden, bis sie für eine Propagierung freigegeben worden sind. Bei der asynchronen Annahme von Datenänderungen müssen sie dort verweilen, bis die empfangende Datenpartition zur Annahme bereit ist.

Ein Zwischenpuffer kann im Prinzip auf zwei verschiedene Arten realisiert werden. Bei einer ersten Implementierungsform werden in einer Zusatzdatei alle Datenmodifikationen vermerkt. Werden irgendwelche Daten geändert, muß dies sogleich an die Zusatzdatei übermittelt werden. Beim Zusammenstellen einer Austauschnachricht werden nur die Einträge in der Zusatzdatei beachtet; der originale Datenbestand wird nicht von der Extraktionsaktion tangiert. Dies ist auch der Vorteil des Zusatzdateiverfahrens. Nachteile dieses Verfahrens sind zum einen der zusätzlich benötigte Speicherplatz und zum anderen die aufwendigen Verwaltungstätigkeiten zur Pflege der Zusatzdatei. Die Realisierung der Zusatzdatei durch den Protokolldatenbestand einer Lokation, der zur Erhöhung der Fehlersicherheit dient, ist beim DDMS im allgemeinen nicht anwendbar. Dieses in [LHMP 86] und in [KäRi 87] referenzierte Verfahren - dort jeweils für die Verwaltung der Daten eines Snapshot-Refreshs vorgeschlagen - ist für das DDMS nicht von Bedeutung, da nicht davon ausgegangen werden kann, daß jedes lokale Datenhaltungssystem eine ausreichende Protokollkomponente aufweist. Manche lokalen Systeme verfügen aufgrund der individuellen Konfigurierbarkeit des DDMS lediglich über eine sehr rudimentäre Protokollkomponente.

Eine elegante Gestaltungsmöglichkeit des Zwischenpuffers ist dessen Realisierung im Originaldatenbestand selbst. Durch die Attributierung eines unter dem DDMS verwalteten Datensatzes mit dem Zeitstempel der letzten Modifikation und einem Statusvermerk (Kapitel 7.3.2) wird die Modifikationshistorie eines Datenbestands in diesem selbst festgehalten. Diese Realisierungsform hat zwei entscheidende Vorteile. Erstens benötigen die Zusatzattribute sehr wenig Speicherplatz; zum zweiten ist nur ein geringer Mehraufwand zur Verwaltung des Zwischenpuffers zu leisten. Bei Datenmodifikationen sind gemäß den in Kapitel 7.3.2 dargestellten Verwaltungstätigkeiten nur die entsprechenden Zusatzattribute neu zu setzen.

Für neu definierte und modifizierte Datensätze stellt sich die Pflege des durch Zusatzattribute realisierten Zwischenpuffers als sehr einfach heraus. Allerdings fallen bei gelöschten Datensätzen einige organisatorische Probleme an. In Kapitel 7.3.2 ist festgestellt worden, daß das Löschen eines Datensatzes nur logisch durch das Setzen des Statusattributs auf den Wert 'gelöscht' geschieht. Um nicht das Datenvolumen einer Partition endlos anwachsen zu lassen, müssen vorerst nur logisch gelöschte Sätze auch physisch aus einer Partition eliminiert werden. Informell läßt sich der Zeitpunkt des physischen Löschens eines Datensatzes folgendermaßen beschreiben: Falls mit allen Partitionen, die an einem (logisch gelöschten) Datensatz interessiert sind, bereits einmal seit dem Löschen kommuniziert worden ist, kann der betreffende Datensatz auch physisch aus der Partition entfernt werden. Die Zeitpunkte der letzten Kommunikation mit einer anderen Partition bzw. die Menge der kommunizierenden Paritítionen lassen sich anhand der Einträge in den lokalen Systemkatalogen bestimmen.

Formal kann das Problem wie folgt dargestellt werden: Die Partition P kommuniziert mit den Partitionen P_1, ..., P_n. Zum Zeitpunkt t_{in_i} hat die Partition P zuletzt von Partition P_i ($i = 1, 2, ..., n$) eine Änderungsmeldung erhalten. Die letzte Modifikationsnachricht hat Partition P an Partition P_i zum Zeitpunkt t_{out_i} verschickt. Es gilt: $t_i = \min \{t_{in\_i}, t_{out\_i}\}$. Die Zeiten t_i werden nun durch eine Abbildungsfunktion f in eine zeitliche Ordnung überführt ($k\_i = f(i)$), so daß gilt: $t_{k\_1} < t_{k\_2} < ... < t_{k\_n}$. Falls erneut eine Kommunikation zwischen der Partition P und einer Partition P_i stattfindet, wird der Wert t_{in_i} bzw. t_{out_i} neu belegt. Die Zeit t_i muß anschließend neu berechnet werden. Die Sequenz $t_{k\_1}' < t_{k\_2}' < ... < t_{k\_n}'$ wird ebenfalls neu generiert. Alle logisch bereits gelöschten Datensätze x (Zeitstempel der letzten Änderung sei t_x), für die gilt $t_x < t_{k\_1}'$, können auch physisch aus dem Datenbestand entfernt werden.

In einer konkreten Implementierung (Kapitel 8) stellt sich heraus, daß eine Kombination der beiden Realisierungsvorschläge für den Zwischenpuffer am besten geeignet ist. Für die indirekte synchrone Kommunikation reicht die Zwischenpufferverwaltung durch Zusatzattribute aus. Bei der asynchronen Annahme von Modifikationen empfiehlt es sich, die Nachrichtendatei, welche die Modifikationsinformationen enthält, als Zwischenpuffer zu betrachten. Beim verzögerten Einbau der Datenänderungen wird auf diese Datei zurückgegriffen. Die Zwischenpufferverwaltung registriert alle ankommenden Nachrichtendateien im lokalen Systemkatalog.

7.5.5 Aufbau und Arbeitsweise des Datenverteilungssystems

In Abbildung 7-11 ist der Aufbau des Datenverteilungssystems dargestellt. Die verteilte Zugriffsverwaltung greift direkt auf die Anwenderdaten zu. Die Extraktions- bzw. Einbringverfahren und auch die Zwischenpufferverwaltung bedienen sich der verteilten Zugriffsverwaltung, um Benutzerdaten zu selektieren und zu manipulieren. Falls mit anderen Lokationen kommuniziert werden muß, übergeben sowohl die verteilte Zugriffsverwaltung, die Zwischenpufferverwaltung als auch die Extraktions- und Einbringverfahren ihre Nachrichten an die Kommunikationskomponente bzw. übernehmen von ihr eingetroffene Nachrichten. Die gesamte Metainformation, welche die lokale Anwendungsdatenhaltung beschreibt, ist im lokalen Systemkatalog abgespeichert. Die Komponenten des Datenverteilungssystems extrahieren alle notwendigen anwendungsspezifischen Informationen aus diesem Katalog.

Als Bestandteile eines DDMS-Kerns werden in bezug auf das Datenverteilungssystem die vier Komponenten verteilte Zugriffsverwaltung, Zwischenpufferverwaltung, Extraktions- und Einbringverfahren und Kommunikationskomponente betrachtet. Damit ist ein DDMS-Kern vollständig beschrieben: er setzt sich aus den in Kapitel

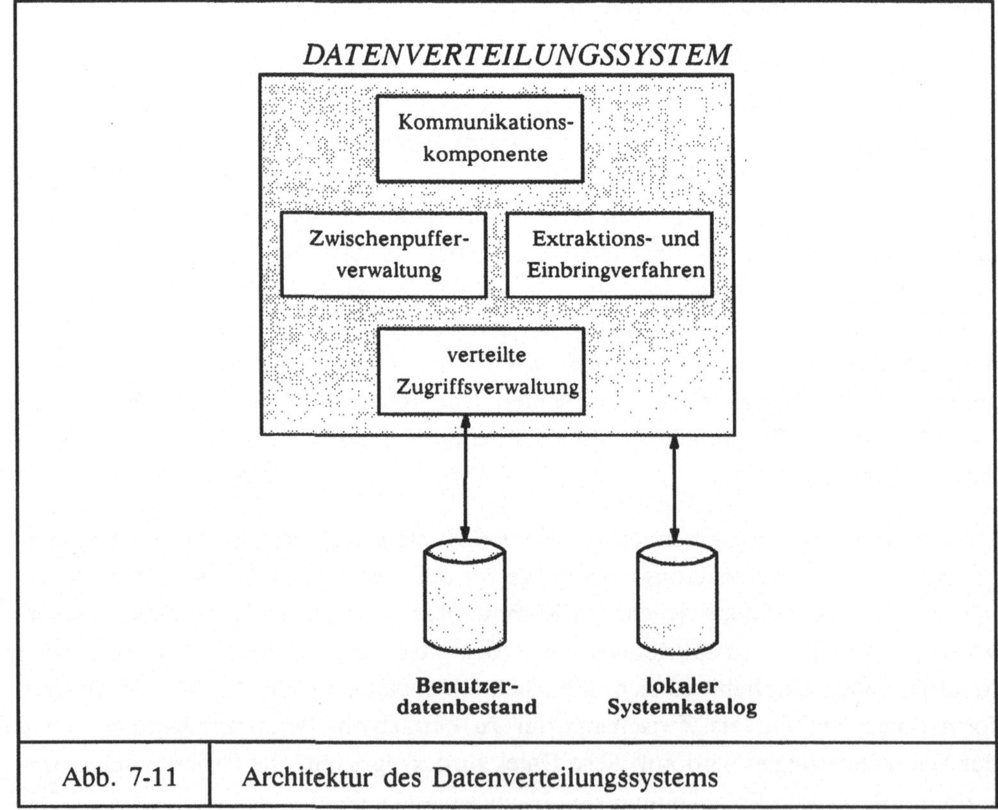

Abb. 7-11	Architektur des Datenverteilungssystems

7.4 beschriebenen Teilsystemen eines Datenhaltungssystems (einschließlich lokalem Systemkatalog) und den in diesem Kapitel vorgestellten Komponenten eines Datenverteilungssystems zusammen.

7.6 Die Arbeitsweise des DDMS

Zusammenfassend wird in diesem Unterkapitel die Arbeitsweise des DDMS dargestellt. Dabei wird unterschieden zwischen zwei Betriebszuständen, der Definitions- und der Laufzeitphase. In der Definitionsphase wird die Konfigurierung des DDMS vorgenommen. Insbesondere werden die Systemumgebung, die konzeptionellen Datenschemata und die Datenverteilungscharakteristika der zu modellierenden Anwendungen spezifiziert. Außerdem sind die Anwendungsprogramme zu formulieren, die auf die vom DDMS verwalteten Daten zugreifen. Sie werden mit dem Präcompiler des DDMS präpariert. Sowohl die Neudefinition als auch alle Modifikationen der Konfiguration des DDMS sind in der Definitionsphase vorzunehmen. In der Laufzeitphase verarbeiten die Anwendungsprogramme die vom DDMS verwalteten Daten. Die DDMS-Kerne sorgen für die korrekte Umsetzung der Systemspezifikation im laufenden Betrieb des DDMS.

Die Definitions- und die Laufzeitphase müssen im DDMS nicht streng sequentiell hintereinander ablaufen; sie treten ineinander verschränkt auf. Bei der ersten Systeminitialisierung - während der sogenannten Einschwingphase - wird eine initiale Definitionsphase durchlaufen. Daran schließt sich der laufende Betrieb, die Laufzeitphase, an. Da während der Laufzeitphase Modifikationen an der Konfiguration des DDMS vorgenommen werden dürfen (Kapitel 7.2.2), können nach der Einschwingphase Definitions- und Laufzeitphase parallel auftreten. Allerdings ist ein konsistenzerhaltendes Zusammenspiel beider Betriebszustände zu gewährleisten.

7.6.1 Die Definitionsphase

Die in der Definitionsphase zu erbringenden Aufgaben können zwei Bereichen zugeordnet werden. Der erste befaßt sich mit der Übersetzung von Anwendungsprogrammen, während im zweiten die Konfigurierung des DDMS vorzunehmen ist.

Der linke Teil der Abbildung 7-12 zeigt die Bearbeitung eines Anwendungsprogramms in der Definitionsphase des DDMS. Das vom Anwendungsprogrammierer verfaßte Programm wird an den Präcompiler des DDMS übergeben. Wie in Kapitel 7.3 ausführlich beschrieben wurde, wird das Programm zunächst syntaktisch und semantisch analysiert. Daran anschließend wird es um Verwaltungsroutinen ergänzt,

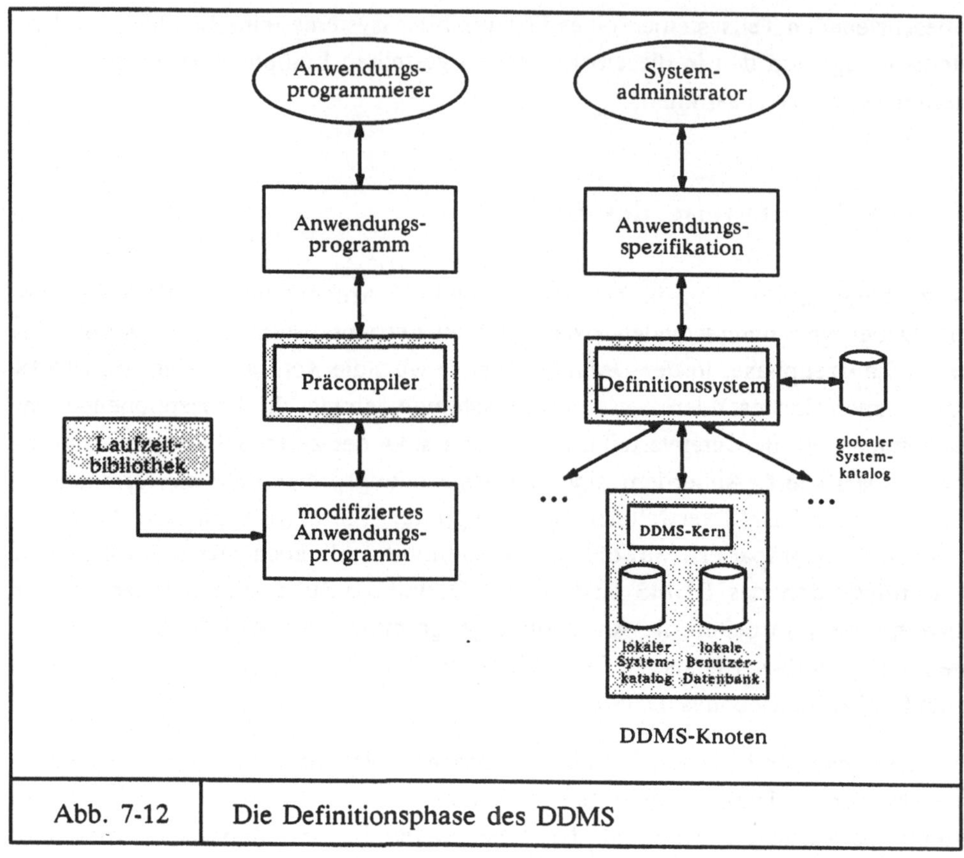

Abb. 7-12	Die Definitionsphase des DDMS

die der Laufzeitbibliothek des DDMS entnommen werden. Diese Laufzeitroutinen sorgen beispielsweise dafür, daß Kommunikationsverbindungen für den direkten Datenaustausch aufgebaut werden. Das durch den Präcompiler modifizierte Quellprogramm kann anschließend mit dem Standard-Compiler einer Wirtssprache in ein ausführbares Objektprogramm für den Zielrechner übersetzt werden.

Einen zweiten Pfad in der Definitionsphase des DDMS stellt die Konfigurierung des verteilten Datenverwaltungssystems gemäß der speziellen Anwendungssituation dar (rechter Teil der Abbildung 7-12). Der Systemadministrator übergibt während der Einschwingphase des Systems eine vollständige Systemspezifikation an das Definitionssystem des DDMS. Gemäß den Ausführungen in Kapitel 7.2 erstellt das Definitionssystem daraus den globalen Systemkatalog. Die Spezifikation der Anwendung wird auf syntaktische und semantische Korrektheit überprüft. Das Definitionssystem baut aus der Anwendungsspezifikation in den Knoten des verteilten Systems die lokalen Systemkataloge auf, richtet Behälter für die Benutzerdaten ein und installiert die DDMS-Kerne.

Falls während des laufenden Betriebs Modifikationen der Anwendungsspezifikation vorgenommen werden sollen, werden diese dem Definitionssystem durch den Systemadministrator bekannt gemacht. Er verändert den Inhalt des globalen Systemkatalogs und konfiguriert somit die Komponenten des DDMS auf den Rechnern des verteilten Systems neu. Es muß darauf geachtet werden, daß diese Änderungen konsistent in den laufenden Betrieb eingebracht werden. Beispielsweise darf keine Schemaänderung für eine Partition durchgeführt werden, solange noch Anwendungsprogramme auf diese Partition zugreifen. In einem ersten Implementierungsansatz müßten bei einer Systemänderung alle Anwenderprogramme angehalten und neu übersetzt werden. Ziel ist es aber, einen möglichst geringen störenden Einfluß einer Systemmodifikation auf den laufenden Betrieb zu erzielen. Zum Beispiel wäre bei der oben erwähnten Systemmodifikation hilfreich, wenn alle Programme, die auf die zu verändernde Partition zugreifen, registriert wären. Nur genau diese müßten nach erfolgter Schemaänderung gegebenenfalls neu formuliert und übersetzt werden.

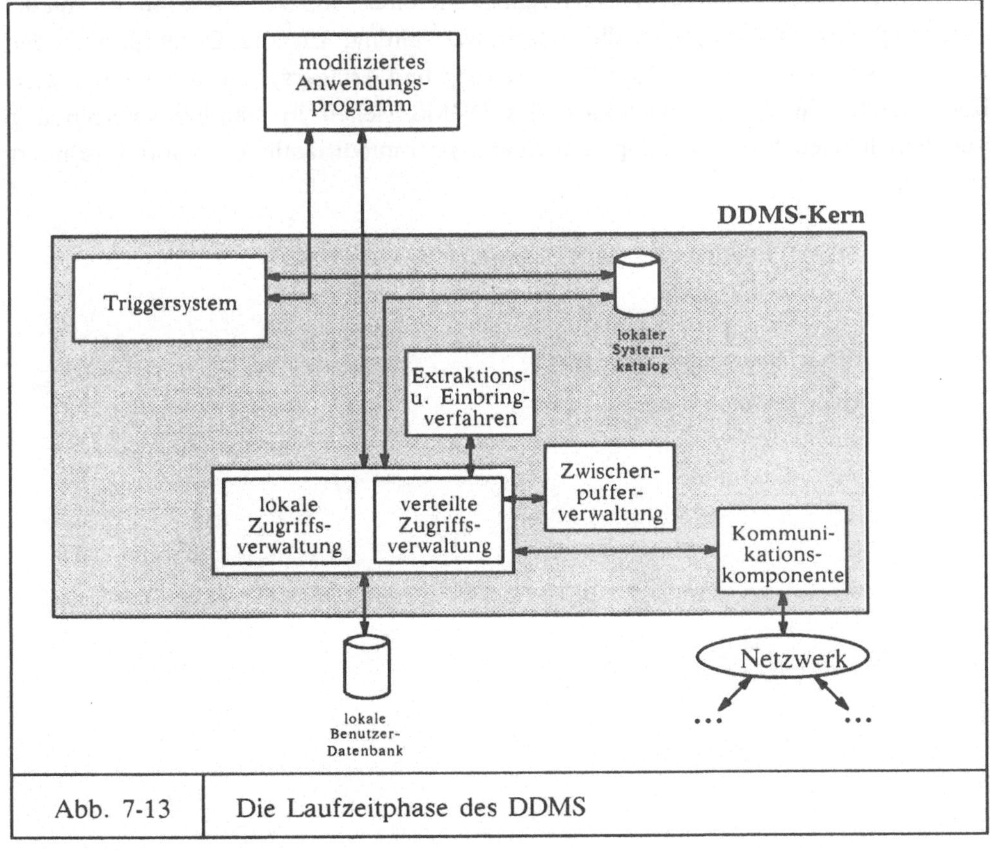

Abb. 7-13 Die Laufzeitphase des DDMS

7.6.2 Die Laufzeitphase

In Abbildung 7-13 ist überblicksartig die Laufzeitphase des DDMS dargestellt. Die Anwendungsprogramme greifen unter Verwendung der lokalen und der verteilten Zugriffsverwaltung auf die unter dem DDMS verwalteten Daten zu. Die Zugriffsverwaltung überwacht, ob dadurch eine Kommunikation mit einer anderen Lokation initiiert werden muß. Falls dies nötig ist, stößt sie die Kommunikationskomponente an, die die Abwicklung des Kommunikationsvorgangs übernimmt. Sie steht mit den Kommunikationskomponenten anderer DDMS-Kerne in Verbindung. Falls indirekte oder asynchrone Datenaustauschvorgänge vorzunehmen sind, werden von der Zugriffsverwaltung die Extraktions- und Einbringverfahren aktiviert. Es ist sinnvoll, nach einer erfolgten Kommunikation mit einem anderen DDMS-Kern die Zwischenpufferverwaltung aufzurufen, die eine Reorganisation der Zwischenpuffer vornimmt. Eine aktive Komponente in der Laufzeitphase des DDMS ist das Triggersystem, das ständig kontrolliert, ob Triggerbedingungen erfüllt sind. Trigger werden sowohl direkt aus Anwendungsprogrammen heraus, insbesondere aber bei oder nach Zugriffen auf die Benutzerdaten angestoßen. Falls ein Trigger zur Abarbeitung ansteht, der einen Datenaustauschvorgang mit einer anderen Partition veranlaßt, beauftragt das Triggersystem die Zugriffsverwaltung, für die Durchführung der Kommunikation zu sorgen. Zugriffsverwaltung und Triggersystem als die zentralen Komponenten in der Laufzeitphase des DDMS stehen in ständiger Verbindung mit dem lokalen Systemkatalog, um über Systemmodifikationen sofort informiert zu sein.

8 Die Implementierung des DDMS

Während im siebten Kapitel der konzeptionelle Aufbau des DDMS diskutiert wurde, erfolgt in diesem Kapitel die Beschreibung zweier Implementierungsvarianten des DDMS. Eine Begründung für die Entwicklung zweier unabhängiger Prototypen des DDMS und die Vorstellung der Entwurfsziele, auf denen beide Realisierungen basieren, gehen den Implementierungsbeschreibungen voraus.

8.1 Vorbemerkung

Durch die beiden prototypischen Implementierungen des DDMS sollen die theoretisch erarbeiteten Konzepte eines verteilten Datenverwaltungssystems ([JaRu 87], [JRWZ 87a], [JRWZ 87b]) validiert werden. Es wird gezeigt, daß deren Umsetzung in ein lauffähiges System möglich ist. Die beiden Prototypen sind nicht unter Optimalitätsgesichtspunkten entwickelt worden, sondern sie zielen lediglich darauf ab, die Durchführbarkeit der Theorie anhand von beispielhaften Implementierungen zu demonstrieren ([JaRW 88a], [JaRW 88b]).

Der Realisierung der Ideen ging die Überlegung voraus, eine geeignete Implementierungsform zu finden, die eine Umsetzung der umfangreichen theoretischen Erkenntnisse überhaupt ermöglicht. Deshalb wurden zwei parallele Entwicklungen verfolgt, die jeweils einen anderen Arbeitsschwerpunkt aufweisen. In einer homogenen Rechnerumgebung (gleiche Rechnerhardware, gleiches Betriebssystem, Kommunikationssystem und Datenhaltungssystem) wurde die Gesamtfunktionalität des DDMS-Ansatzes, insbesondere der flexible Datenaustauschmechanismus (Kapitel 6.3.2), implementiert. Die homogene Umgebung erleichtert die Realisierung der umfangreichen Funktionalität des DDMS. Der entwickelte Prototyp wird selbst mit DDMS(-Prototyp) bezeichnet; er wird in Kapitel 8.2 im Detail vorgestellt. Um aufzuzeigen, daß die Integration verschiedenster Hard- und Softwarekomponenten in ein verteiltes Datenverwaltungssystem möglich ist, wurde neben dem DDMS ein zweiter Prototyp entwickelt. Er weist eine im Vergleich zum DDMS-Prototyp sehr eingeschränkte Funktionalität auf. Er wird im folgenden verteiltes Snapshot-Verwaltungssystem (DSMS: Distributed Snapshot Management System) genannt. Seine Beschreibung erfolgt in Kapitel 8.3.

Der Abstraktionsgrad der nachfolgenden Implementierungsbeschreibung ist so gewählt, daß die Funktionalität und Komplexität der Programme zu erkennen ist, ihre interne Strukturierung aber verborgen bleibt. Die in den nächsten zwei Unterkapiteln jeweils zitierten Referenzarbeiten beinhalten neben einer Programmbeschreibung auf Struktogrammebene auch den Programmcode selbst.

8.2 Die Implementierung des DDMS in einer homogenen Rechnerumgebung

In diesem Unterkapitel wird der erste der beiden Implementierungsansätze des DDMS beschrieben. Einen Überblick über die vorgenommene Realisierung gibt Kapitel 8.2.1. Im sich daran anschließenden Unterabschnitt wird die Implementierung selbst vorgestellt. Noch nicht realisierte, aber theoretisch bereits konzipierte Funktionen werden im Kapitel 8.2.3 diskutiert. Einen Ausblick auf weitere Implementierungstätigkeiten gibt der abschließende Unterabschnitt.

8.2.1 Überblick

Neben der Beschreibung der Rechnerumgebung, in der das DDMS entwickelt worden ist, wird ein Überblick über die Funktionalität des Prototyps gegeben.

8.2.1.1 Entwicklungsumgebung

Die Implementierung des DDMS ist in einem Rechnernetz vorgenommen worden, das aus zwei Rechnern des Typs MicroVAX II und einem Rechner des Typs VAX 11/780 der Firma Digital Equipment Corporation (DEC) besteht. Auf den Rechnern sind die Betriebssysteme VMS bzw. MicroVMS installiert; beide Betriebssysteme sind in bezug auf die Implementierung des DDMS als gleichwertig zu betrachten. Die Rechner sind über ein Ethernet-Netzwerk miteinander verbunden. Als Kommunikationssoftware wurde DECnet verwendet. DECnet ermöglicht in einem Rechnernetz unter anderem Programm-zu-Programm-Kommunikation, Datentransfer, Programm-Fernstart (remote command execution) und Datei-Fernzugriff (remote file access).

Als Datenhaltungssystem ist für den globalen und die lokalen Systemkataloge das von DEC entwickelte relationale Datenbanksystem VAX RDB/VMS (hier RDB genannt) verwendet worden. Für die Realisierung der Benutzerdatenbanken ist sowohl RDB als auch das ebenfalls relationale Datenbanksystem INGRES herangezogen worden. Die gesamte Implementierung ist in VAX PASCAL vorgenommen worden.

VAX PASCAL (hier Pascal genannt) weist sowohl zu RDB als auch zu INGRES eine interpretative Schnittstelle auf. Die Besonderheit von VAX PASCAL ist das angebotene Modulkonzept. In einem Modul können Funktionen und Prozeduren zusammengefaßt werden. Sie werden von einem VAX PASCAL Programm als externe Funktionen bzw. Prozeduren verwendet. Module und Programme sind getrennt voneinander zu übersetzen; anschließend können die entstandenen Objektcodes zusammengebunden werden.

8.2.1.2 Funktionsumfang der Implementierung

Aus den in Kapitel 8.1 genannten Gründen ist das bei der Implementierung verfolgte Realisierungskonzept gegenüber dem in Kapitel 7 vorgeschlagenen Maximalkonzept verändert worden. Die Realisierung des DDMS-Prototyps teilt sich in vier Komponenten auf: das Definitionssystem, den Präcompiler, das Triggersystem und das Kommunikationssystem. Definitionssystem, Präcompiler und Triggersystem weisen die in Kapitel 7 vorgestellte Funktionalität auf. Durch das Kommunikationssystem und die lokalen Datenhaltungssysteme (RDB und INGRES) werden die im vorherigen Kapitel beschriebenen weiteren Teilsysteme des DDMS, das Datenhaltungssystem und das Datenverteilungssystem, realisiert. Dabei werden im Kommunikationssystem Funktionen des Datenhaltungs- und des Datenverteilungssystems teilweise vermischt.

Im DDMS-Prototyp ist die gesamte Funktionalität des flexiblen Datenaustauschmechanismus implementiert worden; insbesondere wurden verschiedene Einbringstrategien programmiert. Wie bereits angesprochen wurde, werden als Datenhaltungssysteme nur relationale Datenbanken herangezogen; die Integration von konventionellen Dateisystemen wurde nur in der Implementierung des DSMS realisiert. Die Modellierung der Anwendung kann im aktuellen Zustand während des laufenden Betriebs nur sehr rudimentär modifiziert werden. In Kapitel 8.2.3 ist der konzeptionelle Hintergrund für die nachträgliche Implementierung einer Modifikationskomponente hinreichend beschrieben. Ebenfalls wird keine Fehlerbehandlung angeboten, die über die von den lokalen Datenhaltungssystemen bereitgestellten Dienste hinausgeht. Konzeptionelle Überlegung zur Realisierung von Recovery-Strategien für das DDMS werden ebenfalls in Kapitel 8.2.3 vorgestellt.

Die unter dem DDMS verwalteten Daten können nur durch Schnittstellenaufrufe aus der Programmiersprache VAX PASCAL heraus selektiert und manipuliert werden. Die direkte Bearbeitung der Daten an einer Dialogschnittstelle ('terminal monitor') ist bisher nicht vorgesehen, ist aber problemlos integrierbar. Ebenfalls ist die Definition einer weiterern Programmschnittstelle beispielsweise für VAX C leicht möglich.

8.2.2 Implementierung

In den folgenden Unterabschnitten wird die Implementierung der vier Hauptkomponenten des DDMS-Prototyps beschrieben. Dies sind das Definitionssystem, der Prä-compiler, das Triggersystem und das Kommunikationssystem. Das Zusammenwirken der Komponenten wird in Kapitel 8.2.2.5 vorgestellt. Die Installation des DDMS wird in den Arbeiten [Jabl 88] und [ScUh 88] erläutert.

Die Implementierung des DDMS verlief in drei Phasen. Die erste Phase wurde im Mai 1987 begonnen und endete im Dezember 1987. In der dabei realisierten Version 1 des DDMS waren nur indirekte Anbietestrategien für das Durchreichen von Modifikationsinformation vorgesehen (Kapitel 6.3.2.1). Die im August 1988 abgeschlossene zweite Implementierungsphase stellte auch direkte Anbietestrategien zur Verfügung (Version 2). Schließlich wurde in der Version 3, welche im März 1989 vollendet wurde, das relationale Datenbanksystem INGRES in das DDMS integriert. Die Implementierung wird in den Arbeiten [Bäum 87], [FiKi 87], [Rein 87] und [ScUh 88] auf Struktogrammebene detailliert beschrieben; außerdem ist in den Anhängen zu diesen Arbeiten der Programmcode zusammengefaßt. In [Jabl 88] ist darüber hinaus eine Zusammenfassung der Version 1 des DDMS zu finden.

8.2.2.1 Definitionskomponente

Gemäß den Ausführungen in Kapitel 7.1.3 bzw. 7.2 hat die Definitionskomponente zwei wesentliche Aufgaben zu erfüllen. Zum einen ist sie für die Verwaltung der Metadaten der Anwendung verantwortlich (Aufbau des globalen Systemkatalogs). Darüber hinaus konfiguriert sie das Datenverwaltungssystem im Sinne der Benutzerspezifikation.

α) Die Dialogschnittstelle

Das Definitionssystem des DDMS-Prototyps wird durch eine Dialogkomponente realisiert, welche die Spezifikation der Anwendungsdaten erlaubt und die Konfigurierung des verteilten Datenverwaltungssystems initiiert ([Rein 87]). Die Verwaltung der Metadaten der Anwendung erfolgt in den Relationen der globalen und der lokalen Systemdatenbanken (GLOBALDB bzw. LOCALDB). Diese Systemkataloge sind in relationalen Datenbanken abgelegt. Der globale Systemkatalog muß in einer RDB-Datenbank verwaltet werden; für die Realisierung der lokalen Systemkataloge kann sowohl RDB als auch INGRES herangezogen werden. Im Anhang A1 ist die Definition der Relationen des globalen und der lokalen Systemkataloge zusammengefaßt. Die Bezeichnungen der Relationen des globalen Systemkatalogs sind der Abbildung 8-1 zu entnehmen[1]. Die Benutzerdaten können beim gegenwärtigen Realisierungsstand des DDMS wahlweise in RDB- oder in INGRES-Datenbanken gehalten werden.

Der Funktionsumfang der Dialogschnittstelle wird in Abbildung 8-1 gezeigt. Es ist zu erkennen, daß sie fünf unterschiedliche Typen von Sprachmitteln anbietet. Für die Definition der Systemumgebung, des konzeptionellen Schemas und der Datenverteilung ist jeweils eine ausgezeichnete Menge von Operationen vorgesehen. Die Konfigurierung des DDMS verlangt eine gesonderte Befehlsmenge. Schließlich sind einige Hilfsfunktionen definiert, welche die Arbeit mit der Dialogkomponente

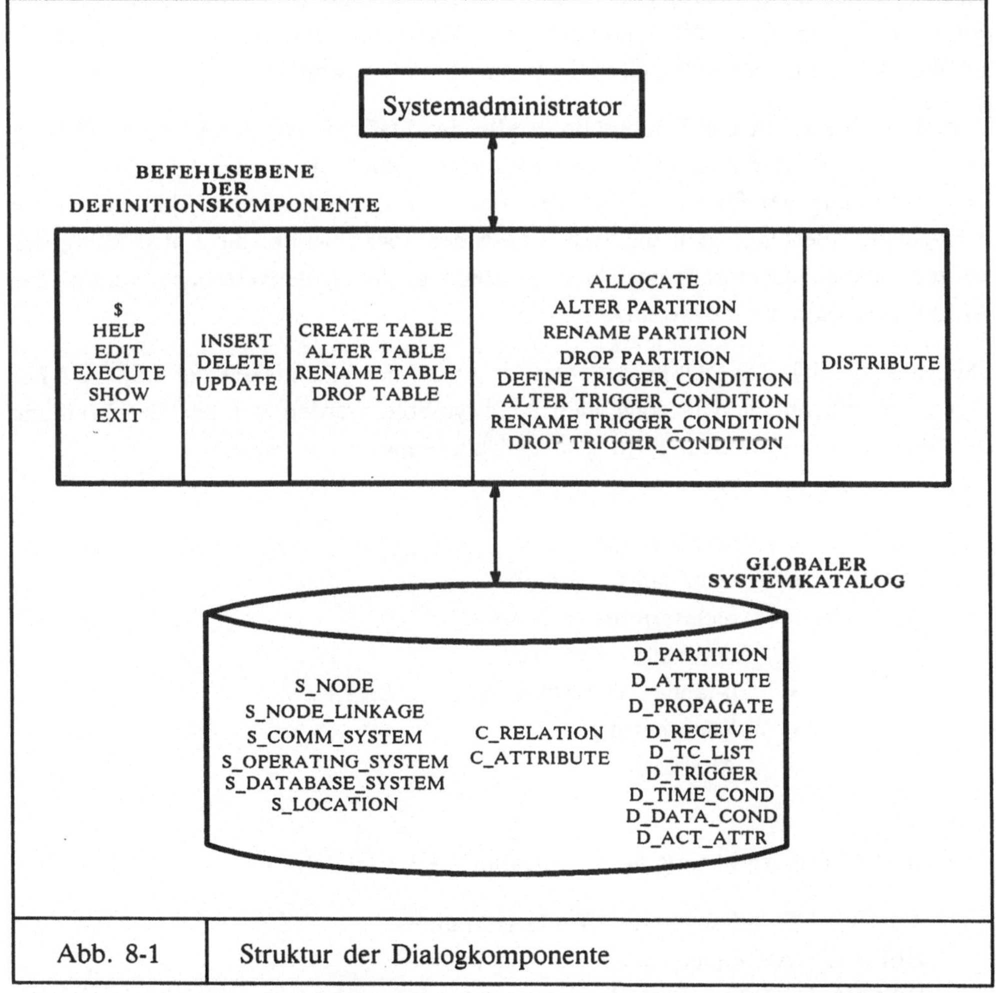

Abb. 8-1 Struktur der Dialogkomponente

[1] Relationen, welche die Systemumgebung beschreiben, sind durch das Präfix 'S_' gekennzeichnet. Das Präfix 'C_' deutet auf Relationen hin, die das konzeptionelle Schema beinhalten. Schließlich ist die Spezifikation der Datenverteilung in den durch 'D_' markierten Relationen enthalten.

des DDMS unterstützen. Die Sprachsyntax der Operationen wird im Anhang A2 wiedergegeben. Sie entspricht einer Erweiterung der SQL-Notation.

Für die Verwaltung der Relationen des globalen Systemkatalogs, welche die Systemumgebung beschreiben, sind die Operationen INSERT, DELETE und UPDATE vorgesehen.

Die Relationen des globalen konzeptionellen Datenschemas (Basis-Relationen) der Anwendung sind mit der Anweisung CREATE TABLE zu generieren; dabei ist die Kennzeichnung eines Primärschlüssels obligatorisch. Änderungen im Aufbau einer Basis-Relation sind mit dem Befehl ALTER TABLE anzuzeigen. Die Umbenennung einer Basis-Relation muß mit dem Kommando RENAME TABLE vorgenommen werden. Schließlich können Basis-Relationen mit der Anweisung DROP TABLE aus dem konzeptionellen Schema eliminiert werden.

Der prägnanteste an der Dialogschnittstelle des Definitionssystems zur Verfügung gestellte Befehl ist die ALLOCATE-Anweisung. Durch sie wird die Definition der Datenverteilung gemäß der in Kapitel 7.2.1.2 vorgestellten Spezifikationsschritte ermöglicht. Allerdings geht die erste Phase der Spezifikation, die Entwicklung des konzeptionellen Datenschemas, der Festlegung der Datenverteilung durch das ALLOCATE-Kommando voraus.

Die Funktionalität des DDMS-Prototyps ist gut an der Mächtigkeit der ALLOCATE-Operation erkennbar. Die folgenden Metasymbole werden bei der Beschreibung der ALLOCATE-Anweisung (in Backus-Naur-Notation) verwendet:

::= = definiert als;
SYMBOL = terminales Symbol;
<symbol> = nichtterminales Symbol;
[...] = optionales Konstrukt;
[...]* = n-fache Wiederholung (n = 0, 1, ...);
{...} = Klammerung;
| = Alternative;

Die ALLOCATE-Anweisung weist folgendes Format auf:

```
ALLOCATE <alloc-type> AT <target-name>
DEFINED AS <query-block>
[PROPAGATING UPDATE <prop-type> TO <prop-list>
     [ON <prop-tc-list>]]*
[RECEIVING UPDATE <rec-type> FROM <rec-list>
     [ON <rec-tc-list>]]*;
```

Dabei gilt für die nichtterminalen Symbole:

<alloc-type> ::= LOGICAL | PHYSICAL

<prop-type> ::= LOCAL | [GLOBAL] INDIRECT | [GLOBAL] DIRECT

<prop-list> ::= <partition-name> [, <partition-name>]*

<prop-tc-list> ::= <tc-list>
(nur für den Fall <prop-type> = [GLOBAL] INDIRECT)

<rec-type> ::= ISOLATED | REMOTE_IMMED | REMOTE_INDEP |
INTEGRATED

<rec-list> ::= <partition-name> (<refresh-type>)
[, <partition-name> (<refresh-type>)]*

<refresh-type> ::= FULL | INCREMENTAL | CONCURRENT

<rec-tc-list> ::= <tc-list>
(nur für den Fall <rec-type> = REMOTE)

Der Term alloc-type bestimmt, ob eine Partition physisch auf dem mit target-name beschriebenen Rechner allokiert wird (Phase 3: Allokation von Datensegmenten) oder ob nur eine logische Sicht auf die Partition definiert werden soll (Phase 5: Definition von Zugriffsrechten und Sichten). Die Spezifikation einer Partition wird im query-block vorgenommen (Phase 2: Definition von Datensegmenten); er ist aufgebaut wie eine 'SELECT'-Anweisung in SQL. Eine Partition ist ein horizontales, vertikales oder kombiniertes Fragment einer Basis-Relation. In der 'PROPAGATING UPDATE'-Klausel wird festgelegt, mit welchen anderen Partitionen die zu definierende Partition kommunizieren will (Phase 4: Spezifikation der Datenverteilung). Es wird spezifiziert, ob sie überhaupt nicht (LOCAL), nur verzögert (INDIRECT) oder sofort (DIRECT) für die in prop-list aufgeführten Partitionen Datenmodifikationen anbietet (Kapitel 6.3.2.1). Falls eine verzögerte Kommunikationsform gewählt wird, werden die eine Kommunikation auslösenden Trigger in der Triggerliste tc-list zusammengefaßt. Wird zwischen Partitionen keinerlei Kommunikationsart explizit spezifiziert, so wird der default-Wert LOCAL (keine Kommunikation) angenommen.

Symmetrisch zur Weitergabe von Datenmodifikationen wird deren Annahme in der 'RECEIVING UPDATE'-Klausel beschrieben (Kapitel 6.3.2.2). Datenmodifikationen werden von den in rec-list aufgeführten Partitionen angenommen, wobei der Annahmemodus in rec-type festgehalten wird (Phase 4: Spezifikation der Datenverteilung). Es stehen die Alternativen ISOLATED (keine Annahme), REMOTE_IMMED und REMOTE_INDEP (verzögerte Annahme)[1] sowie INTEGRATED (sofortige Annahme) zur Verfügung. Bei der verzögerten Annahme werden in der Triggerliste tc-list diejenigen Trigger aufgeführt, welche die Annahme initiieren. Beim Einbringen der Datenänderungen können drei verschiedene Strategien verfolgt werden

[1] Die Kommunikationstypen REMOTE_IMMED und REMOTE_INDEP werden in Kapitel 8.2.2.4 beschrieben.

(refresh-type): vollständige Dominanz (FULL), partielle Dominanz (INCREMENTAL) und zeitliche Konkurrenz (CONCURRENT); sie sind bereits in Kapitel 6.3.3.4 beschrieben worden. Wiederum symmetrisch zur Weitergabe von Datenmodifikationen wird bei einer fehlenden Spezifikation bezüglich der Annahme von Modifikationsinformationen davon ausgegangen, daß keine Kommunikation unterstützt wird; der angenommene default-Wert ist demnach ISOLATED.

Neben der Definition der Datenverteilung durch das ALLOCATE-Kommando können Datenpartitionen modifiziert (ALTER PARTITION), umbenannt (RENAME PARTITION) und gelöscht werden (DROP PARTITION).

Ein wichtige Aufgabe im Zusammenhang mit der Definition der Datenverteilung ist die Definition von Triggern, die verzögerte Datenaustauschvorgänge veranlassen. Das Sprachkonstrukt zur Definition von Triggerbedingungen ist die 'DEFINE TRIGGER_CONDITION'-Anweisung:

```
DEFINE TRIGGER_CONDITION <tc_name> AS
    {TIME CONDITION: <time-clause>} |
    {DATA CONDITION: <data-clause>} |
    {ON DEMAND CONDITION}
```

Im DDMS sind drei verschiedene Klassen von Triggern definierbar: zeitabhängige und datenabhängige Trigger sowie direkt auszulösende Trigger. In Kapitel 8.2.2.3 werden die drei möglichen Triggertypen näher erläutert.

Eine Triggerbedingung kann geändert (ALTER TRIGGER_CONDITION), umbenannt (RENAME TRIGGER_CONDITION) und gelöscht (DROP TRIGGER_CONDITION) werden.

Die Installation der DDMS-Kerne, der lokalen Systemdatenbanken und der lokalen Benutzerdatenbanken an den verschiedenen Lokationen wird durch das Kommando DISTRIBUTE veranlaßt. Als Argument übergibt man diesem Befehl den Namen der Lokation, an der eine DDMS-Komponente aufgebaut werden soll. Außerdem wird der Typ der lokalen Systemdatenbank angegeben (RDB oder INGRES). Das Definitionssystem extrahiert aus dem globalen Systemkatalog die gesamte Information, die für eine Lokation relevant ist, und sendet sie dorthin. Dort wird anschließend die lokale Systemdatenbank eingerichtet, die Benutzerdatenbestände werden definiert und die DDMS-Kerne installiert.

Die fünfte Gruppe von Operationen an der Dialogschnittstelle des Definitionssystems machen die Hilfsfunktionen aus. Folgende Funktionen werden angeboten:

$ — Befehle des Betriebssystems (VAX/VMS) können direkt von der Dialogkomponente aus gestartet werden; sie sind mit dem Präfix '$' zu versehen.

HELP — Die online-Hilfe der Dialogkomponente wird mit HELP aufgerufen. Für alle an der Schnittstelle angebotenen Operationen ist eine ausführliche Erklärung abrufbar.

EDIT — Der Systemadministrator als der Benutzer der Dialogkomponente kann mit dem EDIT-Befehl eine Kommandodatei erstellen. Da das System darüber hinaus alle an der Dialogschnittstelle formulierten Operationen in einer Datei protokolliert (Protokolldatei), können diese Anweisungen ebenfalls editiert werden.

EXECUTE — Die Ausführung der in einer Befehlsdatei oder der Protokolldatei editierten Anweisungen kann mit dem EXECUTE-Kommando veranlaßt werden.

SHOW — Eine Übersicht über die bereits spezifizierten Systemeigenschaften wird mit der SHOW-Anweisung erstellt. Die Ausgabe des Befehls erfolgt am Bildschirm, ist aber auch in eine Datei umleitbar. Diese Datei kann editiert und mit dem EXECUTE-Kommando ausgeführt werden.

EXIT — Ein Dialog mit dem Definitionssystem wird durch den EXIT-Befehl abgebrochen.

Im Anhang A3 sind die Integritätsbedingungen zusammengestellt, die bei der Modifikation des globalen Systemkatalogs überprüft werden. Teilweise werden diese Integritätsbedingungen durch Pascal-Prozeduren realisiert; zu einem großen Teil sind sie aber selbst als RDB-Integritätsbedingungen bezüglich der Relationen des globalen Systemkatalogs formuliert.

β) Programmaufbau des Definitionssystems

In diesem Abschnitt werden die wichtigsten Programme des Definitionssystems beschrieben (Abbildung 8-2). Das Definitionssystem besteht aus zwei Hauptprogrammen, D$ALLOCATE und D$GENERATOR, und einigen Hilfsprozeduren bzw. -dateien. Die einzelnen Komponenten erfüllen die folgenden Aufgaben:

1. Programm D$ALLOCATE

Durch das Programm D$ALLOCATE wird die Dialogkomponente des Definitionssystems realisiert. Falls bei Aufruf des Programms die globale Systemdatenbank noch nicht existiert, wird ihr Aufbau veranlaßt. Die Hauptaufgabe der Dialogkomponente ist die Verarbeitung der an der Dialogschnittstelle eingegebenen Kommandos. Die Anwendungsspezifikation wird in den globalen Systemkatalog übernommen. Verstöße gegen definierte Integritätsbedingungen verursachen die Ausgabe von entsprechenden Fehlermeldungen am Bildschirm.

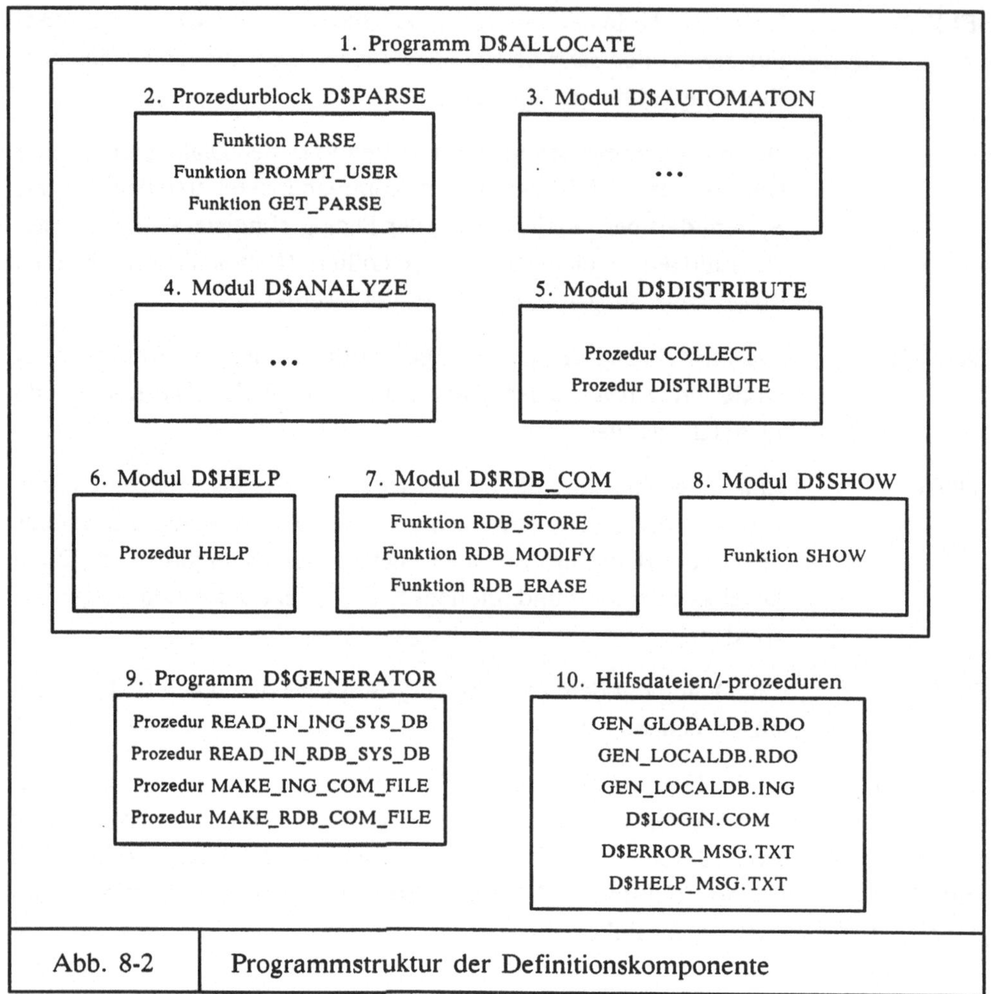

Abb. 8-2 Programmstruktur der Definitionskomponente

2. Prozedurblock D$PARSE

Der Prozedurblock D$PARSE besteht aus drei Prozeduren, die gemeinsam einen Dialog zwischen Anwender und Definitionskomponente steuern. Mittels der Funktion PROMPT_USER fordert die Funktion PARSE eine Benutzereingabe an. Diese kann direkt am Terminal vorgenommen oder einer Kommandoprozedur entnommen werden. Die Funktion GET_PARSE extrahiert aus den eingegebenen Befehlen die nichtterminalen Symbole und ordnet sie Programmvariablen zu.

3. Modul D$AUTOMATON

Im Modul D$AUTOMATON ist die Syntax der an der Dialogschnittstelle zur Verfügung gestellten Operationen als endlicher Automat dargestellt. Die Funktionen des Prozedurblocks D$PARSE verwenden diesen Automaten bei der Verarbeitung der

Benutzereingaben, um die Korrektheit der Schnittstellenbefehle zu überprüfen. Der endliche Automat selbst wird durch die Funktion LIB$PARSE aus der Laufzeitbibliothek von VMS aufgebaut.

4. Modul D$ANALYZE

Zur Überprüfung der Korrektheit der in die globale Systemdatenbank abzulegenden Information müssen die in Anhang A3 zusammengefaßten Integritätsbedingungen getestet werden. Wie bereits festgestellt wurde, wird dieser Test teilweise durch RDB vorgenommen (Formulierung von relationsbezogenen Integritätsbedingungen), da die Metainformation der Anwendung in RDB-Relationen abgelegt ist. Allerdings sind zur Überprüfung der Integrität auch einige Pascal-Routinen notwendig, die im Modul D$ANALYZE zusammengefaßt sind.

5. Modul D$DISTRIBUTE

Das Modul D$DISTRIBUTE besteht aus zwei Prozeduren. Die Prozedur COLLECT selektiert aus dem globalen Systemkatalog die für eine Lokation relevante Information und schreibt sie in eine Nachrichtendatei. Diese Datei wird durch die Prozedur DISTRIBUTE an diese Lokation transferiert; dort wird das Generierungsprogramm D$GENERATOR aufgerufen, welches den Inhalt der Nachrichtendatei in die lokale Systemdatenbank einliest.

6. Modul D$HELP

Durch die Prozedur HELP wird die HELP-Funktion der Dialogkomponente realisiert. Die Beschreibung der Funktionen der Schnittstelle ist in der Datei D$HELP_MSG.TXT abgelegt.

7. Modul D$RDB_COM

Der Zugriff auf die Relationen des globalen Systemkatalogs wird durch die im Modul D$RDB_COM hinterlegten Funktionen RDB_STORE, RDB_MODIFY und RDB_ERASE durchgeführt. Das Ablegen dieser Funktionen in ein Modul bringt den Vorteil mit sich, daß beim Wechsel des Datenhaltungsmediums des Systemkatalogs nur dieses Modul zu modifizieren ist.

8. Modul D$SHOW

Teile des globalen Systemkatalogs können durch die Funktion SHOW am Bildschirm aufgelistet oder in eine Datei eingelesen werden. Wahlweise kann eine Systemrelation (Beispiel: Liste der Partitionen) oder die Definitionsanweisung einer Anwendungsspezifikation ausgegeben werden. Bei der zweiten Alternative wird die eine Partition beschreibende ALLOCATE-Anweisung aufgelistet.

9. Programm D$GENERATOR

Das Programm D$GENERATOR baut an einer Lokation die lokale Systemdatenbank und die Benutzer-Datenbank auf. Es wird durch die Prozedur DISTRIBUTE angestoßen. Die Prozedur READ_IN_RDB_SYS_DB bzw. READ_IN_ING_SYS_DB füllt mit der von der Prozedur DISTRIBUTE übermittelten Nachrichtendatei die lokale Systemdatenbank, die vom Typ RDB oder INGRES ist. Durch die Prozedur MAKE_RDB_COM_FILE bzw. MAKE_ING_COM_FILE wird eine Kommandoprozedur generiert (DEF_RDB_DB.TMP bzw. DEF_ING_DB.TMP), die einen lokalen Benutzer-Datenbereich aufbaut (als RDB- bzw. INGRES-Datenbank). Für jede Relation der Benutzer-Datenbank werden eindeutige Indizes für die Primärschlüssel angelegt.

10. Hilfsdateien

Abschließend werden noch einige wichtige Hilfsdateien und -prozeduren der Definitionskomponente und ihre Funktionen vorgestellt.

GEN_GLOBALDB.RDO:	Generieren des globalen Systemkatalogs (RDB);
GEN_LOCALDB.RDO:	Generieren eines lokalen Systemkatalogs (RDB);
GEN_LOCALDB.ING:	Generieren eines lokalen Systemkatalogs (INGRES);
D$LOGIN.COM:	Diese Datei enthält logische und symbolische Namen, die in den Programmen des DDMS verwendet werden (Kapitel 8.2.2.5).
D$ERROR_MSG.TXT:	Falls die Bearbeitung der Definitionskomponente Fehler darlegt, werden situationsabhängig die in der Datei *D$ERROR_MSG.TXT* zusammengestellten Fehlermeldungen am Bildschirm ausgegeben.
D$HELP_MSG.TXT:	In dieser Datei ist der Text der online-Hilfe der Dialogkomponente abgelegt.

8.2.2.2 Der Präcompiler

Der Präcompiler des DDMS hat zwei wesentliche Aufgaben zu erfüllen (Kapitel 7.1.4 und 7.3). Zum ersten hat er eine globale Sprachschnittstelle für das gesamte DDMS zur Verfügung zu stellen. Darüber hinaus fällt ihm die Aufgabe zu, die Anwendungsprogramme um Verwaltungsroutinen des DDMS zu ergänzen. Eine detaillierte Beschreibung des Präcompilers findet sich in [Bäum 87].

α) Die globale Sprachschnittstelle

Der Präcompiler definiert für Pascal-Anwendungsprogramme eine SQL-ähnliche Sprachschnittstelle. Sie umfaßt Operationen zum Selektieren, Einfügen, Ändern und Löschen von Datensätzen der Partitionen. Außerdem sind Anweisungen zum Öffnen und Schließen von Datenbanken und zum Starten, Abbrechen und Beenden von Transaktionen vorgesehen. Die Verarbeitung im DDMS ist transaktionsorientiert aufgebaut, d.h., alle Selektions- und Manipulationsoperationen sind in einer Transaktion geklammert. Im Anhang A4 ist die Syntax der Sprachschnittstelle zusammengefaßt.

Der Präcompiler übersetzt die DDMS-Schnittstellenaufrufe der Anwendungsprogramme in RDB- bzw. INGRES-Routinen. Dabei wird eine syntaktische und semantische Analyse der Befehle vorgenommen. Die syntaktische Analyse bezieht sich auf die Korrektheit der Anweisung in bezug auf die Sprachgrammatik der DDMS-Schnittstelle. Bei der semantischen Überprüfung wird beispielsweise kontrolliert, daß nur auf Partitionen zugegriffen wird, die im DDMS definiert sind.

β) Erweiterung der Anwendungsprogramme um Verwaltungsroutinen

Die Aufgaben des Präcompilers in Hinblick auf die Erweiterung der Anwendungsprogramme um Verwaltungsroutinen erstrecken sich auf drei Hauptarbeitsgebiete. Zum einen sind die DDMS-Schnittstellenaufrufe INSERT, UPDATE und DELETE um Kontrollanweisungen zu ergänzen, welche die Zeitstempel- bzw. Statusattribute der modifizierten Datensätze verwalten. Das Löschen eines Tupels geschieht nur logisch; jede Veränderung eines Datensatzes ist mit dem aktuellen Zeitstempel zu belegen.

In Kapitel 8.2.2.3 werden die verschiedenen Triggerklassen definiert, die im DDMS verfügbar sind. Unter anderem sind auch Datentrigger und direkt auszulösende Trigger (on-demand-Trigger) zugelassen. Bei Datentriggern beziehen sich die Triggerbedingungen auf Konstellationen der Anwendungsdaten. Falls beispielsweise ein Datum einen vordefinierten Grenzwert überschreitet, feuert ein Trigger; dieser initiiert im DDMS einen Kommunikationsvorgang. Ein on-demand-Trigger wird direkt aus einem Anwendungsprogramm heraus ausgelöst.

Die Verarbeitung der Datentrigger ist im DDMS-Prototyp so gelöst, daß nach jeder Datenmanipulation eine Überprüfung stattfindet, ob ein derartiger Trigger feuern kann. Dazu fügt der Präcompiler die Prozedur DATA_TC_CONTROLLER in jedes Anwendungsprogramm ein (Kapitel 8.2.2.3); sie wird vor dem Ende einer Transaktion aufgerufen. Sie überprüft, ob durch die in der Transaktion vorgenommene Datenänderung ein Datentrigger zur Auslösung kommt. Bei on-demand-Triggern ersetzt der Präcompiler den Triggeranstoß durch einen Aufruf der Prozedur FIRE_TRIGGER (Kapitel 8.2.2.3).

Für die Abwicklung der direkten Kommunikation baut der Präcompiler in das Quellprogramm des Anwenders weitere Prozeduraufrufe ein (Kapitel 8.2.2.4). Nach dem Beginn einer Transaktion, aber vor dem ersten Modifikationsbefehl wird die Prozedur S_BOT angestoßen. Zwischen den Änderungsanweisungen und dem Ende einer Transaktion müssen außerdem die Verwaltungsprogramme der Kommunikationskomponente S_TRANSFER, S_EOT1 und S_REMOTE1 aufgerufen werden. Nach dem Transaktionsende erfolgt schließlich noch der Anstoß der Programme S_EOT2 und S_REMOTE2, welche die Kommunikationsvorgänge abschließen.

In Abbildung 8-3 wird ein Ausschnitt eines Anwendungsprogramms gezeigt. Man erkennt die Anweisungen zum Öffnen und Schließen einer Transaktion und einige Datenmanipulationsoperationen bezüglich einer RDB-Datenbank. Darüber hinaus wird dargestellt, wie das Anwendungsprogramm nach der Präparation durch den Präcompiler aussieht. Sowohl die modifizierten Änderungsbefehle als auch die Aufrufe für die Triggerüberprüfung und die Kommunikationskontrolle sind ersichtlich.

γ) Arbeitsweise des Präcompilers

Dem Präcompiler wird ein Pascal-Anwendungsprogramm (Extension '.spa') übergeben, welches Aufrufe der globalen DDMS-Schnittstelle beinhaltet (Abbildung 8-4). Dieses transformiert er in ein modifiziertes Quellprogramm, das die Extension '.pas' zugewiesen bekommt und RDB- oder INGRES-Datenbankaufrufe enthält. Da durch die Modifikation von Benutzerdaten in den Anwendungsprogrammen mögli-

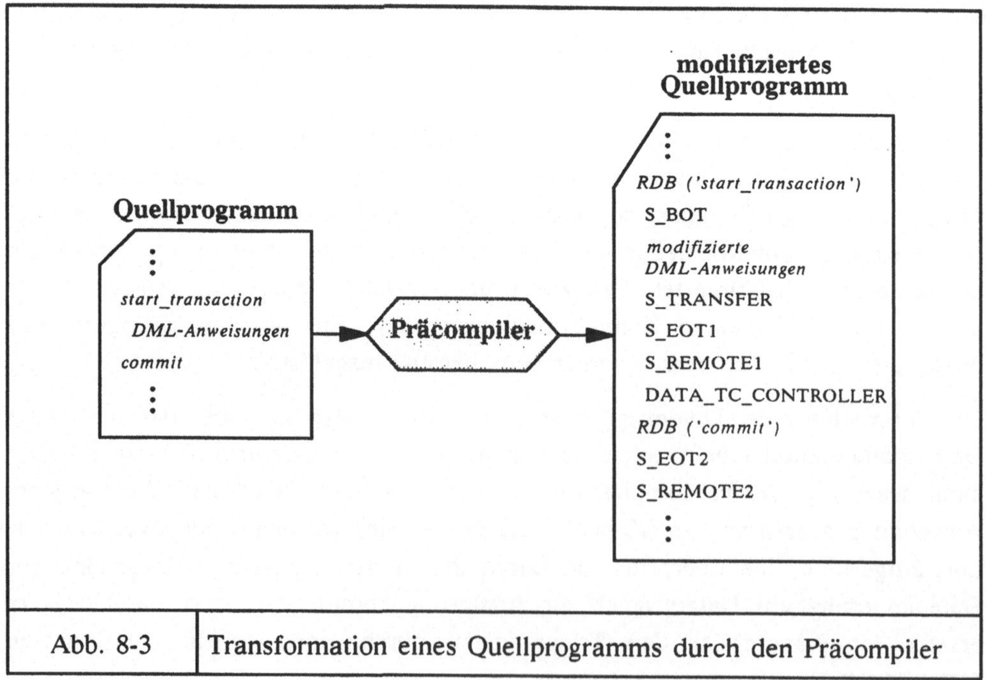

Abb. 8-3 Transformation eines Quellprogramms durch den Präcompiler

cherweise datenorientierte Triggerbedingungen zutreffen, müssen beim Präcompilieren zwei Dateien für die Triggerkomponente erstellt werden. In der Anweisungs-Datei (Extension '_stat.dat') werden alle Datenbankzugriffe des Quellprogramms protokolliert. Es wird festgehalten, auf welche Partition sich eine Anweisung bezieht und welchen Operationstyp (INSERT, UPDATE oder DELETE) sie aufweist. Alle in einem Schnittstellenaufruf referenzierten Attribute werden in der Attribut-Datei (Extension '_attr.dat') gesammelt. Das Auftreten eines Attributs in einer Transaktion bzw. in einer Operation wird ebenfalls in dieser Datei abgespeichert.

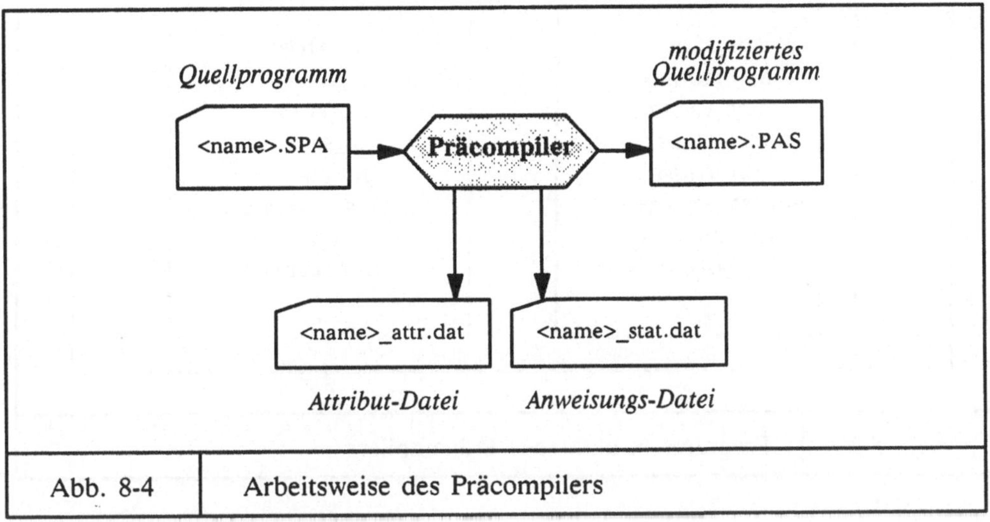

Abb. 8-4 Arbeitsweise des Präcompilers

8) *Programmaufbau des Präcompilers*

Der Präcompiler wird durch das in Abbildung 8-5 dargestellte Programm P$SPA realisiert. In der Abbildung werden die wichtigsten Prozeduren und Funktionen dieses Programms gezeigt.

1. *Programm P$SPA*

Das Hauptprogramm P$SPA (**S**equel-**PA**scal-Compiler) baut den Präcompiler des DDMS auf. Es öffnet bzw. generiert zunächst die vier bei der Übersetzung benötigten Dateien (Quellprogramm, modifiziertes Quellprogramm, Anweisungs- und Attribut-Datei). Danach öffnet es die globale Systemdatenbank (GLOBALDB) und beginnt mit der Programm-Transformation.

2. *Modul P$PARSE*

Die im Modul P$PARSE zusammengefaßten Funktionen und Prozeduren dienen der Vor- und Nachbereitung der syntaktischen und semantischen Analyse des Quell-

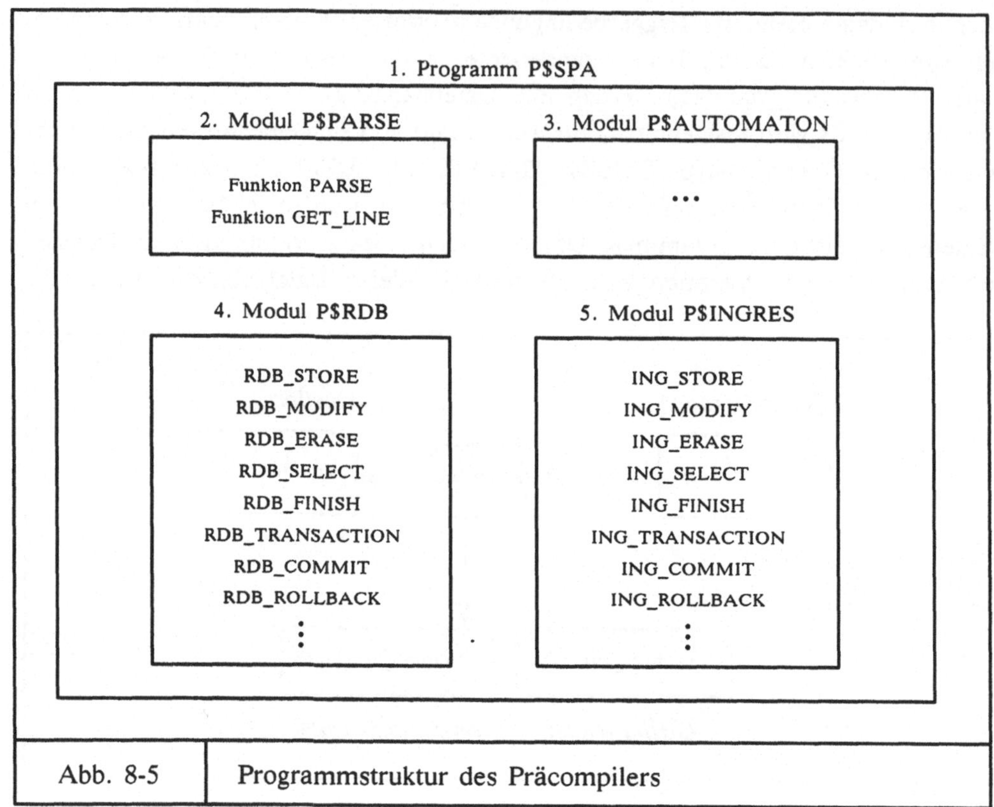

Abb. 8-5 Programmstruktur des Präcompilers

programms. Die zwei wichtigsten Unterprogramme des Moduls sind PARSE und GET_LINE. Die Funktion PARSE verwendet die Funktion GET_LINE, um eine Zeile aus einem Anwendungsprogramm zu extrahieren. Eine Pascal-Anweisung wird direkt in das modifizierte Quellprogramm geschrieben. Für SQL-Schnittstellenaufrufe liefert die Funktion PARSE den Typ der Anweisung an das Hauptprogramm P$SPA zurück.

GET_LINE ist die einzige Funktion, die das Anwendungsprogramm tangiert. Falls neben Pascal eine weitere Wirtssprache für das DDMS zur Verfügung gestellt wird, ist lediglich diese Funktion geringfügig zu modifizieren.

3. Modul P$AUTOMATON

Im Modul P$AUTOMATON ist die Grammatik von DDMS-SQL in Form eines endlichen Automaten abgelegt. Er wird ebenso wie der Automat D$AUTOMATON der Definitionskomponente durch die Funktion LIB$PARSE aus der Laufzeitbibliothek von VMS aufgebaut.

4. Modul P$RDB

Die Funktion PARSE meldet dem Hauptprogramm, welche SQL-Anweisung zu verarbeiten ist. In Abhängigkeit vom Typ der SQL-Anweisung ruft daraufhin P$SPA eine Prozedur des Moduls P$RDB auf, falls auf eine RDB-Anwenderdatenbank zugegriffen werden soll. Diese Prozedur transformiert die SQL-Anweisung in einen äquivalenten RDB-Befehl.

5. Modul P$INGRES

Die Prozeduren des Moduls P$INGRES werden vom Hauptprogramm P$SPA aufgerufen, wenn SQL-Anweisungen in INGRES-Zugriffsroutinen zu übersetzen sind.

8.2.2.3 Triggerkomponente

Die Triggerkomponente des DDMS wird für die Initiierung von indirekten und asynchronen Datenaustauschvorgängen herangezogen ([Bäum 87]). Die sonstigen Einsatzbereiche einer Triggerkomponente, wie beispielsweise die Unterstützung von Sichten oder das Überwachen von Zugriffsrechten (Kapitel 7.4.3.1), entfallen beim DDMS-Prototyp vollständig.

α) Funktionsumfang

Ein Trigger setzt sich im DDMS-Prototyp aus zwei Bestandteilen zusammen, der Triggerbedingung und dem Triggerkörper. Falls eine Triggerbedingung erfüllt ist, werden die im Triggerkörper zusammengestellten Aktionen ausgeführt. Die Überwachung der Triggerverarbeitung übernimmt das Triggerkontrollsystem.

Die im DDMS verfügbaren Trigger werden in drei Klassen eingeteilt. Die sogenannten Zeittrigger referenzieren Triggerbedingungen, die sich auf die Systemzeit beziehen. Dabei besteht die Möglichkeit, sowohl periodische als auch aperiodische Bedingungen zu formulieren. Ein Beispiel einer periodischen Triggerbedingung stellt folgende Spezifikation dar:

'EVERY 2 HOURS STARTING AT 01.01.90 01.00';

Diese Bedingung ist ab dem 01.01.1990, 01.00 Uhr, jede zweite Stunde erfüllt. Für alle periodischen Bedingungen ist ein Endezeitpunkt definierbar, ab dem die Bedingung prinzipiell nicht mehr gültig ist. Die aperiodischen zeitbezogenen Triggerbedingungen bezeichnen genau einen Zeitpunkt, an welchem die Bedingung als erfüllt gilt.

Die zweite Triggerklasse bilden die Datentrigger. Ihre Bedingungen beziehen sich auf Zustände des Benutzerdatenbestands. Eine Datentriggerbedingung kann sich aus mehreren Einzelbedingungen zusammensetzen, die durch logische Konjunktion oder Disjunktion verbunden werden. Eine Einzelbedingung ist ein (arithmetischer) Vergleich eines Attributwerts mit einer Konstanten oder einem anderen Attributwert. Sie tangiert entweder einen Attributwert eines Datensatzes (Beispiel: *wert(*BETRAG*)* > 10000) oder die Werte eines Attributs in allen Datensätzen einer Partition; dabei wird zumeist eine Aggregatsfunktion verwendet, die eine Zustandsbedingung für die Attributwerte einer Partition beschreibt (Beispiel: *wert(*min(BETRAG)*)* < 1000). In einer Datentriggerbedingung dürfen nur Attribute einer einzigen Partition referenziert werden.

Der on-demand-Trigger bildet die dritte Trigger-Klasse beim DDMS-Prototyp. Sein Auslösezeitpunkt wird direkt vom Anwender bestimmt; die on-demand-Triggerbedingung ist per definitionem zum Verarbeitungszeitpunkt im Anwendungsprogramm erfüllt.

Die Syntax zur Formulierung der verschiedenen Triggerbedingungen kann im Anhang A2 nachgelesen werden. Für die Definition eines Triggers ist neben der Triggerbedingung auch der Triggerkörper von Wichtigkeit. Da im DDMS-Prototyp nur der indirekte bzw. der asynchrone Datenaustausch durch Trigger kontrolliert werden, gibt es für das gesamte System nur einen einzigen Triggerkörper. Dieser trägt einen feuernden Trigger in eine Triggerwarteschlange ein, die nach dem FIFO-Prinzip organisiert ist. Die Kommunikationskomponente (Kapitel 8.2.2.4) überwacht diese Warteschlange und veranlaßt bei Triggereinträgen die in den Systemkatalogen definierten Austauschvorgänge. Die Zusammenarbeit der Trigger- und der Kommunikationskomponente wird in Kapitel 8.2.2.5 näher erläutert.

β) *Programmaufbau der Triggerkomponente*

Die Triggerkomponente wird durch drei Programme realisiert. Das Programm T$TIME_TC_CONTROLLER bildet das Kontrollsystem für die Überwachung der Zeittrigger. Die Datentrigger werden durch die Prozedur DATA_TC_CONTROLLER kontrolliert. Die Prozedur FIRE_TRIGGER verkörpert den Triggerkörper.

1. *Programm T$TIME_TC_CONTROLLER*

Dieses Programm entnimmt aus der Systemrelation D_TIME_COND die sich auf die Systemzeit beziehenden Triggerbedingungen. Es berechnet, wann die nächste Zeitbedingung zutrifft. Daraufhin deaktiviert es sich selbst; kurz bevor die Verarbeitung des nächsten Zeittriggers ansteht, wird es wieder aktiviert. Falls eine Zeitbedingung erfüllt wird, wird dem Triggerkörper der Namen des feuerenden Triggers übergeben.

2. Modul T$DATA_TC_CONTROLLER

Bereits im vorherigen Unterabschnitt wurde erwähnt, daß der Präcompiler den Aufruf der Prozedur DATA_TC_CONTROLLER in ein Anwendungsprogramm einfügt. Diese Prozedur benutzt die bei der Vorübersetzung erstellte Anweisungsdatei und Attributdatei und vergleicht sie mit der Relation D_ACT_ATTR des lokalen Systemkatalogs. In dieser Relation sind alle Attribute beschrieben, auf die sich datenorientierte Triggerbedingungen beziehen. Falls Übereinstimmungen zwischen Einträgen in der Attributdatei und der Systemrelation gefunden werden, überprüft die Prozedur, ob eine Datenbedingung erfüllt ist. Im Erfolgsfall meldet sie den Namen des zugehörigen Triggers an den Triggerkörper.

3. Modul T$FIRE_TRIGGER

Die Prozedur *FIRE_TRIGGER* stellt den Triggerkörper des Triggerkontrollsystems dar. Er hat lediglich die Aufgabe, einen vom Programm T$TIME_TC_CONTROLLER oder von der Prozedur DATA_TC_CONTROLLER übergebenen Triggernamen in die Triggerwarteschlange TRIGGER_BUFFER einzureihen.

Die Prozedur dient auch der Realisierung des on-demand-Triggers. Der Aufruf eines derartigen Triggers im Anwendungsprogramm wird vom Präcompiler durch einen Aufruf der Prozedur FIRE_TRIGGER ersetzt. Von dieser wird wiederum der Triggername an die Triggerwarteschlange übergeben.

8.2.2.4 Kommunikationskomponente

Die Kommunikationskomponente des DDMS-Prototyps realisiert sowohl Funktionen der Datenhaltung als auch der Datenverteilung ([FiKi 87], [ScUh 88]), wobei die lokalen Datenhaltungssysteme die Kommunikationskomponente bei den Datenhaltungsaufgaben unterstützen. Vor allem die lokale Zugriffsverwaltung wird zu einem großen Anteil von den Datenhaltungssystemen übernommen.

α) Funktionsumfang

Im DDMS-Prototyp sind alle in Kapitel 6.3.2.3 vorgestellten Kommunikationsstrategien realisiert (Abbildung 8-6). Das direkte Versenden wird im DDMS mit 'DIRECT' bezeichnet. 'INDIRECT' deutet auf den indirekten Sendemodus hin. Werden Datenänderungen sofort in eine Empfängerlokation eingebaut (synchrone Annahme), spricht man vom Empfangstyp 'INTEGRATED'. Wird dagegen eine Modifikationsinformation erst nach dem Feuern eines Triggers verarbeitet, resultiert daraus die Annahmestrategie 'REMOTE_INDEPENDENT'. Das Verweigern der Weitergabe von Modifikationen wird mit 'LOCAL' bezeichnet; auf das Ignorieren von angebotener Änderungsinformation verweist der Annahmemodus 'ISOLATED'. Für das asyn-

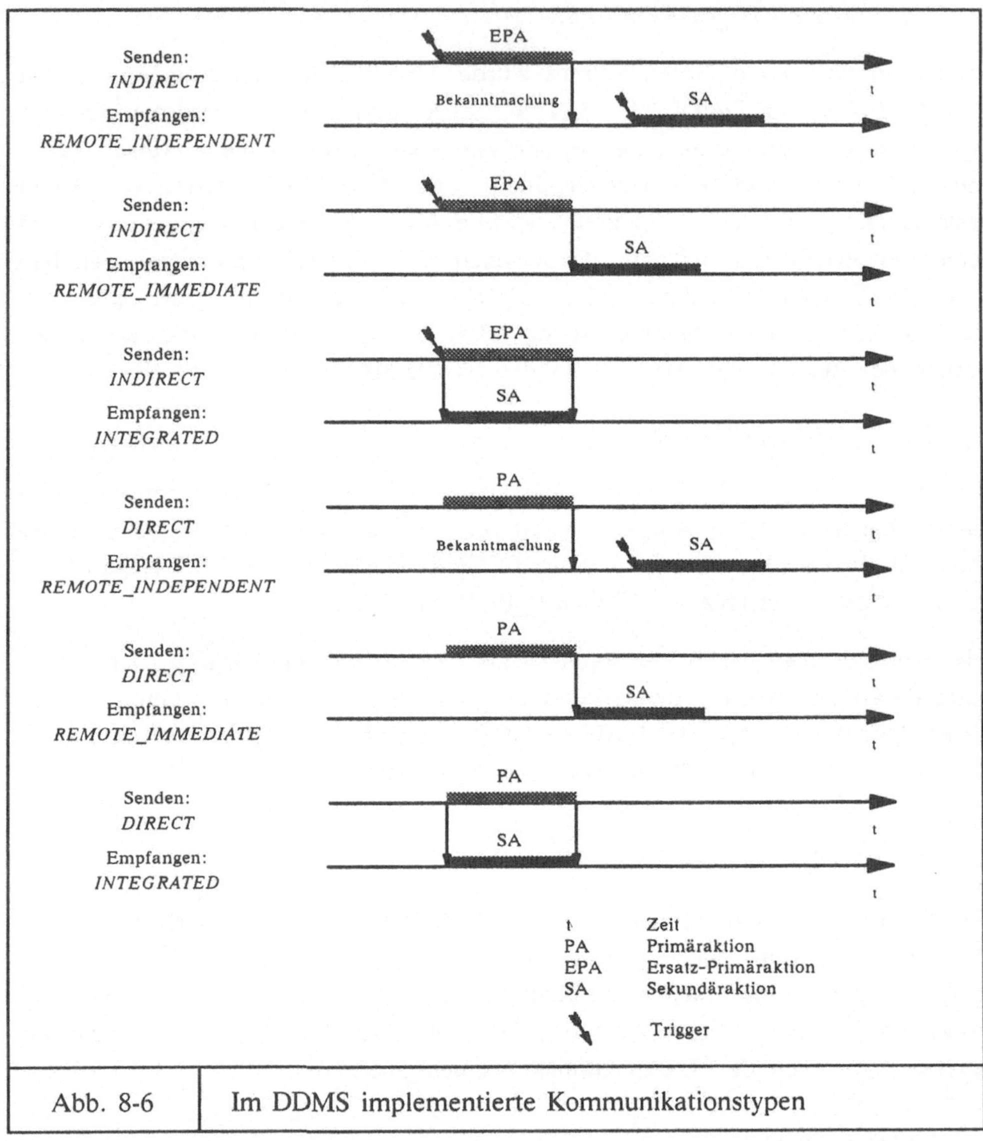

Abb. 8-6 Im DDMS implementierte Kommunikationstypen

chrone Empfangen von Modifikationsmeldungen ist im DDMS-Prototyp darüber hinaus eine besondere Verarbeitungsform implementiert worden. Das Eintreffen einer Nachricht mit Änderungsmeldungen bei einer Empfangspartition wird als Triggerereignis aufgefaßt; es bewirkt die sofortige Aufnahme der Modifikationsinformation. Diese Verarbeitungsstrategie wird als 'REMOTE_IMMEDIATE' bezeichnet. Sie hat den entscheidenen Vorteil, daß zwischen Sender und Empfänger eine vollständige Entkopplung vorherrscht, die Verarbeitung der Änderungen aber trotzdem so schnell wie möglich erfolgt.

Es ist bereits erwähnt worden, daß im DDMS drei verschiedene Einbringstrategien implementiert sind, die vollständige Dominanz, die partielle Dominanz und die zeitliche Konkurrenz (Kapitel 6.3.3.4). Beim Einbringen von Datenänderungen muß beachtet werden, daß durch die Modifikation Datentriggerbedingungen in den Zustand 'erfüllt' überwechseln können. Deshalb muß beim Einbringen von Modifikationen das Kontrollsystem zur Überprüfung der Datentriggerbedingungen (DATA_TC_CONTROLLER) eingeschaltet werden. Beim Einbringen selbst sind die für die Prozedur DATA_TC_CONTROLLER notwendigen Dateien, die Anweisungs- und die Attributdatei, zu erstellen.

Um die Implementierung des Prototyps zu vereinfachen, müssen bei der Spezifikation von direkten synchronen Kommunikationsverbindungen alle Kommunikationspartner explizit angegeben werden. Es ist also nicht erlaubt, beispielsweise nur die direkte synchrone Kommunikation zwischen den Partitionen A und B und zwischen B und C zu spezifizieren, ohne auch die Verbindung von A nach C zu definieren.

Falls allgemein zwischen den Partitionen A und B ein Nachrichtenaustausch stattfindet, wird im Extraktionsprozeß (Zusammenstellen der Nachrichten) darauf geachtet, daß nur solche Datensätze und Attribute selektiert werden, die auch von der Empfangspartition verarbeitet werden können. Ein Beispiel verdeutlicht diese auf minimale Datenübertragung ausgerichtete Vorgehensweise:

Gegeben sei eine Basis-Relation B, welche die Attribute A1, A2, A3, A4 und A5 besitzt. A1 sei der Primärschlüssel der Relation. Die von B abgeleiteten Partitionen P1 und P2 seien folgendermaßen definiert:

P1:	select A1, A2, A3, A4	**P2:**	select A1, A2, A3, A5
	from B		from B
	where A1 > 100		where A1 < 150

Falls modifizierte Datensätze von Partition P1 nach P2 transferiert werden sollen, werden nur solche ausgewählt, die einen Wert des Attributs A1 aufweisen, der kleiner als 150 ist. Außerdem werden nur die Werte der Attribute A1, A2 und A3 verschickt. Beim Einbringen der Modifikationsinformation in die Partition P2 wird das nicht übertragene Attribut A5 auf einen determinierten Nullwert gesetzt.

Eine wichtige Aufgabe der Kommunikationskomponente ist die Reorganisation der Zwischenpuffer (Kapitel 7.5.4). Insbesondere fällt hierunter das physische Entfernen von logisch bereits gelöschten Datensätzen aus den Partitionen. Im DDMS wird die Reorganisation der Zwischenpuffer nach der Durchführung des direkten Sendens, nach beendetem synchronen Einbringen und nach der Bearbeitung eines Triggers initiiert. Diese drei aufgeführten Ereignisse deuten jeweils darauf hin, daß eine Kommunikation (zumindest ein Sende- oder Empfangsvorgang) durchgeführt worden ist. Gemäß den Ausführungen von Kapitel 7.5.4 stellt dies eine notwendige Voraussetzung für die Möglichkeit einer Reorganisation des Datenbestands dar.

Die Kommunikationskomponente extrahiert die zur Abwicklung von Kommunikationsvorgängen benötigte Information aus dem lokalen Systemkatalog (Anhang A1) der Lokation, an der sie allokiert ist. Um eine Vorstellung von der Arbeitsweise dieses Subsystems zu geben, wird im nachfolgenden Beispiel dargestellt, wie anhand eines aus der Triggerwarteschlange entnommenen Triggers festgestellt wird, welche Partitionen aufgrund des feuernden Triggers eine (indirekte) Kommunikation mit Empfängerpartitionen durchführen müssen (Abbildung 8-7).

In der Relation D_TC_LIST wird die eindeutige Nummer des Triggers (TC_LIST_NO) bestimmt, dessen Namen (*TC_NAME*) aus der Triggerwarteschlange entnommen wurde. Anhand dieser Identifizierung werden in der Relation D_PROPAGATE die Namen der Partitionen gesucht, für die eine indirekte Kommunikation angestoßen werden muß (PROP_NO). Aus dieser Relation werden außerdem die Namen der empfangenden Partitionen (REC_NO) entnommen. Eine Suche nach diesen Empfängern in der Relation D_PARTITION informiert über die Lokationen (LOC_NAME), an denen die Empfangspartitionen allokiert sind. Schließlich resultiert aus einem Zugriff auf die Relation S_LOCATION der physische Ort (NODE_NAME, DEVICE_NAME, ...), an welchem die Lokation zu finden ist.

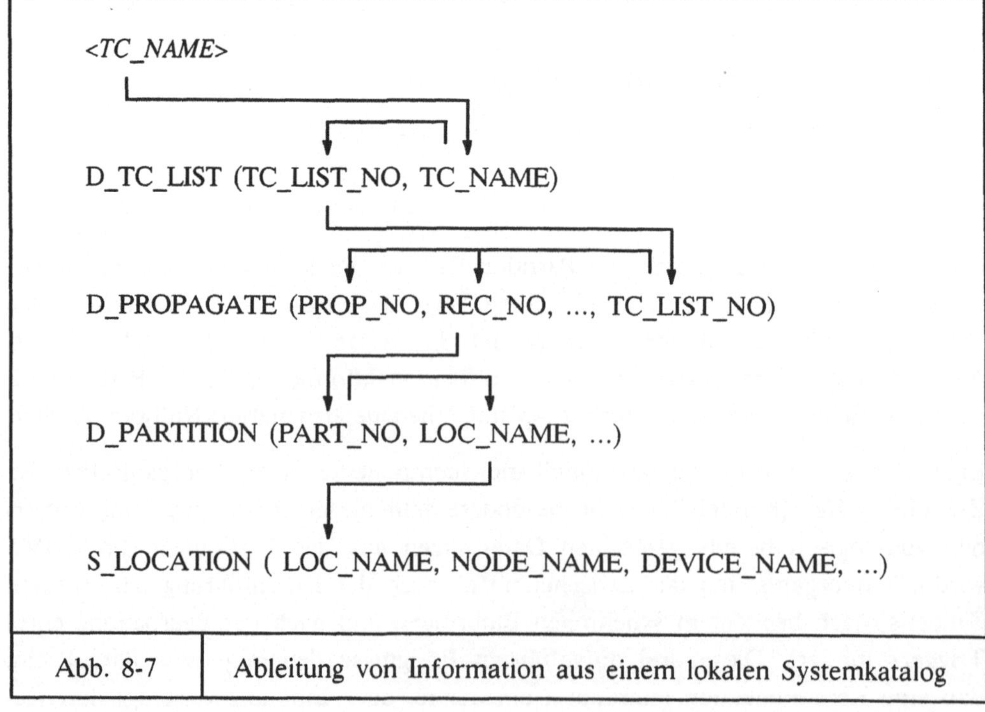

Abb. 8-7 Ableitung von Information aus einem lokalen Systemkatalog

β) *Programmaufbau der Kommunikationskomponente*

Die Kommunikationskomponente wird durch das in Abbildung 8-8 dargestellte Programmsystem realisiert. Die wichtigsten Programme, Module und Prozeduren werden im folgenden diskutiert.

1. Programm K$DATA_MANAGER

Das Programm K$DATA_MANAGER ist für die Durchführung der triggergesteuerten Kommunikationsarten 'INDIRECT' und 'REMOTE_INDEPENDENT' verantwortlich. Falls sich in der Triggerwarteschlange TRIGGER_BUFFER Einträge befinden, liest das Programm K$DATA_MANAGER diese aus und initiiert die durch die jeweiligen Trigger bedingten Datenaustauschvorgänge. Zuerst werden durch den Aufruf der Prozedur RECEIVE die von den Triggern ausgelösten Annahmeprozesse ausgeführt. Anschließend werden die indirekten Sendevorgänge bearbeitet; dies

1. Programm K$DATA_MANAGER

2. Modul K$RECEIVE
Prozedur RECEIVE

3. K$SEND
Prozedur SEND

4. Modul K$EXTRACT
Prozedur EXTRACT

5. Modul K$INCLUDE
Prozedur INCLUDE

6. Programm K$NET_RECEIVE
...

7. Modul K$DIR_INT_SEND
Prozedur S_BOT
Prozedur S_TRANSFER
Prozedur S_EOT1
Prozedur S_EOT2

8. Modul D$DIR_INT_REC
Prozedur E_BOT
Prozedur E_TRANSFER
Prozedur E_EOT

9. Modul K$DIR_REM_SEND
Prozedur S_REMOTE1
Prozedur CREATE_FILE_LIST
Prozedur S_REMOTE2

10. Modul K$REORGANIZE
Prozedur REORGANIZE

11. Modul K$BUILD_FILES
Prozedur BUILD_FILES

12. Modul K$DB_ACCESS
...

Abb. 8-8 Programmstruktur der Kommunikationskomponente

geschieht durch den Anstoß der Prozedur SEND. Dadurch, daß die Annahme von Modifikationsinformation der Propagation vorgezogen wird, kann eine aktuellere Änderungsnachricht für Folgeempfänger zusammengestellt werden. Nach der Bearbeitung eines Kommunikationsvorgangs wird die Prozedur REORGANIZE aktiviert, die gemäß der im Kapitel 7.5.4 vorgestellten Strategie nicht mehr benötigte, logisch bereits gelöschte Datensätze aus den von den Datenaustauschvorgängen tangierten Partitionen physisch eliminiert.

2. Modul K$RECEIVE

Die im Modul K$RECEIVE allokierte Prozedur RECEIVE übernimmt alle organisatorischen Vorarbeiten für das triggergesteuerte asynchrone Einbringen von Modifikationen ('REMOTE_INDEPENDENT'). Sie ruft die Prozedur INCLUDE auf, die das eigentliche Einbringen durchführt.

3. Modul K$SEND

Symmetrisch zur Funktionalität der Prozedur RECEIVE ist die Prozedur SEND des Moduls K$SEND für die organisatorischen Verwaltungstätigkeiten bei der Abwicklung von indirekten Sendevorgängen verantwortlich. Insbesondere erstellt sie durch Matchcode-Bildung einen Namen für die Nachrichtendatei, in der Änderungsmeldungen an die Empfängerpartitionen geschickt werden. Der Matchcode setzt sich aus dem Namen der Sende-Lokation, der eindeutigen Bezeichnung der Sendepartition, der aktuellen Systemzeit und dem aktuellen Datum zusammen. Zur Extraktion der Änderungsmeldungen aus der Sendepartition ruft SEND schließlich die Prozedur EXTRACT auf.

4. Modul K$EXTRACT

Die Prozedur EXTRACT liest aus der Sendepartition die an eine Empfangspartition zu übertragenden Datensätze aus. Falls für eine Kommunikationsverbindung die Einbringstrategie 'vollständige Dominanz' gewählt worden ist, werden alle aktuell gültigen Sätze selektiert; ansonsten werden die seit dem letzten Kommunikationsvorgang modifizierten Datensätze extrahiert. Der Zeitpunkt der letzten Kommunikation ist in der Relation D_PROPAGATE des lokalen Systemkatalogs vermerkt.

5. Modul K$INCLUDE

Das Einbauen von Modifikationsinformation bei indirekten Sende- oder asynchronen Empfangsvorgängen übernimmt die Prozedur INCLUDE. In Abhängigkeit von der definierten Einbringstrategie werden die übertragenen Datensätze in die Empfängerpartition eingelesen. Da durch das Einbringen der Datensätze Datentriggerbedingungen berührt werden können, wird von INCLUDE die Prozedur BUILD_FILES aufgerufen; diese erstellt gemäß der Arbeitsweise des Präcompilers die Attribut- und die Anweisungsdatei für den Einbringvorgang. Schließlich ist die Prozedur DATA_TC_CONTROLLER zu starten, welche die Überprüfung der Datentriggerbedingungen vornimmt (Kapitel 8.2.2.3).

6. Programm K$NET_RECEIVE

Für die Empfangsmodi 'INTEGRATED' und 'REMOTE_IMMEDIATE' bei gleichzeitigem Sendemodus 'INDIRECT' veranlaßt das Programm K$NET_RECEIVE das sofortige Einbringen der übertragenen Änderungen in die Empfangspartition, indem es die Prozedur INCLUDE anstößt.

7. Modul K$DIR_INT_SEND

Im Modul K$DIR_INT_SEND sind die Prozeduren zusammengefaßt, die senderseitig für die Abwicklung des Kommunikationstyps 'DIRECT - INTEGRATED' erforderlich sind. Da die Verarbeitung einer Datenmodifikation immer in Datenbank-Transaktionen eingebettet ist, muß bei der direkten synchronen Kommunikation eine verteilte Transaktion aufgebaut werden. Insbesondere ist beim Abschluß einer verteilten Transaktion ein Zwei-Phasen-Protokoll durchzuführen, welches durch die Prozeduren des Moduls K$DIR_INT_SEND und des Programms K$DIR_INT_RECEIVE aufgebaut wird.

Die Prozedur S_BOT des Moduls K$DIR_INT_SEND initialisiert eine Kommunikationsverbindung einer Sendepartition zu allen direkten synchronen Empfängern. Außerdem werden von ihr lokale Transaktionen auf dem Sendeknoten und auf den Knoten der Empfangslokationen gestartet. Die Prozedur S_TRANSFER selektiert pro Empfänger alle Datenänderungen aus der Sendepartition und transferiert sie an die Adressaten. Sie erwartet nach Beendigung des Transfers eine Bestätigung, daß alle Meldungen korrekt eingetroffen sind. Anschließend leitet die Prozedur S_EOT1 die EOT-Behandlung ein. Sie fragt alle empfangenden Partitionen, ob sie die Datensätze fehlerfrei einbringen konnten. Falls alle Empfänger eine positive Rückmeldung senden, beschließt die Prozedur S_EOT2 die EOT-Behandlung. Sie schickt ein EOT-Signal an alle Empfänger und löst die Netzverbindungen auf. Abschließend ist die Prozedur REORGANIZE aufzurufen, die eine Reorganisation der Sendepartition vornimmt.

8. Programm K$DIR_INT_RECEIVE

Das Programm K$DIR_INT_RECEIVE dient zur empfängerseitigen Abwicklung eines direkten synchronen Datenaustauschvorgangs. Dazu verwendet es die Prozeduren E_BOT, E_TRANSFER und E_EOT. Außerdem greift sie auf die Prozeduren S_REMOTE1 und S_REMOTE2 zu, welche die Kommunikation zu eventuellen direkten asynchronen Folgeempfängern einleiten.

Die Prozedur S_BOT des Moduls K$DIR_INT_SEND stößt im empfangenden Knoten das Programm K$DIR_INT_RECEIVE an. Zunächst agiert die Prozedur E_BOT, die auf Empfängerseite die BOT_Behandlung einleitet und unter anderem die tangierten Empfangspartitionen sperrt. Sind diese Tätigkeiten erfolgreich beendet, meldet E_BOT dies an die Sendepartition (Prozedur S_BOT). Die Prozedur E_TRANSFER realisiert in Kooperation mit der Prozedur S_TRANSFER die Übertragung von Änderungsmeldungen. Darüber hinaus übernimmt sie das Einbringen der Modifikationsnachrichten. Eine Bestätigung des erfolgreichen Einbauens der Modifikationen schließt die Prozedur E_TRANSFER ab. Ebenso wie bei der Einarbeitung von Änderungen durch die Prozedur INCLUDE müssen auch nach Abschluß der Prozedur E_TRANSFER die Prozeduren BUILD_FILES und DATA_TC_CONTROLLER angestoßen werden. Die Prozedur E_EOT führt schließlich in Zusammenarbeit mit den Prozeduren S_EOT1 und S_EOT2 die EOT-Behandlung durch. Anschließend ist wiederum die Prozedur REORGANIZE zu aktivieren, die eine Reorganisation der Empfangspartitionen durchführt.

In allen Programmen, die für die Ausführung einer verteilten Transaktion erforderlich sind (Modul K$DIR_INT_SEND und Programm K$DIR_INT_RECEIVE), ist eine Fehlerbehandlung noch nicht realisiert. Allerdings sind in allen Programmteilen die Stellen markiert, an denen eine Fehlerbehandlung einzuleiten wäre.

9. Modul K$DIR_REM_SEND

Die senderseitigen Verwaltungsaufgaben bei den Kommunikationsformen 'DIRECT - REMOTE_INDEPENDENT' und 'DIRECT - REMOTE_IMMEDIATE' werden von den Prozeduren des Moduls K$DIR_REM_SEND übernommen. Noch innerhalb einer Transaktion, die eine Primäraktion verwirklicht, wird die Prozedur S_REMOTE1 aufgerufen. Sie veranlaßt das Zusammenstellen der Änderungsdateien für die Empfänger, indem sie die Prozedur CREATE_FILE_LIST anstößt. Das Abarbeiten von S_REMOTE1 innerhalb einer Transaktion gewährleistet, daß keine Modifikationen durch konkurrierende Transaktionen verloren gehen. Allerdings würde die sofortige Übertragung der generierten Nachrichtendateien eine Transaktion zu lange verzögern, weshalb sie von der Prozedur S_REMOTE2 erst nach deren Abschluß vorgenommen wird.

10. Modul K$REORGANIZE

Die Prozedur REORGANIZE des Moduls K$REORGANIZE führt in den Partitionen gemäß dem Algorithmus aus Kapitel 7.5.4 eine Reorganisation durch. Sie eliminiert die lediglich logisch gelöschten Datensätze aus einem Datenbestand, falls diese nicht mehr benötigt werden.

11. Modul K$BUILD_FILES

Die Prozedur BUILD_FILES baut ebenso wie der Präcompiler des DDMS eine Attribut- und eine Anweisungsdatei auf. In ihnen sind Transaktionen, Anweisungen und Attribute protokolliert, die beim Einbauen von Änderungsmeldungen tangiert werden.

12. Modul K$DB_ACCESS

Alle Zugriffe der Programme der Kommunikationskomponente auf die Partitionen und die lokalen Systemdatenbanken sind in den Prozeduren des Moduls K$DB_ACCESS realisiert. In Abhängigkeit davon, ob auf eine RDB- oder eine INGRES-Datenbank zugegriffen wird, werden in diesen Prozeduren Fallunterscheidungen getroffen. Die Erweiterung des DDMS um andere lokale Datenhaltungssysteme wird durch die Zusammenfassung aller Zugriffe auf die Datenhaltungssysteme im Modul K$DB_ACCESS wesentlich erleichtert.

γ) Programmabläufe

Um die Kooperation der die Kommunikationskomponente des DDMS realisierenden Programme und Prozeduren anschaulich darzulegen, werden nun für die in Abbildung 8-6 dargestellten Kommunikationsvarianten die Programmabläufe gezeigt.

Zunächst wird demonstriert, wie das Kommunikationsverfahren 'INDIRECT – REMOTE_INDEPENDENT' implementiert ist (Abbildung 8-9[1]). Auf der Senderseite veranlaßt ein Eintrag in der Triggerwarteschlange den Start des Programms K$DATA_MANAGER. Dieses ruft die Prozedur SEND auf, die unter Verwendung der Prozedur EXTRACT eine Nachrichtendatei mit Modifikationsinformation erstellt. Letztere wird an eine Empfängerlokation transferiert. Das Programm K$DATA_MANAGER wird ebenfalls durch einen Trigger aktiviert. Es ruft die Prozedur RECEIVE auf; diese veranlaßt die Prozedur INCLUDE die übertragenen Änderungsinformationen in die Empfängerpartition einzuarbeiten.

Abbildung 8-9[2] zeigt die Kommunikationsform 'INDIRECT - REMOTE_IMMEDIATE'. Hierbei wird auf Empfängerseite das Programm K$NET_RECEIVE von der sendenden Prozedur SEND aufgefordert, die übertragene Änderungsdatei zu verarbeiten. Es bedient sich dabei der vom Programm K$NET_RECEIVE aktivierten Prozedur INCLUDE.

Bei der Realisierung der Kommunikationsform 'INDIRECT - INTEGRATED' wird auf Empfängerseite das Programm K$NET_RECEIVE ebenfalls durch die Sendeprozedur SEND gestartet. Allerdings werden die vom Sender an den Empfänger weiterzugebenden Modifikationen nicht in einer Nachrichtendatei transferiert, sondern direkt durch Prozeß- zu Prozeßkommunikation übertragen (Abbildung 8-9[3]).

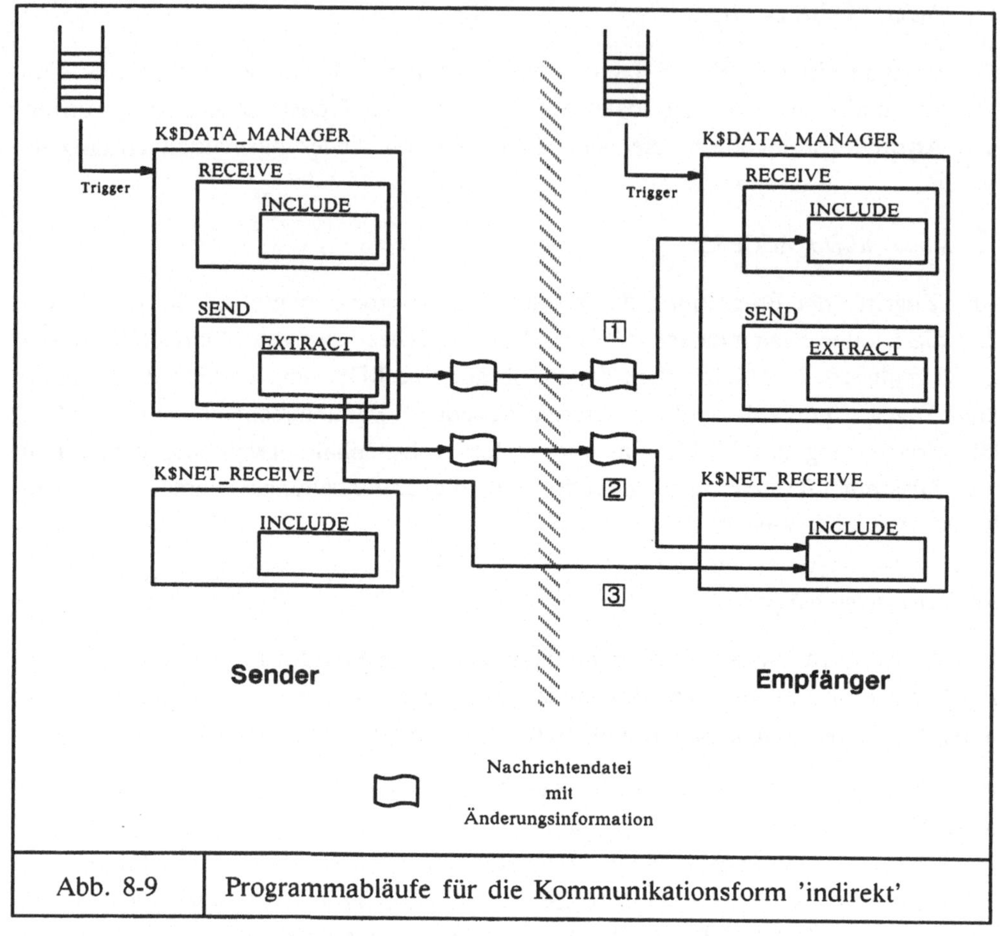

Abb. 8-9	Programmabläufe für die Kommunikationsform 'indirekt'

Die Kommunikationsbeziehung 'DIRECT - REMOTE_INDEPENDENT' wird durch die Kooperation zwischen dem Modul K$DIR_REM_SEND und dem Programm K$DATA_MANAGER realisiert. Die Prozedur S_REMOTE2 transferiert eine Nachrichtendatei mit Änderungsmeldungen zur Lokation eines Datenempfängers. Dort wird sie nach dem Feuern eines Triggers von der Prozedur INCLUDE des Programms K$DATA_MANAGER in die Empfängerpartition eingebaut (Abbildung 8-10[1]). Auf ähnliche Weise wird die Kommunikationsform 'DIRECT - REMOTE_IMMEDIATE' bearbeitet; wiederum übersendet die Prozedur S_REMOTE2 eine Änderungsdatei zur Empfängerlokation. Sie stößt dort das Programm K$NET_RECEIVE an, welches die übertragene Datei sofort unter Verwendung der Prozedur INCLUDE in die Empfängerpartition einarbeitet (Abbildung 8-10[2]).

Schließlich ist in Abbildung 8-10[3] der Programmablauf zur Abwicklung der Datenaustauschbeziehung 'DIRECT - INTEGRATED' wiedergegeben. Die Prozedur S_TRANSFER des sendenden Moduls K$DIR_INT_SEND transferiert eine Datei

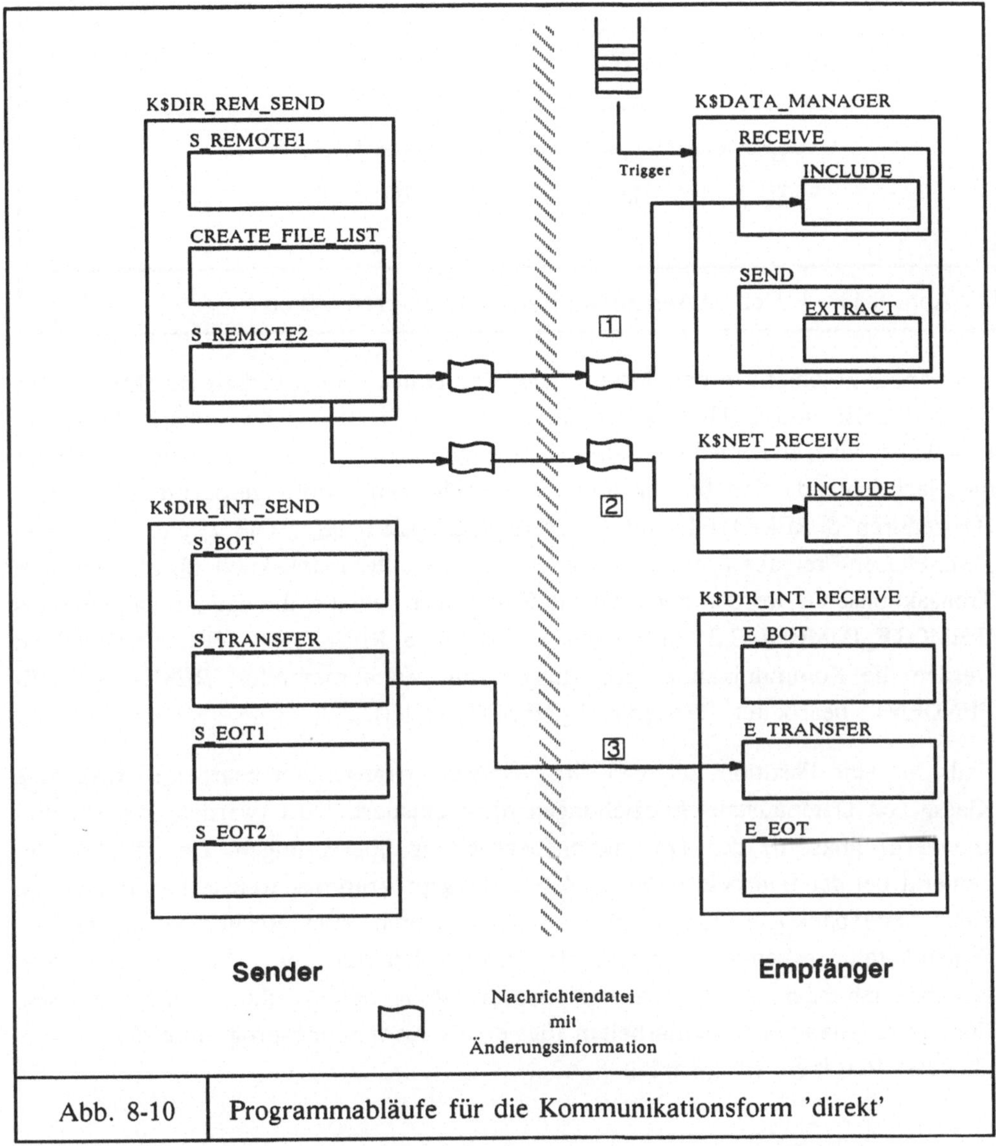

Abb. 8-10	Programmabläufe für die Kommunikationsform 'direkt'

mit Modifikationsinformation an das Programm K$DIR_INT_RECEIVE, das die enthaltenen Änderungsmeldungen in die Empfangspartition einbringt (Prozedur E_TRANSFER).

Zur Darstellung der Komplexität der Bearbeitung einer Anwendertransaktion im DDMS wird abschließend die phasenorientierte Beschreibung einer Transaktion vorgestellt (Abbildung 8-11). In der ersten Phase der Transaktionsbearbeitung (1) erfolgt die BOT-Synchronisierung durch die Prozeduren S_BOT und E_BOT. Nach erfolgreicher Durchführung schließen sich die vom Anwender kontrollierten Datenmodifikationen an (2). Das Durchreichen dieser Änderungen an direkte asynchrone

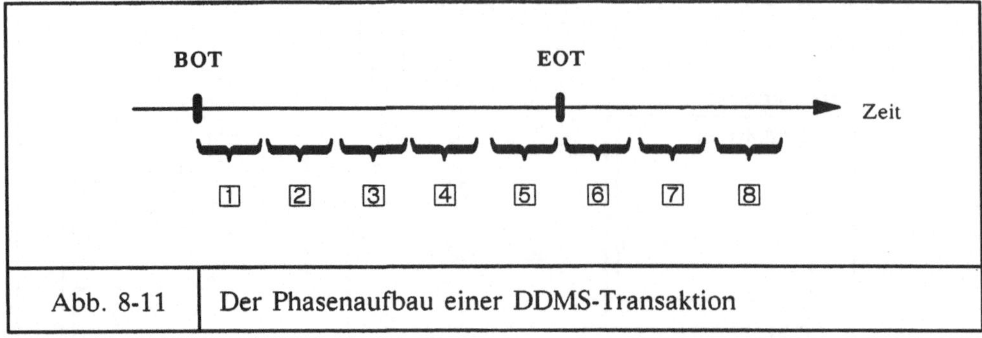

Abb. 8-11 Der Phasenaufbau einer DDMS-Transaktion

Empfänger geschieht in der dritten Phase der Transaktionsbearbeitung (Prozeduren S_TRANSFER und E_TRANSFER; 3). Die erste Phase des Zwei-Phasen-Freigabe-Protokolls wird anschließend durchlaufen (4). Nach deren Abarbeitung werden die Nachrichtendateien für die direkten asynchronen Empfängerpartitionen erstellt (Prozeduren S_REMOTE1 und CREATE_FILE_LIST; 5). Die zweite Phase des Zwei-Phasen-Freigabe-Protokolls beendet die verteilte Transaktion (6). Nach dem Transaktionsende werden zunächst die Empfänger bedient, die den Annahmemodus 'REMOTE_IMMEDIATE' aufweisen (Prozedur S_REMOTE2; 7). Abschließend werden die Kommunikationsverbindungen mit Annahmemodus 'REMOTE_INDEPENDENT' bearbeitet (Prozedur S_REMOTE2; 8).

Falls für eine Partition, die von einer Anwendertransaktion bearbeitet wird, eine Klasse von Datenaustauschbeziehungen nicht existiert, wird (werden) die entsprechende(n) Phase(n) der Transaktionsbearbeitung übersprungen. Der Präcompiler bemerkt bei der Bearbeitung eines Anwendungsprogramms, welche Partitionen von einer Datenbankoperation tangiert werden. Durch eine Recherche im lokalen Systemkatalog erkennt er anhand der involvierten Partitionen, welche Datenaustauschbeziehungen in der Transaktionsbearbeitung berücksichtigt werden müssen. Für die anfallenden Systemarbeiten fügt er ins Anwendungsprogramm die entsprechenden Routinen ein (Kapitel 8.2.2.2).

8.2.2.5 Das Zusammenwirken der Komponenten

Nach der Vorstellung der Einzelkomponenten des DDMS-Prototyps erfolgt eine überblicksartige Darstellung der Arbeitsweise des Systems. In der Definitionsphase wird unter Verwendung der Definitionskomponente (Kapitel 8.2.2.2) die Systemkonfiguration anwendungsspezifisch festgelegt. Dabei wird die globale Systemdatenbank angelegt und mit dem Metawissen über die Anwendung gefüllt. Anschließend generiert die Definitionskomponente in Abhängigkeit von der Anwendungsspezifikation das verteilte Datenverwaltungssystem auf den Rechnern des verteilten Systems. In der Definitionsphase erfolgt darüber hinaus die Präcompilation der Anwendungsprogramme; hierbei wird sowohl eine Programmtransformation durchgeführt als auch die Ergänzung der Programme um Verwaltungsroutinen vorgenommen.

Abbildung 8-12 zeigt die Arbeitsweise des DDMS in einem Knotenrechner während der Laufzeitphase. Die vom Präcompiler präparierten Anwendungsprogramme greifen auf die Daten der lokalen Benutzerdatenbank zu. Bei der Verwendung von on-demand-Triggern beauftragen sie direkt die Triggerkomponente, einen Trigger auszulösen. Die Triggerkomponente wird darüber hinaus von der Kommunikationskomponente aktiviert. Sie hat Überprüfungen von datenorientierten Triggerbedingungen durchzuführen. Falls die Triggerkomponente erkennt, daß ein Trigger feuern kann, trägt sie dessen Namen in die Triggerwarteschlange TRIGGER_BUFFER ein. Dies ist für die Kommunikationskomponente ein Hinweis darauf, daß Datenaustauschvorgänge durchzuführen sind. Sowohl die Trigger- als auch die Kommunikationskomponente ziehen alle benötigten Metainformationen über den lokal verwalteten Datenbestand aus dem lokalen Datenkatalog. Die Triggerkomponente, die Kommunikationskompnente, die Triggerwarteschlange und der lokale Systemkatalog bilden zusammen einen DDMS-Kern, welcher für die Datenhaltungs- und Datenverteilungsaufgaben eines Rechnerknotens zuständig ist.

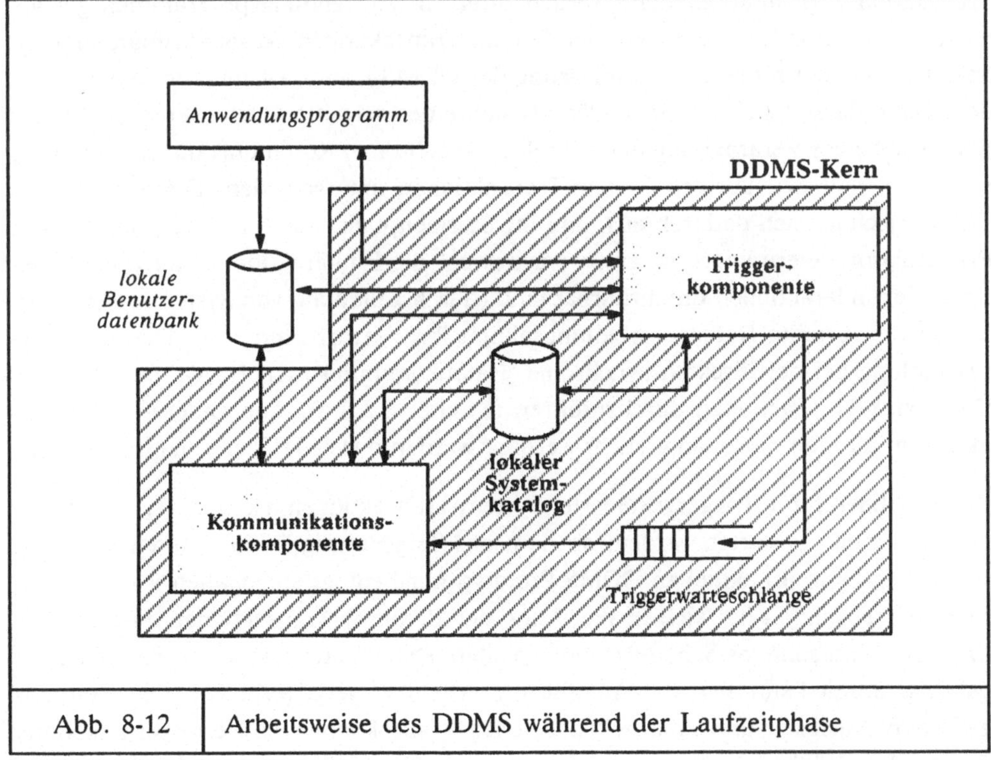

Abb. 8-12	Arbeitsweise des DDMS während der Laufzeitphase

8.2.3 Weiterführende Konzepte

Neben der in Kapitel 8.2.2 beschriebenen Implementierung wurden für den DDMS-Prototyp theoretisch weitere Konzepte entwickelt, deren Realisierung allerdings noch aussteht. Für die Bereiche 'Synchronisation und Recovery' und 'Dynamische Veränderbarkeit des DDMS in der Laufzeitphase' wurden prinzipielle Vorüberlegungen angestellt, die in weiterführenden Arbeiten umgesetzt werden können. Einen Überblick über die Vorüberlegungen zu diesen beiden Arbeitsthemen gibt dieser Unterabschnitt wieder.

8.2.3.1 Synchronisation und Recovery

Zunächst wird auf die Problematik der Synchronisation von Anwender- und getriggerten System-Transaktionen eingegangen. Außerdem werden Maßnahmen zur Erhöhung der Zuverlässigkeit für die Triggerwarteschlange und die Nachrichtendateien untersucht. Eine detaillierte Diskussion dieser Themen findet sich in [Dutt 88].

α) Synchronisation der Transaktionsverarbeitung

Im DDMS sind zwei Klassen von Transaktionen zu unterscheiden. Die Anwender-Transaktionen (Primäraktionen) werden direkt in Anwendungsprogrammen gestartet. Daneben existiert die Klasse der System-Transaktionen (Ersatz-Primäraktionen, Sekundäraktionen), die auf Veranlassung der DDMS-Kontrollstrukturen initiiert werden. Dabei lassen sich die Sekundäraktionen einer verteilten Datenverarbeitungsaktion, welche bei Verarbeitung einer direkten synchronen Kommunikationsverbindung entstehen, von den übrigen System-Transaktionen unterscheiden. Diese besondere Klasse zeichnet sich dadurch aus, daß ihr Startzeitpunkt durch den der zugehörigen Primäraktion determiniert ist; erst wenn sowohl die Primäraktion als auch die beteiligten Sekundäraktionen durchführbar sind (durch Zuteilung von Systemressourcen), nimmt die verteilte Datenverarbeitungsaktion ihre Verarbeitung auf. Die Recoverybehandlung bei der direkten synchronen Datenkommunikation ist wie bei verteilten Datenbank-Transaktionen durchzuführen (Kapitel 8.2.2.4). Alle anderen Sekundäraktionen, die nun näher untersucht werden, werden durch Triggerereignisse initiiert.

Kennzeichnend für triggergesteuerte System-Transaktionen ist, daß sie genau zu dem Zeitpunkt gestartet werden, an dem das Triggerereignis eingetreten ist. Diese Forderung kann im aktuellen DDMS-Prototyp nur bedingt eingehalten werden. Eine System-Transaktion hat sich in die Reihe der Benutzer-Transaktionen einzuordnen, um vom Transaktions-Scheduler des lokalen Datenhaltungssystems bearbeitet zu werden. Somit kann sich die Ausführung erheblich verzögern. Um den Zeitraum zwischen Auslösen und Abarbeiten solcher Transaktionen zu verringern, könnten System-Transaktionen höher priorisiert werden. Sie werden dadurch in eine vordere

Position in der Warteschlange vor dem Transaktions-Scheduler eingereiht. Allerdings kann die Verfolgung einer derartigen Strategie die zeitliche Diskrepanz zwischen Initiierung und Durchführung nur verkleinern, aber nicht vollständig eliminieren, denn eine System-Transaktion muß zumindest noch mit ebenfalls höher priorisierten anderen System-Transaktionen konkurrieren.

Im DDMS-Prototyp wurde die eben vorgestellte prioritätengesteuerte Strategie der Transaktionsverarbeitung nicht realisiert. Zum einen ist es nicht möglich, die Transaktions-Scheduler, die von den lokalen Datenhaltungssystemen zur Verfügung gestellt werden, im obigen Sinne zu ergänzen; zum anderen ist die Verzögerung der Bearbeitung einer System-Transaktion zu tolerieren, da sie durch die natürliche Konkurrenzsituation in einem Mehrbenutzersystem bedingt und prinzipiell nicht zu vermeiden ist.

β) *Erhöhung der Verfügbarkeit der Triggerwarteschlange*

Ein zentrales Element des DDMS-Kerns, das nicht von den Recovery-Komponenten der lokalen Datenhaltungssysteme erfaßt wird, ist die Triggerwarteschlange TRIGGER_BUFFER (Abbildung 8-12). Die Zerstörung dieses Puffers würde die gesamte indirekte und asynchrone Bearbeitung zunichte machen. Zwei einfache Möglichkeiten, die Verfügbarkeit der Triggerwarteschlange zu erhöhen, werden nun diskutiert.

Die Integration der Triggerwarteschlange in eine Relation der lokalen Systemkataloge ermöglicht es, die Triggerwarteschlange in die Recoverybehandlung der lokalen Systemdatenbanken einzubeziehen. Dazu müßten die Prozedur FIRE_TRIGGER und das Programm K$DATA_MANAGER modifiziert werden. Das Aufnehmen von Triggernamen in die Warteschlange, beziehungsweise ihr Auslesen, ist dann nur noch innerhalb von Transaktionen vorzunehmen. Eine zeitliche Ordnung kann in der Warteschlange aufgebaut werden, indem jeder Datensatz seinen Eintragszeitpunkt mitführt. Dieser wird durch die Prozedur FIRE_TRIGGER gesetzt. Das Programm K$DATA_MANAGER extrahiert immer den Eintrag aus der betreffenden Systemrelation, der den jüngsten Entstehungszeitpunkt aufweist, und bearbeitet die vom gelesenen Trigger initiierten Kommunikationsvorgänge.

Eine zweite, sehr einfache Möglichkeit, die Fehlertoleranz der Trigger-Warteschlange zu erhöhen, ist das Anlegen einer Schattenversion, die den gleichen Aktualitätsstand wie die Originalversion aufweist ([Bart 81]). Im Falle des Ausfalls der primären Trigger-Warteschlange kann auf ihre Schattenversion übergewechselt werden.

γ) *Erhöhung der Verfügbarkeit der Nachrichtendateien*

Die von der Kommunikationskomponente des DDMS zusammengestellten Nachrichtendateien stehen ebenfalls nicht in der Kontrollsphäre der lokalen Datenhaltungssysteme, weshalb zur Erhöhung ihrer Verfügbarkeit gesonderte Mechanismen zu etablieren sind. Die Fehlerbetrachtung bei Nachrichtendateien kann in drei Phasen untergliedert werden. Das Zusammenstellen einer Nachrichtendatei geschieht in der ersten Phase. Innerhalb einer Transaktion werden interessierende Datensätze aus einer Senderpartition selektiert und in eine Nachrichtendatei eingelesen. Falls dabei ein Fehler auftritt, kann die Datenbank-Transaktion abgebrochen werden. Der Vorgang kann durch abermalige Ausführung der abgebrochenen Transaktion wiederholt werden. Im DDMS wird eine Nachrichtendatei entweder durch die Prozedur S_REMOTE1 oder die Prozedur SEND aufgebaut.

Die zweite Phase der Verarbeitung einer Nachrichtendatei umfaßt deren Übertragung zur Empfangslokation. Entweder senden die Prozeduren S_REMOTE2 und SEND die Datei zu einem Empfänger, oder die Prozedur NET_RECEIVE holt sie beim Sender ab (Empfangsart REMOTE_IMMEDIATE). Zur Sicherung der Übertragung kann die Datei sowohl auf dem Sende- als auch auf dem Empfangsrechner abgespeichert werden. Zusätzlich kann jeweils eine Sicherungskopie gehalten werden. Wenn die übertragenen Daten vom Empfänger verarbeitet worden sind, können alle Inkarnationen der Nachrichtendatei gelöscht werden.

Falls in der dritten Phase der Verarbeitung einer Nachrichtendatei, dem Einlesen in die Empfangspartitionen, ein Fehler passiert, wird die diese Aufgabe realisierende Transaktion abgebrochen; der Vorgang muß wiederholt werden. Das Einbringen der Änderungsmeldungen einer Nachrichtendatei übernehmen die Prozeduren INCLUDE und E_TRANSFER.

Fehlertoleranz wird bei der Verwaltung der Triggerwarteschlange und der Verarbeitung von Nachrichtendateien zum einen durch die Verarbeitung in Transaktionen und zum anderen durch die Replizierung von Dateien erreicht. In [Dutt 88] sind über die hier vorgestellten informellen Beschreibungen hinaus Algorithmen angegeben, wie sowohl die Triggerwarteschlange als auch die Nachrichtendateien nach Fehlerzuständen reorganisiert werden können.

8.2.3.2 Veränderbarkeit des DDMS während der Laufzeitphase

Die gegenwärtige Ausbaustufe des DDMS erlaubt keine Modifikation von Systemstrukturen während der Laufzeitphase. In [Midd 88] sind Untersuchungen angestellt worden, welche die Struktur einer Modifikationskomponente für das DDMS beschreiben. Dieses Subsystem ermöglicht die Veränderung von Systemstrukturen des DDMS im laufenden Betrieb. Es ist als eine Erweiterung der Definitionskomponente des DDMS aufzufassen. Demnach arbeitet die Modifikationskomponente zunächst nur mit den Daten des globalen Systemkatalogs. Daran anschließend überträgt sie die spezifischen Modifikationsvorschriften an die Lokationen, an denen

Änderungen bezüglich der Systemstruktur vorzunehmen sind. In der oben zitierten Arbeit wurde zunächst untersucht, welche Systemmodifikationen sinnvoll erscheinen; anschließend wurde ihre Realisierung im Detail diskutiert. Die sich als nützlich erwiesenen Modifikationen beziehen sich auf die folgenden Tätigkeiten:

Systemumgebung:
- Austausch eines lokalen Datenhaltungssystems
- Löschen einer Lokation
- Verlegen einer Lokation
- Herausnehmen eines Rechners aus dem verteilten System

Konzeptionelles Schema:
- Änderung des Datentyps eines Attributs einer Basis-Relation
- Aufnahme eines Attributs in eine Basis-Relation
- Löschen eines Attributs in einer Basis-Relation
- Definition einer neuen Basis-Relation
- Löschen einer Basis-Relation

Datenverteilung:
- Aufnahme eines Attributs in eine Partition
- Löschen eines Attributs in einer Partition
- Aufnahme einer Partition
- Löschen einer Partition
- Verlegung einer Partition auf eine andere Lokation
- Aufnahme einer neuen Datenaustauschbeziehung
- Löschen einer Datenaustauschbeziehung
- Änderung des Sendemodus für den Datenaustausch
- Änderung des Empfangsmodus für den Datenaustausch
- Änderung eines Triggers
- Einfügen eines Triggers
- Löschen eines Triggers

An dieser Stelle soll keine vollständige Beschreibung der Untersuchungsergebnisse erfolgen; vielmehr wird anhand dreier Beispiele - je ein Beispiel ist den Bereichen Systemumgebung, konzeptionelles Schema und Datenverteilung entnommen - die komplexe Vorgehensweise bei einer Modifikation der Systemstruktur gezeigt werden. Für alle oben aufgeführten Änderungsmöglichkeiten sind in [Midd 88] Algorithmen angegeben.

Beispiel 1: *Austausch eines lokalen Datenhaltungssystems*

In diesem ersten Beispiel soll ein konventionelles Dateisystem, welches das Datenhaltungsmedium einer Lokation darstellt, durch ein relationales Datenbanksystem ersetzt werden. Die Beschreibungsdaten des einzuführenden Datenbanksystems werden in einem ersten Schritt in die entsprechende Relation des globalen Systemkatalogs aufgenommen, falls sie dort noch nicht bekannt sind. Anschließend wird die Lokation spezifiziert, an welcher die Modfikation durchgeführt werden soll. Alle Partitionen dieser Lokation werden ermittelt. Eine Modifikationsmeldung, welche die die Änderung betreffende Information umfaßt, wird an die ausgewählte Lokation geschickt. Dort wird aufgrund dieser Information eine neue lokale Benutzerdatenbank eingerichtet. Danach wird die gesamte Lokation gesperrt, um den Transfer der Inhalte der bestehenden Partitionen in die neue relationale Benutzerdatenbank zu ermöglichen. Die nicht mehr benötigten Dateien werden danach gelöscht. Abschließend wird die Lokation wieder für die Anwendungsprogramme freigegeben. Allerdings müssen diese neu übersetzt werden, da das lokale Datenhaltungssystem ausgetauscht worden ist und somit auch eine neue lokale Datenmanipulationssprache zu verwenden ist. Auf Benutzerebene (Anwendungsprogrammierer) bleibt der gesamte Änderungsvorgang jedoch transparent. ❑

Beispiel 2: *Änderung des Datentyps eines Attributs in einer Basis-Relation*

Zunächst wird in der entsprechenden Relation des globalen Systemkatalogs die vorzunehmende Änderung des Datentyps einer Basis-Relation protokolliert. Anschließend wird für jede Partition, die von dieser Basis-Relation abhängt, überprüft, ob in ihr das betreffende Attribut referenziert wird. An alle von der Änderung tangierten Partitionen wird eine Änderungsmeldung geschickt, die den Typenwechsel anzeigt.

Falls das zu modifizierende Attribut nur in der qualifizierenden Bedingung ('WHERE'-Klausel) einer Partition auftritt, muß lediglich diese an den neuen Attributtyp angepaßt werden. Ist das Attribut dagegen auch im Schema der Partition enthalten, müssen die Datensätze der Partition zusätzlich konvertiert werden. Diese Konvertierung hat exklusiv zu geschehen. Der Typwechsel der Attribute der Partitionen ist in den Relationen der lokalen Datenkataloge zu registrieren.

Von der Modifikation des Attributtyps sind auch die Nachrichtendateien betroffen, die während der Ausführung der Änderung in den verschiedenen Lokationen zwischengespeichert sind. Zwei Möglichkeiten bieten sich an, auch ihnen den Schemawechsel anzuzeigen. Alle von der Änderung tangierten Nachrichtendateien können ebenfalls sogleich konvertiert werden. Alternativ könnte die Konvertierung erst beim Einbringen der Änderungen in die Empfangspartition vorgenommen werden. ❑

Beispiel 3: *Löschen einer Partition*

Falls eine Partition gelöscht werden soll, müssen alle ihre Kommunikationsverbindungen zu anderen Partitionen aufgelöst werden. Diese Verbindungen sind in den

Relationen des globalen und der lokalen Systemkataloge beschrieben. Ein Löschauftrag muß demnach von der Modifikationskomponente an alle Lokationen gesendet werden, die von der Eliminierung der Partition betroffen sind. Ebenso müssen zumindest alle Nachrichtendateien, die für die zu entfernende Partition bestimmt sind, aus dem System herausgenommen werden. Das Löschen der Partition kann geschehen, sobald kein Anwendungsprogramm mehr auf sie zugreift. ❑

8.2.4 Ausblick

Es ist vorgesehen, den DDMS-Prototyp noch zu erweitern. Zunächst steht die Realisierung der im Kapitel 8.2.3 dargestellten theoretischen Konzepte an. Es sollen vor allem die Verfügbarkeit der Nachrichtendateien und der Triggerwarteschlange verbessert werden. Außerdem ist eine Modifikationskomponente aufzubauen, die eine Änderbarkeit der DDMS-Konfiguration im laufenden Betrieb zuläßt.

Weiterhin wird eine Neukonzipierung der Triggerkomponente vorbereitet. Es werden neue Triggerarten zugelassen (Kapitel 7.4.3.3). Die Triggerkomponente ist dann über die Steuerung von Datenaustauschvorgängen hinaus auch für andere Tätigkeiten einzusetzen. Insgesamt bedeuten die Veränderungen der Triggerkomponente eine Erweiterung des DDMS in Hinblick auf ein aktives Datenbanksystem.

Bezüglich der Abspeicherung der Datenkataloge und der Benutzerdatenbestände stehen weitere Aufgaben an. Der globale Systemkatalog soll wahlweise durch eine RDB- oder eine INGRES-Datenbank realisiert werden. Um die Zugriffe auf die lokalen Systemkataloge effizienter zu gestalten, werden sie zukünftig auch durch RMS-Dateien[1] realisiert werden. Darüber hinaus sollen Datenbestände, die in RMS-Dateien abgelegt sind, in das DDMS integrierbar sein. Das im folgenden Unterkapitel vorzustellende DSMS dient dabei als Implementierungsgrundlage. Schließlich wird daran gedacht, an der Benutzerschnittstelle des verteilten Datenverwaltungssystems neben Pascal auch VAX C zur Verfügung zu stellen.

8.3 Die Implementierung des DSMS in einer heterogenen Rechnerumgebung

Der zweite Prototyp des verteilten Datenverwaltungssystems, das DSMS, wurde in einer heterogenen Systemumgebung implementiert. In diesem Abschnitt erfolgt zunächst ein Überblick über die Entwicklungsumgebung und die Funktionalität des Prototyps DSMS. Anschließend wird seine Implementierung vorgestellt. Mögliche Erweiterungen des DSMS behandelt der abschließende Unterabschnitt.

---

[1] RMS (Record Management System) ist das Dateiverwaltungssystem von VAX/VMS.

8.3.1 Überblick

Die Heterogenität der Systemumgebung, in der die Implementierung des DSMS eingebettet ist, und die eingeschränkte Funktionalität des DSMS werden in diesem Unterabschnitt beschrieben.

8.3.1.1 Entwicklungsumgebung

Das DSMS integriert in der aktuellen Ausbaustufe drei verschiedene Rechnertypen (Abbildung 8-13). Der zentrale Rechner des Prototyps ist ein INTEL-Arbeitsplatzrechner 280/310, auf dem die Definitionskomponente des DSMS installiert ist. Er ist mit dem Unix-Derivat XENIX als Betriebssystem ausgestattet. Das relationale Datenbanksystem EMPRESS/32 (Firma Rhodinius Incorporated) bildet das lokale Datenhaltungssystem. EMPRESS/32 bietet eine interpretative, deskriptive, SQL-ähnliche Programmschnittstelle an. Der zweite ins DSMS integrierte Rechner ist ein PC 16/11 der Firma Siemens. Er verwendet das Betriebssystem CCP/M. Das lokale Datenhaltungssystem ist der ACCESS MANAGER (Firma DIGITAL RESEARCH), ein indexgestütztes satzorientiertes Dateiverwaltungssystem. Schließlich wird ein Rechner des Typs MicroVAX II (Betriebssystem MicroVMS) unter dem DSMS betrieben. Auf diesem Rechner dient das satzorientierte Dateiverwaltungssystem RMS der lokalen Datenhaltung.

Das Kommunikationssystem zwischen dem MicroVAX-Rechner und den übrigen Systemen bildet das Kermit-Protokoll der Firma CUCCA. Dieses rudimentäre Kommunikationssystem, welches unter anderem einen interaktiven Dateitransfer ver-

Hardwaretyp	INTEL 280/310	Siemens PC 16/11	MicroVAX II
Betriebs-system	XENIX	CCP/M	MicroVMS
Datenhaltungs-system	EMPRESS/32	ACCESS MANAGER	RMS
Programm-schnittstelle	mengenorientiert	satzorientiert	satzorientiert
Kommunika-tionssystem	Kermit CB-Schnittstelle	Kermit CB-Schnittstelle	Kermit

Abb. 8-13 Hard- und Softwarekomponenten des DSMS

langt, ist für die prototypischen Belange der Implementierung ausreichend. Zwischen dem INTEL- und dem Siemens-Rechner wird die CB-Schnittstelle der Firma Siemens eingesetzt. Sie ermöglicht den Fernstart von Programmen (ROS: **R**emote **O**peration **S**ervice), einen Dateitransfer und einen Datei-Fernzugriff.

Bei den Implementierungen auf den verschiedenen Rechnern werden unterschiedliche Dialekte der Programmiersprache C eingesetzt. Außerdem kann auf alle unter dem DSMS verwalteten Datenbestände aus C-Programmen heraus zugegriffen werden.

8.3.1.2 Funktionsumfang der Implementierung

Ziel der Implementierung des DSMS war die Integration heterogener Hard- und Software in einem gemeinsamen verteilten Datenverwaltungssystem. Auf die vollständige Realisierung der in Kapitel 7 vorgeschlagenen Funktionalität wurde dabei verzichtet. Deshalb wurde im DSMS lediglich die Funktionalität eines Snapshot-Verwaltungssystems implementiert. Ein Snapshot ist eine materialisierte Lesekopie einer Basis-Relation. Er wird durch sogenannte Refresh-Operationen aktualisiert (Kapitel 5.4.1).

Das DSMS verwendet zur Verwaltung der Basis- und Snapshot-Relationen[1] die in [LHMP 86] dargestellten Algorithmen, deren Funktionsweise hier zusammenfassend beschrieben wird. Das charakteristische Merkmal dieser Algorithmen ist die Unterstützung des sogenannten Differential-Refresh-Verfahrens. Im Gegensatz zu einem Full-Refresh-Verfahren, das im Falle der Aktualisierung eines Snapshots eine aktuelle Kopie der kompletten Basis-Relation zum Snapshot sendet, transferiert der Differential-Refresh nur die seit dem letzten Kommunikationsvorgang modifizierten Datensätze. Zur Durchführung dieses Refresh-Verfahrens ist die Kennzeichnung der Sätze einer Basis-Relation durch folgende Zusatz-Attribute notwendig:

address	eindeutige Kennzeichnung eines Datensatzes;
previous_address	Adresse des Vorgänger-Datensatzes in der Basis-Relation;
timestamp	Zeitpunkt der letzten Modifikation des Datensatzes.

Beim Einfügen eines Datensatzes wird eine freie Adresse ausgewählt; die beiden restlichen Zusatz-Attribute werden auf 'NULL' gesetzt. Das Ändern eines Datensatzes bewirkt das Setzen des 'timestamp'-Attributs auf 'NULL'. Keinerlei zusätzliche Verwaltungstätigkeiten sind beim Löschen eines Datentupels durchzuführen. Die Datensätze der Snapshot-Relation werden ebenfalls um ein 'address'-Attribut ergänzt; es nimmt die Adresse des zugehörigen Datensatzes aus der Basis-Relation auf. In [LHMP 86] werden darüber hinaus für das Extrahieren und Einbringen von Datensätzen besondere Algorithmen vorgeschlagen.

---

[1] Es wird im folgenden von Basis- bzw. Snapshot-Relationen gesprochen, auch wenn diese durch RMS-Dateien realisiert werden.

Im DSMS ist es möglich, Basis-Relationen auf dem XENIX- und dem VMS-Rechner anzulegen. Abzüge dieser Relationen können auf allen drei Rechnersystemen allokiert werden. Wegen der mangelnden Funktionstüchtigkeit des CCP/M-Rechners mußte darauf verzichtet werden, auch auf diesem Basis-Relationen zu definieren. Abbildung 8-14 beschreibt die Funktionalität des DSMS.

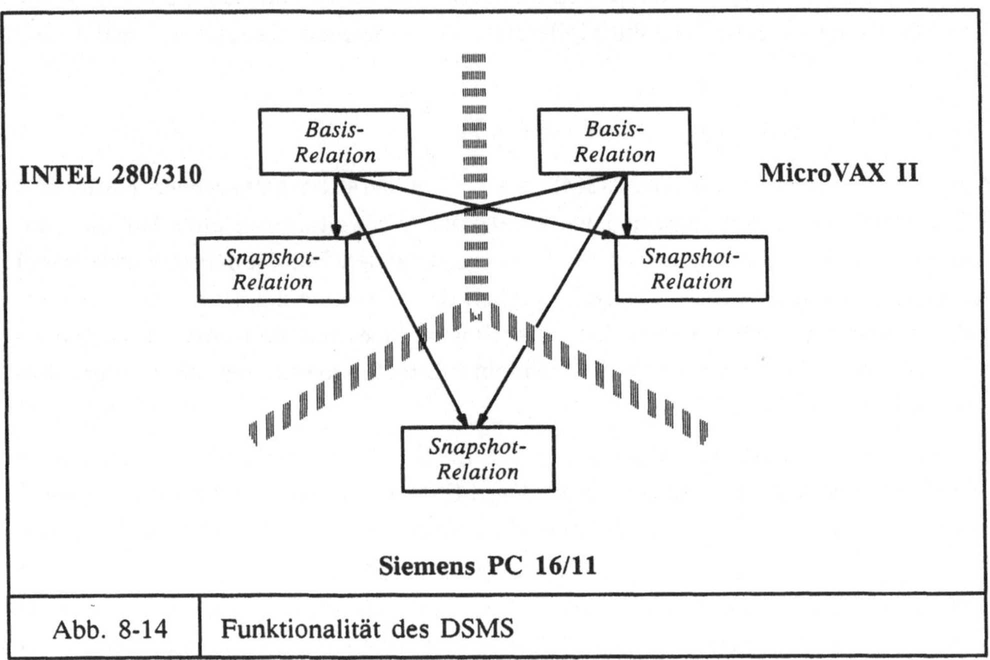

Abb. 8-14	Funktionalität des DSMS

8.3.2 Implementierung

Die Implementierung des DSMS teilt sich in zwei zentrale Komponenten auf, das Definitionssystem (Kapitel 8.3.2.1) mit dem Präcompiler (Kapitel 8.3.2.2) und die Komponenten zur Basis- und Snapshot-Relationen-Verwaltung (Kapitel 8.3.2.3 mit 8.3.2.6). Zusätzlich ist beim DSMS ein Subsystem zur Rechnerverwaltung installiert. Dieses regelt die konsistente Auf- und Herausnahme von Rechnern in das bzw. aus dem verteilten System. Das Zusammenwirken der einzelnen Komponenten des DSMS wird im abschließenden Unterabschnitt besprochen.

Die Implementierung des DSMS ist in den Arbeiten [Görl 88], [Loge 88] und [PlKi 89] beschrieben. Dort finden sich neben einer Programmdokumentation auf Struktogrammebene auch die C-Quellprogramme des DSMS wieder. Die nachfolgende Beschreibung des DSMS konzentriert sich auf die wesentlichen Charakteristika des Systems. Eigenschaften oder Verarbeitungsweisen, die schon aus der Realisierung des DDMS ersichtlich worden sind, werden nur knapp erläutert.

8.3.2.1 Definitionskomponente

Das DSMS ist mit einer Definitionskomponente ausgestattet, die einem Systemadministrator zur Spezifikation des Anwendungssystems dient. Alle Metadaten der Anwendung werden vom Definitionssystem im globalen Systemkatalog abgelegt. Dieser ist durch eine EMPRESS/32-Datenbank realisiert, da die Definitionskomponente gegenwärtig nur auf dem INTEL-Rechner 280/310 zur Verfügung steht. Die lokalen Systemkataloge der einzelnen Rechner, welche die Lokationen des verteilten Systems tragen, enthalten im Gegensatz zum globalen Systemkatalog nur die für die jeweilige Lokation relevante Information. Die lokalen Systemkataloge werden in den an den Lokationen verfügbaren Datenhaltungssystemen abgespeichert. Die Inhalte der globalen und der lokalen Systemdatenbanken sind im Anhang A5 zusammenfassend dargestellt.

α) Die Dialogschnittstelle

Die Dialogschnittstelle stellt Operationen für folgende vier Bereiche zur Verfügung:

- Verwaltung der Basis-Relationen
- Verwaltung der Snapshot-Relationen
- Verwaltung der Systemumgebung
- Anzeigen des Inhalts des globalen Systemkatalogs

Der vollständige Befehlsvorrat der Dialogschnittstelle der Definitionskomponente ist im Anhang A6 zusammengestellt. Bezüglich der Verwaltung der Basis-Relationen werden dem Benutzer vom DSMS sieben Funktionen angeboten:

- Erzeugen einer Basis-Relation
- Löschen einer Basis-Relation
- Umbenennen einer Basis-Relation
- Hinzufügen eines Attributs zu einer Basis-Relation
- Löschen eines Attributs in einer Basis-Relation
- Umbenennen eines Attributs in einer Basis-Relation
- Ändern des Typs eines Attributs in einer Basis-Relation

Beispielhaft soll die Anweisung zum Erzeugen einer Basis-Relation vorgestellt werden. Dieser Anweisung geht die Spezifikation voraus, auf welche Tabelle sich der Generierungsbefehl bezieht (ACTUAL TABLE NAME IS <table-name>).

```
CREATE ( KEY    (<attribute-name> <attribute-type>
                [, <attribute-name> <attribute-type>]*)
                [, <attribute-name> <attribute-type>]*)
```

Eine Tabelle <table-name> ist zu definieren, die den in der KEY-Klausel spezifizierten Primärschlüssel aufweist. Er kann sich aus einem oder mehreren Attributen zusammensetzen. Eine beliebige Anzahl von Attributen vervollständigt die Definition einer Basis-Relation. Attribute werden durch den Namen (<attribute-name>) und den zugehörigen Typ (<attribute-type>) eindeutig bestimmt.

Für die Verwaltung der Snapshot-Relationen existieren im DSMS folgende Operationen:

- Erzeugen eines Snapshots
- Löschen eines Snapshots
- Umbenennen eines Snapshots
- Umbenennen eines Attributs eines Snapshots
- Hinzufügen eines Attributs zu einem Snapshot
- Löschen eines Attributs aus einem Snapshot
- Hinzufügen einer Snapshotallokation
- Löschen einer Snapshotallokation
- Hinzufügen eines periodischen Refreshereignisses
- Löschen eines periodischen Refreshereignisses
- Hinzufügen eines aperiodischen Refreshereignisses
- Löschen eines aperiodischen Refreshereignisses
- Ändern der 'WHERE'-Klausel eines Snapshots

Zum Erzeugen eines Snapshots ist die nachfolgende Operation zu verwenden. An ihr werden die wichtigsten Begriffe des Snapshot-Verwaltungssystems erläutert. Zu beachten ist, daß die Festlegung des Namens des zu generierenden Snapshots bereits vorausgegangen ist (ACTUAL SNAPSHOT NAME IS <snapshot-name>).

```
DEFINE SNAPSHOT (<attribute-name> [, <attribute-name>]*)
AS  SELECT <base-attribute> [, <base-attribute-name>]*
    FROM <base-table-name>
    WHERE <where-clause>
AT  <hardware-name> <db–name>
    [, <hardware-name> <db–name>]*
[REFRESHED  EVERY <number> <period>
            STARTING AT <time>
            STOPPING AT <time>
            [, EVERY <number> <period>
            STARTING AT <time>
            STOPPING AT <time>]*]
[REFRESH     AT <time>
            [, AT <time>]*]
```

Zunächst werden in dieser Definitionsanweisung die Attribute des Snapshots bestimmt (<attribute-name>). Durch eine 'SELECT'-Anweisung wird der Snapshot als horizontale und/oder vertikale Projektion einer Basis-Relation (<base-table-name>) spezifiziert. Wo ein Snapshot zu allokieren ist, besagt die 'AT'-Klausel (Definition einer Snapshot-Allokation bzw. Lokation). Das terminale Symbol <hardware-name> bestimmt dabei den Rechner, auf dem der Snapshot allokiert werden soll; durch <db-name> wird an diesem Rechner das Verzeichnis spezifiziert, in dem die Benutzer-Datenbank oder das Benutzer-Dateisystem angelegt wird. Beim DSMS ist es möglich, sowohl periodische als auch aperiodische zeitliche Refresh-Zeitpunkte zu definieren. Für periodische Ereignisse (REFRESHED EVERY) wird durch die Kombination <number> <period> festgelegt, in welchen zeitlichen Abständen (Jahre, Monate, Wochen, Tage, Stunden, Minuten) ein Snapshot aktualisiert werden muß. Bei einem periodischen Refresh-Ereignis ist außerdem spezifizierbar, ab wann es berücksichtigt werden muß (STARTING AT) und ab wann es wieder zu ignorieren ist (STOPPING AT). Der jeweilige Zeitpunkt (<time>) besteht aus einer Datums- und einer Zeitangabe. Aperiodische Refresh-Zeitpunkte können durch die 'REFRESH AT'-Klausel definiert werden. Es ist notwendig, daß zumindest ein periodisches oder ein aperiodisches Refresh-Ereignis für einen Snapshot existiert.

Die dritte Klasse von Funktionen der Definitionskomponente des DSMS ist für die Verwaltung der Systemumgebung verantwortlich. Wichtigste Aufgabe dieses Subsystems ist die Generierung von Datenbanken auf den Rechnern des verteilten Systems, in denen die Basis- und Snapshot-Relationen gehalten werden können. Eine solche Lokation wird im DSMS Basis-System bzw. Snapshot-System genannt. Es ist möglich, daß ein Basis- und ein Snapshot-System durch eine gemeinsame Datenbank oder ein gemeinsames Unterverzeichnis in einem Dateisystem realisiert werden. Beim DSMS wird angenommen, daß neben den drei existierenden Rechnertypen keine weiteren ins verteilte System aufgenommen werden. Nur durch die Aufnahme von Rechnern eines bekannten Typs ist somit eine Erweiterung des unter dem DSMS verwalteten Anwendungssystems möglich.

Schließlich bietet die Definitionskomponente des DSMS Funktionen zum Anzeigen des Inhalts des globalen Systemkatalogs an. Es werden nachfolgende Operationen bereitgestellt:

- Anzeigen der existierenden Basis- und Snapshot-Systeme
- Anzeigen der Basis-Relationen
- Anzeigen des Formats einer Basis-Relation
- Anzeigen der Snapshots
- Anzeigen des Formats eines Snapshots (Typen der Snapshot-Attribute)
- Anzeigen des Definitionsschemas eines Snapshots
- Anzeigen der 'WHERE'-Klausel eines Snapshots
- Anzeigen der Allokationen eines Snapshots
- Anzeigen der Refresh-Ereignisse eines Snapshots

Die Arbeitsweise der Definitionskomponente ist in vier Phasen untergliedert. In der ersten Phase spezifiziert der Systemadministrator seine Aufträge. Eine syntaktische und semantische Überprüfung der eingegebenen Anweisungen erfolgt in der zweiten Phase durch das Definitionssystem. Korrekte Aufträge werden schließlich in den globalen Systemkatalog aufgenommen, falls es sich nicht um reine Recherche-Operationen handelt. Abschließend werden an die von der Systemänderung betroffenen Lokationen Nachrichten versandt.

β) *Der Programmaufbau der Definitionskomponente*

Das Programmsystem der Definitionskomponente arbeitet in fünf Phasen. Jede Phase wird durch ein Hauptprogramm realisiert. Die Kooperation zwischen den Programmen benachbarter Phasen geschieht mittels Prozeß- zu Prozeßkommunikation, welche durch das XENIX-Konzept 'named pipe' verwirklicht wird.

1. Programm D_PARSE

Die erste Phase der Bearbeitung des Definitionssystems übernimmt das Programm D_PARSE. Die syntaktische Analyse des auszuführenden Befehls bildet den ersten Arbeitsschritt. Das Ergebnis des Parsens ist eine interne Darstellung der zu bearbeitenden Anweisung. Falls ein Fehler in der Benutzereingabe entdeckt wird, erfolgt der Aufruf einer Fehler-Prozedur und der Abbruch der Bearbeitung des aktuellen Befehls. Dieser kann daraufhin an der Dialogschnittstelle neu editiert werden.

2. Programm D_CHECK

Die Überprüfung der semantischen Integrität ist Aufgabe des Programms D_CHECK. Hierbei wird die Einhaltung der im DSMS definierten Integritätsbedingungen bezüglich des globalen Datenkatalogs kontrolliert. Die Fehlerbehandlung entspricht der der vorherigen Phase der Bearbeitung (Programm D_PARSE).

3. Programm D_MODIFY

In der dritten Bearbeitungsphase führt das Programm D_MODIFY alle durch den Benutzerauftrag verursachten Modifikationen im globalen Systemkatalog durch. Die Zugriffe auf den Metadatenbestand sind modular in einer Prozedur zusammengefaßt. Beim Auswechseln des Datenhaltungsmediums für die globale Systemdatenbank ist demnach nur die Veränderung dieser Prozedur notwendig. Falls lediglich Recherche-Operationen durchzuführen sind, entfällt eine Modifikation des globalen Datenkatalogs.

4. Programm D_ACT

Das Programm D_ACT erstellt bei Systemmodifikationen Nachrichtendateien für die von der Änderung betroffenen Basis- und Snapshot-Systeme. Bei reinen Ausgabeoperationen werden bezüglich des Inhalts des globalen Systemkatalogs in der vierten Bearbeitungsphase lediglich die entsprechenden Daten aus der globalen Systemdatenbank selektiert und am Bildschirm ausgegeben.

5. Programm D_FREE

Das Programm D_FREE beschließt die Bearbeitung der Definitionskomponente. Insbesondere werden in den vorausgegangenen Programmen allokierte Systemressourcen wieder freigegeben.

8.3.2.2 Präcompiler

Die Definition der vom Präcompiler an der Programmschnittstelle des DSMS zur Verfügung gestellten Sprache, die Arbeitsweise und der Programmaufbau des Präcompilers sind Gegenstand der Diskussion dieses Unterabschnitts.

α) Die globale Sprachschnittstelle

Das DSMS bietet eine SQL-ähnliche globale Sprachschnittstelle an. Somit wird die Heterogenität der dem verteilten Datenverwaltungssystem zugrundeliegenden lokalen Datenhaltungssysteme vor den Anwendungsprogrammen verborgen. Für die drei unter dem DSMS integrierten Rechnertypen sind Präcompiler installiert worden, welche die globale DSMS-Sprache auf die lokalen Programmschnittstellen übersetzen; zu beachten ist dabei, daß bei Snapshot-Systemen lediglich ein Lesezugriff durchgeführt werden darf. Deshalb bearbeitet der Präcompiler auf dem Siemens-Rechner PC 16/11 nur Leseoperationen. Die Sprachschnittstelle auf den anderen beiden Systemen umfaßt Operationen zum Selektieren, Einfügen, Modifizieren und Löschen von Datensätzen. Nur die Einfügeoperation bezieht sich auf einzelne Sätze; die anderen Anweisungen sind mengenorientiert ausgelegt. Die von ihnen tangierten Datenmengen können durch eine SQL-ähnliche 'WHERE'-Klausel näher spezifiziert werden. Im DSMS-Prototyp darf sich jede Operation nur auf eine Relation beziehen. Die exakte Grammatik der globalen Sprachschnittstelle ist im Anhang A7 wiedergegeben.

β) Aufgaben der Präcompiler

Die implementierten Präcompiler unterscheiden sich wesentlich in ihrer Funktionalität, da sie auf höchst verschiedenartige Softwaresysteme aufsetzen. Der Präcompiler des XENIX-Rechners muß die mengenorientierten Anweisungen der globalen SQL-Schnittstelle des DSMS auf die ebenfalls mengenorientierte SQL-ähnliche Programmschnittstelle von EMPRESS/32 übersetzen. Diese sehr schematische und einfache Aufgabe wird durch einen Transformator vorgenommen, der mit den

XENIX-Werkzeugen YACC (Yet Another Compiler-Compiler) und LEX (Lexical Analyzer) aufgebaut wird. YACC ist ein sogenannter Compiler-Compiler, der für eine Eingabegrammatik einen Parser erzeugt. In Kombination mit LEX, der lexikalische Einheiten aus dem Eingabetext extrahiert, kann ein Programmtransformator formuliert werden.

Die Aufgabe des Präcompilers auf dem MicroVAX-Rechner besteht in der Übersetzung von deskriptiven SQL-Anweisungen der globalen DSMS-Programmschnittstelle auf satzorientierte Primitive des RMS-Dateisystems. Diese Umsetzung wird unter Verwendung des MicroVMS-Werkzeugs SCAN vollzogen. SCAN ist ebenfalls eine Art Compiler-Compiler, der Texte eines Eingabestroms in Texte eines Ausgabestroms überführt. Die exakte Vorgehensweise der Kompilation ist in [PlKi 89] beschrieben.

Einen sehr eingeschränkten Befehlsvorrat hat der Präcompiler auf dem CCP/M-Rechner zu verarbeiten. Da hier nur Snapshot-Relationen allokiert werden dürfen, können vom Anwender nur Anfrageoperationen abgesetzt werden. Da darüber hinaus auf diesem Rechner keinerlei Werkzeuge zur Transformation von Programmen angeboten werden, mußte man sich bei der Implementierung des Präcompilers auf eine sehr eingeschränkte Form der 'SELECT'-Anweisung beschränken. In der 'WHERE'-Klausel einer solchen Anweisung wird lediglich die Kombination von 'AND'- und 'OR'-Gliedern einer geringen Schachtelungstiefe gestattet.

Die Präcompiler überprüfen während der Übersetzungszeit, ob beispielsweise die in den Programmen angesprochenen Datenbanken, Relationen (Dateien) und Attribute existieren. Dabei bedienen sie sich der Einträge in den lokalen Systemkatalogen. Außerdem kontrollieren sie, daß auf Snapshot-Relationen nur lesend zugegriffen wird.

γ) Programmaufbau der Präcompiler

Der Programmaufbau der verschiedenen Präcompiler wird nur schematisch vorgestellt. In den oben aufgeführten Implementierungsarbeiten können detaillierte Beschreibungen der Systeme nachgelesen werden. Die enorme Heterogenität der den Realisierungen der Präcompiler zugrundeliegenden Software-Systeme verlangt eine zu umfangreiche Darstellung, auf welche an dieser Stelle verzichtet wird.

1. Programm P_MAIN

Das Programm P_MAIN bildet jeweils das Hauptprogramm eines Präcompilers. In ihm werden alle Initialisierungs- und Abschlußarbeiten der Transformation vorgenommen.

2. Prozedurblock P_TRANSFORMATION

Die Übersetzung einer Anweisung der Sprache DSMS-SQL in die Sprachen der lokalen Datenhaltungssysteme wird jeweils vom Prozedurblock P_TRANSFORMATION durchgeführt. Dieser Prozedurblock besteht größtenteils entweder aus YACC-/LEX-Prozeduren (XENIX-Rechner), SCAN-Prozeduren (MicroVMS-Rechner) oder einfachen C-Prozeduren (CCP/M-Rechner). In den verschiedenen Prozeduren wird die syntaktische Analyse des eingegebenen Programmtexts vorgenommen.

3. Prozedurblock P_INTEGRITY

Alle semantischen Integritätsbedingungen (z.B. Existenz von Relationen) werden jeweils vom Prozedurblock P_INTEGRITY überprüft. Die hierin zusammengefaßten Prozeduren werden von den Prozeduren des Prozedurblocks T_TRANSFORMATION aufgerufen.

8.3.2.3 Verwaltung der Basis-Systeme

Auf jedem Rechner, der ein Basis-System trägt, ist ein sogenannter Basis-Manager installiert. Er hat die Aufgabe, das Basis-System zu verwalten. Die Definitionskomponente des DSMS transferiert an ihn Nachrichten, die Aufgabenbeschreibungen enthalten. Der Basis-Manager interpretiert die übermittelten Aufträge, nimmt im lokalen Systemkatalog die notwendigen Modifikationen vor und organisiert gegebenenfalls den Benutzerdatenbestand um. Beispielsweise eliminiert er ein Attribut einer Basis-Relation.

α) Funktionsumfang

Das Aufgabenspektrum des Basis-Managers erstreckt sich auf zwei große Bereiche. Zunächst obliegt ihm die Verwaltung der Basis-Relationen; in Kapitel 8.3.2.1 sind alle möglichen Operationen aufgeführt, mit denen die Schemata der Basis-Relationen zu bearbeiten sind. Zusätzlich muß er an den verschiedenen Lokationen die Benutzerdatenbanken bzw. -dateisysteme generieren und löschen. Dabei werden in Abhängigkeit vom lokalen Datenhaltungssystem entweder RMS-Dateien oder EMPRESS/32-Relationen aufgebaut.

Dem Basis-Manager kommt außerdem die Aufgabe zu, die Überwachung der Refresh-Ereignisse für die Snapshot-Relationen zu kontrollieren. Bei der Neudefinition eines Snapshots oder der Hinzunahme eines neuen Refresh-Ereignisses generiert er einen Refresh-Auftrag, welchen er in die Hintergrundwarteschlange des Betriebssystems stellt. Er löscht auch irrelevant gewordene Aufträge aus dieser Warteschlange; dieser Fall kann beispielsweise dann eintreten, wenn ein Snapshot, für den ein Refresh noch ansteht, inzwischen gelöscht worden ist. Um die Überwachung der Refresh-Ereignisse übernehmen zu können, muß er von allen Modifikationen an den von ihm abgeleiteten Snapshot-Definitionen informiert werden.

β) Programmaufbau des Basis-Managers

Auf die konkrete Beschreibung der die verschiedenen Basis-Manager realisierenden Programme soll verzichtet werden; durch die unterschiedlichen Systemumgebungen, in denen diese Implementierungen stattfanden, resultiert eine sehr systemabhängige, aber sonst redundante Beschreibung. Deshalb werden nur die vier fundamentalen Programmteile eines Basis-Managers allgemein erläutert.

1. Programm BM_MAIN

Das Hauptprogramm des Basis-Managers BM_MAIN übernimmt von der Definitionskomponente eine Nachricht und initiiert deren Verarbeitung durch den Anstoß der Prozedur BM_PARSE.

2. Prozedur BM_PARSE

Die Prozedur BM_PARSE realisiert einen Parser, der den Inhalt einer Nachricht der Definitionskomponente analysiert. Die Prozedur verwendet dazu, in Abhängigkeit vom zugrundeliegenden System, die Werkzeuge YACC und LEX bzw. SCAN.

3. Prozedur BM_ACT

Die Aktualisierung der Inhalte der lokalen Systemkataloge ist Aufgabe der Prozedur BM_ACT. Alle Funktionen, die auf die Systemkataloge zugreifen, sind in dieser Prozedur zusammengefaßt, um das Auswechseln des Datenhaltungsmediums einer Systemdatenbank zu erleichtern. Auf dem XENIX-Rechner enthält diese Prozedur nur EMPRESS/32-Aufrufe; dagegen setzt sie sich bei der MicroVMS-Implementierung aus RMS-Operationen zusammen.

4. Prozedur BM_SUBMIT

Zur Durchführung der Refresh-Operationen für die verschiedenen Snapshot-Relationen generiert die Prozedur BM_SUBMIT Refresh-Aufträge, die als Hintergrundprozeß ablaufen sollen. Bei XENIX kann dies direkt durch die Definition eines solchen Prozesses mit definiertem Startzeitpunkt geschehen. Im MicroVMS-System ist ein derartiger Auftrag explizit in eine Hintergrundwarteschlange einzuordnen, wobei ein Initiierungszeitpunkt angegeben werden muß.

8.3.2.4 Verwaltung der Snapshot-Systeme

Zur Verwaltung der Snapshot-Systeme auf den drei Rechnern des verteilten Systems werden die Snapshot-Manager herangezogen. Ihr Funktionsumfang und ihre programmtechnische Realisierung ist Thema dieses Unterabschnitts.

α) Funktionalität

Die möglichen Operationen zum Definieren und Manipulieren von Snapshot-Relationen sind bereits in Kapitel 8.3.2.1 vorgestellt worden. Der Snapshot-Manager hat diese Operationen an den verschiedenen Lokationen umzusetzen. Darüber hinaus hat er auf Aufforderung ein neues Snapshot-System zu definieren beziehungsweise ein altes, vorher entleertes, zu löschen. Der dritte Aufgabenkomplex des Snapshot-Managers erstreckt sich auf das Einbringen von Refresh-Nachrichten. Diese sind entweder als Full-Refresh oder als Differential-Refresh in die betroffenen Snapshot-Relationen einzuarbeiten.

Der Snapshot-Manager arbeitet in drei Phasen. In der ersten Phase analysiert er den Inhalt der an ihn gesendeten Nachricht. Daraufhin nimmt er entweder Schemamodifikationen im lokalen Systemkatalog vor oder bereitet Einbringvorgänge vor. In der dritten Phase der Bearbeitung organisiert er das lokale Snapshot-System gemäß den aktualisierten Vorschriften. Dies bewirkt beispielsweise das Übertragen einer Snapshot-Relation in eine neue modifizierte Relation oder das Einbringen einer Refresh-Nachricht in eine Empfängerrelation.

β) Programmaufbau des Snapshot-Managers

Das Programmsystem eines Snapshot-Managers weist auf allen drei Rechnertypen die gleiche Struktur auf. Allerdings unterscheiden sich die konkreten Realisierungen erheblich, da auf den einzelnen Rechnern unterschiedlich mächtige Werkzeuge angeboten werden. Die drei Varianten des Snapshot-Managers umfassen jeweils die folgenden vier funktionsgleichen Programmteile.

1. Programm SM_MAIN

Das Hauptprogramm SM_MAIN des Snapshot-Managers nimmt seine Verarbeitung auf, sobald Nachrichten, die eine vorzunehmende Aktualisierung der lokalen Snapshot-Definitionen oder -Inhalte beschreiben, an der Snapshot-Lokation eintreffen. Neben initialen Verwaltungstätigkeiten besteht die erste Aktion des Programms im Aufruf der Prozedur SM_PARSE.

2. Prozedur SM_PARSE

Die Prozedur SM_PARSE nimmt analog zur Prozedur BM_PARSE des Basis-Managers die semantische Analyse der Nachrichten vor, die an der Snapshot-Lokation eintreffen. In Abhängigkeit von der empfangenen Nachricht wird entweder die Prozedur SM_ACT oder SM_REFRESH aufgerufen.

3. Prozedur SM_ACT

Falls Modifikationen am Schema einer Snapshot-Relation vorgenommen werden müssen, führt die Prozedur SM_ACT diese durch. Zunächst wird die lokale Systemdatenbank aktualisiert; anschließend wird eine eventuell vorzunehmende Reorganisation der Snapshot-Relationen vorgenommen (z.B. Löschen eines Attributs).

4. Prozedur SM_REFRESH

Enthält die von der Prozedur SM_PARSE interpretierte Nachricht Datensätze, welche die Refresh-Daten einer Snapshot-Relation darstellen, so leitet die Prozedur SM_REFRESH die Durchführung des Refresh-Verfahrens ein. Anschließend wird in Abhängigkeit von den aktuellen Einträgen des lokalen Systemkatalogs ein Full- oder ein Differential-Refresh-Verfahren ([LHMP 86]) durchgeführt.

8.3.2.5 Organisation der Snapshot-Aktualisierungen

Das im folgenden vorzustellende Programmsystem (Reorganisations-Manager) ist für die Realisierung der Refresh-Verfahren verantwortlich.

α) Funktionsumfang

Bei der Organisation der Snapshot-Aktualisierungen sind zwei grundsätzliche Aufgaben vorzunehmen. Zum einen ist dies die Extraktion der seit dem letzten Kommunikationsvorgang zwischen Basis- und Snapshot-Relation durchgeführten Modifikationen aus einer Basis-Relation. Gemäß dem in [LHMP 86] vorgeschlagenen Algorithmus werden diese Modifikationen selektiert und in eine Nachricht eingebaut. Die Kommunikationskomponente wird beauftragt, die Nachricht an die Snapshot-Lokation zu transferieren.

Bei periodischen Refresh-Ereignissen ist über die Durchführung einer Datenextraktion hinaus das nächste Refresh-Verfahren vorzubereiten. Ein entsprechender Hintergrundprozeß ist zu generieren, der einen weiteren Refresh vornimmt.

β) Programmaufbau des Reorganisations-Managers

Das Programmsystem zur Organisation der Snapshot-Aktualisierungen besteht aus vier Modulen. Es ist nur auf den Rechnern vorhanden, die ein Basissystem tragen.

1. Programm RO_MAIN

Einen sehr einfachen Aufbau weist das Hauptprogramm RO_MAIN auf. Neben initialen und abschließenden Verwaltungstätigkeiten ruft es sequentiell die Prozeduren RO_EXTRACT und RO_NEXTREFRESH auf. Die abschließende Aktion des Programms ist die Beauftragung der Kommunikationskomponente, die Nachrichtendatei(en) an die Empfängerlokation(en) zu versenden.

2. Prozedur RO_EXTRACT

Gemäß den in [LHMP 86] beschriebenen Algorithmen extrahiert die Prozedur RO_EXTRACT aus einer Basis-Relation die an einen Snapshot zu übertragenden Datensätze. Diese werden in eine Nachrichtendatei eingelesen.

3. Prozedur RO_NEXTREFRESH

Für periodische Refresh-Ereignisse werden von der Prozedur RO_NEXTREFRESH die neuen Refresh-Zeitpunkte berechnet. Schließlich wird die Prozedur RO_SUBMIT beauftragt, einen Hintergrundprozeß zu generieren, der diesen Refresh einleitet.

4. Prozedur RO_SUBMIT

Die Funktion der Prozedur RO_SUBMIT gleicht der der Prozedur BM_SUBMIT des Basis-Managers. Ein Hintergrundprozeß ist zu definieren, der für ein periodisches Refresh-Ereignis das nächste Refresh-Verfahren initiiert.

8.3.2.6 Organisation der Kommunikation

Die Heterogenität der verschiedenen im DSMS eingesetzten Kommunikationssysteme wird durch die Einführung eines Briefkastenkonzepts (mail-box) für die Systemprogramme transparent gehalten. Das Kommunikationsprogramm des DSMS, der Kommunikations-Manager, transferiert Nachrichten zwischen den Briefkästen des Systems.

α) Funktionalität

Jeder Rechner des verteilten Systems verfügt über zwei Briefkästen. Im Eingangsbriefkasten werden von externen Komponenten Nachrichten hinterlegt. Nachrichten, die an externe Empfänger verschickt werden müssen, werden an den Ausgangsbriefkasten der Lokation übertragen. Eine Nachricht weist immer das folgende Format auf:

TO <receiver> FROM <sender>
<message>
END OF MESSAGE

Der Kommunikations-Manager hat vier Teilaufgaben zu übernehmen:

- Überwachung des Eingangsbriefkastens
- Anstoß der die Eingangsnachrichten verarbeitenden Programme
- Überwachung des Ausgangsbriefkastens
- Versenden der Ausgangsnachrichten

Die am Eingangsbriefkasten ankommenden Meldungen sind entweder Datennachrichten, Schemanachrichten oder Netznachrichten ([PlKi 89]). Datennachrichten enthalten Refresh-Daten und sind für den Snapshot-Manager bestimmt. Schemanachrichten beschreiben Änderungsinformation bezüglich des Schemas einer Basis- oder einer Snapshot-Relation. Sie sind daher für den Basis- oder den Snapshot-Manager oder für beide relevant (Kapitel 8.3.2.3 und 8.3.2.4). Die in Kapitel 8.3.2.7 vorgestellte Verwaltung des Rechnernetzes verarbeitet die Netznachrichten. In Abhängigkeit der eingegangenen Nachricht wird vom Kommunikations-Manager der Basis- und/oder Snapshot-Manager oder das Rechnerverwaltungsprogramm angestoßen.

Falls ein Programmpaket einer Lokation eine Nachricht an deren Ausgangsbriefkasten übergibt, muß der Kommunikations-Manager diese an den spezifizierten Adressaten verschicken. Die im DSMS verwendeten Briefkästen sind sequentielle Dateien, die nach dem FIFO-Prinzip organisiert werden. Eine zu verarbeitende Nachricht wird am Ende dieser Datei eingeordnet. Die oberste Nachricht eines Briefkastens steht als nächstes zur Verarbeitung an; sie wird nach erfolgreicher Bearbeitung aus dem Briefkasten entfernt.

β) Programmaufbau des Kommunikations-Managers

Der Kommunikations-Manager ist ein zyklisches Programm (KM_MAIN). Zunächst wird der zu verwaltende Ausgangsbriefkasten betrachtet; falls er nicht leer ist, wird der vorzunehmende Nachrichtentransfer eingeleitet und durchgeführt. Anschließend werden die im Eingangsbriefkasten liegenden Nachrichten analysiert und die Programme angestoßen, die diese Nachrichten verarbeiten müssen. Schließlich geht der Komunikations-Manager in eine inaktive Ruhephase über. Die Länge des passiven Zeitintervalls ist vom Systemadministrator einzustellen. Alle Tätigkeiten des Kommunikations-Managers werden in den lokalen Systemkatalogen protokolliert.

8.3.2.7 Rechnerverwaltung

Zur Aufnahme eines Rechners in das verteilte System beziehungsweise zur Konfiguration eines Rechners sind verschiedene Programme installiert, die abschließend diskutiert werden.

α) Aufgabenbereiche

Die Programme zur Rechnerverwaltung müssen die folgenden Anforderungen abdecken:

- Aufnahme eines Rechners in das verteilte System
- Herausnahme eines Rechners aus dem verteilten System

- Konfiguration des zentralen Rechners, der die Definitionskomponente trägt
- Konfiguration der peripheren Rechner

Es ist zu beachten, daß keine neuen Rechnertypen (neben den drei bekannten) ins DSMS integriert werden können. Der zentrale Rechner des Systems muß darüber hinaus immer ein INTEL-Rechner mit XENIX-Betriebssystem und dem Datenhaltungssystem EMPRESS/32 sein.

β) Programmaufbau der Rechnerverwaltung

Die folgenden drei Programme erfüllen die an die Rechnerverwaltung gestellten Aufgaben.

1. Programm CM_EV

Das Hilfsprogramm CM_EV stellt dem System zwei wichtige Funktionen zur Verfügung. Zum einen nimmt es einen neuen Rechner in das verteilte System auf; zum anderen eliminiert es einen Rechner aus dem verteilten System.

2. Programm CM_MKGDD

Am zentralen Rechner des verteilten Systems werden durch das Programm CM_MKGDD der globale Systemkatalog generiert, die erforderlichen Eingangs- und Ausgangsbriefkästen für diese Lokation erzeugt und der Kommunikations-Manager gestartet.

3. Programm CM_MKLDD

Die Funktionalität des Programms CM_MKLDD ist analog zu der des Programms CM_MKGDD. Der Unterschied zwischen beiden Programmen ist, daß das Programm CM_MKLDD einen lokalen Systemkatalog für eine periphere Lokation aufbaut, während CM_MKGDD den globalen Systemkatalog konstruiert. Ansonsten werden ebenfalls der Eingangs- und Ausgangsbriefkasten definiert und der Kommunikations-Manager initiiert.

8.3.2.8 Zusammenwirken der Komponenten

Die Implementierungsbeschreibung des DSMS wird abgeschlossen mit der Vorstellung der Arbeitsweise des Systems. Die Lebensphasen des DSMS lassen sich wie beim DDMS unterteilen in eine Definitionsphase und eine Laufzeitphase. In der Definitionsphase wird das verteilte Datenverwaltungssystem konfiguriert. In der Laufzeitphase wird von den durch die Präcompiler präparierten Benutzerprogrammen aus auf die vom System verwalteten Daten zugegriffen. Während der Laufzeitphase ist eine partielle Neukonfiguration des Systems möglich.

Im folgenden wird die Kooperation zwischen den Komponenten des DSMS während der Laufzeitphase demonstriert. Das Laufzeitsystem des DSMS einer Lokation (DSMS-Kern) ist in Abbildung 8-15 dargestellt. In der Abbildung ist sowohl ein Basis- als auch ein Snapshot-System gezeigt. Der DSMS-Kern auf einem CCP/M-Rechner umfaßt kein Basis-System.

Die Aktivität eines DSMS-Kerns beginnt damit, daß der Kommunikations-Manager eine Nachricht im Eingangsbriefkasten registriert. Handelt es sich um eine Netznachricht, stößt er die lokale Rechnerverwaltung an, die das System entsprechend modifiziert. Falls eine Schemanachricht angekommen ist, wird entweder der Basis- und/oder der Snapshot-Manager davon unterrichtet. Diese führen die angewiesenen Schemaänderungen durch. Falls eine Neudefinition eines Snapshots erfolgt oder ein neues Refresh-Ereignis für einen bereits bestehenden Snapshot erzeugt wird, generiert der Basis-Manager einen Hintergrundprozeß, der die Durchführung eines zukünftigen Refresh-Verfahrens kontrolliert. Dieser Prozeß wird in Abbildung 8-15 symbolisch in die Warteschlange der Refresh-Aufträge eingereiht. Ist eine Daten-

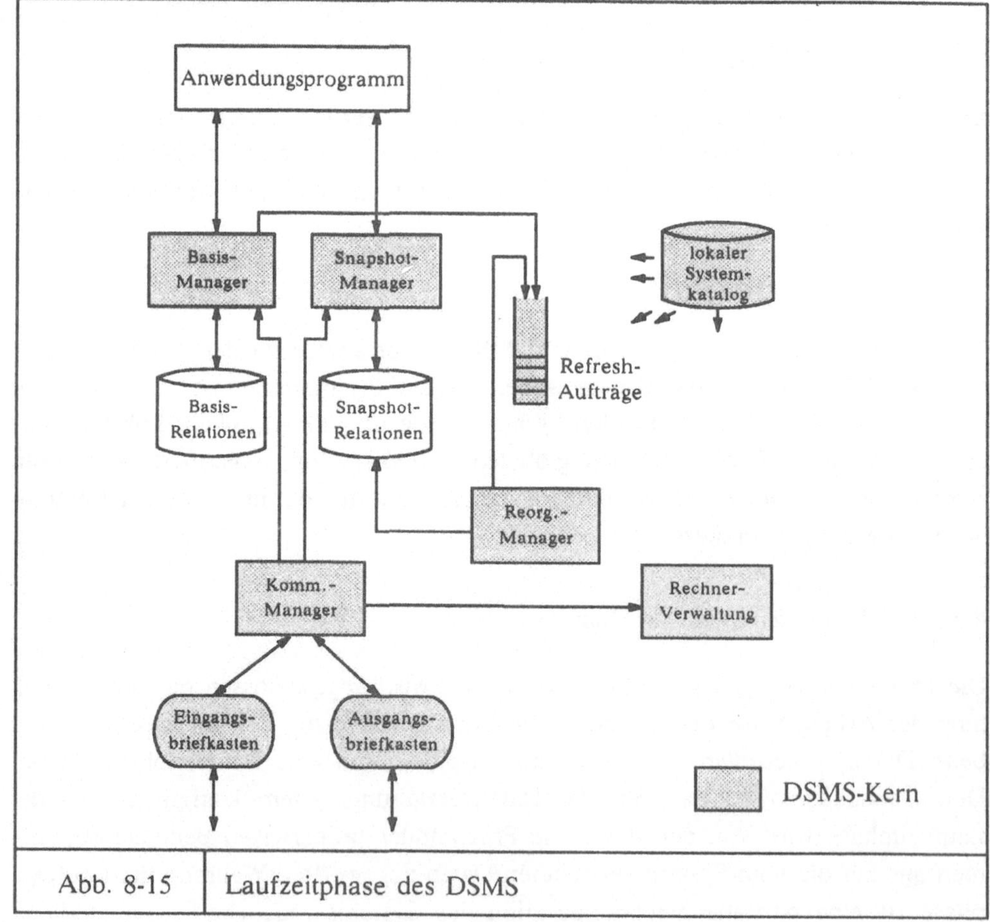

Abb. 8-15 Laufzeitphase des DSMS

nachricht im Eingangsbriefkasten erkannt worden, wird der Snapshot-Manager angestoßen. Er bringt diese Refresh-Meldung in die spezifizierte Snapshot-Relation ein.

Ist ein Refresh-Zeitpunkt erreicht, nimmt der Reorganisations-Manager seine Verarbeitung auf. Der erste Auftrag aus der Warteschlange der Refresh-Aufträge wird bearbeitet. Das Programm RO_MAIN extrahiert aus der vom Refresh-Auftrag betroffenen Basis-Relation die zu transferierenden Datensätze. Gegebenenfalls wird der nächste Refresh-Zeitpunkt für einen periodischen Zeittrigger neu berechnet und ein entsprechender Auftrag in die Warteschlange eingereiht. Die Datei, welche die Aktualisierungsmeldungen für einen Snapshot enthält, wird an den Ausgangsbriefkasten übergeben. Von dort wird sie vom Kommunikations-Manager an die empfangende Lokation versandt. Alle Komponenten des DSMS greifen während ihrer Bearbeitung nur auf den lokalen Systemkatalog zu.

8.3.3 Ausblick

Die Implementierung des DSMS hat gezeigt, daß das Konzept des verteilten Datenverwaltungssystems (Kapitel 7) auch in einer heterogenen Umgebung realisierbar ist. Als einzige Erweiterung der gegenwärtigen Ausbaustufe des DSMS ist vorgesehen, ein Recoverykonzept theoretisch zu erarbeiten und schließlich auch praktisch umzusetzen. Dabei können Resultate der Konzipierung eines Recoverykonzepts für das DDMS (Kapitel 8.2.3.1) übernommen werden; andererseits ist anzunehmen, daß aus den Überlegungen im Bereich des DSMS auch Erkenntnisse für die Realisierung von Recoveryverfahren für das DDMS zu gewinnen sind.

D Zusammenfassung und Ausblick

Im ersten Hauptabschnitt dieser Arbeit, *Verteilte Systeme - Eine Einführung aus anwendungsorientierter Sicht,* wurde im ersten Kapitel zunächst eine allgemeine Einführung in das Gebiet der verteilten Rechnersysteme gegeben. Neben der Vorstellung von Vor- und Nachteilen verteilter Systeme wurde eine Charakterisierung dieser Systemklasse vorgenommen. Außerdem erfolgte eine überblicksartige Darstellung von Entscheidungsmodellen, die einen Systementwerfer bei der Zentralisierungs-/Dezentralisierungsfrage unterstützen. Der systemseitigen Betrachtung verteilter Systeme folgte im zweiten Kapitel eine anwendungsorientierte Diskussion; es wurden vier konkrete Anwendungsbeispiele vorgestellt. Anschließend wurde die Realisierung dieser Anwendungen in verteilten Rechnersystemen gezeigt. Dabei wurde vor allem der datenorientierte Aspekt der Implementierungen betont. Eine Analyse der Fallbeispiele aus der Sicht der Datenverwaltung ergab eine Liste von anwendungsspezifischen Anforderungen, die in einem verteilten System an die Datenverwaltung gestellt werden.

Die *Konstituenten der Datenverwaltung in verteilten Systemen* wurden im zweiten Hauptabschnitt diskutiert. Das dritte Kapitel behandelte zunächst die Hardwarekomponenten eines verteilten Systems. In dieser Arbeit wurde die Klasse der 'shared nothing'-Systeme näher untersucht, die mit einem Netzwerk-Betriebssystem ausgestattet sind. Die Vorstellung des ISO/OSI-Referenzmodells für offene verteilte Systeme schloß das dritte Kapitel ab. Mit den konventionellen Ansätzen der verteilten Datenverwaltung beschäftige sich das vierte Kapitel. Verteilte Dateisysteme, File-Server, Datenbank-Server und verteilte Datenbanksysteme wurden anhand einer Kriterienliste bewertet. Diese Beurteilungskriterien bezogen sich auf die globale Organisation, das Dateien- bzw. Relationenmanagement, die Benutzerschnittstelle und die internen Verwaltungsstrukturen der genannten Datenverwaltungssysteme. Das vierte Kapitel endete mit der Vorstellungen von Ansätzen zur Anpassung der Basisdienste eines verteilten Systems - darunter sind die Rechnerhardware, das Betriebs- und das Kommunikationssystem zu verstehen - an die Anforderungen der Datenverwaltung. Im Detail wurden Datenbankmaschinen, transaktionsbasierte Betriebssystemkonzepte und ein Kommunikationsprotokoll für den entfernten Datenbankzugriff besprochen.

Den zentralen Abschnitt dieser Arbeit bildete der dritte Hauptabschnitt *Konzeption eines Systems zur verteilten Datenverwaltung*. Zunächst erfolgte eine Auseinandersetzung mit dem Konsistenzbegriff in Datenverwaltungssystemen. Die Serialisierungstheorie als die theoretische Grundlage des traditionellen Konsistenzbegriffs wurde ausführlich dargelegt. Eine anwendungsorientierte Neudefinition von Datenkonsistenz wurde anschließend gegeben. Ansätze aus der Literatur, die teilweise die engen Bindungen des konventionellen Konsistenzbegriffs aufheben, wurden am Ende des fünften Kapitels vorgestellt. Das Modell der verteilten Datenverarbeitung, das den Ausführungen dieser Arbeit zugrundeliegt, wurde im sechsten Kapitel beschrieben. Neben grundsätzlichen Kooperationsformen in verteilten Systemen war die Unterteilung des Modells in einen statischen und einen dynamischen Teil Kernstück dieses Kapitels. Konsistenzbetrachtungen schlossen das Kapitel ab. Mit einem allgemeinen, implementierungsunabhängigen Konzept eines verteilten Datenverwaltungssystems (DDMS), das sich auf die Charakteristika des Modells der verteilten Datenverarbeitung stützt, befaßte sich das siebte Kapitel. Die Funktionalität der Konstituenten des Systems wurde herausgearbeitet. Schließlich demonstrierten die zwei in Kapitel 8 beschriebenen prototypischen Implementierungsansätze des verteilten Datenverwaltungssytems die Realisierbarkeit der theoretischen Ausführungen.

Eine Ergänzung des in dieser Arbeit eingeführten Modells der verteilten Datenverarbeitung ist insbesondere im Bereich der Fehlerbehandlung, der Mehrbenutzerkontrolle und der dynamischen Rekonfiguration wünschenswert. Dic in Kapitel 8 bereits in Ansätzen vorgestellten, im Rahmen des DDMS-Prototypen entwickelten Maßnahmen sind dafür weiter zu entwickeln. Insbesondere steht eine Konkretisierung des Begriffs des Problemlösungszyklus an ([Wede 89]). Neben der Transaktion, die für die Verwaltung der Betriebsmittel vorgesehen ist, realisieren Problemlösungszyklen auf Anwendungsebene ein angemessenes und effizientes Werkzeug zur Modellierung der Benutzerwünsche.

Einen weiteren Schwerpunkt bildet der Einsatz des DDMS zur Modellierung der Datenverwaltungsaufgabe in einer Anwendungssituation aus dem Bereich der Flexiblen Fertigung. Aus dieser Beispielanwendung sollen Erkenntnisse gezogen werden, die eine noch anwendungsnähere Konfigurierung des DDMS ermöglichen. In dieser Anwendung wird das Steuerungs- und Kontrollsystem eines Flexiblen Fertigungssystems konstruiert, wobei die Systemeigenschaften 'Flexibilität' und 'Reaktivität auf unvorhergesehene Ereignisse' eine zentrale Bedeutung einnehmen.

Anhang

A1 Relationen des globalen und der lokalen Systemkataloge des DDMS

(Primärschlüsselattribute sind durch Kursivdruck gekennzeichnet.)

i) Relationen des globalen Systemkatalogs

S_NODE (*node_name*, computer, ops_name, site)

S_OPERATING_SYSTEM (*ops_name*, login, password)

S_NODE_LINKAGE (*node_1*, *node_2*, comm_name)

S_COMM_SYSTEM (*comm_name*, file_transfer, remote_access)

S_LOCATION (*loc_name*, node_name, device_name, directory, file_name, dbs_name)

S_DATABASE_SYSTEM (*dbs_name*, dbs_type, language, author)

C_RELATION (*rel_name*)

C_ATTRIBUTE (*role_name*, *rel_name*, column, domain_name, length, key)

D_DATA_COND (*tc_name*, trigger_cond)

D_ACT_ATTR (*tc_attribute*, *tc_name*)

D_TIME_COND (*tc_name*, *time_st_no*, start_point, stop_point, per_length, period_name)

D_TRIGGER (*tc_name*, tc_type)

D_PARTITION (*part_no*, loc_name, distrib_name, rel_name, condition, source_no)

D_ATTRIBUTE (*part_no*, *role_name*, *column*)

D_PROPAGATE (*prop_no, rec_no,* prop_type, tc_list_no)

D_RECEIVE (*rec_no, prop_no,* rec_type, tc_list_no, refresh_type)

D_TC_LIST (*tc_list_no, tc_name*)

ii) Relationen des lokalen Systemkatalogs

S_LOCATION (*loc_name,* node_name, device_name, directory, file_name, dbs_name)

D_TIME_COND (*tc_name, time_st_no,* start_point, stop_point, period_length, per_name, next_actual)

D_DATA_COND (*tc_name,* trigger_cond)

D_ACT_ATTR (*tc_attribute, tc_name*)

D_PARTITION (*part_no,* loc_name, distrib_name, condition, source_no)

D_ATTRIBUTE (*part_no, role_name,* column, domain_name, length, key)

D_PROPAGATE (*prop_no, rec_no,* prop_type, last_refresh, tc_list_no)

D_RECEIVE (*rec_no, prop_no,* rec_type, tc_list_no, refresh_type)

D_TC_LIST (*tc_list_no, tc_name*)

D_MESSAGES (*message_name,* s_part_no, snap_time)

A2 Syntax der Dialogschnittstelle der Definitionskomponente des DDMS

Metasymbole:

::= ≈ definiert als
SYMBOL ≈ Terminales Symbol
<symbol> ≈ Nichtterminales Symbol
[...] ≈ optional
[...]* ≈ n-fache Wiederholung (n = 0, 1, 2, ...)
| ≈ Alternative

```
<statement>              ::=   <system_env_statement>
                               | <concept_scheme_statement>
                               | <trigger_condition_statement>
                               | <distribution_statement>
                               | <miscellaneous_statement>

<system_env_statement>   ::=   <delete_statement>
                               | <update_statement>
                               | <insert_statement>

<delete_statement>       ::=   DELETE FROM <table_name>
                               WHERE <condition>;

<insert_statement>       ::=   INSERT INTO <table_name>
                               <assignment_list>;

<update_statement>       ::=   UPDATE <table_name>
                               SET <assignment_list>
                               WHERE <condition>;

<assignment_list>        ::=   <assignment> [, <assignment>]*

<assignment>             ::=   <attrib_name> = <attrib_value>

<attrib_name>            ::=   <identifier>
```

```
<attrib_value>                  ::=  NUMBER
                                     |  'STRING'

<concept_scheme_statement>      ::=  <alter_table_statement>
                                     |  <create_statement>
                                     |  <drop_table_statement>
                                     |  <rename_table_statement>

<alter_table_statement>         ::=  ALTER TABLE <table_name> [;]

<create_statement>              ::=  CREATE TABLE <table_name>
                                     (<field_defn_list>)
                                     KEY (<field_name_list>) [;]

<drop_table_statement>          ::=  DROP TABLE <table_name> [;]

<rename_table_statement>        ::=  RENAME TABLE <table_name> TO
                                     <new_table_name> [;]

<new_table_name>                ::=  <identifier>

<field_defn_list>               ::=  <field_defn> [, field_defn]*

<field_defn>                    ::=  <field_name> (<type>)

<type>                          ::=  CHAR (NUMBER)
                                     |  INTEGER
                                     |  FLOAT
                                     |  DATE

<field_name_list>               ::=  <field_name> , [<field_name>]*

<field_name>                    ::=  <identifier>

<trigger_condition_statement>   ::=  <alter_tc_statement>
                                     |  <define_data_statement>
                                     |  <define_time_statement>
                                     |  <define_demand_statement>
                                     |  <drop_tc_statement>
                                     |  <rename_tc_statement>

<alter_tc_statement>            ::=  ALTER TRIGGER_CONDITION <tc_name>
                                     [;]

<define_data_statement>         ::=  DEFINE TRIGGER_CONDITION <tc_name>
                                     AS DATA_CONDITION:
                                     WHEN <condition>;
```

```
<define_time_statement>       ::=  DEFINE TRIGGER_CONDITION <tc_name>
                                   AS TIME_CONDITION:
                                   <time_statement_list>;

<define_demand_statement>     ::=  DEFINE TRIGGER_CONDITION <tc_name>
                                   AS ON_DEMAND_CONDITION;

<drop_tc_statement>           ::=  DROP TRIGGER_CONDITION <tc_name>
                                   [;]

<rename_tc_statement>         ::=  RENAME TRIGGER_CONDITION
                                   <tc_name> TO <new_tc_name> [;]

<tc_name>                     ::=  <identifier>

<new_tc_name>                 ::=  <identifier>

<time_statement_list>         ::=  <time_statement> [,<time_statement>]*

<time_statement>              ::=  <periodic_statement>
                                   |   <aperiodic_statement>

<periodic_statement>          ::=  EVERY <period> STARTING AT '<time>'
                                   STOPPING AT '<time>'

<aperiodic_statement>         ::=  AT '<time>'

<period>                      ::=  NUMBER <period_name>

<period_name>                 ::=  YEAR[S] | MONTH[S] | DAY[S] |
                                   HOUR[S] | MINUTE[S]

<time>                        ::=  VAX-VMS-DATE-TIME

<distribution_statement>      ::=  <allocate_statement>
                                   |   <alter_partition_statement>
                                   |   <drop_partition_statement>
                                   |   <rename_partition_statement>

<allocate_statement>          ::=  ALLOCATE <alloc_type> AT <target_name>
                                   DEFINED AS
                                   <query_block>
                                   [<prop_clause>]*
                                   [<rec_clause>]*;

<alter_partition_statement>   ::=  ALTER PARTITION <partition_name> [;]

<drop_partition_statement>    ::=  DROP PARTITION <partition_name> [;]
```

```
<rename_partition_statement> ::=  RENAME PARTITION <partition_name> TO
                                  <new_partition_name> [;]

<alloc_type>            ::=  PHYSICAL

<target_name>           ::=  <partition_name>

<new_partition_name>    ::=  <partition_name>

<partition_name>        ::=  <location_name>: <distribution_name>

<distribution_name>     ::=  <identifier>

<query_block>           ::=  SELECT <field_name_list>
                             FROM <table_name>
                             [WHERE <condition>]

<condition>             ::=  <boolean_term> [OR <boolean_term>]*

<boolean_term>          ::=  <boolean_factor> [AND <boolean_factor>]*

<boolean_factor>        ::=  [NOT] <boolean_primary>

<boolean_primary>       ::=  <predicate>
                             |   (<condition>)

<predicate>             ::=  <between_expr>
                             |   <comparison_expr>
                             |   <null_expr>

<between_expr>          ::=  <expr> BETWEEN <expr> AND <expr>

<comparison_expr>       ::=  <expr> <comp_op> <expr>

<null_expr>             ::=  <field_name> IS [NOT] NULL

<comp_op>               ::=  = | <> | > | >= | < | <=

<expr>                  ::=  <constant>
                             |   <field_name>
                             |   <built_in_function> (<field_name>)

<built_in_function>     ::=  AVG | COUNT | MAX | MIN | SUM

<constant>              ::=  NUMBER
                             |   'STRING'
                             |   '<time>'

<prop_clause>           ::=  PROPAGATING UPDATE <prop_type> TO
                             <prop_list> [ON <prop_tc_list>]
```

```
<prop_type>                  ::=  LOCAL
                                  | [GLOBAL] INDIRECT
                                  | [GLOBAL] DIRECT

<prop_list>                  ::=  <partition_name_list>

<prop_tc_list>               ::=  <tc_list>

<rec_clause>                 ::=  RECEIVING UPDATE <rec_type> FROM
                                  <rec_list> [ON <rec_tc_list>]

<rec_type>                   ::=  ISOLATED
                                  | REMOTE_IMMED
                                  | REMOTE_INDEP
                                  | INTEGRATED

<rec_list>                   ::=  <partition_name_list>

<rec_tc_list>                ::=  <tc_list>

<partition_name_list>        ::=  <partition_name> (<refresh_type>)
                                  [, <partition_name> (<refresh_type>)]*

<refresh_type>               ::=  FULL | INCREMENTAL | CONCURRENT

<tc_list>                    ::=  <tc_name> [, <tc_name>]*

<miscellaneous_statement>    ::=  <dcl_statement>
                                  |   <distribute_statement>
                                  |   <edit_statement>
                                  |   <execute_statement>
                                  |   <exit_statement>
                                  |   <help_statement>
                                  |   <show_statement>

<dcl_statement>              ::=  $ VAX-VMS-KOMMANDO

<distribute_statement>       ::=  DISTRIBUTE <location_name> [;]

<edit_statement>             ::=  EDIT [VAX-VMS-FILESPECIFICATION]
                                          [;]

<execute_statement>          ::=  $ [VAX-VMS-FILESPECIFICATION] [;]

<exit_statement>             ::=  EXIT [;]

<help_statement>             ::=  HELP [<selector>] [;]
```

<show_statement>	::=	SHOW <table_name> <selector> [/DEFINITION] [/OUTPUT= VAX-VMS-FILESPECIFICATION] [;]
<location_name>	::=	<identifier>
<table_name>	::=	<identifier>
<selector>	::=	<identifier>
<identifier>	::=	[A | ... | Z | a | ... | z | 0 | ... | 9 | $ | _]*

A3 Integritätsbedingungen für den globalen Systemkatalog des DDMS

1. NODE_LINK_MUST_EXIST

Tauschen zwei Partitionen Änderungen aus, müssen die beteiligten Rechner miteinander verbunden sein.

2. PART_MUST_RELATE_TO_SAME_REL

Partitionen, zwischen denen Daten ausgetauscht werden, müssen von der gleichen Basisrelation abgeleitet worden sein.

3. PART_MUST_CONTAIN_PRIMARY_KEY

Eine Partition muß den Primärschlüssel der zugehörigen Basisrelation aufweisen.

4. P_TRIGGER_MUST_BE_EXECUTABLE,
R_TRIGGER_MUST_BE_EXECUTABLE

Falls Datentrigger für eine Partition definiert sind, müssen die in der Triggerdefinition referenzierten Attribute in der betreffenden Partition existieren.

5. SELECTED_ATTRIBUTE_MUST_EXIST

Die Attribute einer Partition beziehungsweise die Attribute der eine Partition definierenden 'WHERE'-Bedingung müssen in der zugrundeliegenden Basisrelation existieren.

6. YOU_MUST_DEFINE_PARTITION

Ein 'allocate'-Befehl definiert eine Partition. Diese Partition soll Daten mit Partitionen austauschen, die erst später spezifiziert werden. Damit die Definition dieser Partitionen nicht vergessen wird, gibt das System eine Warnung aus.

7. PROP_REC_COMB_MUST_BE_COMPLETE,
REC_PROP_COMB_MUST_BE_COMPLETE

Jeder Sendevorgang verlangt einen Empfangsvorgang und umgekehrt. Um einen Hinweis auf noch fehlende Sende- oder Empfangsspezifikationen zu geben, werden Warnungen ausgegeben.

A4 Syntax der Programmschnittstelle des DDMS

Metasymbole:

::=	≈	definiert als
SYMBOL	≈	Terminales Symbol
<symbol>	≈	Nichtterminales Symbol
[...]	≈	optional
[...]*	≈	n-fache Wiederholung (n = 0, 1, 2, ...)
|	≈	Alternative

```
<statement>          ::=  <dml_statement>
                          |  <control_statement>

<dml_statement>      ::=  <insertion>
                          |  <deletion>
                          |  <update>
                          |  <selection>

<insertion>          ::=  INSERT INTO <table_name>
                          <assignment_list>;

<deletion>           ::=  DELETE FROM <table_name>
                          [<where_clause>];

<update>             ::=  UPDATE <table_name>
                          SET <assignment_list>
                          [<where_clause>];

<selection>          ::=  SELECT  <field_name_list>
                          FROM <table_name>
                          [<where_clause>];

<assignment_list>    ::=  <assignment>
                          |  <assignment_list>, <assignment>

<assignment>         ::=  <field_name> = <constant>
                          |  <field_name> = !<var_name>
```

```
<where_clause>          ::=  WHERE <conditional_expr>

<conditional_expr>      ::=  <conditional_term>
                             | <conditional_expr> OR
                               <conditional_term>

<conditional_term>      ::=  <conditional_factor>
                             | <conditional_term> AND
                               <conditional_factor>

<conditional_factor>    ::=  [NOT] <conditional_primary>

<conditional_primary>   ::=  <predicate>
                             | (<conditional_expr>)

<field_name_list>       ::=  <field_name> , [<field_name>]*

<field_name>            ::=  <identifier>

<predicate>             ::=  <expr> <comp_op> <expr>
                             | <expr> BETWEEN <expr> AND <expr>

<comp_op>               ::=  = | <> | > | >= | < | <=

<expr>                  ::=  <constant>
                             | <field_name>

<constant>              ::=  <quoted_string>
                             | <number>
                             | <date>

<table_name>            ::=  <identifier>

<var_name>              ::=  <identifier>

<quoted_string>         ::=  "<identifier>"

<identifier>            ::=  [ A | ... | Z | a | ... | z |
                             0 | ... | 9 | $ | _ ]*

<number>                ::=  [ 0 | ... | 9 ]*

<date>                  ::=  VAX-VMS-DATE
```

```
<control_statement>     ::=   <begin_transaction>
                              |  <end_transaction>
                              |  <invoke_database>
                              |  <finish_database>

<finish_database>       ::=   FINISH <db_handle>;

<db_handle>             ::=   <identifier>

<end_transaction>       ::=   COMMIT;
                              |  ROLLBACK;

<invoke_database>       ::=   DATABASE
                              <db_handle> = <database_name>;

<database_name>         ::=   '[<directory>] <identifier>'

<directory>             ::=   <identifier>

<begin_transaction>     ::=   START_TRANSACTION READ_WRITE
                              RESERVING <table_name_list>
                              FOR PROTECTED WRITE;

<table_name_list>       ::=   <table_name>
                              |  <table_name_list>, <table_name>
```

A5 Relationen des globalen und der lokalen Systemkataloge des DSMS

(Primärschlüsselattribute sind durch Kursivdruck gekennzeichnet.)

i) Relationen des globalen Systemkatalogs

D_THIS_SITE (*hw_#*, hw_name, in_letter_box, out_letter_box)

D_MAIL (*hw_#*, hw_name, operating_system, living_flag, in_letter_box, out_letter_box)

D_SYSTEMS (*sys_#*, sys_type, db_name, hw_#)

D_BASE_TABLES (*base_table_#*, *sys_#*, base_table_name)

D_ATTRS (*table_#*, *attr_#*, sys_type, attr_name, attr_type, attr_par1, attr_par2)

D_KEY (*table_#*, *attr_#*, *key_#*)

D_SNAPSHOT_REFRESH_EVENT (*snap_#*, *event_#*, time_of_start, periodic_flag, period_length, period_name, stop_flag, time_of_stop)

D_ALLOCATION (*snap_#*, *sys_#*)

D_SNAPSHOTS (*snap_#*, snap_name , base_table_#, where_clause)

D_DERIVED_ATTRIBUTES (*base_table_#*, *base_attr_#*, *snap_#*, snap_attr_#)

D_DEPENDENCY (*snap_#*, *base_table_#*, *base_attr_#*, #_of_occurence)

ii) Relationen des lokalen Systemkatalogs

BS_THIS_SITE (*hw_#*, hw_name, in_letter_box, out_letter_box)

BS_SYSTEMS (*sys_#*, sys_type, db_name, hw_#)

BS_ATTRS (*table_#, attr_#*, sys_type, attr_name, offset, attr_type, attr_par1, attr_par2)

BS_KEY (*table_#, attr_#, key_#*)

B_MAIL (*hw_#*, hw_name, operating_system, living_flag, in_letter_box, out_letter_box)

B_BASE_TABLES (*base_table_#, sys_#*, base_table_name)

B_SNAPSHOT_REFRESH_EVENT (*snap_#, event_#*, time_of_start, periodic_flag, period_length, period_name, stop_flag, time_of_stop)

B_DERIVED_ATTRIBUTES (*base_table_#, base_attr_#, snap_#*, snap_attr_#)

B_SNAPSHOTS (*snap_#, sys_#*)

B_ALLOCATION (*snap_#, sys_#, hw_#*)

S_SNAPSHOTS (*snap_#, sys_#*)

S_ALLOCATION (*snap_#, sys_#*)

A6 Syntax der Dialogschnittstelle der Definitionskomponente des DSMS

Metasymbole:

::= ≈ definiert als
SYMBOL ≈ Terminales Symbol
<symbol> ≈ Nichtterminales Symbol
[...] ≈ optional
[...]* ≈ n–fache Wiederholung (n = 0, 1, 2, ...)
| ≈ Alternative

```
<s>                       ::=  DISPLAY WORKING DATABASES
                               | ACTUAL HARDWARE NAME IS
                                 <hardware_name> <statements>

<statements>              ::=  <def_statement>
                               | <display_statement>
                               | <administration_statement>

<def_statement>           ::=  ACTUAL DB NAME IS
                               <db_name> <def_order>

<def_order>               ::=  ACTUAL TABLE NAME IS
                               <base_table_name> <base_table_statement>
                               | ACTUAL SNAPSHOT NAME IS
                                 <snapshot_name> <snapshot_statement>

<base_table_statement>    ::=  <create_statement>
                               | <drop_statement>
                               | <rename_statement>
                               | <alter_statement>

<create_statement>        ::=  CREATE (<attribute_list>)

<attribute_list>          ::=  <attribute_definition>
                               | <attribute_list>, <attribute_definition>
```

```
<attribute_definition>           ::=  <attribute_specification>
                                      | KEY (<attribute_specification_list>)

<attribute_specification_list>   ::=  <attribute_specification>
                                      | <attribute_specification_list>,
                                        <attribute_specification>

<attribute_specification>        ::=  <attribute_name> <attribute_type>

<attribute_name>                 ::=  <identifier>

<attribute_type>                 ::=  INT
                                      | SHORT
                                      | LONG
                                      | FLOAT
                                      | DOUBLE
                                      | CHAR (<unsigned>, <unsigned>)

<drop_statement>                 ::=  DROP

<rename_statement>               ::=  RENAME TABLE <new_base_table_name>
                                      | RENAME ATTRIBUTE <attribute_name>
                                        TO <new_attribute_name>

<new_base_table_name>            ::=  <identifier>

<new_attribute_name>             ::=  <identifier>

<alter_statement>                ::=  ADD <attribute_definition>
                                      | CHANGE TYPE
                                        FROM <attribute_name>
                                        TO <attribute_type>
                                      | DELETE <attribute_name>

<snapshot_statement>             ::=  <define_s_statement>
                                      | <drop_s_statement>
                                      | <rename_s_statement>
                                      | <alter_s_statement>
                                      | <refresh_s_statement>

<define_s_statement>             ::=  DEFINE SNAPSHOT
                                      <data_specification>
                                      <allocation_specification>
                                      <event_specification>
```

```
<data_specification>          ::=  (<attribute_name_list>) AS
                                    SELECT <small_base_attribute_list>
                                    FROM <base_table_name>
                                    <where_clause>

<attribute_name_list>         ::=  <attribute_name>
                                    |  <attribute_name_list>, <attribute_name>

<where_clause>                ::=  [WHERE <condition>]

<snapshot_name>               ::=  <identifier>

<base_table_name>             ::=  <identifier>

<small_base_attribute_list>   ::=  <base_attribute_name>
                                    |  <small_base_attribute_list>,
                                       <base_attribute_name>

<base_attribute_name>         ::=  <identifier>

<condition>                   ::=  <boolean_term>
                                    |  <boolean> OR <boolean_term>

<boolean_term>                ::=  <boolean_factor>
                                    |  <boolean_term> AND <boolean_factor>

<boolean_factor>              ::=  <boolean_primary>
                                    |  NOT <boolean_primary>

<boolean_primary>             ::=  <predicate>
                                    |  (<condition>)

<predicate>                   ::=  <between_predicate>
                                    |  <comparison_predicate>
                                    |  <null_predicate>

<between_predicate>           ::=  <base_attribute_name>
                                    BETWEEN <operand> AND <operand>

<operand>                     ::=  <literal>

<literal>                     ::=  <string> | <number> | <unsigned>

<comparison_predicate>        ::=  <base_attribute_name> <comp_op>
                                    <operand>

<comp_op>                     ::=  = | > | < | >= | <= | !=
```

```
<null_predicate>                 ::=  <base_attribute_name> IS <null_flag>

<null_flag>                      ::=  NULL | NOT NULL

<allocation_specification>       ::=  AT <allocation_list>

<allocation_list>                ::=  <allocation> | <allocation_list>, <allocation>

<allocation>                     ::=  <hardware_name> <db_name>

<hardware_name>                  ::=  <identifier>

<db_name>                        ::=  <xenix_db_name>
                                      |   <vms_db_name>

<vms_db_name>                    ::=  <vms_device> [<vms_directory>]

<vms_device>                     ::=  <identifier>:

<vms_directory>                  ::=  <identifier>
                                      |   <identifier>.<vms_directory>

<xenix_db_name>                  ::=  <syllable>
                                      |   <xenix_db_name> <syllable>

<syllable>                       ::=  /<identifier>

<event_specification>            ::=  <periodic_event_specification>
                                      |   <aperiodic_event_specification>
                                      |   <periodic_event_specification>
                                          <aperiodic_event_specification>

<periodic_event_specification> ::=    REFRESHED <periodic_event_list>

<periodic_event_list>            ::=  <periodic_event>
                                      |   <periodic_event_list>, <periodic_event>

<periodic_event>                 ::=  EVERY <period>
                                      STARTING AT <time>
                                      [<stop_option>]

<stop_option>                    ::=  STOPPING AT <time>

<time>                           ::=  <date> <clock>

<date>                           ::=  <digit> <digit> / <digit> <digit> /
                                      <digit> <digit><digit> <digit>

<clock>                          ::=  <digit> <digit> : <digit> <digit> :
                                      <digit> <digit>
```

```
<period>                        ::=   <period_length> <period_name>

<period_length>                 ::=   <unsigned>

<period_name>                   ::=   YEARS          |  YEAR
                                      |  MONTHS      |  MONTH
                                      |  WEEKS       |  WEEK
                                      |  DAYS        |  DAY
                                      |  HOURS       |  HOUR
                                      |  MINUTES     |  MINUTE

<aperiodic_event_specification>
                                ::=   REFRESH <aperiodic_event_list>

<aperiodic_event_list>          ::=   <aperiodic_event>
                                      |  <aperiodic_event_list>,
                                         <aperiodic_event>

<aperiodic_event>               ::=   AT <time>

<drop_s_statement>              ::=   DROP SNAPSHOT

<rename_s_statement>            ::=   RENAME SNAPSHOT TO
                                      <new_snapshot_name>
                                      RENAME SNAPSHOT ATTRIBUTE
                                      <attribute_name> TO <new_attribute_name>

<new_snapshot_name>             ::=   <identifier>


<alter_s_statement>             ::=   ADD <attribute_name>
                                      RELATED TO
                                      <base_attribute_name>
                                      FROM <base_table_name>
                                      IN <db_name>
                                      ON <hardware_name>
                                      |  DELETE <attribute_name>
                                      |  ADD ALLOCATION <allocation>
                                      |  DELETE ALLOCATION <allocation>
                                      |  ADD PERIODIC EVENT
                                         <periodic_event>
                                      |  DELETE PERIODIC EVENT
                                         <periodic_event>
                                      |  ADD APERIODIC EVENT
```

<aperiodic_event>
| DELETE APERIODIC EVENT
<aperiodic_event>
| UPDATE WHERE CLAUSE
<new_where_clause>

<new_where_clause> ::= [<condition>]

<refresh_s_statement> ::= REFRESH SNAPSHOT

<administration_statement> ::= ADD BASE SYSTEM <db_name>
| DELETE BASE SYSTEM <db_name>
| ADD SNAPSHOT SYSTEM <db_name>
| DELETE SNAPSHOT SYSTEM
<db_name>

<display_statement> ::= ACTUAL DB NAME IS <db_name>
<display_order>

<display_order> ::= <display_base_table>
| <display_snapshot>

<display_base_table> ::= DISPLAY TABLES
| DISPLAY <base_table_name>

<display_snapshot> ::= DISPLAY SNAPSHOTS
| DISPLAY SNAPSHOT <snapshot_name>
| DISPLAY SCHEMA FROM
<snapshot_name>
| DISPLAY WHERE CLAUSE FROM
<snapshot_name>
| DISPLAY ALLOCATIONS FROM
<snapshot_name>
| DISPLAY EVENTS FROM
<snapshot_name>

<identifier> ::= [A | ... | Z | a | ... | z |
0 | ... | 9 | $ | _]*

<string> ::= '<identifier>'

<number> ::= [-] [0 | ... | 9]*

<unsigned> ::= [0 | ... | 9]*

<digit> ::= [0 | ... | 9]

A7 Syntax der Programmschnittstelle des DSMS

Metasymbole:

::= ≈ definiert als
SYMBOL ≈ Terminales Symbol
<symbol> ≈ Nichtterminales Symbol
[...] ≈ optional
[...]* ≈ n–fache Wiederholung (n = 0, 1, 2, ...)
| ≈ Alternative

<s> ::= <declare_statement>
| <exec_statement>

<declare_statement> ::= BEGIN SQL DECLARE SECTION
<variable_list>
END SQL DECLARE SECTION

<exec_statement> ::= EXEC SQL <statement_list>

<variable_list> ::= <variable_definition>;

<variable_definition> ::= INT <var_name_list>
| SHORT <var_name_list>
| LONG <var_name_list>
| FLOAT <var_name_list>
| DOUBLE <var_name_list>
| CHAR <string_name_list>

<var_name_list> ::= <var_name> | <var_name_list>, <var_name>

<var_name> ::= <identifier>

<string_name_list> ::= <string_name>
| <string_name_list>, <string_name>

<string_name> ::= <identifier> [unsigned]
| <identifier>

```
<statement_list>          ::=  {<connect_option> <sql_statement_list>;}
                               |  <connect_option> <sql_statement>;

<connect_option>          ::=  [<connect_statement>];

<connect_statement>       ::=  CONNECT "<vms_device>
                               <vms_directory_spec>"
                               |  CONNECT <identifier>

<sql_statement_list>      ::=  <sql_statement>
                               |  <sql_statement_list> <sql_statement>

<sql_statement>           ::=  <insert_statement>
                               |  <update_statement>
                               |  <delete_statement>
                               |  <select_statement>

<select_statement>        ::=  SELECT <attribute_list>
                               FROM <table_name>
                               [<dump_option>]
                               [<where_option>]

<dump_option>             ::=  USE "<vms_device> <vms_file_spec>"
                               FOR DUMP
                               |  USE <identifier> FOR DUMP

<where_option>            ::=  WHERE <condition>

<attribute_list>          ::=  *
                               |  <attribute_name_list>

<attribute_name_list>     ::=  <attribute_name>
                               |  <attribute_name_list>, <attribute_name>

<attribute_name>          ::=  <identifier>

<insert_statement>        ::=  INSERT [<into_option>] <table_name>
                               SET <assignment_list>

<into_option>             ::=  |  INTO

<assignment_list>         ::=  <attribute_name> <assigment_op>
                               <operand>
                               |  <assignment_list>, <attribute_name>
                                  <assigment_op> <operand>

<assigment_op>            ::=  TO
                               |  =
```

```
<table_name>              ::=  "<identifier>"
                               |  <identifier>

<update_statement>        ::=  UPDATE <table_name>
                               SET <assignment_list>
                               [<where_option>]

<delete_statement>        ::=  DELETE FROM <table_name>
                               [<where_option>]

<condition>               ::=  <boolean_term>
                               |  <boolean> OR <boolean_term>

<boolean_term>            ::=  <boolean_factor>
                               |  <boolean_term> AND <boolean_factor>

<boolean_factor>          ::=  <boolean_primary>
                               |  NOT <boolean_primary>

<boolean_primary>         ::=  <predicate>
                               |  (<condition>)

<predicate>               ::=  <between_predicate>
                               |  <comparison_predicate>
                               |  <null_predicate>

<between_predicate>       ::=  <attribute_name>
                               BETWEEN <operand> AND <operand>

<operand>                 ::=  <float>
                               |  <string>
                               |  <unsigned>
                               |  <identifier>

<string>                  ::=  '<identifier>'

<comparison_predicate>    ::=  <attribute_name> <comp_op> <operand>

<comp_op>                 ::=  = | != | <= | >= | < | >

<null_predicate >         ::=  <attribute_name> IS <null_flag>

<null_flag >              ::=  NULL
                               |  NOT NULL

<vms_file_spec>           ::=  <vms_device>
                               [<vms_directory_spec>] <vms_file>
```

<vms_device>	::=	<identifier>:
<vms_directory_spec>	::=	<identifier> | <vms_directory_spec>.<identifier>
<vms_file>	::=	<identifier>.<identifier> | <identifier>
<identifier>	::=	[A | ... | Z | a | ... | z | 0 | ... | 9 | $ | _]*
<unsigned>	::=	[0 | ... | 9]*
<float>	::=	[0 | ... | 9]*.[0 | ... | 9]*

Literaturverzeichnis

[AdBu 88] Adiba, M.; Bui Quang, N.: *Dynamic Database Snapshots, Albums and Movies*, in: Rolland, C.; Bodart, F.; Leonard, M. (Hrsg.): *Temporal Aspects in Information Systems*, Elsevier Science Publishers B.V., 1988, S. 203 - 217

[AdLi 80] Adiba, M.; Lindsay, B.: *Database Snapshots*, in: Proceedings of the 6th International Conference on Very Large Data Bases (VLDB), Montreal, 1980, S. 86 - 91

[Akok 82] Akoka, J.: *Centralization Versus Decentralization of Information Systems: A Decision Support Model*, in: Akoka, J. (Hrsg.): *Management of Distributed Data Processing*, North-Holland, 1982, S. 1 - 18

[Akok 78] Akoka, J.: *Design Issues in Distributed Management Information Systems*, Ph. D. Dissertation, MIT Sloan School of Management, 1978

[ABLN 85] Almes, G.T.; Black, A.P.; Lazowska, E.D.; Noe, J.D.: *The Eden System: A Technical Review*, IEEE Transactions on Software Engineering, Vol. SE-11 (1985), No. 1, S. 43 - 59

[ABGA 88] Alonso, R.; Barbara, D.; Garcia-Molina, H.; Abad, S.: *Quasi-Copies: Efficient Data Sharing for Information Retrieval Systems*, in: Schmidt, J.W.; Ceri, S.; Missikoff, M. (Hrsg.): *Advances in Database Technology – EDBT '88*, Lecture Notes in Computer Science 303, Springer-Verlag, Berlin 1988, S. 443 - 468

[Bäum 87] Bäumler, K.: *Datenverwaltung in Flexiblen Fertigungssystemen: Konzeption und Implementierung einer Triggerkomponente für die Datenverteilung*, Studienarbeit, IMMD VI, Friedrich-Alexander-Universität Erlangen-Nürnberg, 1987

[Bake 80] Baker, C.T.: *Logical Distribution of Applications and Data*, IBM Systems Journal, Vol. 19 (1980), No. 2, S. 171 - 191

[Bake 83] Baker, C.T.: *Application Analysis for Nodal Autonomy*, in: [FiSU 83], S. 183 - 217

[Banc 89] Bancilhon, F.: *Query Languages for Object-Oriented Database Systems: Analysis and a Proposal*, in: Härder, T. (Hrsg.): *Datenbanksysteme in Büro, Technik und Wissenschaft*, Proceedings, GI/SI-Fachtagung, Zürich, 1989, Informatik-Fachberichte 204, Springer Verlag, Berlin 1989, S. 1 - 18

[Bart 81] Bartlett, J.F.: *A NonStop Kernel*, in: Proceedings 8th Symposium on Operating Systems Principles, Vol. 15 (1981), No. 5, S. 22 - 29

[BeGo 81] Bernstein, P.A.; Goodman, N.: *Concurrency Control in Distributed Database Systems*, Computing Surveys, Vol. 13 (1981), No. 2, S. 185 - 221

[BeHG 87] Bernstein, P.A.; Hadzilacos, V.; Goodman, N.: *Concurrency Control and Recovery in Database Systems*, Addison-Wesley, Reading 1987

[BiRo 82] Birman, K.P.; Rowe, L.A.: *A Local Network Based on the UNIX Operating System*, IEEE Transactions on Software Engineering, Vol. SE-8 (1982), S. 137 - 146

[BiNe 84] Birrell, A.D.; Nelson, B.J.: *Implementing Remote Procedure Calls*, ACM Transactions on Computing Systems, Vol. 2 (1984), No. 1, S. 39 - 59

[BlLT 86] Blakeley, J.A.; Larson, P.; Tompa, F. W.: *Efficiently Updating Materialized Views*, in: Proceedings of the International Conference on Management of Data (SIGMOD), Washington, 1986, S. 61 - 71

[BrKT 84] Brown, M.R.; Kolling, K.; Taft, E.A.: *The Alpine File System*, Technical Report CSL-84-4, Xerox Palo Alto Research Center, Palo Alto 1984

[BrMR 82] Brownbridge, D.R.; Marshall, L.F.; Randell, B.: *The Newcastle Connection - Or UNIXES of the World Unite!*, Software - Practice and Experience, Vol. 12 (1982), No. 12, S. 1147 - 1162

[BuCl 79] Buneman, O.P.; Clemons, E.K.: *Efficiently Monitoring Relational Databases*, ACM Transactions on Database Systems, Vol. 4 (1979), No. 3, S. 368 - 382

[CePe 85] Ceri, S.; Pelagatti, G.: *Distributed Databases - Principles & Systems*, McGraw-Hill, Singapore 1985

[ChCH 80] Champine, G.A.; Coop, R.D.; Heinselman, R.C.: *Distributed Computer Systems Impact on Management, Design, and Analysis*, North-Holland, Amsterdam 1980

[Cher 88] Cheriton, D.R.: *The V Distributed System*, Communications of the ACM, Vol. 31 (1988), No. 3, S. 314 - 333

[CHMS 88] Christmann, P.; Härder, T.; Meyer-Wegener, K.; Sikeler, A.: *Which Kinds of OS Mechanisms Should Be Provided for Database Management?*, in: Proceedings of the International Workshop Experiences in Distributed Systems, Kaiserslautern, 1988

[CiDY 88] Ciciani, B.; Dias, D.M.; Yu, P.S.: *Analysis of Replication in Distributed Database Systems*, Research Report RC 14113, IBM Research Division, T.J. Watson Research Center, Yorktown Heights, 1988

[CORN 85] CORNAFION: *Distributed Computing Systems – Communication, Cooperation, Consistency*, Elsevier Science Publishers B.V, Amsterdam 1985

[CuWi 84] Curtis, R.S.; Wittie, L.D.: *Global Naming in Distributed Systems*, IEEE Software, Vol. 1 (1984), No. 3, S. 76 - 80

[Date 86] Date, C.J.: *An Introduction to Database Systems*, Addison-Wesley, Reading 1986

[Date 87] Date, C.J.: *Twelve Rules for a Distributed Database System*, Computer World, Juni 1987

[DaGS 85] Davidson, S.B.; Garcia-Molina, H.; Skeen, D.: *Consistency in Partitioned Networks*, Computing Surveys, Vol. 17 (1985), No. 3, S. 341 - 370

[Davi 78] Davies, C.T. (Jr.): *Data processing spheres of control*, IBM System Journal, Vol. 17 (1978), No. 2, S. 179 - 198

[Daya 88] Dayal, U.: *Active Database Management Systems*, in: Proceedings of the 3rd International Conference on Data and Knowledge Bases, Jerusalem, 1988, S. 150 - 169

[DBBC 88] Dayal, U.; Blaustein, B.; Buchmann, A.P.; Carey, M.; Chakravarthy, U.; Hsu, M.; Jauhari, R.; Ladin, R.; Livny, M.; McCarthy, D.; Rosenthal, A.: *HiPAC: A Research Project in Active, Time-Constrained Database Management*, Technical Report XAIT-88-02, XEROX Custom Systems Division, Advanced Information Technology, 1988

[DGKO 86] Deppisch, U.; Günauer, J.; Küspert, K.; Obermeit, V.; Walch, G.: *Überlegungen zur Datenbank-Kooperation zwischen Server und Workstations*, in: Hommel, G.; Schindler, S. (Hrsg.): *Proceedings GI-16. Jahrestagung*, Informatik-Fachberichte 126, Springer-Verlag, Berlin 1986, S. 565 - 580

[DBDZ 83] Diener, A.; Brägger, R.; Dudler, A.; Zehnder, C.A.: *Database Services for Personal Computers Linked by a Local Area Network*, in: Proceedings ACM Conference on Personal and Small Computers, San Diego, 1983, S. 217 - 221

[Dion 80] Dion, J.: *The Cambridge File Server*, ACM SIGOPS Operating Systems Review, Vol. 14 (1980), No. 4, S. 26 - 35

[DiKo 89] Dittrich, K.R.; Kotz, A.M.: *Objektorientierte Datenbanksysteme*, in: Handbuch der Modernen Datenverarbeitung, 26. Jahrgang (1989), Heft 145, S. 94 - 105

[DiKM 86] Dittrich, K.R.; Kotz, A.M.; Mülle, J.A.: *An Event/Trigger Mechanism to Enforce Complex Consistency Constraints in Design Databases*, SIGMOD RECORD, Vol. 15 (1986), No. 3, S. 22 - 36

[Ditt 77] Dittmann, E.L.: *Datenunabhängigkeit beim Entwurf von Datenbanksystemen*, S. Toeche-Mittler-Verlag, Darmstadt 1977

[Dörn 76] Dörner, D.: *Problemlösen als Informationsverarbeitung*, W. Kohlhammer GmbH, Stuttgart 1976

[Dutt 88] Duttenhofer, F.: *Datenverwaltung in Flexiblen Fertigungssystemen: Untersuchung von Fehlerbehandlungsstrategien*, Studienarbeit, IMMD VI, Friedrich-Alexander-Universität Erlangen-Nürnberg, 1988

[EbRS 81] Eberhard, L.; Riechmann, C.; Schütt, A.: *Datenbankmaschinen - Überblick über den derzeitigen Stand der Entwicklung*, Informatik-Spektrum, Band 4 (1981), Heft 1, S. 31 - 39

[Effe 87] Effelsberg, W.: *Datenbankzugriff in Rechnernetzen*, Informationstechnik, Band 29 (1987), Heft 3, S. 140 - 153

[EfFl 86] Effelsberg, W.; Fleischmann, A.: *Das ISO-Referenzmodell für offene Systeme und seine sieben Schichten - Eine Einführung*, Informatik-Spektrum, Band 9 (1986), Heft 5, S. 280 - 299

[Ensl 78] Enslow, P.H.: *What is a "Distributed" Data Processing System?*, Computer, Vol. 11 (1978), No. 1, S. 13 - 21

[Eswa 76] Eswaran, K.P.: *Specifications, Implementations and Interactions of a Trigger Subsystem in an Integrated Database System*, IBM Research Report RJ 1820, IBM Research Laboratory, San Jose, 1976

[EGLT 76] Eswaran, K.P.; Gray, J.N.; Lorie, R.A.; Traiger, I.L.: *The Notions of Consistency and Predicate Locks in a Database System*, Communications of the ACM, Vol. 19 (1976), No. 11, S. 624 - 633

[ECMA 86] European Computer Manufacturers Association: *Remote Database Access*, Second Working Draft for a Standard, 1986

[ECMA 85] European Computer Manufacturers Association: *Remote Operations – Concepts, Notation and Connection-Oriented Mappings*, ECMA Technical Report 31, 1985

[FiKi 87] Fischer, T.; Kirschhock, R.: *Datenverwaltung in Flexiblen Fertigungssystemen: Konzeption und Implementierung einer Kommunikationskomponente*, Studienarbeit, IMMD VI, Friedrich-Alexander-Universität Erlangen-Nürnberg, 1987

[FiSU 83] Fisher, P.S.; Slonim, J.; Unger, E.A. (Hrsg.): *Advances in Distributed Processing Management*, Volume 2, John Wiley & Sons, Chichester 1983

[Fort 86] Fortier, P.J.: *Design of Distributed Operating Systems*, McGraw-Hill, New York 1986

[FrOl 84] Fridrich, M.; Older, W.: *FELIX: The architecture of a distributed file system*, in: Proceedings 4th International Conference on Distributed Computing Systems, San Francisco, 1984, S. 422 - 431

[Garc 83] Garcia-Molina, H.: *Using Semantic Knowledge for Transaction Processing in a Distributed Database*, ACM Transactions on Database Systems, Vol. 8 (1983), No. 2, S. 186 - 213

[GaSa 87] Garcia-Molina, H.; Salem, K.: *SAGAS*, in: Proceedings of the International Conference on Management of Data (SIGMOD), San Francisco, 1987, S. 249 - 259

[Gibb 87] Gibbons, P.B.: *A Stub Generator for Multilanguage RPC in Heterogeneous Environments*, IEEE Transactions on Software Engineering, Vol. SE-13 (1987), No. 1, S. 77 - 87

[GGHS 85] Giese, E.; Görgen, K.; Hinsch, E.; Schulze, G.; Truöl, K.: *Dienste und Protokolle in Kommunikationssystemen – Die Dienst- und Protokollschnitte der ISO-Architektur*, Springer-Verlag, Berlin 1985

[GKSS 85] Görgen, K.; Koch, H.; Schulze, G.; Struif, B.; Truöl, K.: *Grundlagen der Kommunikationstechnologie – ISO-Architektur offener Kommunikationssysteme*, Springer-Verlag, Berlin 1985

[Görl 87] Görlich, J.: *Datenverwaltung in Flexiblen Fertigungssystemen: Konzeption und Implementierung der Senderseite eines verteilten Snapshotverwaltungssystems*, Studienarbeit, IMMD VI, Friedrich-Alexander-Universität Erlangen-Nürnberg, 1987

[GoSp 87] Gora, W.; Speyerer, R.: *ASN.1 – Abstract Syntax Notation One*, DATACOM, Pulheim 1987

[GrDe 72] Graham, R.M.; Denning, P.J.: *Protection – Principles and Practice*, in: Proceedings AFIPS Conference, Vol. 40 (1972), S. 417 - 429

[Gray 83] Gray, J.: *An Approach to Decentralized Computing Systems*, in: Proceedings of the International Computing Symposium 1983 on Application Systems Development, Nürnberg, 1983, S. 11 - 27

[Gray 78] Gray, J.: *Notes on Database Operating Systems*, in: Bayer, R.; Graham, R.M.; Seegmueller, G. (Hrsg.): *Operating Systems – An Advanced Course*, Springer-Verlag, Berlin 1978

[Gray 81] Gray, J.: *The Transaction Concept: Virtues and Limitations*, in: Proceedings of the 7th International Conference on Very Large Data Bases (VLDB), Cannes, 1981, S. 144 - 154

[GHOK 81] Gray, J.; Homan, P.; Obermarck, R.; Korth, R.: *A Straw Man Analysis of Probability of Waiting and Deadlock*, IBM Research Report RJ 3066, IBM Research Laboratory, San Jose, 1981

[Hac 85] Hac, A.: *Distributed File Systems – A Survey*, ACM Operating Systems Review, Vol. 19 (1985), No. 1, S. 15 - 18

[Härd 78] Härder, T.: *Die Implementierung von Datenbanksystemen*, Carl Hanser, München 1978

[Härd 86] Härder, T.: *DB-Sharing vs. DB-Distribution – die Frage nach dem Systemkonzept zukünftiger DB/DC-Systeme*, in: NTG/GI-Fachtagung über Architektur und Betrieb von Rechensystemen, NTG-Fachberichte 92, 1986, S. 151 - 165

[Härd 88] Härder, T.: *Handling Hot Spot Data in DB-Sharing Systems*, Information Systems, Vol. 13 (1988), No. 2, S. 155 - 166

[HäPe 87] Härder, T.; Petry, E.: *Evaluation of a Multiple Version Scheme for Concurrency Control*, Information Systems, Vol. 12 (1987), No. 1, S. 83 - 98

[HäRa 85] Härder, T.; Rahm, E.: *Klassifikation von Mehrrechner-Datenbanksystemen - Anforderungen, Entwurfsprinzipien, Realisierungskonzepte* -, Interner Bericht 152/85, FB Informatik, Universität Kaiserslautern, 1985

[HäRa 87] Härder, T.; Rahm, E.: *Hochleistungs-Datenbanksysteme - Vergleich und Bewertung aktueller Architekturen und ihre Implementierung*, Informationstechnik, Band 29 (1987), Heft 3, S. 127 - 140

[HäRo 87a] Härder, T.; Rothermel, K.: *Concepts for Transaction Recovery in Nested Transactions*, in: Proceedings of the International Conference on Management of Data (SIGMOD), 1987, San Francisco, S. 239 - 248

[HäRo 87b] Härder, T.; Rothermel, K.: *Concurrency Control Issues in Nested Transactions*, IBM Research Report RJ 5803, IBM Almaden Research Laboratory, San Jose, 1987

[Herz 87] Herzog, U.: *Kommunikationssysteme I*, Skript zur Vorlesung, Institut für Mathematische Maschinen und Datenverarbeitung VII, Friedrich-Alexander-Universität Erlangen-Nürnberg, Wintersemester 1987/88

[Hofm 87] Hofmann, F.: *Betriebssystemaspekte verteilter Systeme*, Skript zur Vorlesung, Institut für Mathematische Maschinen und Datenverarbeitung IV, Friedrich-Alexander-Universität Erlangen-Nürnberg, Wintersemester 1987/88

[Hofm 84] Hofmann, F.: *Betriebssysteme: Grundkonzepte und Modellvorstellungen*, B.G. Teubner, Stuttgart 1984

[Hofm 86] Hofmann, F.: *Remote Procedure Call*, Informatik-Spektrum, Band 9 (1986), Heft 5, S. 308

[HuHu 88] Hursch, C.J.; Hursch, J.L.: *SQL The Structured Query Language*, TAB BOOKS, Blue Ridge Summit, PA, 1988

[HCGW 82] Hwang, K.; Croft, W.J.; Goble, G.H.; Wah, B.W.; Briggs, F.A.; Simmons, W.R.; Coates, C.L.: *A UNIX-based local computer network*, Computer, Vol. 15 (1982), No. 4, S. 55 - 66

[ISO 84] International Organization for Standardization: *International Standard 7498. Open Systems Interconnection - Basic Reference Model*, 1984

[ISO 85] International Organization for Standardization: *International Standard 8650/3. Open Systems Interconnection – Specification of Protocols for Common Application Service Elements – Part 3: Commitment, Concurrency and Recovery*, 1985

[ISO 87a] International Organization for Standardization: *International Standard 8824. Open Systems Interconnection – Specification of Abstract Syntax Notation One (ASN.1)*, 1987

[ISO 87b] International Organization for Standardization: *International Standard 8825. Open Systems Interconnection – Specification of Basic Encoding Rules for Abstract Syntax Notation One (ASN.1)*, 1987

[Jabl 88] Jablonski, S.: *Einzelheiten zum Thema "Implementation of a Distributed Data Management System for Manufacturing Applications"*, in: Wedekind, H. (Hrsg.): *Datenverteilung in Rechnernetzen – Grundlagen und Implementierung –*, Bericht Nr. 88/1 des Sonderforschungsbereichs 182, Teilprojekt B4, Arbeitsberichte des IMMD, Band 21, Nr. 1, Friedrich-Alexander-Universität Erlangen-Nürnberg, 1988, S. 69 - 125

[JaRu 87] Jablonski, S.; Ruf, T.: *Konzeptionelle Aspekte der Datenverwaltung in Flexiblen Fertigungssystemen*, Angewandte Informatik, Band 29 (1987) Nr. 5, S. 196 - 205

[JaRW 88a] Jablonski, S.; Ruf, T.; Wedekind, H.: *Implementation of a Distributed Data Management System for Manufacturing Applications – A Feasibility Study –*, in: Proceedings International Conference on Computer Integrated Manufacturing, Troy, 1988, S. 19 - 28

[JaRW 88b] Jablonski, S.; Ruf, T.; Wedekind, H.: *Implementierung eines verteilten Datenverwaltungssystems für technische Anwendungen – eine Durchführbarkeitsstudie –*, in: Valk, R. (Hrsg.): *Proceedings GI-18. Jahrestagung*, Informatik-Fachberichte 188, Springer-Verlag, Berlin 1988, S. 639 - 657

[JRWZ 87a] Jablonski, S.; Ruf, T.; Wedekind, H.; Zörntlein, G.: *A Data Distribution Mechanism For Manufacturing Applications*, in: Proceedings International Conference on Data and Knowledge Systems for Manufacturing and Engineering, Hartford, 1987, S. 14 - 22

[JRWZ 87b] Jablonski, S.; Ruf, T.; Wedekind, H.; Zörntlein, G.: *Data Distribution in Manufacturing Systems*, in: Proceedings 7th International Conference on Distributed Computing Systems, Berlin, 1987, S. 206 - 213

[JaWZ 88] Jablonski, S.; Wedekind, H.; Zörntlein, G.: *Fehlerbehandlung in Flexiblen Fertigungssystemen (FFS)*, Informatik - Forschung und Entwicklung, Band 3 (1988), Heft 2, S. 53 - 63

[JaCa 86] Jalote, P.; Campbell, R.H.: *Atomic Actions for Fault-Tolerance Using CSP*, IEEE Transactions on Software Engineering, Vol. SE-12 (1986), No. 1, S. 59 - 68

[JaMe 87] Jajodia, S.; Meadows, C.A.: *Mutual Consistency in Decentralized Distributed Systems*, in: Proceedings of the 3rd International Conference on Data Engineering, 1987, Los Angeles, S. 396 - 404

[JoMc 86] Jones, A.T.; McLean, C.R.: *A Proposed Hierarchical Control Model for Automated Manufacturing Systems*, Journal of Manufacturing Systems, Vol. 5 (1986), No. 1, S. 15 - 25

[JoRT 85] Jones, M.B.; Rashid, R.F.; Thompson, M.R.: *Matchmaker: An interface specification language for distributed processing*, in: Proceedings 12th ACM Symposium on Principles of Programming Languages, New Orleans, 1985, S. 225 - 235

[KäRi 87] Kähler, B.; Risnes, O.: *Extending Logging for Database Snapshot Refresh*, in: Proceedings of the 13th International Conference on Very Large Data Bases (VLDB), Brighton, 1987, S. 389 - 398

[Kais 87] Kaiserswerth, M.: *Der Fernaufruf als Betriebssystemdienst*, Dissertation, Arbeitsberichte des IMMD, Band 20 (1987), Nummer 8

[KiCB 87] Kim, W.; Chou, H.-T.; Banerjee, J.: *Operations and Implementation of Complex Objects*, in: Proceedings 3rd International Conference on Data Engineering, 1987, Los Angeles, S. 626 - 633

[KiTa 88] Kitsuregawa, M.; Tanaka, H. (Hrsg.): *Database Machines and Knowledge Base Machines*, Kluwer Academic Publishers, Boston 1988

[KoSp 88] Korth, H.F.; Speegle, G.D.: *Formal Model of Correctness Without Serializability*, in: Proceedings of the International Conference on Management of Data (SIGMOD), Chicago, 1988, S. 379 - 386

[Kotz 88] Kotz, A.M.: *Triggermechanismen in Datenbanksystemen*, Informatik-Fachberichte 201, Springer-Verlag, Berlin 1988

[KoDM 88] Kotz, A.M.; Dittrich, K.R.; Mülle, J.A.: *Supporting Semantic Rules by a Generalized Event/Trigger Mechanism*, in: Schmidt, J.W.; Ceri, S.; Missikoff, M. (Hrsg.): *Advances in Database Technology – EDBT '88*, Lecture Notes in Computer Science 303, Springer-Verlag, Berlin 1988, S. 76 - 91

[KSLM 87] Krishnamurthy, V.; Su, S.Y.W.; Lam, H.; Mitchell, M.; Barkmeyer, E.: *A Distributed Database Architecture for an Integrated Manufacturing Facility*, in: Proceedings of International Conference on Data and Knowledge Systems for Manufacturing and Engineering, Hartford, 1987, S. 4 - 13

[KrLS 86] Kronenberg, N.P.; Levy, H.M.; Strecker, W.D.: *VAX clusters: A Closely-Coupled Distributed System*, ACM Transactions on Computing Systems, Vol. 4 (1986), No. 2, S. 130 - 146

[KuSt 88] Kumar, A.; Stonebraker, M.: *Semantics Based Transaction Management Techniques for Replicated Data*, in: Proceedings of the International Conference on Management of Data (SIGMOD), Chicago, 1988, S. 117 - 125

[Küsp 85] Küspert, K.: *Fehlererkennung und Fehlerbehandlung in Speicherungsstrukturen von Datenbanksystemen*, Informatik-Fachberichte 99, Springer-Verlag, Berlin 1985

[Lamp 78] Lamport, L.: *Time, Clocks and the Ordering of Events in a Distributed System*, Communication of the ACM, Vol. 21 (1978), No. 7, S. 558 - 565

[Lamp 81] Lampson, B.W.: *Atomic Transactions*, in: [LaPS 83], S. 246 - 265

[LaPS 83] Lampson, B.W.; Paul, M.; Siegert, H.J. (Hrsg.): *Distributed Systems – Architecture and Implementation*, Springer-Verlag, Berlin 1983

[Larm 86] Larmouth, J.: *Commitment, Concurrency, and Recovery – ISO-CASE and IBM LU.62*, in: [MüBl 86], S. 193 - 222

[Libe 87] Libes, D.: *User-Level Shared Variables (in a Hierarchical Control Environment)*, Internal Report, National Bureau of Standards, Gaithersburg, 1987

[LHMP 86] Lindsay, B.; Haas, L.; Mohan, C.; Pirahesh, H.; Wilms, P.: *A Snapshot Differential Refresh Algorithm*, in: Proceedings of the International Conference on Management of Data (SIGMOD), Washington, 1986, S. 53 - 60

[LiNR 87] Lingat, J.Y.; Nobecourt, P.; Rolland, C.: *Behaviour Management in Database Applications*, in: Proceedings of the International Conference on Management of Data (SIGMOD), Brighton, 1987, S. 185 - 195

[Lisk 88] Liskov, B.: *Distributed Programming in Argus*, Communications of the ACM, Vol. 31 (1988), No. 3, S. 300 - 312

[Lo 84] Lo, V.M.: *Heuristic Algorithms For Task Assignment In Distributed Systems*, in: Proceedings of 4th International Conference on Distributed Computing Systems, New York, 1984, S. 30 - 39

[LoSc 87] Lockemann, P.C.; Schmidt, J.W. (Hrsg.): *Datenbank-Handbuch*, Springer-Verlag, Berlin 1987

[Löhr 85] Löhr, K.-P.: *Newcastle Connection*, Informatik-Spektrum, Band 8 (1985), Heft 3, S. 153 - 154

[Loge 88] Loges, D.: *Datenverwaltung in Flexiblen Fertigungssystemen: Konzeption und Implementierung der Empfängerseite eines verteilten Snapshotverwaltungssystems*, Studienarbeit, IMMD VI, Friedrich-Alexander-Universität Erlangen-Nürnberg, 1988

[LoSc 75] Lorenzen, P.; Schwemmer, O.: *Konstruktive Logik, Ethik und Wissenschaftstheorie*, Bibliographisches Institut, Mannheim 1975

[LoPl 83] Lorie, R.; Plouffe, W.: *Complex Objects and Their Use in Design Transactions*, in: Proceedings Engineering Design Applications, Database Week, 1983, San Jose, S. 115 - 121

[MMGJ 82] Mamrak, S.A.; Maurath, P.; Gomez, J.; Janardan, S.; Nicholas, C.: *Guest layering distributed processing support on local operating systems*, in: Proceedings 3rd Conference on Distributed Computing Systems, New York, 1982, S. 854 - 859

[McBH 82] McLean, C.R.; Bloom, H.M.; Hopp, T.H.: *The Virtual Manufacturing Cell*, in: Proceedings of 4th IFAC/IFIP Conference of Information Control Problems in Manufacturing Technology, Gaithersburg, 1982

[McBr 86] McLean, C.R.; Brown, P.F.: *The Automated Manufacturing Research Facility at the National Bureau of Standards*, in: Proceedings of the IFIP W.G. 5.7 Working Conference on New Technologies for Production Management Systems, Tokyo, 1986

[Mert 85] Mertens, P.: *Aufbauorganisation der Datenverarbeitung: Zentralisierung – Dezentralisierung – Informationszentrum*, Betriebswirtschaftlicher Verlag Dr. Th. Gabler, Wiesbaden 1985

[Mert 88] Mertens, P.: *Industrielle Datenverarbeitung 1*, Betriebswirtschaftlicher Verlag Dr. Th. Gabler, Wiesbaden 1988

[Midd 88] Middel, J.: *Datenverwaltung in Flexiblen Fertigungssystemen: Untersuchung der dynamischen Änderbarkeit der Systemstruktur*, Studienarbeit, IMMD VI, Friedrich-Alexander-Universität Erlangen-Nürnberg, 1988

[Mill 77] Millstein, R.E.: *The national software works*, in: Proceedings of the ACM Annual Conference, Seattle, Washington, 1977, S. 44 - 52

[Mitt 80] Mittelstraß, J. (Hrsg.): *Enzyklopädie Philosophie und Wissenschaftstheorie 1*, Bibliographisches Institut, Mannheim, 1980

[Mitt 84] Mittelstraß, J. (Hrsg.): *Enzyklopädie Philosophie und Wissenschaftstheorie 2*, Bibliographisches Institut, Mannheim, 1980

[Moss 82] Moss, J.E.B.: *Nested Transactions and Reliable Distributed Computing*, in: Proceedings of Symposium on Reliability in Distributed Software and Database Systems, 1982, S. 33 - 39

[Moss 85] Moss, J.E.B.: *Nested Transactions – An Approach to Reliable Distributed Computing*, MIT Press Series in Information Systems, Cambridge 1985

[MüBl 86] Müller, G.; Blanc, R.P.: *Networking in Open Systems*, Lecture Notes in Computer Science 248, Springer-Verlag, Berlin 1986

[MuMP 83] Mueller, E.T.; Moore, J.D; Popek, G.J.: *A Nested Transaction Mechanism for LOCUS*, in: Proceedings 2nd Symposium Rel. in Distributed Software and Database Systems, 1982, S. 71 - 89

[MüSW 84] Müller, T.; Steinbauer, D.; Wedekind, H.: *Control of Versions in Database Applications*, in: Proceedings IEEE Conference on Trends and Applications, 1984, Gaithersburg, S. 308 - 316

[MuTa 86] Mullender, S.J.; Tanenbaum, A.S.: *The Design of a Capability-Based Distributed Operating System*, The Computer Journal, Vol. 29 (1986), No. 4, S. 289 - 299

[NeHe 82] Needham, R.M.; Herbert, A.J.: *The Cambridge Distributed Computing System*, Addison-Wesley, Reading, Massachusetts, 1982

[Nehm 88] Nehmer, J.: *Entwurfskonzepte für verteilte Systeme – eine kritische Bestandsaufnahme –*, in: Valk, R. (Hrsg.): *Prooceedings GI-18. Jahrestagung*, Informatik-Fachberichte 187, Springer-Verlag, Berlin 1988, S. 70 - 96

[Nels 81] Nelson, B.J.: *Remote procedure call*, Technical Report CSL-81-9, Xerox Palo Alto Research Center, Palo Alto, 1981

[NeSt 88] Neuhold, E.; Stonebraker, M.: *Future Directions in DBMS Research*, Technical Report TR-88-001, International Computer Science Institute, University of California, Berkeley, Mai 1988

[Nort 72] Norton, D.P.: *Information Systems Centralization: The Issues*, Harvard Business School Paper, 9-172-286, 1972

[NBLL 88] Notkin, D.; Black, A.P.; Lazowska, E.D.; Levy, H.M.; Sanislo, J.; Zahorjan, J.: *Interconnecting Heterogeneous Computer Systems*, Communications of the ACM, Vol. 31 (1988), No. 3, S. 258 - 273

[NHSS 87] Notkin, D.; Hutchinson, N.; Sanislo, J.; Schwartz, M.: *Heterogeneous Computing Environments: Report on the ACM SIGOPS Workshop on Accomodating Heterogeneity*, Communications of the ACM, Vol. 30 (1987), No. 2, S. 132 - 140

[Ober 82] Obermarck, R.: *Distributed Deadlock Detection*, ACM Transactions on Database Systems, Vol. 7 (1982), No. 2, S. 187 - 208

[ONei 86] O'Neil, P.: *The ESCROW Transactional Method*, ACM Transactions on Database Systems, Vol. 11 (1986), No. 4, S. 405 - 430

[Oust 82] Ousterhout, J.K.: *Scheduling Techniques for Concurrent Systems*, in: Proceedings of 3rd International Conference on Distributed Computing Systems, New York, 1982

[PaEL 86] Pappe, S.; Effelsberg, W.; Lamersdorf, W.: *Database Access in Open Systems*, in: [MüBl 86], S. 148 - 164

[PHEL 87] Pappe, S.; Heil, H.-L.; Effelsberg, W.; Lamersdorf, W.: *Datenbankzugriff in offenen Rechnernetzen*, in: Schek, H.-J.; Schlageter, G. (Hrsg.): *Datenbanksysteme in Büro, Technik und Wissenschaft*, Proceedings, GI-Fachtagung, Darmstadt, 1987, Informatik-Fachberichte 136, Springer-Verlag, Berlin 1987, S. 375 - 390

[Parn 72] Parnas, D.L.: *Information Distribution Aspects of Design Methodology*, in: Proceedings IFIP Congress 1971, Ljubljana, S. 339 - 344

[PaSi 85] Paul, M.; Siegert, H.J. (Hrsg.): *Distributed Systems – Methods and Tools for Specification*, Lecture Notes in Computer Science 190, Springer-Verlag, Berlin 1985

[PlKi 89] Plier, S.; Kirsche, T.: *Datenverwaltung in Flexiblen Fertigungssystemen: Integration von Dateisystemen in ein verteiltes Snapshotverwaltungssystem*, Studienarbeit, IMMD VI, Friedrich-Alexander-Universität Erlangen-Nürnberg, 1989

[Qada 85] Qadah, G.Z.: *Database machines: A survey*, in: Proceedings AFIPS National Computer Conference, Vol. 54 (1985), Chicago, S. 211 - 223

[Rahm 88] Rahm, E.: *Synchronisation in Mehrrechner-Datenbanksystemen*, Informatik-Fachberichte 186, Springer-Verlag, Berlin 1988

[ReSv 81] Reed, D.P.; Svobodova, L.: *SWALLOW: A Distributed Data Storage System for a Local Network*, in: West, A.; Janson, P. (Hrsg.): *Local Networks for Computer Communications*, North-Holland, Amsterdam 1981, S. 355 - 373

[Rein 87] Reinwald, B.: *Datenverwaltung in Flexiblen Fertigungssystemen: Definition, Verwaltung und Auswertung einer Systembeschreibung*, Studienarbeit, IMMD VI, Friedrich-Alexander-Universität Erlangen-Nürnberg, 1987

[Reut 82] Reuter, A.: *Concurrency on high-traffic data elements*, in: ACM Symposium on Principles of Database Systems, 1982, S. 83 - 92

[Reut 81] Reuter, A.: *Fehlerbehandlung in Datenbanksystemen, Datenbank-Recovery*, Carl Hanser, München 1981

[Reut 86] Reuter, A.: *Mehrrechner-Architekturen für Datenbanken*, in: NTG/GI-Fachtagung über Architektur und Betrieb von Rechensystemen, NTG-Fachberichte 92, 1986, S. 141 - 150

[Reut 88] Reuter, A.: *Verteilte Datenbanksysteme: Stand der Technik und aktuelle Entwicklungen*, in: Valk, R. (Hrsg.): *Proceedings GI-18. Jahrestagung*, Informatik-Fachberichte 188, Springer-Verlag, Berlin 1988, S. 16 - 33

[RHPZ 87] Reuter, A.; Haberhauser, F.; Peinl, P.; Zeller, H.; Weber, D.; Speicher, A.; Friedlein, K.; Renschler, J.: *Anforderungen an ein arbeitsplatzorientiertes Datenhaltungssystem*, in: Schek, H.-J.; Schlageter, G. (Hrsg.): *Datenbanksysteme in Büro, Technik und Wissenschaft*, Proceedings, GI-Fachtagung, Darmstadt, 1987, Informatik-Fachberichte 136, Springer-Verlag, Berlin 1987, S. 391 - 404

[RoBL 77] Rockart, J.F.; Leventer, J.S.; Bullen, C.V.: *Centralization versus Decentralization of Information Systems: A Primary Model for Decision Making*, C.I.S.R. Report, 1977

[RoKa 86] Roussopoulos, N.; Kang, H.: *Principles and Techniques in the Design of ADMS±*, IEEE Computer, Vol. 19 (1986), No. 12, S. 19 - 25

[SaRC 84] Saltzer, J.H.; Reed, D.P.; Clark, D.D.: *End-to-end Arguments in System Design*, ACM Transactions on Computing Systems, Vol. 2 (1984), No. 4, S. 277 - 278

[Schi 86] Schicker, P.: *Datenübertragung und Rechnernetze*, B.G. Teubner, Stuttgart 1986

[ScUh 88] Schwägerl, J.; Uhl, T.: *Datenverwaltung in Flexiblen Fertigungssystemen: Integration direkter Kommunikationsdienste*, Studienarbeit, IMMD VI, Friedrich-Alexander-Universität Erlangen-Nürnberg, 1988

[SMMT 84] Sekino, A.; Moritani, K.; Masai, T.; Tasaki, T.; Goto, K.: *The DCS – A New Approach to Multisystem Data Sharing*, in: Proceedings National Computer Conference, 1984, S. 59 - 68

[Shoe 86] Shoens, K.: *Data-Sharing vs. Partitioning for Capacity and Availability*, IEEE Quarterly Bulletin Database Engineering, Vol. 9 (1986), No. 1, S. 10 - 16

[SnAh 85] Snodgras, R.; Ahn, I.: *A Taxonomy of Time in Databases*, in: Proceedings of the International Conference on Management of Data (SIGMOD), Austin, 1985, S. 236 - 246

[Stei 83] Steinbauer, D.: *Transaktionen als Grundlage zur Strukturierung und Integritätssicherung in Datenbank-Anwendungssystemen*, Dissertation, Arbeitsberichte des Instituts für Mathematische Maschinen und Datenverarbeitung, Band 16 (1983), Nummer 10

[Ston 77] Stone, H.S.: *Multiprocessor scheduling with the aid of network flow algorithms*, IEEE Transactions on Software Engineering, Vol. SE-3 (1977), No. 1, 88 - 93

[Ston 81] Stonebraker, M.: *Operating System Support for Database Management*, Communications of the ACM, Vol. 24 (1981), No. 7, S. 412 - 418

[Ston 85] Stonebraker, M.: *The Case for Shared Nothing*, in: Proceedings International Workshop on High Performance Transaction Systems, Asilomar, 1985, S. 20-1 - 20-5

[StDE 85] Stonebraker, M.; DuBourdieux, D.; Edwards, W.: *Problems in Supporting Data Base Transactions in an Operating System Transaction Manager*, ACM Operating Systems Review, Vol. 19 (1985), No. 4, S. 6 - 14

[StHP 87] Stonebraker, M.; Hanson, M.; Potamianos, S.: *A Rule Manager for Relational Database Systems*, Technical Report, Dept. of Electrical Engineering and Computer Science, University of California, Berkeley, 1987

[Stum 87] Stumm, M.: *Verteilte Systeme: Eine Einführung am Beispiel V*, Informatik-Spektrum, Band 10 (1987), Heft 5, S. 246 - 261

[Svob 85] Svobodova, L.: *File Servers for Network-Based Distributed Systems*, Computing Surveys, Vol. 16 (1985), No. 4, S. 353 - 398

[Tane 81] Tanenbaum, A.S.: *Computer Networks*, Prentice Hall, Engelwood Cliffs 1981

[Tane 87] Tanenbaum, A.S.: *Operating Systems: Design and Implementation*, Prentice Hall, Engelwood Cliffs 1987

[TaMR 86] Tanenbaum, A.S.; Mullender, S.J.; van Renesse, R.: *Using Sparse Capabilities in a Distributed Operating System*, in: Proceedings 6th International Conference on Distributed Computing Systems, New York, 1986, S. 558 - 563

[TaRe 85] Tanenbaum, A.S:; van Renesse, R.: *Distributed Operating Systems*, Computing Surveys, Vol. 17 (1985), No. 4, S. 419 - 470

[TaTo 84] Tantawi, A.N.; Towsley, D.: *Optimal Load Balancing in Distributed Computer Systems*, Research Report RC 10346, IBM Research Division, T.J. Watson Research Center, Yorktown Heights, 1984

[Tayl 86] Taylor, D.J.: *Concurrency and Forward Recovery in Atomic Actions*, IEEE Transactions on Software Engineering, Vol. SE-12 (1986), No. 1, S. 69 - 78

[TsKl 78] Tsichritzis, D.C.; Klug, A.: *The ANSI/X3/SPARC/ DBMS Framework Report of the Study Group on Database Management Systems*, Information Systems, Vol. 3 (1978), No. 3, S. 173 - 191

[Ullm 88] Ullman, J.D.: *Principles of Database and Knowledge-Base Systems, Volume I*, Computer Science Press, Rockville 1988

[Voel 86] Voelcker, J.: *Helping Computers Communicate*, IEEE Spectrum, Vol. 23 (1986), No. 3, S. 61 - 70

[WPEK 83] Walker, B.; Popek, G.; English, R.; Kline, C.; Thiel, G.: *The LOCUS Distributed Operating System*, ACM Operating Systems Review, Vol. 17 (1983), No. 5, S. 49 - 70

[Wede 81] Wedekind, H.: *Datenbanksysteme I*, Bibliographisches Institut, Mannheim 1981

[Wede 83] Wedekind, H.: *Datenintegrität der Anwendung aus wissenschaftstheoretischer Sicht*, Elektronische Rechenanlagen, Band 25 (1983), Heft 6, S. 133 - 142

[Wede 79] Wedekind, H.: *Die Implementierung einer Sicherheitsmatrix*, Angewandte Informatik, Band 5 (1979), Heft 5, S. 191 - 198

[Wede 89] Wedekind, H.: *Eine logische Analyse des Verhältnisses von Anwendungs- und Datenbanksystemen*, in: Härder, T. (Hrsg.): *Datenbanksysteme in Büro, Technik und Wissenschaft*, Proceedings, GI/SI-Fachtagung, Zürich, 1989, Informatik-Fachberichte 204, Springer-Verlag, Berlin 1989, S. 19 - 42

[Wede 88a] Wedekind, H.: *Grundbegriffe Verteilter Systeme aus der Sicht der Anwendung*, Informationstechnik, Band 30 (1988), Heft 4, S. 263 - 271

[Wede 88b] Wedekind, H.: *Ubiquity and Need-to-know: Two Principles of Data Distribution*, Operating Systems Review, Vol. 22 (1988), No. 4, S. 39 - 45

[WeMü 81] Wedekind, H.; Müller, T.: *Stücklistenorganisation bei einer großen Variantenzahl*, Angewandte Informatik, Heft 9, 1981, 377 - 383

[WeZö 87] Wedekind, H.; Zörntlein, G.: *A Conceptual Basis for Database Applications in Flexible Manufacturing Systems*, in: Proceedings IEEE Conference on Robotics and Automation, Raleigh, NC, März 1987, S. 551 - 557

[WeZö 86] Wedekind, H.; Zörntlein, G.: *Prefetching in Realtime Database Applications*, in: Proceedings of the International Conference on Management of Data (SIGMOD), Washington, 1986, S. 215 - 226

[Wett 84] Wettstein, H.: *Architektur von Betriebssystemen*, Carl Hanser, München 1984

[Zörn 88] Zörntlein, G.: *Flexible Fertigungssysteme: Belegung, Steuerung, Datenorganisation*, Carl Hanser, München 1988

Stichwortverzeichnis

A

B

C

D

E

F

G

H

I

K

T

U

V

W

Z

Informatik – Fachberichte

Band 185: B. Mitschang, Ein Molekül-Atom-Datenmodell für Non-Standard-Anwendungen. XI, 230 Seiten. 1988.

Band 186: E. Rahm, Synchronisation in Mehrrechner-Datenbanksystemen. IX, 272 Seiten. 1988.

Band 187: R. Valk (Hrsg.), GI-18. Jahrestagung I. Vernetzte und komplexe Informatik-Systeme. Hamburg, Oktober 1988. Proceedings. XVI, 776 Seiten.

Band 188: R. Valk (Hrsg.), GI-18. Jahrestagung II. Vernetzte und komplexe Informatik-Systeme. Hamburg, Oktober 1988. Proceedings. XVI, 704 Seiten.

Band 189: B. Wolfinger (Hrsg.), Vernetzte und komplexe Informatik-Systeme. Industrieprogramm zur 18. Jahrestagung der GI, Hamburg, Oktober 1988. Proceedings. X, 229 Seiten. 1988.

Band 190: D. Maurer, Relevanzanalyse. VIII, 239 Seiten. 1988.

Band 191: P. Levi, Planen für autonome Montageroboter. XIII, 259 Seiten. 1988.

Band 192: K. Kansy, P. Wißkirchen (Hrsg.), Graphik im Bürobereich. Proceedings, 1988. VIII, 187 Seiten. 1988.

Band 193: W. Gotthard, Datenbanksysteme für Software-Produktionsumgebungen. X, 193 Seiten. 1988.

Band 194: C. Lewerentz, Interaktives Entwerfen großer Programmsysteme. VII, 179 Seiten. 1988.

Band 195: I. S. Bátori, U. Hahn, M. Pinkal, W. Wahlster (Hrsg.), Computerlinguistik und ihre theoretischen Grundlagen. Proceedings. IX, 218 Seiten. 1988.

Band 197: M. Leszak, H. Eggert, Petri-Netz-Methoden und -Werkzeuge. XII, 254 Seiten. 1989.

Band 198: U. Reimer, FRM: Ein Frame-Repräsentationsmodell und seine formale Semantik. VIII, 161 Seiten. 1988.

Band 199: C. Beckstein, Zur Logik der Logik-Programmierung. IX, 246 Seiten. 1988.

Band 200: A. Reinefeld, Spielbaum-Suchverfahren. IX, 191 Seiten. 1989.

Band 201: A. M. Kotz, Triggermechanismen in Datenbanksystemen. VIII, 187 Seiten. 1989.

Band 202: Th. Christaller (Hrsg.), Künstliche Intelligenz. 5. Frühjahrsschule, KIFS-87, Günne, März/April 1987. Proceedings. VII, 403 Seiten. 1989.

Band 203: K. v. Luck (Hrsg.), Künstliche Intelligenz. 7. Frühjahrsschule, KIFS-89, Günne, März 1989. Proceedings. VII, 302 Seiten. 1989.

Band 204: T. Härder (Hrsg.), Datenbanksysteme in Büro, Technik und Wissenschaft. GI/SI-Fachtagung, Zürich, März 1989. Proceedings. XII, 427 Seiten. 1989.

Band 205: P. J. Kühn (Hrsg.), Kommunikation in verteilten Systemen. ITG/GI-Fachtagung, Stuttgart, Februar 1989. Proceedings. XII, 907 Seiten. 1989.

Band 206: P. Horster, H. Isselhorst, Approximative Public-Key-Kryptosysteme. VII, 174 Seiten. 1989.

Band 207: J. Knop (Hrsg.), Organisation der Datenverarbeitung an der Schwelle der 90er Jahre. 8. GI-Fachgespräch, Düsseldorf, März 1989. Proceedings. IX, 276 Seiten. 1989.

Band 208: J. Retti, K. Leidlmair (Hrsg.), 5. Österreichische Artificial-Intelligence-Tagung, Igls/Tirol, März 1989. Proceedings. XI, 452 Seiten. 1989.

Band 209: U. W. Lipeck, Dynamische Integrität von Datenbanken. VIII, 140 Seiten. 1989.

Band 210: K. Drosten, Termersetzungssysteme. IX, 152 Seiten. 1989.

Band 211: H. W. Meuer (Hrsg.), SUPERCOMPUTER '89. Proceedings, 1989. VIII, 171 Seiten. 1989.

Band 212: W.-M. Lippe (Hrsg.), Software-Entwicklung. Fachtagung, Marburg, Juni 1989. Proceedings. IX, 290 Seiten. 1989.

Band 213: I. Walter, Datenbankgestützte Repräsentation und Extraktion von Episodenbeschreibungen aus Bildfolgen. VIII, 243 Seiten. 1989.

Band 214: W. Görke, H. Sörensen (Hrsg.), Fehlertolerierende Rechensysteme / Fault-Tolerant Computing Systems. 4. Internationale GI/ITG/GMA-Fachtagung, Baden-Baden, September 1989. Proceedings. XI, 390 Seiten. 1989.

Band 215: M. Bidjan-Irani, Qualität und Testbarkeit hochintegrierter Schaltungen. IX, 169 Seiten. 1989.

Band 216: D. Metzing (Hrsg.), GWAI-89. 13th German Workshop on Artificial Intelligence. Eringerfeld, September 1989. Proceedings. XII, 485 Seiten. 1989.

Band 217: M. Zieher, Kopplung von Rechnernetzen. XII, 218 Seiten. 1989.

Band 218: G. Stiege, J. S. Lie (Hrsg.), Messung, Modellierung und Bewertung von Rechensystemen und Netzen. 5. GI/ITG-Fachtagung, Braunschweig, September 1989. Proceedings. IX, 342 Seiten. 1989.

Band 219: H. Burkhardt, K. H. Höhne, B. Neumann (Hrsg.), Mustererkennung 1989. 11. DAGM-Symposium, Hamburg, Oktober 1989. Proceedings. XIX, 575 Seiten. 1989

Band 220: F. Stetter, W. Brauer (Hrsg.), Informatik und Schule 1989: Zukunftsperspektiven der Informatik für Schule und Ausbildung. GI-Fachtagung, München, November 1989. Proceedings. XI, 359 Seiten. 1989.

Band 221: H. Schelhowe (Hrsg.), Frauenwelt – Computerräume. GI-Fachtagung, Bremen, September 1989. Proceedings. XV, 284 Seiten. 1989.

Band 222: M. Paul (Hrsg.), GI-19. Jahrestagung I. München, Oktober 1989. Proceedings. XVI, 717 Seiten. 1989.

Band 223: M. Paul (Hrsg.), GI-19. Jahrestagung II. München, Oktober 1989. Proceedings. XVI, 719 Seiten. 1989.

Band 224: U. Voges, Software-Diversität und ihre Modellierung. VIII, 211 Seiten. 1989

Band 225: W. Stoll, Test von OSI-Protokollen. IX, 205 Seiten. 1989.

Band 226: F. Mattern, Verteilte Basisalgorithmen. IX, 285 Seiten. 1989.

Band 227: W. Brauer, C. Freksa (Hrsg.), Wissensbasierte Systeme. 3. Internationaler GI-Kongreß, München, Oktober 1989. Proceedings. X, 544 Seiten. 1989.

Band 228: A. Jaeschke, W. Geiger, B. Page (Hrsg.), Informatik im Umweltschutz. 4. Symposium, Karlsruhe, November 1989. Proceedings. XII, 452 Seiten. 1989.

Band 229: W. Coy, L. Bonsiepen, Erfahrung und Berechnung. Kritik der Expertensystemtechnik. VII, 209 Seiten. 1989.

Band 231: R. Henn, K. Stieger (Hrsg.), PEARL 89 – Workshop über Realzeitsysteme. 10. Fachtagung, Boppard, Dezember 1989. Proceedings. X, 243 Seiten. 1989.

Band 232: R. Loogen, Parallele Implementierung funktionaler Programmiersprachen. IX, 385 Seiten. 1990.

Band 233: S. Jablonski, Datenverwaltung in verteilten Systemen. XIII, 336 Seiten. 1990.